Liebe Schülerinnen und Schüler,

in diesem Schuljahr beginnt für euch die Arbeit im Fach Geschichte. „Entdecken und Verstehen“ ist euer Geschichtsbuch, das euch bei der Arbeit in diesem Fach begleiten wird. Wir wollen euch das Buch zunächst einmal vorstellen, denn sicher wird vieles für euch neu sein. Aber keine Angst, wir haben versucht es für euch so leicht wie möglich zu machen.

Einführung in das Thema
Jedes Kapitel beginnt mit Einführungs- und Auftaktseiten. Die Materialien der Auftaktseiten sollen neugierig machen und laden dazu ein, selbst Fragen zum Thema des Kapitels zu formulieren.
Die Einführungsseiten sind blau unterlegt. Sie erläutern die thematischen Schwerpunkte und nennen die Leitfragen der Kapitel. Zu Beginn der Unterkapitel findet ihr kürzere, ebenfalls blau unterlegte Einführungen mit gleicher Funktion.

Arbeitsangebote der Doppelseiten
Jede Doppelseite bietet ein vielfältiges Angebot einen historischen Sachverhalt zu erarbeiten. Die Überschriften der Doppelseiten benennen das jeweilige Teilthema, um das es geht. Großbuchstaben in der Überschrift einer Seite zeigen an, dass ein neues Unterkapitel beginnt.
Die Texte und Materialien der Doppelseiten sind durch Zwischenüberschriften gegliedert. Auf jeder Doppelseite findet ihr Texte der Autorinnen und Autoren, die einen Sachverhalt erläutern, erklären und Zusammenhänge herstellen. Sie haben dabei versucht die häufig komplizierten Aussagen der Forschung so zu vereinfachen, dass ihr sie leicht verstehen könnt. Manchmal sind sich die Forscherinnen und Forscher nicht einig. Wenn es möglich war, haben die Autoren auf diesen Umstand hingewiesen.

Schriftliche Quellen
Die sogenannten Quellen – Berichte und Zeugnisse der damals lebenden Menschen – sind mit „**Q**“ gekennzeichnet und mit einem Randstrich versehen.
Texte, die aus heutiger Sicht einen Sachverhalt darstellen, sind ebenfalls mit einem Randstrich versehen, aber mit „**M**“ gekennzeichnet.

Bilder, Grafiken und Karikaturen
sind ebenfalls Materialien, denen ihr Informationen entnehmen könnt.

Aufgaben
In den Arbeitsaufgaben werdet ihr dazu angeleitet, aus den Texten und den Quellen Informationen zu entnehmen und mit ihrer Hilfe einen Sachverhalt zu erarbeiten. Ziel der Aufgaben ist es vor allem, euch bei eurer eigenen Meinungsbildung zu helfen.

Zum Weiterlesen
Die Seiten „Zum Weiterlesen“ enthalten Auszüge aus spannenden Jugendbüchern.

Werkstatt Geschichte
Auf den Seiten „Werkstatt Geschichte“ findet ihr Vorschläge für eigene Nachforschungen.

Methodenseite
Diese Seiten stellen euch für den Geschichtsunterricht wichtige Arbeitsmethoden vor.

Früher und heute
Die Seiten „Früher und heute“ stellen Verbindungen zwischen Vergangenheit und Gegenwart her. Sie zeigen, wie historische Ereignisse bis heute fortwirken.

Rückblick und Ausblick
Am Ende des Kapitels steht eine Zusammenfassung, die mit einem Ausblick auf das kommende Kapitel endet.

Bücher und Zeitschriften
Im Anhang des Buches findet ihr Hinweise auf Jugendbücher und Zeitschriften zu den Themen dieses Buches.

Schwierige Begriffe*
Ein Verzeichnis der schwierigen Begriffe und ein Register stehen ebenfalls am Ende des Buches.

Wenn ihr zu diesem Buch Fragen habt, schreibt uns: Cornelsen Verlag, Mecklenburgische Straße 53, 14197 Berlin

Inhaltsverzeichnis

Inhaltsverzeichnis

Geschichte – ein neues Fach

– Tragt zusammen, was euch zu den Bildern dieser Doppelseite einfällt. Was haben sie mit Geschichte zu tun?

1

2

3

4

Wenn ihr mit offenen Augen durch euren Heimatort geht, könnt ihr Gebäude, Brücken, Mauern und Straßen finden, die aus früheren Zeiten stammen wie die Gebäude auf dieser Seite.

- *Seht euch die Bilder 1–4 an.*
- *Erzählt, was euch zu den Bildern einfällt.*
- *Versucht die Bilder in eine zeitliche Reihenfolge zu bringen. Welche Gebäude sind älter, welche jünger? Begründet die Reihenfolge.*

1 **Urgroßmutter, zwei Großmütter, Mutter und Kind.** Foto 1982.

1 *Vergleicht die Bilder und beschreibt, was euch auffällt.*
2 *Überlegt, was die Bilder über das Leben der Menschen ausdrücken.*
3 *Seht euch zu Hause Familienbilder an und lasst euch vom Leben der Eltern und Großeltern erzählen.*
4 *Bringt Bilder und Gegenstände mit, die über die Vergangenheit berichten. Ordnet sie dem Alter nach und macht eine Ausstellung.*

Wenn ihr zu Hause im Fotoalbum blättert, dann wundert ihr euch vielleicht darüber, wie ihr vor ein paar Jahren ausgesehen habt. Auf den Babybildern erkennt ihr euch wohl gar nicht wieder. Aber eure Eltern bestätigen, dass ihr es seid.
So braucht ihr zur Erklärung der Bilder Antworten auf die Fragen:
Wer hat das Bild aufgenommen?
Wann und wo war das?
Was ist darauf zu sehen?
Mit Hilfe von Bildern und Erzählungen könnt ihr eure Lebensgeschichte darstellen.

2 **Familienbild 1915.**

Wie wir die Zeit erleben
Wie lang ist eine Stunde? Diese Frage könnt ihr beantworten. Natürlich 60 Minuten oder 3600 Sekunden oder $^1/_{24}$ eines Tages. Das ist klar. Aber stimmt das auch für euch persönlich? Vergleicht einmal die Stunde vor der Bescherung am Heiligen Abend mit der Stunde nach der Bescherung.

1 *Überlegt euch Beispiele für eine „lange Stunde" und für eine „kurze Stunde".*

An einem Sonntag im Jahr 1994 feiert die Familie Urban den 65. Geburtstag des Großvaters Karl Urban. Viele Verwandte sind gekommen. Urgroßmutter Anna Urban ist da. Sie ist jetzt 87 Jahre alt. Karl Urbans Kinder Hermann, Helga und Martin sind gekommen. Sie sind jetzt 42, 40 und 39 Jahre alt. Ihre Kinder haben sie mitgebracht. Klaus ist 12, Anja 10 und Dorothea erst 7 Jahre alt.
Beim Kaffeetrinken, als alle fröhlich um den großen Tisch herumsitzen, sieht der Großvater auf Kinder und Enkelkinder. Er meint: „Wie sieht es heute doch anders aus als vor 40 Jahren. Damals waren wir gerade aus Leipzig in den Westen geflohen und hatten zu fünft nur ein Zimmer als Wohnung."
Dann erzählt er von der ersten richtigen Wohnung, wie er mit seinen Brüdern zusammen das Haus gebaut hat und vom ersten Auto.
Vielleicht kennt ihr ähnliche Erzählungen aus eurer Familie.

2 *Von welchen geschichtlichen Ereignissen erzählen Eltern, Großeltern und Urgroßeltern?*

3 *Schreibt in eine Liste, wann die Mitglieder der Familie Urban geboren wurden.*

4 *Für alle liegt das Jahr 1954 gleich weit zurück. Aber alle denken unterschiedlich daran:*
- *Das ist schon lange her. Ich war erst 2.*
- *Das ist schon sehr lange her. Ich war noch nicht geboren.*
- *Das ist noch nicht lange her. Ich war damals 47.*

Wer mag das wohl gesagt haben? Was denken die anderen?

Die Lebensuhr
Menschen gibt es nicht nur seit einigen 100 oder 1000 Jahren. Menschen gibt es seit mindestens 2000000 Jahren. Noch viel älter ist die Erde, ungefähr 5 Milliarden Jahre alt. Unter diesen Zahlen kann man sich eigentlich nichts vorstellen. Etwas leichter fällt uns dies, wenn wir diese Zeit darstellen in den 12 Stunden eines Zifferblattes:

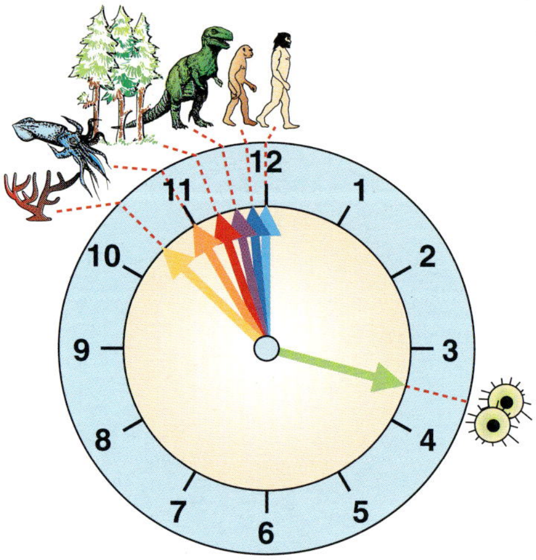

Um 0 Uhr entstand die Erde – vor 5 Milliarden Jahren.

3 Uhr 30:	Im Wasser regt sich das erste Leben – eine einzige Zelle, kleiner als ein Stecknadelkopf.
10 Uhr 34:	Im Wasser entstehen die ersten Algen.
11 Uhr:	Jetzt gibt es Korallen und Tintenfische.
11 Uhr 15:	Große Wälder sind herangewachsen. Sie versinken später im Sumpf und werden zu Kohle.
11 Uhr 30:	Die ersten Säugetiere treten auf. Es ist dies die Zeit der mächtigen Drachen und Saurier sowie des Urvogels.
11 Uhr 53:	Jetzt tauchen die ersten Menschenaffen auf.

Es war 11 Uhr, 59 Minuten und 50 Sekunden, 10 Sekunden vor 12 Uhr: da lebten die ersten Menschen: Allein von diesen 10 Sekunden auf der großen Lebensuhr will dieses Buch berichten.

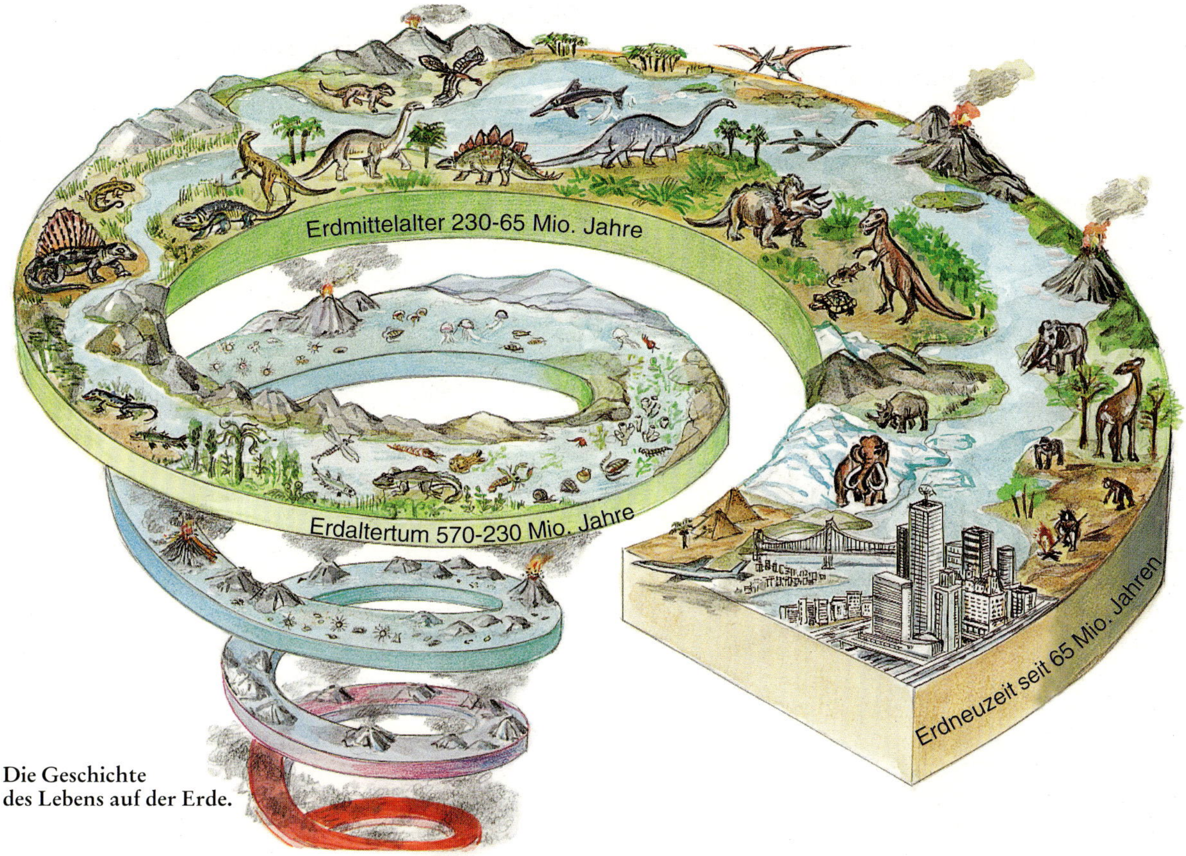

Die Geschichte des Lebens auf der Erde.

Die Zeitleiste

Die Zeit lässt sich nicht nur durch eine Uhr darstellen. Sie kann auch durch eine Gerade veranschaulicht werden. Eine solche Darstellung seht ihr unten. Man nennt sie eine Zeitleiste.
Ihr wisst, dass die Zeit in gleiche Abschnitte eingeteilt wird. Da gibt es kleine Einheiten: Sekunden, Minuten oder Stunden. Es gibt aber auch große: Jahre, Jahrzehnte, Jahrhunderte und Jahrtausende.
In der Zeitleiste dieses Buches lassen sich nur die großen Zeiteinheiten darstellen. Es stehen 2,2 cm für 1000 Jahre. Damit können wir aber nur 12 000 Jahre verdeutlichen. Die über 2 000 000 Jahre der Menschheitsentwicklung findet ihr durch ein Knäuel veranschaulicht. Wir hätten sonst für die Zeitleiste nach unserem Maßstab eine Länge von 4400 cm = 44 Metern nehmen müssen. Wir zählen die Jahre von Christi Geburt an mit der Benennung „n. Chr.“ = nach Christus. Das sind die Zahlen, die auf der Leiste vom Geburtsjahr aus rechts stehen. Die Jahre vor der Geburt von Jesus Christus stehen links und werden mit der Benennung „v. Chr.“ = vor Christus gezählt. In diese Leiste könnt ihr jetzt die Zeitpunkte einordnen, die ihr aus der Geschichte kennt.

1 *Erkundigt euch, welche geschichtlichen Ereignisse für euren Heimatort besonders wichtig waren.*

2 *Fragt, wann diese Ereignisse stattgefunden haben, und tragt die Zeitangaben in eine eigene Zeitleiste ein.*

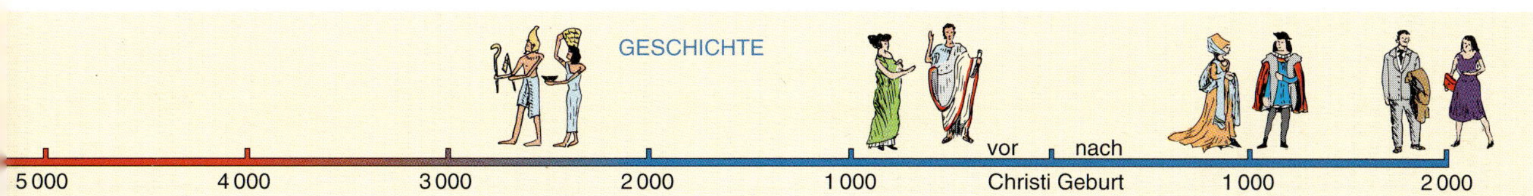

Im Geschichtsunterricht befassen wir uns mit der Vergangenheit der Menschen. Wir versuchen herauszubekommen, wie die Menschen früher gelebt haben. Dazu gehört, wie sie dachten, was sie fühlten. Die Geschichte befasst sich aber auch damit, wie die Menschen ihr Leben organisierten. Sie versucht zu erklären, wie die Menschen das Leben in der Gemeinschaft regelten. Sie will ergründen, welche Ziele sich die Menschen setzten und welche Werte sie schätzten. Woher wissen wir, was früher war?
Alles Wissen über die Vergangenheit ist an das Vorhandensein von Zeugnissen aus früherer Zeit gebunden. Diese Zeugnisse aus der Vergangenheit nennt man Quellen, weil aus ihnen die Kenntnis über die früheren Zeiten fließt.
Alle überlieferten Quellen, ob Bilder, Schriften oder Gegenstände, bedürfen der Auslegung, damit man erkennt, was sie aussagen. Sie müssen immer wieder neu befragt werden. Sicher wird manche Quelle in 50 Jahren anders gedeutet werden als heute.
Auch der Schulbuchtext gibt nur die Kenntnisse wieder, die die Wissenschaft heute von der Vergangenheit erarbeitet hat. „Irrtum eingeschlossen."
Warum beschäftigen wir uns mit Geschichte?
Wenn wir uns mit Geschichte befassen, dann lernen wir auch etwas über uns und unsere Zeit. Vielleicht finden wir Wege unsere Schwierigkeiten zu überwinden. Oder wir verstehen besser, wie das Zusammenleben in unserer Gemeinde, unserem Land, unserem Staat geregelt wird. Wir sehen, dass die Menschen auch anders leben können, als wir es gewohnt sind.
Wenn wir unsere Zeit verstehen wollen, müssen wir etwas von der Vergangenheit verstehen.
Auf dieser Doppelseite findet ihr drei Beispiele, mit deren Hilfe ihr selber Forscher spielen könnt.

Fund aus dem Jahr 4013.
Keltenmuseum Hochdorf 1992.

25. Mai 4013 European Intersat Pressedienst
Sensationelle archäologische Funde aus dem 20. Jahrhundert geben Rätsel auf. Vorläufige Untersuchungsergebnisse:
„Der runde Metallbehälter war ein damals weit verbreitetes Trinkgefäß, das ein zuckerhaltiges Getränk enthalten hat. Auf den Resten der Rotlackierung sind drei Buchstaben zu erkennen: „o l a". Der beschädigte Buchstabe davor könnte ein L oder ein C gewesen sein. Die Bedeutung der Buchstabenkombination ist noch unbekannt.
Das schwarze, aus Gummi bestehende Reifenteil diente als federnde Verkleidung der Metallräder sogenannter Autos. Das waren metallene Fahrkästen, in denen sich große Menschenmassen durch die Straßen bewegten. Rätselhaft ist das grüne Flaschenbruchstück aus Synthetikmaterial. Das Gefäß enthielt eine Chemikalie, deren Verwendungszweck noch nicht zu erklären ist. Der vierte Fund stellt einen mechanisch betriebenen Zeitmesser dar. Er wurde von einem komplizierten Räderwerk angetrieben und scheint nach bestimmter Voreinstellung Schrilltöne abgegeben zu haben."

1 *Vergleicht Bild und Text.*
2 *Überlegt, welche Schwierigkeiten bei der Forschung im Jahr 4013 wohl zu überwinden waren.*
3 *Erklärt aus eurer Kenntnis die im Bericht nicht geklärten Fragen.*

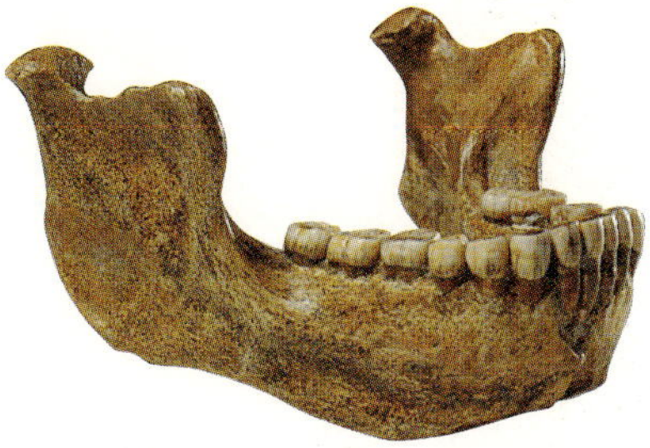

„Heidelberger Unterkiefer", etwa 600 000 Jahre alt.

„Hait haww isch den Adam gefunne", verkündete am Abend des 7. Oktober 1907 der Sandgrubenarbeiter Daniel Hartmann in Mauer bei Heidelberg. Schon Jahre vorher hatte der Altertumsforscher Otto Schoetensack die Arbeiter in der Sandgrube immer wieder besucht und ihnen erklärt, dass die Knochen, die sie im Sand fanden, von längst ausgestorbenen Tieren stammten, wie Urelefant, Bison, Riesenhirsch. Schoetensack bat die Arbeiter beim Graben genau aufzupassen. Sie sollten ihn jedes Mal benachrichtigen, wenn sie Knochen fanden.
Daniel Hartmann hatte einen menschlichen Unterkiefer gefunden, den Prof. Schoetensack untersuchte. Er fand heraus, dass der Unterkiefer von einem Menschen stammte, der vor etwa 600 000 Jahren gelebt hatte. Neuere Untersuchungen der Zähne ergaben, dass der „Heidelbergmensch" pflanzliche und tierische Nahrung zu sich genommen hat.

1 *Vergleicht Bild und Text.*
2 *Prüft, was das Bild allein aussagt.*
3 *Stellt eine Liste von Fragen auf, die beantwortet werden müssten, damit man den Unterkiefer des Heidelbergmenschen erklären könnte.*
4 *Überlegt, wer bei der Beantwortung der Fragen helfen kann.*

Mönch in der Schreibstube. Buchmalerei aus dem 12. Jahrhundert.

Die meisten Kenntnisse über vergangene Zeiten haben wir aus Texten. Seit der Erfindung der Schrift bis 1450, als Johannes Gutenberg den Buchdruck erfand, mussten alle Texte mit der Hand abgeschrieben werden. Es dauerte oft lange, bis ein Buch abgeschrieben war. Und ein Buch war sehr teuer. So wurden nur die wichtigsten Bücher abgeschrieben, oft auch nur Teile aus Büchern.
Von 500 bis 1450 waren in Europa Mönche die wichtigsten Schreiber. Neben Bibeln und Büchern für den Gottesdienst schrieben sie Gesetzesbücher ab; Berichte über die Ereignisse ihrer Zeit und Verträge über Kauf und Verkauf stammen aus ihrer Feder. Obwohl sie sich große Mühe gaben, machten sie beim Abschreiben doch auch Fehler.

5 *Überlegt, was es für die Forschung bedeutet, wenn ein Mönch beim Abschreiben Fehler gemacht hat. Wenn er z. B. Homburg statt Hamburg geschrieben hat. Woran könnte man merken, dass hier ein Fehler vorliegt?*
6 *Aus der Zeit um 800 gibt es fast keine Berichte über das Leben der Bauern. Woran mag das liegen? Was bedeutet das für unsere Kenntnisse über jene Zeit?*

1. Ur- und Frühgeschichte

Ur- und Frühgeschichtsforscher bei der Arbeit bei Warburg. Foto 1988.

Woher kommt der Mensch?

Immer schon haben die Menschen gefragt, woher kommen die Menschen und wie haben sie gelebt. In alten Zeiten haben sie ganz unterschiedliche Antworten gefunden. Die Geschichte von Adam und Eva in der Bibel ist eine der Antworten. Die Germanen erzählten von drei Göttern, die die ersten Menschen geschaffen haben. Und bei den Indianern in Nordamerika wurde erzählt:

„Der Vater Rabe wollte Menschen erschaffen. Er arbeitete eine menschliche Gestalt aus Stein. Er blies auf sie und die Steine wurden lebendig. Aber alsbald starben sie. Dann machte er eine menschliche Gestalt aus Erde, blies auf sie und sie wurde lebendig. Aber auch sie starb bald wieder ... Da machte er menschliche Gestalten aus Gras und blies auf sie. Sie wurden lebendig und wurden die Ahnen des Menschengeschlechts. Daher wachsen und vergehen die Menschen wie Gras." (1)

So erklärten sich die Menschen früher das Entstehen der Menschen. Aber heute denken wir anders. Wir versuchen mit Hilfe der modernen Wissenschaften die alten Fragen zu beantworten. Seit 150 Jahren erforschen die Wissenschaftlerinnen und Wissenschaftler mit immer neuen Methoden die Entwicklung des Menschen. So werden überall auf der Welt die Skelettreste und die Geräte der Menschen, die sich in der Erde erhalten haben, gesammelt und untersucht. Aus den Funden können die Forscherinnen und Forscher schließen, welche Gestalt die Menschen hatten, wie sie sich ernährten und wie sie gelebt haben. Immer neue Funde erweitern die Kenntnisse. Aber viele Fragen lassen sich auch nicht beantworten. Wir können zwar feststellen, ob die damaligen Menschen groß oder klein waren, doch ob ihre Haut hell oder dunkel war, bisher noch nicht. Was die Mütter den Kindern erzählt haben oder wie man sich das Leben nach dem Tode vorstellte, wird man nie feststellen können. Den riesigen Zeitraum, aus dem es keine schriftlichen Nachrichten gibt, weil die Menschen die Schrift noch nicht erfunden hatten, nennen wir Ur- und Frühgeschichte. In diesem Kapitel könnt ihr erfahren, woher wir etwas über die Abstammung der Menschen wissen und wie die Funde gedeutet werden.

Ihr könnt erkunden:

- Wie die Menschen sich aus frühen Formen entwickelt haben und wie sie lebten,
- wie sie in langen Zeiträumen immer bessere Werkzeuge und Gebrauchsgegenstände erfanden
- und wie sie in Gruppen lebten und wohnten.

Eiszeitmenschen bei der Rückkehr von der Jagd. Aquarellierte Zeichnung, 1994.

- *Denkt euch Geschichten zu dem Bild oben aus.*
- *Sammelt Fragen zu dem Bild, auf die ihr eine Antwort haben möchtet.*
- *Überlegt, woher der Maler des Bildes wohl wissen kann, wie die Menschen in der Eiszeit gelebt haben. Beachtet dazu auch das Foto auf S. 14.*

Funde aus verschiedenen Grabungen.

Über die Menschen, die in ältesten Zeiten auf der Erde lebten, gibt es keine schriftlichen Aufzeichnungen. Wir können trotzdem ihre Spuren verfolgen. Aber diese Spuren sind stumm. Wir müssen sie erst zum Sprechen bringen, damit aus ihnen etwas über das Leben der Menschen erkannt werden kann.

1 *Beschreibt die Gegenstände, die im Bild wiedergegeben sind.*

2 *Versucht herauszufinden, wozu man sie gebrauchen kann. Benennt sie.*

3 *Findet heraus, welcher Gegenstand nicht von Menschen bearbeitet ist. Begründet eure Auswahl.*

4 *Überlegt, wie ihr prüfen könnt, ob ihr recht habt.*

Der Fund im Neandertal

Im August 1856 sprengten Steinbrucharbeiter eine Höhle im Neandertal bei Düsseldorf auf. Sie fanden den Boden mit trockenem Lehm bedeckt. Um die Steine abbauen zu können hackten sie den Lehm los und warfen ihn aus der Höhle. In 60 cm Tiefe stießen sie auf Skelettreste. Auch die wurden hinausgeworfen und kollerten dem Steinbruchbesitzer vor die Füße. Der sah sie sich an und hielt sie für Knochen von einem Höhlenbären, der vor Jahrtausenden gelebt haben mochte. Der Steinbruchbesitzer sammelte die Knochen auf. Er schickte dem Lehrer und Naturforscher Fuhlrott eine Nachricht von dem Fund. Fuhlrott reiste sofort an, reinigte die Knochen und erkannte, dass die Knochen so alt waren, wie diejenigen der eiszeitlichen Tiere, die man schon gefunden hatte. Die Knochen waren eigenartig geformt, der Schädel trug dicke Augenwülste. Dennoch war sich Fuhlrott sicher, dass es Menschenknochen waren. Doch hatten die Menschen früher anders ausgesehen als heute? Hatte Gott die Menschen nicht in ihrer heutigen Gestalt geschaffen, wie man glaubte? 1857 berichtete Fuhlrott in Bonn und Kassel vor Naturforschern über seinen Fund. Aber die Wissenschaftler nahmen die Untersuchungen Fuhlrotts nicht ernst, sie lächelten über ihn. Sie glaubten nicht, dass es zur Eiszeit überhaupt schon Menschen gegeben haben könnte. Erst 1866, als Fuhlrott schon gestorben war, änderten die Wissenschaftler ihre Meinung. Zu viele Funde bestätigten die Behauptung Fuhlrotts, dass es eiszeitliche Menschen gegeben habe. Nach dem ersten Fundort wurden diese frühen Menschen Neandertaler genannt.

1 Ganz frühe Menschen vertreiben Hyänen von einer Antilope, die von den Raubtieren geschlagen worden war. Rekonstruktion 1995.

2 Beim Verzehr des Fleisches und des Knochenmarkes. Rekonstruktion 1995.

3 Im Lager der Mammutjäger. Rekonstruktion 1995.

Vom Leben der frühen Menschen

Die Bilder 1 und 2 wurden vor wenigen Jahren nach Funden in Ostafrika gezeichnet und stellen Szenen aus der Zeit vor etwa 2000000 Jahren dar. Die Menschen lebten damals im warmen Klima Ostafrikas, kannten noch kein Feuer und brauchten keine Behausung. Sie ernährten sich von Pflanzen und auch von erbeuteten Tieren.

Bild 3 zeigt einen Lagerplatz von Mammutjägern, die vor etwa 50000 Jahren in der letzten Eiszeit lebten. Sie mussten sich vor der bitteren Kälte schützen. Dauerhafte Winterquartiere, die auch bei der großen Kälte die Wärme speicherten, waren dringend notwendig. Aus Mammutknochen und Zweigen wurden die Hütten aufgerichtet und mit Moos und Gras dick abgedichtet und isoliert.

Weil es wenige essbare Pflanzen gab, bestand die Hauptnahrung aus Fleisch und Fett von den Tieren, die die Menschen jagten.

1 *Sucht in den Bildern die Unterschiede heraus: Klima, Kleidung, Ernährung, Wohnung. Ihr könnt dazu Stichworte in einer Tabelle gegenüberstellen.*

1 **Frühgeschichtsforscher bei einer Ausgrabung.** Foto 1982.

Frühgeschichtsforscher müssen planmäßig vorgehen

Die ersten Entdeckungen frühgeschichtlicher Menschen waren Zufälle. Die Forscherinnen und Forscher haben hin und her überlegt, was diese Funde aussagen könnten. Sie fragten sich, wie alt die Funde waren, wie die Menschen damals wohl ausgesehen und gelebt haben könnten.

In den letzten 150 Jahren hat sich aus diesen Fragen eine eigene Wissenschaft entwickelt, die Archäologie. Archäologinnen und Archäologen erforschen mit Hilfe von Ausgrabungen das Leben der Menschen in früheren Zeiten. Dazu untersuchen sie alles, was von den Menschen und ihren Geräten erhalten ist.

Überreste aus der Frühzeit findet man aber nur selten an der Erdoberfläche. Die meisten Gegenstände aus jenen Zeiten sind verschieden tief in der Erde versteckt. Aber eine genaue Beobachtung der Erdoberfläche gibt Hinweise auf mögliche Fundstellen. Dunkle Verfärbungen im Acker, runde Hügel im flachen Land sind solche Hinweise. Wo viele Scherben beim Pflügen gefunden werden, können im Boden größere Funde sein. Auch Luftbildaufnahmen zeigen bei günstigem Licht, wo Mauerreste in der Erde versteckt sein könnten. Daneben werden aber immer noch viele Fundstellen zufällig bei Bauarbeiten entdeckt.

1 *Gibt es in eurer Umgebung frühgeschichtliche Fundstellen? Versucht herauszubekommen, wie sie entdeckt wurden.*

Die Ausgrabung

Bei Ausgrabungen wird die Erde vorsichtig Schicht für Schicht abgehoben. Kommen die ersten Funde ans Licht, wird ganz sorgfältig mit feinen Werkzeugen weitergearbeitet, damit nichts zerstört wird. Die Funde werden sorgsam vermessen und fotografiert. Oft findet man von Gefäßen nur Scherben. Alle Funde kommen ins Labor zur Untersuchung und zur Wiederherstellung.

2 *Beschreibt Arbeitsplatz und Tätigkeit der Menschen auf Bild 1.*

3 *Überlegt, warum alle Funde an ihrem Ort fotografiert werden.*

2 **Luftaufnahme der Mauerreste der Hünenburg von Borchen, Kreis Paderborn.** Foto 1986.

Bedeutung der Funde
Auf Bild 1 seht ihr, wie ein senkrechter Schnitt durch eine Grabungsstelle aussehen kann.

1 *Vergleicht die Dicke der Schichten.*

2 *Überlegt, wie sich so viele Schichten übereinander ablagerten.*

3 *Vergleicht die Funde in den einzelnen Schichten.*

Wenn die Frühgeschichtsforscher Funde aus solchen Schichtenfolgen untersuchen, dann können sie schon sagen, welche Stücke älter und welche jünger sind; denn je tiefer ein Fund gelegen ist, desto älter ist er. Zu ähnlichen Ergebnissen kommen sie, wenn sie die Funde einer Art und einer Gegend miteinander vergleichen.

4 *Die abgebildeten Beile sind unterschiedlich alt. Sie sind nach dem Alter geordnet. Beschreibt die Formen möglichst genau und versucht herauszufinden, wodurch sie immer besser am Schaft befestigt werden konnten. Betrachtet dazu auch Bild 3.*

Durch genaue Untersuchungen der Schichten und durch den Vergleich der Formen kann die Frühgeschichtsforschung Funde zeitlich einordnen. Sie weiß, was älter und was jünger ist. Aber wie alt ein Fund ist, kann man mit diesen Methoden nicht herausbekommen. Dafür sind in der Naturwissenschaft neue Methoden entwickelt worden.
Wie die Menschen gedacht haben, lässt sich auch mit diesen Methoden nicht herausbekommen. Vergleiche mit heutigen Naturvölkern lassen manche Vermutungen wahrscheinlich erscheinen.

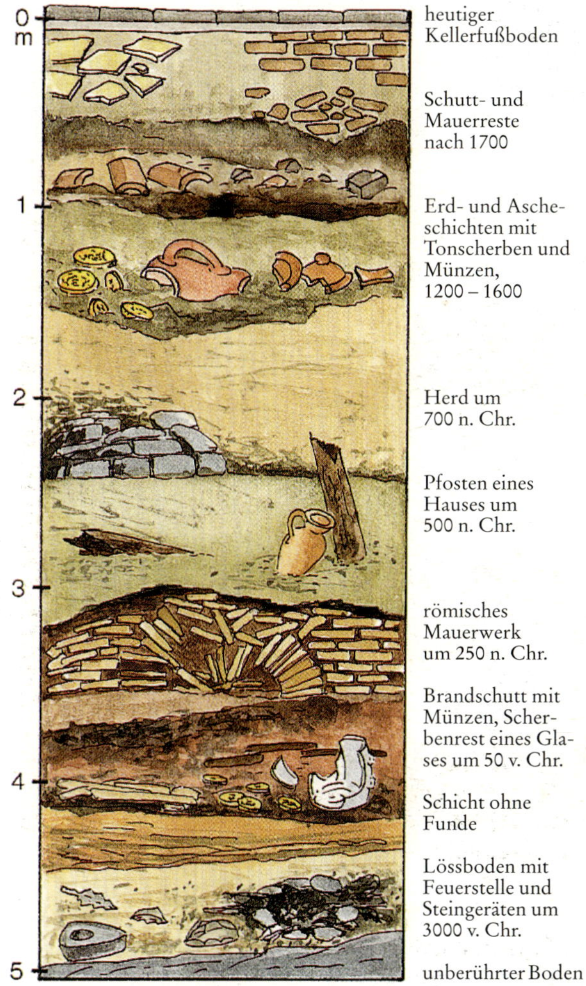

1 **Schichten einer Ausgrabung.** Rekonstruktion.

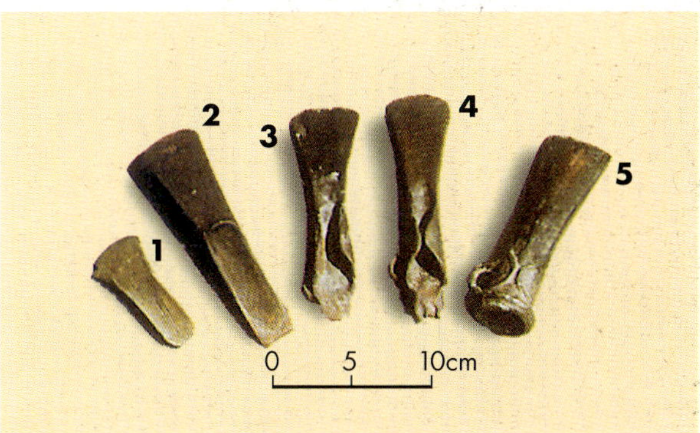

2 **Bronzebeile aus verschiedenen Funden.** Foto.

3 **Bronzebeil mit Schaft.** Rekonstruktion.

1 Versuch der Rekonstruktion eines der Lebewesen, die in Laetoli gefunden wurden.

Vorfahren des Menschen

Bei dem Ort Laetoli in Ostafrika fand eine Expedition 1975 unter der Leitung von Mary Leaky in einer etwa 3,6 Millionen Jahre alten Schicht Fußspuren, die wie menschliche Fußabdrücke aussahen. Aus den Knochen, die man später dort fand, versuchte man die Lebewesen zu rekonstruieren, aber ob sie wirklich so ausgesehen haben wie auf Bild 1, ist ungewiss. Was wissen wir heute von der Entstehung der Menschen? Wir wissen, dass die Entwicklung der Menschen in Afrika begann. Vor etwa 20 Millionen Jahren lebten viele verschiedene Arten von Menschenaffen. Eine von diesen ist wohl der gemeinsame Vorfahre von allen heutigen Menschenaffen und Menschen. Über das Alter der Menschheit geben uralte, versteinerte Knochen Auskunft, die man Fossilien nennt. Für die Wissenschaftler sind die Lebewesen von Laetoli noch keine Menschen. Ihr Kopf ist noch sehr affenähnlich, aber sie konnten schon auf zwei Beinen gehen.

2 Vormensch Australopithecus, (Südaffe)
1,10– 1,50 m
keine Werkzeugherstellung
Pflanzenkost
Afrika

3 „geschickter Mensch“ Homo habilis
1,45 m
einfache Werkzeuge
gemischte Kost
Ostafrika

4 Frühmensch Homo erectus
1,65 m
Faustkeilkultur
gemischte Kost
siedelte erstmals in Europa und Asien

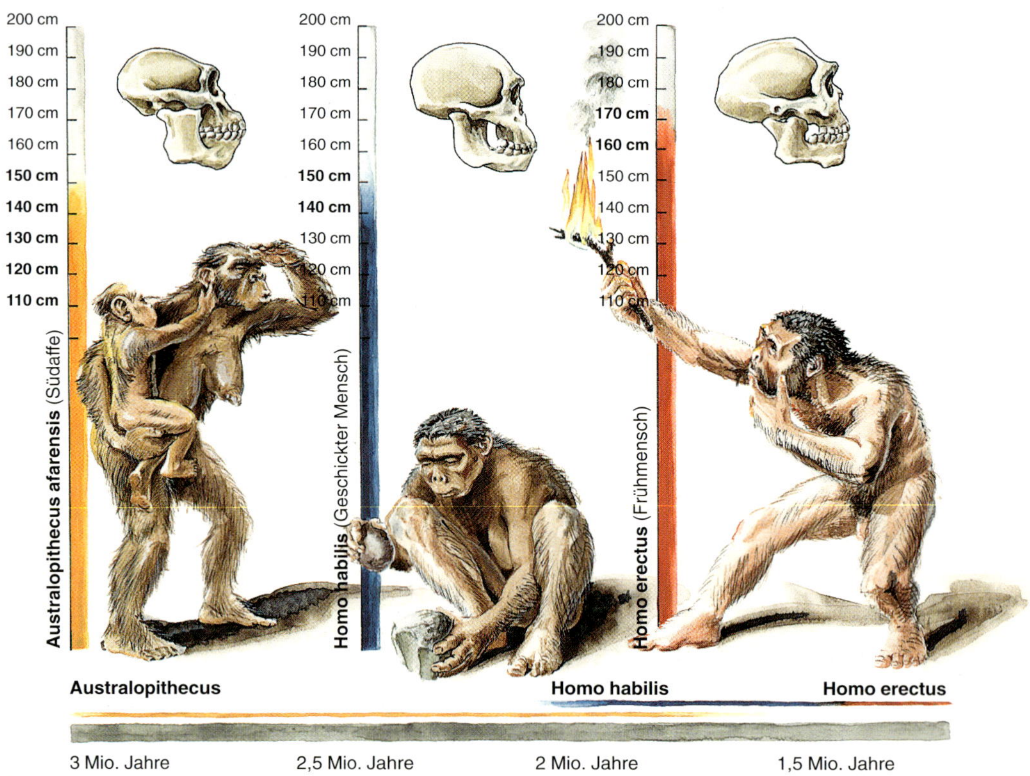

Der lange Weg der Menschwerdung

Der „geschickte Mensch“

Es dauert noch sehr lange Zeit, bis sich echte Menschen entwickelt hatten. Vor etwas mehr als zwei Millionen Jahren entstanden in Afrika die ersten Menschen. Ihr aufrechter Gang ermöglichte einen vielseitigen Gebrauch der Hände. Man konnte jetzt etwas in den Händen tragen und mit ihnen festhalten. Das war besonders wichtig für die Mütter, denn ein Säugling mit menschlichen Füßen kann sich nicht mehr wie ein Affenbaby an der Mutter festklammern. Er muss getragen werden.

Auch hatte sich das Gehirn nicht nur wesentlich vergrößert, sondern in seiner Form verändert. Deshalb konnten die Menschen besser denken. Sie stellten Werkzeuge aus Stein her, deshalb wurden sie von den Wissenschaftlerinnen und Wissenschaftlern als „geschickte Menschen“ (Homo habilis) bezeichnet. Sie lebten vor 2 bis 1,5 Millionen Jahren. Über sie ist in der Wissenschaft bisher noch wenig bekannt.

Der Frühmensch

In jüngeren Erdschichten, die vor etwa 1,8 Millionen Jahren in Afrika entstanden sind, fand man Knochen eines neuen Menschentyps. Er wurde „aufgerichteter Mensch“ (Homo erectus) genannt. Er war größer als der „geschickte Mensch“. Sein Gehirn war vermutlich doppelt so schwer. Bald schon lernte er mit dem Feuer umzugehen und erfand neue Werkzeuge.

Die Frühmenschen lebten wahrscheinlich in Horden. Viele Funde zeigen, dass im Laufe von vielen Jahrtausenden Frühmenschen aus Afrika nach Europa und Asien gewandert sind.

Der bei Heidelberg gefundene Unterkiefer (vgl. S. 13) gehörte zu einem Frühmenschen. Heute wird das Alter des Kiefers auf etwa 600 000 Jahre geschätzt. Er ist der älteste Fund eines Frühmenschen in Europa.

In den letzten Jahren wurde bei Bilzingsleben nahe Erfurt ein ganzes Lager der Frühmenschen ausgegraben. Auch bei Koblenz und bei Andernach sind Frühmenschenfunde gemacht worden.

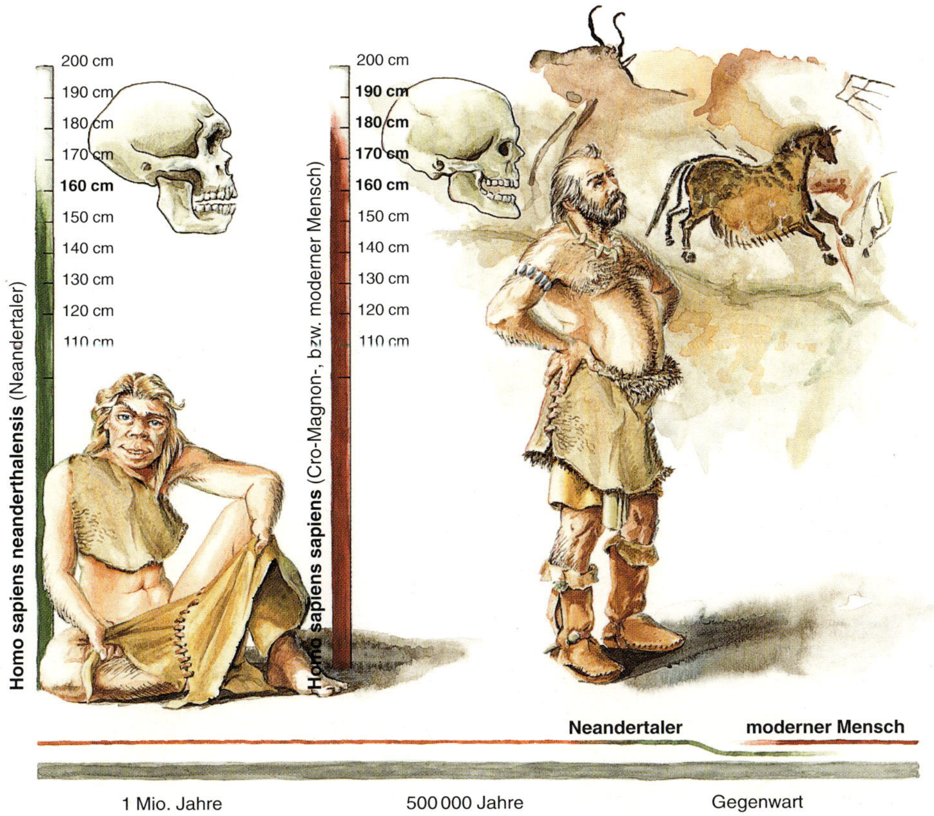

1 Neandertaler
Homo neanderthalensis
1,60 m
vielfältige Werkzeuge
gemischte Kost
an die Kälte angepasst
in Europa
ab 80 000 v. Chr.
frühe Formen der Religion

2 Jetztzeitmensch
Cro-Magnon-Mensch
1,60–1,85 m
erfindungsreich
Schöpfer von Kunstwerken
weltweit verbreitet

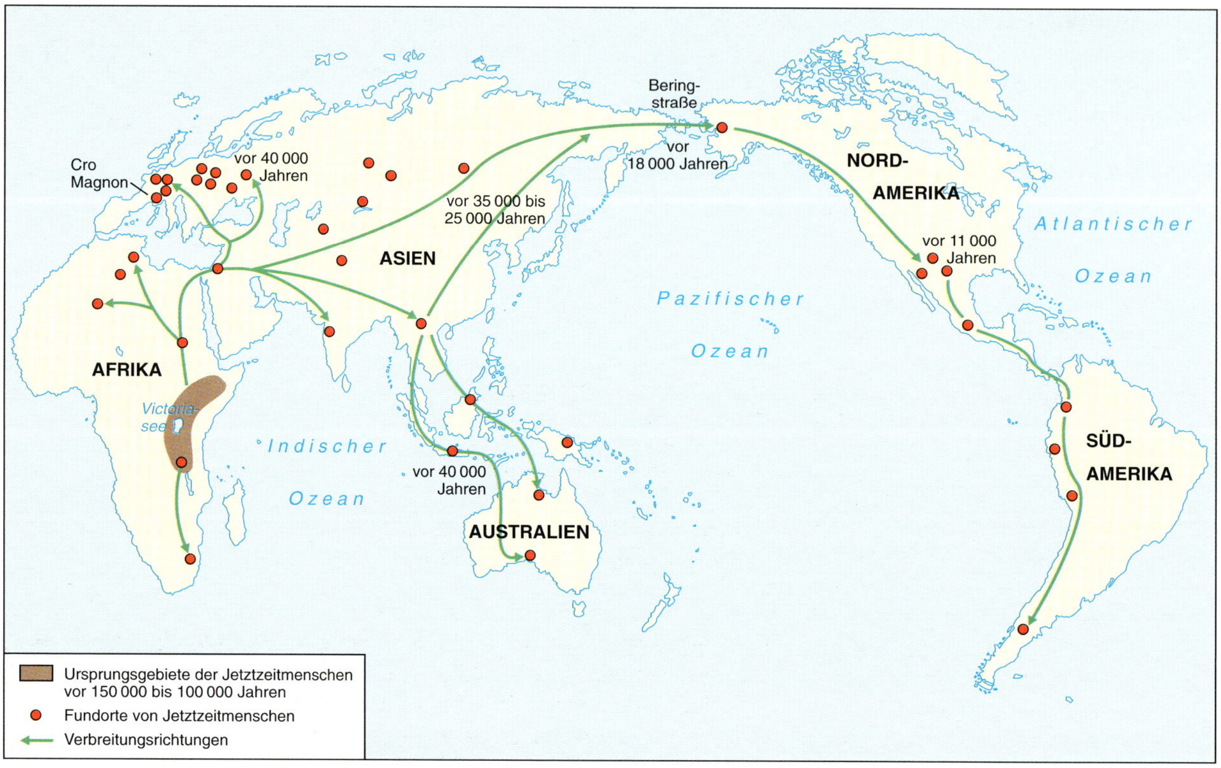

Fundstätten des Jetztzeitmenschen.

Der Neandertaler

Die im Neandertal gefundenen Fossilien gehören zu einem anderen Menschentyp, der nach seinem ersten Fundort Neandertaler genannt wird (vgl. S. 16). Er hat sich dem eiszeitlichen Klima angepasst. Durch Skelettfunde ist gesichert, dass Neandertaler in unseren Gegenden von 80 000 bis 35 000 lebten. Sie waren Sammlerinnen und Jäger und hervorragende Werkzeughersteller. Eine besondere Neuerung der Neandertaler war die sorgsame Bestattung der Toten. Daraus kann man schließen, dass sie an ein Leben nach dem Tode glaubten. Da es keine Funde von diesen Menschen nach 35 000 v. Chr. mehr gibt, nimmt man an, dass sie zu dieser Zeit schon ausgestorben waren.

Der Jetztzeitmensch

Vor etwa 40 000 Jahren wanderten Leute von der Art der Jetztzeitmenschen in Europa ein. Nach ihrem ersten Fundort in Europa wurden sie Cro-Magnon-Menschen genannt.
Wie die Funde zeigen, waren diese Menschen geschickter als alle ihre Vorfahren. Sie entwickelten mit der Höhlenmalerei die frühesten Formen der Kunst. Aber sie lebten noch vom Jagen und Sammeln.
Vor 18 000 Jahren wanderten Jetztzeitmenschen über die Beringstraße nach Amerika.

1 *Vergleicht die frühen Menschen auf den Abbildungen der beiden Vorseiten. Achtet dabei auch auf die Zeitangaben.*

2 *Beschreibt den Frühmenschen, wie er auf der Abbildung 4, S. 20 dargestellt ist. Wodurch unterscheidet er sich vom heutigen Menschen?*

3 *Stellt auf der Karte fest, wie sich der Jetztzeitmensch über die ganze Erde verbreitete.*

Lebensbedingungen in der Eiszeit

1 *Betrachtet noch einmal das Bild auf Seite 15. Was könnt ihr über die Menschen und ihren Lebensraum herauslesen?*

2 *Beschreibt nach der Karte die Verbreitung des Eises.*

3 *Sprecht über die Auswirkungen einer solchen „Eiszeit“ auf Pflanzen, Tiere und Menschen.*

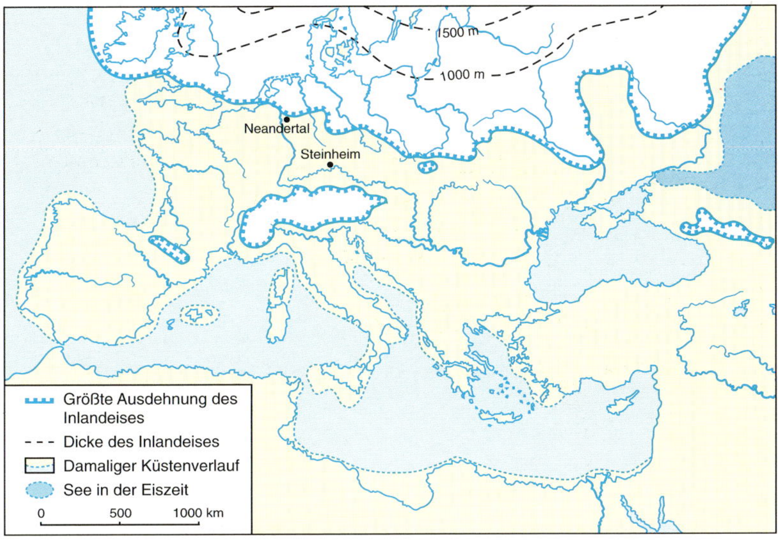

1 **Verbreitung des Eises in der Eiszeit.**

Das Klima in Europa war nicht immer gleich. Es veränderte sich mehrmals. Vier lang andauernde Eiszeiten hat es zwischen 1 000 000 und 10 000 v. Chr. gegeben. Über Jahrtausende lag die Durchschnittstemperatur im Juli bei + 5°C und im Winter sank die Temperatur auf bis zu -40 °C.

Dicke Eisschichten bildeten sich in Nordeuropa und in den Alpen. Die Eismassen schoben sich als Gletscher immer weiter nach Mitteleuropa und bildeten eine Eisdecke von 100 bis 3000 m Dicke. Vor den Gletschern taute der Boden auch im Sommer kaum auf. Die Wälder veränderten sich. Steppen, Tundren und Moore entstanden.

Ivar Lissner, ein deutscher Schriftsteller, berichtete über die heutige Landschaft der Tundra:

M ... Tundra – das ist der ewige Kampf der wachsenden Natur gegen den Tod der Kälte. Tundra – das ist Wald, Hunderte von Meilen niedrig dahinkriechend, verhungert, erfroren, dann wieder im Sumpf erstickt. Meist sind die Bäume verkrüppelt, weil der Sommer so kurz ist und der Winter so lang.

Tundra – das ist Not und Verderben, Stechfliegenplage und Mückenbrütender Sumpf. Tundren sind meilenweit ungangbare Gebiete, wo kein Baumstamm einen ansehnlichen Durchmesser gewinnen kann...

So wie die sibirische Tundra sah wohl auch ein großer Teil Mitteleuropas in der Eiszeit aus. Näher an den Gletscherrändern hörte der Baumwuchs ganz auf. Flechten und Moose bedeckten den Boden. Die Tiere, die nicht an die Kälte gewöhnt waren, zogen fort oder starben aus. Andere, wie das Mammut, der Höhlenbär oder das Ren, breiteten sich aus. Zwischen den Eiszeiten gab es immer wieder lange Zeiten, in denen es wärmer wurde. Das Eis schmolz; Tiere und Pflanzen, die wärmeres Klima brauchten, kehrten zurück.

4 *Erläutert mit Hilfe des Textes die Grafik. Achtet auf die Zeiten.*

2 **Eiszeiten und Warmzeiten.**

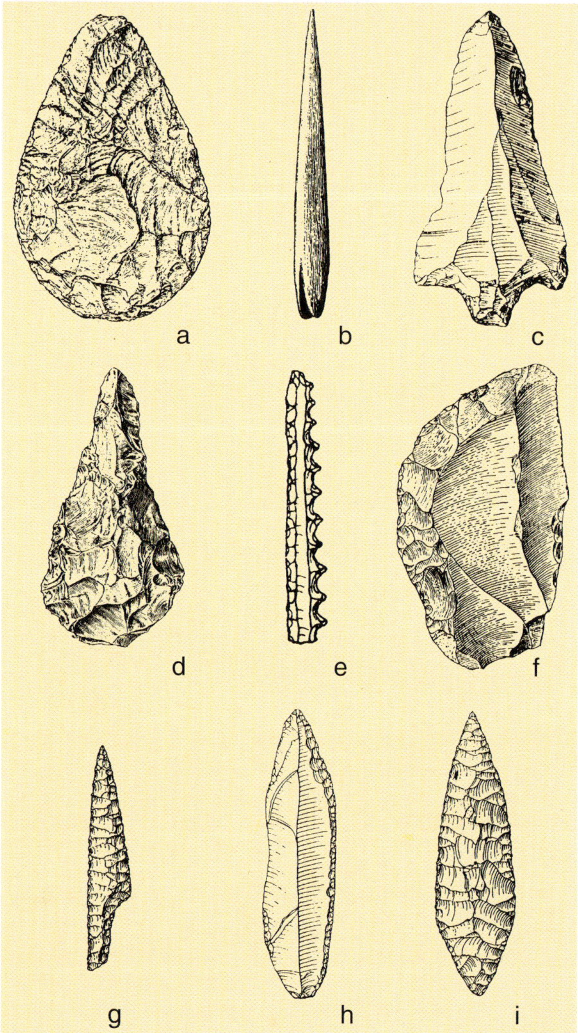

1 Werkzeuge aus verschiedenen Schichten.

Werkzeugherstellung

Der Archäologe F. Behn schrieb über die Entwicklung der Werkzeuge:

M Die ersten Werkzeuge des Menschen waren seine Körperteile, voran Arme und Beine. Ihre Wirkung zu steigern ... war das Ziel ... frühester Erfindertätigkeit der Menschen. Die Reichweite des Armes konnte durch einen abgerissenen Ast, der Schlag der Faust durch einen aufgehobenen Stein verstärkt werden. Der nächste Schritt ... bestand darin, dem Rohstoff eine Form zu geben, die ihn für bestimmte Handlungen geeigneter machen konnte ... Das wichtigste Gerät der ersten Zeit hat Mandelform, man hat es Faustkeil genannt. Es konnte für ... alle Zwecke verwendet werden. Wir können seine Entwicklung an Tausenden von Exemplaren ... verfolgen ... Der schwere Faustkeil wird ständig kleiner und endet als zierliche Handspitze. An die Stelle des allein verwendeten Werkzeuges tritt nun eine lange Reihe von Spezialformen: Schaber, Messer, Bohrer, Kratzer ... usw. Außer Holz und Stein stand den Menschen der Eiszeit noch ein weiterer Rohstoff zur Verfügung, der Knochen.

1 *Ordnet die Werkzeuge in Abb. 1 nach dem Alter. Begründet die Reihenfolge und erklärt, warum neue Werkzeuge erfunden wurden.*

2 *Beschreibt die Herstellung eines Werkzeuges nach Abb. 2.*

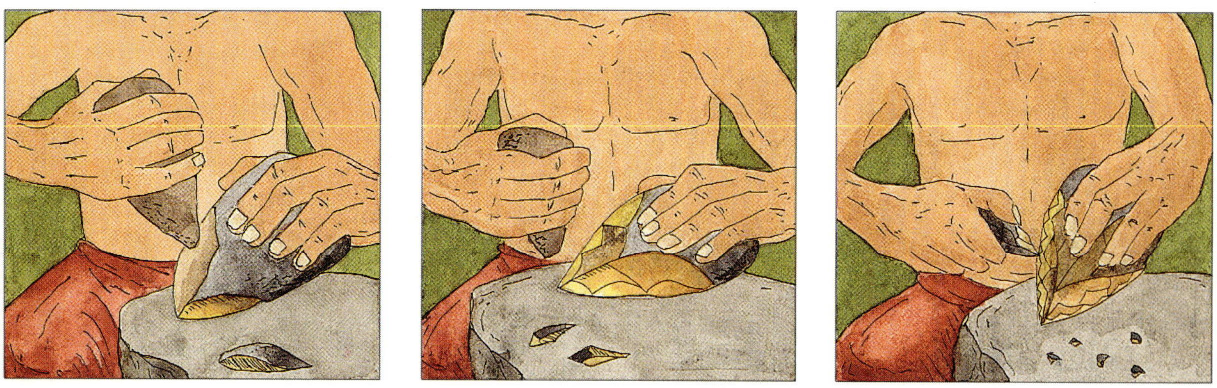

2 Herstellung eines Werkzeugs. Rekonstruktion.

Wohnen und Feuer

1 *Sprecht darüber, wie Menschen heute wohnen. Denkt dabei auch an andere Völker.*
2 *Überlegt, welches die wichtigsten Aufgaben der Wohnungen sind.*
3 *Betrachtet die Bilder und tragt zusammen, was ihr über das Wohnen der Eiszeitmenschen wisst.*

Es gibt wenige Funde aus dieser Zeit, die etwas über Kleidung und Wohnung der Menschen aussagen. In einigen Höhlen wurden Feuerstellen gefunden. Vor Höhlen und im Schutz der Felsen konnten Überreste von Lagerplätzen festgestellt werden. Im norddeutschen Flachland fand die Frühgeschichtsforschung Steine in ringförmiger Anordnung. Es wurde daraus geschlossen, dass die Jäger und Sammlerinnen wohl Zelte aus Fellen aufgestellt hatten (Bild 2). Außerdem wurde vermutet, dass auf den Jagdzügen Windschirme aus Zweigen oder Schilf gebaut wurden.
Die Menschen kannten aber auch schon andere Wohnungen. Bei einer Grabung wurde neben dem Feuerplatz eine Wohngrube gefunden. Sie hatte einen runden Grundriss mit ungefähr 2,50 m Durchmesser und war bis 1,70 m tief in den Boden eingegraben. Die Grube war wahrscheinlich mit einem Dach aus Zweigen und Fellen bedeckt.
Der Feuerplatz hatte Raum für 8 bis 10 Personen. Es ist eine kreisrunde Stelle mit flacher Vertiefung in einer dicken Schicht von Brandresten. Einen Meter von der Feuerstelle entfernt befand sich ein Haufen unverbrannter Mammutknochen; dieser Berg war der Stapelplatz des Feuerungsmaterials.
Das Feuer bedeutete für die Menschen Wärme, Licht und Schutz vor wilden Tieren und die Möglichkeit das Essen zuzubereiten. Das Feuer wurde in den Wohnplätzen sorgsam gehütet. War es einmal ausgegangen, musste man es mühsam neu entzünden (vgl. Bild 3). Andere Funde weisen darauf hin, dass Glut auf die Wanderungen mitgenommen wurde. Am neuen Lagerplatz konnte dann ziemlich schnell ein neues Feuer entfacht werden.

4 *Vergleicht die Wohnungen damals und heute.*
5 *Wiederholt, welche Bedeutung das Feuer hatte.*
6 *Überlegt, wie auch das Wohnen die Menschen zwang in Horden oder Gruppen zu leben.*
7 *Sprecht darüber, warum die Lebensweise der Jäger und Sammlerinnen den Bau fester Häuser nicht zuließ.*

1 Eingang zu einer Wohnhöhle in Luxemburg. Foto 1984.

2 Rekonstruktion eines Zeltes.

3 So machen Ureinwohner in Australien heute noch Feuer. Foto 1979.

1 Menschen auf der Jagd. Höhlenmalerei um 7000 v. Chr.

2 Von Pfeilen getroffener Wisent.
Höhlenmalerei um 15000 v. Chr.

Das Lager von Bilzingsleben

In den letzten 30 Jahren haben Archäologen in der Nähe von Bilzingsleben in Thüringen einen Lagerplatz erforscht. Die Untersuchungen ergaben, dass dieser Platz am Rande eines kleinen Sees vor etwa 300000 Jahren mehrfach als Lager diente.

Menschliche Skelettfunde wurden von den Forschern den Frühmenschen (vgl. S. 20/21) zugerechnet. Mehr als 5000 Steinwerkzeuge weisen ebenso auf die genannte Menschengruppe hin. Auch aus Hirschgeweihen und Mammutknochen hergestellte Geräte fand man. Mammutzähne dienten als Stützen von Zelten oder Windschirmen. Vor den Zeltplätzen fand man Feuerstellen und Arbeitsplätze, wo Steine und Knochen bearbeitet worden sind, so jedenfalls erklären die Wissenschaftler die Funde. Bei der Grabung kamen die Knochenreste von 256 Tieren zutage, darunter von 31 Elefanten, 68 Nashörnern, 29 Bären, 33 Hirschen, 37 Bibern, aber auch von Wildpferden, Wildschweinen und Rehen. Knochen von kleinen Tieren fand man auch, aber nicht viele. Reste pflanzlicher Nahrung waren selten, aber in der Forschung wird angenommen, dass wie bei heutigen Naturvölkern die pflanzliche Nahrung eine große Rolle gespielt hat. Nur haben sich pflanzliche Reste in den Fundschichten kaum erhalten.

1 *Versucht zu erklären, weshalb die Behausung, das Feuer und vielleicht auch schon einfache Bekleidung für die Frühmenschen nötig waren.*

2 *Stellt zusammen, wie die Menschen von Bilzingsleben sich ernährt haben. Wie lässt sich die Nahrungsbeschaffung erklären?*

Ein Fundbericht aus der letzten Eiszeit

1952 stießen Bauarbeiter beim Ausschachten in der Nähe von Salzgitter in 5 Meter Tiefe auf Überreste eines eiszeitlichen Jägerlagers. Es hat damals am Rande eines moorigen Tümpels gelegen, in den die Jäger ihre Abfälle geworfen hatten. Archäologinnen und Archäologen gruben den Lagerplatz aus und fanden:

- Knochen von etwa 80 Rentieren, 16 Mammuts, 6 Wildpferden und 2 Wollnashörnern;
- Pflanzenreste von Moosen, Gräsern, Zwergbirken und Polarweiden;
- Werkzeuge: rund 2000 Stück, darunter Faustkeile, Messer, Schaber, Kratzer aus Stein und haufenweise Abschlagsplitter, Keulen aus Rentiergeweihen, Dolche aus Mammutrippen und Speerspitzen aus Knochen.

Mehrere Kreise aus Steinen wurden am Ufer des Teiches festgestellt. Jeder Kreis hatte einen Durchmesser von etwa 5 Metern.

Die Forschung meint, dort habe eine Horde von etwa 50 bis 70 Menschen ein oder zwei Jahre die Zelte ihres Sommerlagers stehen gehabt.

3 *Vergleicht die beiden Fundberichte. Was sagen sie über das Leben der Menschen in der Altsteinzeit aus?*

Aus dem Leben der jungen Steinzeitfrau Oila

Blind vor Schnee kämpfe ich mich den Hang hoch und muss dabei sehr aufpassen nicht zu rutschen und abzustürzen. Endlich erreiche ich die halbrunde Felswand, in deren hinterem Teil der Höhleneingang liegt. Ich wische mir die Augen, presse mich an die Wand und lausche. Hier in der Nähe hatten unsere Männer einmal einen Bären aufgestöbert. Aber nichts rührt sich in dem dunklen Gang. Ich betrete ihn mit stoßbereitem Speer, schnuppere noch einmal und hoffe, dass der Platz frei von Raubtieren ist.

Ich lege meine Jagdgeräte ab und suche aus meiner Tasche die Feuerknolle mit der breiten Schlagkerbe hervor. An Brennstoff fehlt es nicht. Überall liegen Knochenreste verstreut, von Pferd und Mammut, Bison und Ren, die Überbleibsel von Beutetieren, an denen sich Löwen, Hyänen und Menschen gütlich taten. Ich kauere mich auf den Boden und schabe von einem trockenen Knochenteil so viel ab, wie das Feuer für seinen ersten Hunger braucht, schlage lange, sprühende Garben aus der Knolle, blase in die glimmenden Funken und sehe, wie das Feuertier erwacht.

Ich bekomme ein richtig großes Herdfeuer zu Gange, wärme mich auf und schaue in das Gestöber hinaus, dem ich entronnen bin.

Im Laufe des Vormittags hellt sich die Luft auf. Ich recke mich, gehe zum Ausgang und lutsche Eis gegen den Hunger. Ob ich es wage, den Hang hinabzusteigen? Meine Schneeschuhe liegen in der Siedlung und hier könnte ich sie gebrauchen, denke ich ärgerlich. Ich bin eingeschneit und muss mich auf langes Warten gefasst machen. Da reißt plötzlich die Wolkendecke auf, die Sonne gleißt und überschüttet das Tal mit unwirklichem Licht. Aus der Ferne kommt ein merkwürdiges Geräusch, ein hoher singender Ton, der schnell anschwillt. Ich ziehe mich in den Höhleneingang zurück, häufe hastig Knochen auf die Glut und decke die Feuerstelle mit Gesteinsbrocken ab. Denn jetzt fällt der Wind in die Höhle ein und schüttet Schnee über mich. Ich hocke mich nieder und versuche mich möglichst klein zu machen. Bis in den späten Tag fetzt mir der Wind um die Ohren. Als seine Gewalt endlich nachlässt, hat sich die Sonne bereits gegen den Himmelsrand geneigt.

Die Talsohle liegt leer gefegt vor mir, nur der verharscht aufliegende Altschnee leuchtet im Sonnenuntergangslicht. Schneeschuhe brauche ich jetzt nicht mehr. Ich will schon losgehen, als ich hinter der rückwärtigen Felswand ein Stück braunes Fell entdecke. Es hebt sich nur wenig vom Stein ab, aber ohne Zweifel, dahinter verbirgt sich ein Tier. Ich rühre mich nicht und warte mit gezücktem Speer, was hinter dem Felsblock zum Vorschein kommt. Doch ich nehme nicht die geringste Bewegung wahr, höre auch nicht das kleinste Geräusch, sosehr ich auch meine Ohren spitze. Schließlich umschleiche ich den Stein von der anderen Seite, spähe um die Ecke und fahre gleich darauf erschrocken zurück. Ein riesiges Tier lehnt gegen den Stein, massig, untersetzt, die zotteligen Haare voll Schnee und mit einem Doppelhorn im Gesicht. Natürlich, jetzt weiß ich, was für ein Geschöpf das ist. Ein Nashorn, nach dem Mammut das gewaltigste Tier in der Tundra.

Ich stehe gegen den Wind, fasse mir ein Herz und wage noch mal einen Blick. Das Geschöpf weicht nicht vom Fleck. Ich nehme meinen Speer fest in die Hände und stoße einen schrillen Jagdschrei aus. Doch das Ungetüm setzt sich nicht in Bewegung. Mit zwei Sätzen bin ich an seiner Flanke, ziele, wo das Herz sein muss und stoße mit aller Kraft zu. Der Schaft zersplittert und ich falle hintenüber ins Flechtengestrüpp. Während ich mich aufrichte, begreife ich plötzlich, warum sich das Tier nicht bewegt. Es ist durch und durch zu Eis gefroren. Ich löse die beinerne Speerspitze aus der zerbrochenen Schäftung, stecke sie in die Tasche und mache mich auf den Weg in unsere Siedlung. Meine Füße laufen von selbst und eilen unseren Leuten die gute Nachricht zu bringen. In unserer Lage bedeutet der Fleischberg einen Essensvorrat für viele Tage.

Es presst mir vor Hunger den Magen zusammen, wenn ich an das viele leckere Fleisch denke. Der Weg zieht sich, denn die Tundra ist im Dunkeln noch schwerer zu begehen, als sie es bei Tageslicht ohnehin schon ist.

Ich komme zur Siedlung, schreie, was meine Kehle hergibt: „Ho, ho, ihr Leute, ladet euch Fleisch auf eure Schultern! Kommt, wir haben Fleisch zu essen!“ Gut und Immap, die beiden Frauen aus der nächsten Hütte, stecken als Erste ihre Köpfe nach draußen. „Oila ist da!“, schreien sie ins Fellhaus zurück. „Tugak, Yaw, Papik, ihr Männer, hört ihr! Es gibt Fleisch zu holen!“

Über das Leben der Steinzeitfrau Oila könnt ihr weiterlesen in dem Buch: Arnulf Zitelmann: Bis zum 13. Mond.
Eine Geschichte aus der Eiszeit. Beltz-Verlag, Weinheim 1986.

Elefantenjagd bei Lehringen. Nach Funden rekonstruiert.

Von der Nahrungsbeschaffung

Im Leben der Steinzeitmenschen spielte die Jagd eine große Rolle. Ren, Schneehasen oder andere kleine Tiere konnte der Mensch notfalls allein jagen. Anders war dies bei der Jagd auf Bären, Elefanten, Bisons und Wildpferde. Hier mussten mehrere Jäger zusammenarbeiten.

Spuren einer Jagd, die vor etwa 40 000 Jahren stattfand, wurden in Spanien entdeckt. Der Wissenschaftler D. Johannson berichtet:

M Es war eine erstaunlich ergiebige Fundstelle. In den Bergtälern hatten in Gruppen jagende Frühmenschen den Großwildherden aufgelauert, die im Herbst nach Süden zogen. Die Jäger zündeten das trockene Gras an und trieben das Wild mit den Flächenbränden in die Sümpfe; wobei es ihnen sogar gelang, Elefanten zu erlegen, die sich aus dem morastigen Boden nicht mehr befreien konnten. Noch heute erkennt man deutlich die Spuren der Jagd. Man findet die Steinwaffen, die Reste des verbrannten Grases und die Knochen des Wildes. Es waren sehr viele Elefanten. … Die Knochen sind über eine sehr große Fläche verstreut. So fand man an einer Stelle nur Beine und Rippen eines halben Elefanten. Da ein halber Elefant nicht im Sumpf stecken bleibt und dort stirbt, muss irgendjemand das Tier zerlegt und die andere Hälfte fortgetragen haben:…

1 *Tragt verschiedene Jagdmethoden der Steinzeitmenschen zusammen. Nehmt hierzu auch die Bilder auf S. 17 zu Hilfe.*

Neben der Jagdbeute haben vermutlich pflanzliche Produkte als Nahrung für die altsteinzeitlichen Menschen eine große Rolle gespielt. Die Urgeschichtsforscher nehmen an, dass sich die Steinzeitmenschen ähnlich verhielten wie heute noch lebende Naturvölker (vgl. S. 30). Die Steinzeitmenschen suchten sich Lagerplätze in Gegenden, wo sie reichlich essbare Pflanzen vorfanden, und verlegten das Lager, wenn die Umgebung „abgeerntet" war.

Wahrscheinlich war das Sammeln der pflanzlichen Nahrung die Aufgabe der Frauen. Zusammengetragen wurden essbare Teile von Pflanzen – Blätter, Sprossen, Wurzeln, Knollen, Früchte und Samen. Essbare Pilze gab es zu allen Zeiten: Zusätzlich wurden Kleintiere gesammelt – Larven, Maden, Schnecken und Muscheln. Auf den Sammeltouren fingen die Frauen auch Eidechsen, Frösche, Vögel und junge Säugetiere. Vogeleier und Honig von Bienen waren sicherlich eine beliebte Speise. Die Sammelergebnisse wurden ins Lager gebracht und von der Gruppe gemeinsam verzehrt. Manche Forscher nehmen an, dass die Frauen mehr als 50 % der Nahrung der Gruppe ins Lager brachten. Bei heutigen

Die typische Jagdbeute der nacheiszeitlichen Menschen:
1 Hirsch, 2 Reh, 3 Elch, 4 Ur, 5 Wildschwein, 6 Braunbär, 7 Wolf und 8 Luchs.

Naturvölkern spielt die gesammelte Kost eine ebenso große Rolle. Ob in der Steinzeit die Heilwirkung bestimmter Pflanzen schon bekannt war und genutzt wurde, lässt sich nicht beweisen, wird aber vermutet. Nach dieser Lebensweise bezeichneten die Wissenschaftler diese Menschen auch als „Jäger und Sammlerinnen".

1 *Spielt ein Gespräch der Eiszeitmenschen am abendlichen Feuer. Über welche Freuden oder Sorgen haben die Menschen wohl gesprochen?*

2 *Stellt eine Liste zusammen unter der Überschrift: Warum die Menschen nur in einer Gemeinschaft überleben konnten.*

Veränderung in der Umwelt

Als nach dem Ende der letzten Eiszeit das Klima wärmer wurde, veränderte sich das Bild der Landschaft. Aus den Tundren wurden Wälder: Im Laufe von vielen Jahrtausenden etwa bis 7000 v. Chr. wurden aus Birken- und Kiefernwäldchen riesige Eichen-, Ulmen-, Eschen- und Erlenmischwälder. Als Folge des veränderten Pflanzenwuchs änderte sich auch die Tierwelt.

Auf der Zeichnung seht ihr die wichtigsten Beutetiere dieser Zeit. Während im ganzen Jahr, besonders aber im Herbst, Pflanzen gesammelt wurden, erfolgte vermutlich vor allem im Winter die Jagd auf Wildschweine, im Frühjahr auf Hirsche, Rehe und Elche. Die kleineren Tiere und den Ur jagten die Menschen während des ganzen Jahres. Das gewaltigste und gefährlichste Beutetier war der Ur, der wohl schon mit Hunden gejagt wurde.

1984 gruben in der Nähe von Potsdam Archäologen Reste eines Urs aus. Die Steinzeitjäger hatten von dem großen Tier nur den Schädel, die Wirbelsäule und ein paar Rippen zurückgelassen, alle anderen Teile aber abtransportiert. So ein Ur wog 800–1000 Kilo – so viel wie ein kleiner PKW.

Bei ähnlichen Fundstellen haben die Forscher Pfeilspitzen und Reste von Speeren gefunden. Im Laufe der jahrtausendelangen Entwicklung und des Wandels der Umwelt seit den Zeiten des Lagers von Bilzingsleben hatten die Menschen auch neue Techniken gelernt. Die Werkzeuge waren den Anforderungen viel besser angepasst. Auch die Nahrungszubereitung hatte Fortschritte erfahren. Die Möglichkeit des Kochens war erfunden worden (vgl. S. 31). So konnte die Nahrung besser genutzt werden.

3 *Beschreibt die Veränderungen bei der Nahrungsbeschaffung der Steinzeitmenschen.*

Wie die Menschen miteinander lebten

An den frühgeschichtlichen Funden ist kaum zu erkennen, wie die Menschen in den frühen Zeiten in Gemeinschaften lebten.

Im Folgenden berichtet der Journalist Helmut K. Salmen über das Zusammenleben von Menschen in einer Jäger- und Sammlerinnenkultur, wie sie 1966 in Südafrika bestand:

M Einige hundert Meter vom modernen Windhuk entfernt ist man plötzlich in die Steinzeit zurückversetzt. Die kleinen Jäger kennen noch vergiftete Pfeilspitzen und Reibhölzer zum Feuerquirlen. Man schätzt die Zahl der noch lebenden Buschleute auf 35 000.

Die Buschleute leben in Jagdscharen von vier bis fünf Familien zusammen. Als Grundpfeiler ihrer Lebensweise sind zu benennen: gegenseitiges Vertrauen, Zusammenarbeit, friedliches Verhalten. In ihrer harten Umwelt ist jeder auf den anderen angewiesen. Streit ist das Schlimmste, was in einer Horde aufkommen kann. Jede Schar hat einen Führer. Die Führerstellung wird bei manchen Buschmännern dem fähigsten Jäger angeboten. Jede Handlung wird von den Frauen und Männern ausgiebig diskutiert, zum Beispiel, ob man Windbrecher oder Hütten errichten will. Jede Gruppe besitzt ihr Gebiet, sie wandert in ihm von einem Wasserloch zum anderen auf der Suche nach essbaren Pflanzen und Wild. Für den Hauptteil der Nahrung müssen die Frauen sorgen. Sie gehen jeden Morgen mit dem Grabstock in das „Veld" und suchen nach essbaren Wurzeln, wilden Melonen, Termiten und Straußeneiern. Ist den Jägern einmal das Jagdglück hold und sie können mit einem erlegten Stück Wild im Triumph in das Lager zurückkehren, ist die Freude groß. Die Buschleute essen so lange, bis nichts mehr übrig ist. Man muss auf Vorrat essen, da die Hitze und die vielen Insekten eine Konservierung des Fleisches unmöglich machen.

1 *Fasst zusammen, was ihr über die Nahrungssuche der Buschleute erfahren habt.*

2 *Überlegt, welche Folgen die Nahrungsbeschaffung für das Leben der Gemeinschaft hat.*

3 *Vergleicht den Bericht über das Leben der Buschleute mit dem, was ihr bereits über die Steinzeitmenschen erfahren habt.*

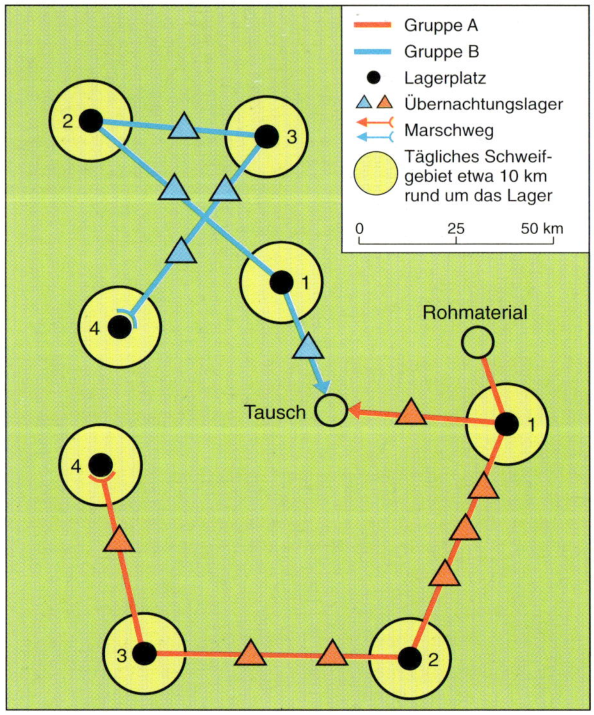

Lagerplätze und Fußmärsche von zwei Gruppen.

Vom Wandern der Gruppen

Als sich am Ende der Eiszeit das Klima und damit die Umwelt veränderte, änderte sich auch das Leben der Jäger und Sammlerinnen. Man nimmt heute an, dass sie in Gruppen von etwa 25–30 Menschen zusammenlebten. So rechnet man für die Weidentalhöhle (Kreis Pirmasens, Rheinland-Pfalz) mit 5–6 Männern, 5–6 Frauen, 6–9 Kindern und vier alten Menschen. Vieles spricht dafür, dass im Gebiet des heutigen Kreises Pirmasens etwa vier bis 13 solcher Gruppen gelebt haben. Sie hatten keine festen Wohnsitze. Wie schon in der Eiszeit lebten sie als Nomaden*. Sie legten sich jeweils ein Lager an, in dem sie sich bis zu acht Wochen aufhielten. Im Umkreis von etwa 10 km um das Lager herum beschafften sie sich ihre tägliche Nahrung. Gelegentlich wurden mehrtägige Ausflüge von Einzelnen oder Untergruppen für die Jagd, den Tausch mit anderen Gruppen oder zur Rohmaterialgewinnung unternommen. Führte diese Wanderung weiter vom Lager ab, dann legten die Jäger Übernachtungsplätze an.

War die Umgebung des Lagers „abgeerntet“, d. h., brachten die Jäger kaum noch Jagdbeute und fanden die Sammlerinnen nur noch wenige Nahrungspflanzen, dann brachen sie das Lager ab und zogen weiter, bis sie in ein Gebiet kamen, in dem es genügend Nahrung gab. Dort wurde dann um eine Feuerstelle ein neues Lager aufgeschlagen.

1 *Sucht in der Skizze die Lager 1 und 2 der Gruppe A.*
Stellt fest, wie weit sie voneinander entfernt sind und wie oft die Gruppe auf dem Weg übernachtete.
Wie lang war jeweils eine Tageswanderung?

2 *Sucht für die Gruppe B die größte Entfernung zwischen zwei Lagern und geht dann wie in Aufgabe 1 vor.*

3 *Erläutert die Lagerskizze mit Hilfe des Textes.*

Arbeitsteilung zwischen Mann und Frau

Im Laufe der Altsteinzeit hatte sich das Leben in Kleingruppen als die zweckmäßigste Form des Nahrungserwerbs herausgestellt. In diesen Gruppen entwickelte sich vermutlich nach und nach eine bestimmte Arbeitsteilung.

Die Arbeiten der Frau waren vielfältig. Sicher sorgte sie für die Erziehung der Kinder. Solange sie kleine Kinder hatte, blieb sie in der Nähe des Lagers und hütete neben den Kindern auch das Feuer.

Die Nahrungsbeschaffung nahm sicher viel Zeit in Anspruch. Die Menschen sammelten Wurzeln, Knollen, Blattgemüse, Pilze, Nüsse, Kastanien und Bucheckern, aber auch Eier, Muscheln, Krebse. Honig war sehr begehrt. Alles, was die Frauen sammelten, bildete stets die Grundlage für das Überleben der Jäger- und Sammlerinnengruppen. Die Zubereitung der Nahrung ebenso wie die Herstellung der Kleidung gehörten wohl zu den Aufgaben der Frauen. Die dafür nötigen Geräte, wie Nähnadel oder Bohrer, wurden wohl von ihnen selbst hergestellt.

Die Männer dagegen gingen vorwiegend auf die Jagd, beschafften Rohmaterialien für die Geräte und versorgten das Lager mit Brennholz. Die Jagdgeräte stellten sie her.

4 *Tragt in eine Liste, nach Männern und Frauen getrennt, die Tätigkeiten ein.*

5 *Beschreibt nach den Abbildungen 2 und 3 die Herstellung und Benutzung von Nadeln.*

1 Rekonstruktion einer Kochgrube.

2 Herstellung von Nadeln aus Knochen.

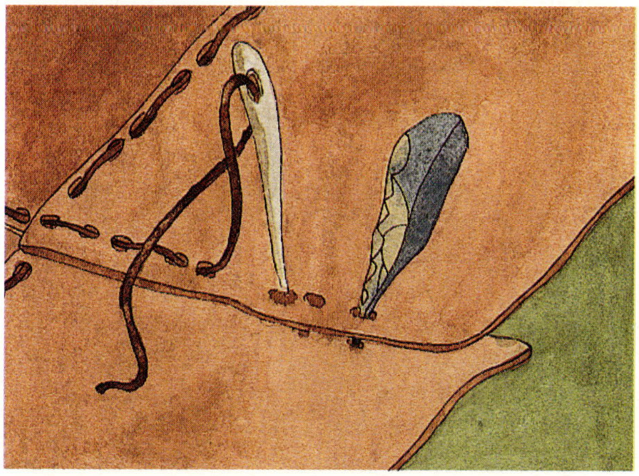

3 Benutzung von Bohrer und Nadel.

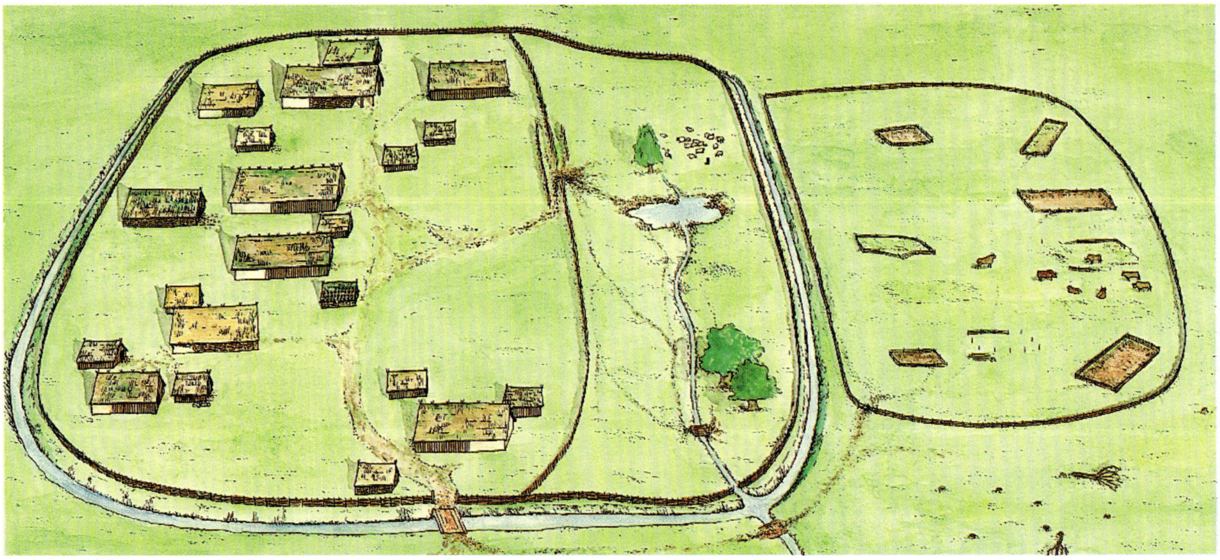

Rekonstruktion des jungsteinzeitlichen Dorfes Köln-Lindenthal.

Die Jungsteinzeit
Die Ur- und Frühgeschichte wird eingeteilt in Alt- und Jungsteinzeit. Die Altsteinzeit reicht vom Entstehen der Menschen bis etwa um 10 000 v. Chr. Damals veränderte sich wieder einmal das Klima. Es wurde wärmer und die Lebensbedingungen der Menschen veränderten sich. In den folgenden Seiten könnt ihr herausfinden,
- wie die neuen Lebensbedingungen aussahen,
- warum die Menschen sesshaft wurden,
- welche neuen Techniken sie entwickelten,
- wie die Arbeitsteilung weiter ausgebaut wurde
- und wie die neue Wirtschaftsform die Natur beeinflusste.

Ein jungsteinzeitliches Bauerndorf
In den Jahren 1930 bis 1934 wurde bei Köln-Lindenthal eine große wissenschaftliche Grabung durchgeführt. Gefunden wurden:
Knochen von Hund, Ziege, Schaf, Schwein, Rind, Wisent, Hirsch, Wildschwein, Elch, Reh und Bär; Pflanzenreste von Gerste, einfachen Weizenarten, Flachs, Mohn, Erbsen und Linsen; Werkzeuge, so geschliffene und durchbohrte Steinbeile, Steinmesser, Sicheln mit Feuersteinschneiden, Hacken, Grabstöcke, Reste von Holzspaten und Holzpflügen, Bohrapparate zum Durchbohren von Steinen, Handmühlen aus Stein, Reste von Handwebstühlen und Scherben von Tonwaren.

An den Verfärbungen in der Erde zeichneten sich die Pfostenreste von etwa 50 Häusern ab. Sie waren durchschnittlich 25 m lang und 5 bis 6 m breit. Im linken Teil der Siedlung (vgl. Abb.) lag das Dorf. Wahrscheinlich war der rechte Teil ein Viehpferch. Die Zeit, in der die Menschen wie in Köln-Lindenthal gelebt haben, nennt man Jungsteinzeit.

1 *Im Bericht über die Funde in Köln-Lindenthal werden Dinge aufgeführt, die die Jäger und Sammlerinnen der Altsteinzeit noch nicht kannten. Welche wichtigen Erfindungen haben die Menschen inzwischen gemacht?*

2 *Sucht Hinweise auf die Ernährung heraus. Welche Schlüsse könnt ihr daraus ziehen?*

Eine neue Wirtschaftsform
Wie kann das Entstehen der neuen Lebensweise erklärt werden ?
Das Klima wurde nach der letzten Eiszeit durchschnittlich um etwa 5 Grad wärmer. Das hatte weit reichende Umwälzungen in der Tier- und Pflanzenwelt zur Folge. Im Vorderen Orient* kam es in dieser Zeit zu reichen Regenfällen. Die Wildformen von Weizen und Gerste breiteten sich dadurch rasch aus. Bald gab es mehr Wildgetreide, als die Menschen in der kurzen Reifezeit verbrauchen konnten. So begannen sie Getreidekörner aufzubewahren. Sie legten Vorräte an, die sie wohl in Erdgruben unterbrachten. Die Vorräte schützten sie über Wochen und Monate

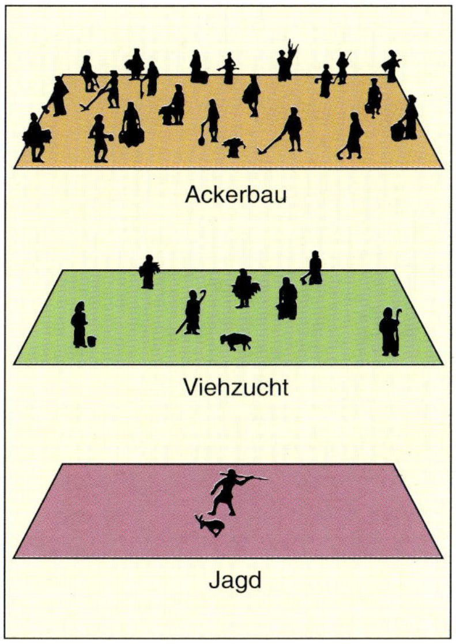

1 So viele Menschen konnten auf 1 km² ernährt werden.

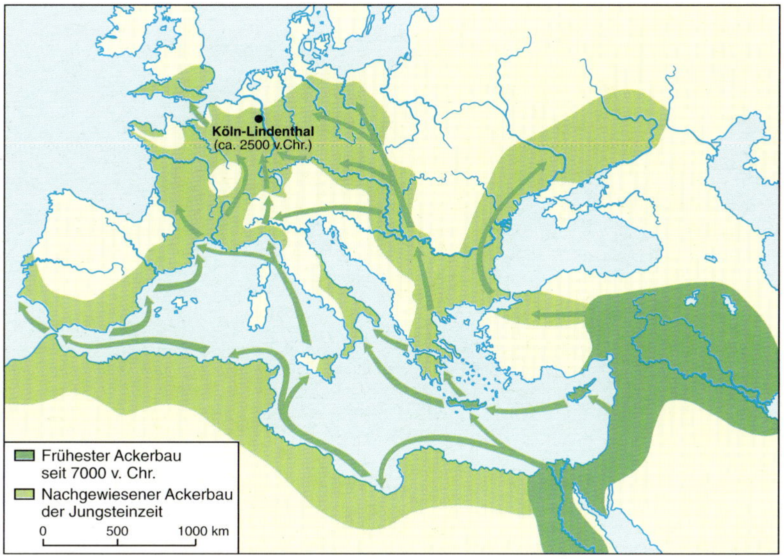

2 Ausbreitung des Ackerbaus.

vor Hunger. So blieben die Menschen bei den Vorräten. Es bestand keine Notwendigkeit weiterzuwandern.

Bei der Aufbewahrung der Getreidekörner – so vermutet die Wissenschaft – machten die Menschen die Beobachtung, dass die Getreidekörner auskeimen und sich daraus neue Pflanzen und Früchte entwickeln. Diese Beobachtung führte sie dazu, selbst Samen in die Erde zu legen um im Herbst wieder Körner zu ernten. Die Menschen fanden heraus, dass sie mehr ernteten, wenn sie den Boden auflockerten und wenn sie den Samen von den größten Ähren nahmen. So züchteten sie aus den Wildformen ertragreiche Getreidesorten. Die Getreidepflanzer wurden sesshaft. Das geschah im Vorderen Orient um 10000 v. Chr. Etwa zur selben Zeit lernten die Menschen im Vorderen Orient auch Schafe und Ziegen, später Schweine und Rinder zu zähmen und zu züchten. So waren die Menschen dort bei der Fleischbeschaffung nicht mehr auf das Jagdglück angewiesen. Sie werden aber auch weiterhin Wildfrüchte gesammelt und Wild gejagt haben.

1 *Überlegt, was es für die Menschen bedeutet, wenn sie Getreide anbauen und Viehherden haben. Denkt dabei nicht nur an die Lebensmittelversorgung, sondern auch an das Wohnen und die nötigen Werkzeuge.*

2 *Beschreibt Grafik 1.*

3 *Begründet, warum beim Ackerbau mehr Menschen von einem Quadratkilometer Boden ernährt werden können als bei der Jagd.*

Durch den Ackerbau und die Viehhaltung wurde die Ernährung sicherer. Es gab mehr zu essen. Dadurch wuchs die Bevölkerungszahl. Im 7. Jahrtausend v. Chr. reichte im Vorderen Orient das fruchtbare Land nicht mehr aus um alle Menschen zu ernähren. So machten sich vermutlich ganze Gruppen auf um das bisher noch unbebaute Land für sich zu gewinnen.

Aus der Karte könnt ihr nur die Wege der Ausbreitung ablesen, aber nicht, wie sie vor sich ging. Sehr frühe Funde in Nordafrika, in Griechenland und an der Rhonemündung zeigen, dass die „Auswanderer" auf Schiffen oder großen Booten über das Mittelmeer kamen.

Wo fruchtbarer Boden gefunden wurde, gingen die Menschen an Land, bebauten den Boden und errichteten Häuser. Nachkommende Gruppen mussten dann weiterziehen. Die Flusstäler waren beliebte Zugwege. So zog eine Welle nach der anderen immer weiter auf der Suche nach gutem Boden.

4 *Fasst mit Hilfe der Karte und des Textes zusammen, wie sich die bäuerliche Kultur ausgebreitet hat.*

Bau eines Hauses in der Jungsteinzeit. Die verschiedenen Arbeitsgänge, Errichten der Tragpfosten in Gruben, Verlegen der Dachkonstruktionen, Herstellen der Flechtwände, Decken des Daches mit Schilf und Verputzen der Wände mit Lehm, werden hier zu gleicher Zeit gezeigt; damals wurden sie nacheinander ausgeführt. Rekonstruktion auf Grund von Fundergebnissen.

Hausbau

1 *Seht euch die Wohnmöglichkeiten der Altsteinzeit auf Seite 25 an und vergleicht sie mit dem Haus der Jungsteinzeit.*

2 *Beschreibt nach dem Bild die Arbeitsgänge beim Bau des Jungsteinzeithauses.*

3 *Stellt eine Liste der Baumaterialien auf und überlegt, wie sie beschafft werden könnten.*

4 *Macht ein Planspiel: Ein Jungsteinzeithaus soll gebaut werden.*

Die Funde aus der Jungsteinzeit zeigen unterschiedliche Häuser. Es gab Einraumhäuser, in denen jeweils eine Familie wohnte. Dazu gehörten dann gesonderte Vorratshütten und oft auch Schutzbauten für das Großvieh. In anderen Gegenden gab es Dörfer, in denen Langhäuser standen wie in Köln-Lindenthal. In diesen Häusern war alles unter einem Dach untergebracht, was die Menschen brauchten, Räume zum Wohnen, für die Vorräte und für das Vieh.

Das Leben in jungsteinzeitlichen Dörfern

5 *Lasst diejenigen aus eurer Klasse, die das Leben auf dem Dorf kennen, über heutige Dörfer berichten.*

6 *Bittet ausländische Mitschülerinnen oder Mitschüler über Dörfer in ihrer Heimat zu berichten.*

7 *Sprecht über Ähnlichkeiten und Unterschiede.*

Über das Zusammenleben in den Dörfern der Jungsteinzeit können wir nur Vermutungen anstellen. Aus den Bodenfunden wissen wir, dass die Menschen in Dörfern zusammengelebt haben. Bei allen wird wohl gleich gewesen sein, dass die Häuser dicht beieinander lagen, denn die Bewohner mussten sich gegen umherschweifende Jägerhorden verteidigen. Deshalb war um das Dorf meistens ein Wall errichtet oder ein Graben gezogen worden. Die Dörfer lagen fast immer an einem Bach oder einem Teich.
Jede Familie baute ihre Nahrung an. Sie fertigte fast alle Geräte, die Werkzeuge und die Kleidung selbst. Die Frauen arbeiteten vermutlich mit auf dem Feld, töpferten, spannen und webten, nähten die Kleidung; sie rieben auf einem Reibstein das Getreide zu Schrot und bereiteten die Mahlzeiten. Die Männer machten Boden urbar, bearbeiteten den Acker, bauten Häuser, stellten Werkzeuge her, hüteten das Großvieh und gingen auf die Jagd. In Dörfern wie Köln-Lindenthal haben in einem Haus wohl mehrere Familien zusammengelebt und gearbeitet. Wenn neue Äcker kultiviert, ein neues Haus gebaut oder der Wall ums Dorf erneuert werden musste, dann werden sie wohl eng zusammengearbeitet haben.

In den Familien lebten und arbeiteten alle zusammen. Die Kinder gingen mit Vater oder Mutter und sahen ihnen bei der Arbeit zu, solange sie klein waren. Wurden sie größer, dann halfen sie bei allen vorkommenden Arbeiten. So konnten sie alles lernen, was zum Leben nötig war.
Die alten Menschen blieben in der Familie, halfen, soweit sie noch konnten, und wurden von den Jüngeren versorgt. So lebte die ganze Familie von dem, was sie gemeinsam erwirtschaftet hatte.

Töpfern und Weben

In allen ausgegrabenen Siedlungen der Jungsteinzeit wurden Töpferwaren gefunden. Wann und wo die Töpferei erfunden wurde, ist nicht genau bekannt, aber die einwandernden Bauern und Hirten kannten schon gebrannte Tonwaren.
Die Funde von Spindeln beweisen, dass die Menschen in der Jungsteinzeit schon Garn gesponnen und Stoffe gewebt haben. Dazu verwendeten sie Flachs und Wolle.

Steinbearbeitung

In der Jungsteinzeit erfanden die Menschen das Schleifen und Bohren. Damit konnten sie bessere Beile herstellen, die für die vielen Holzarbeiten sehr nützlich waren.

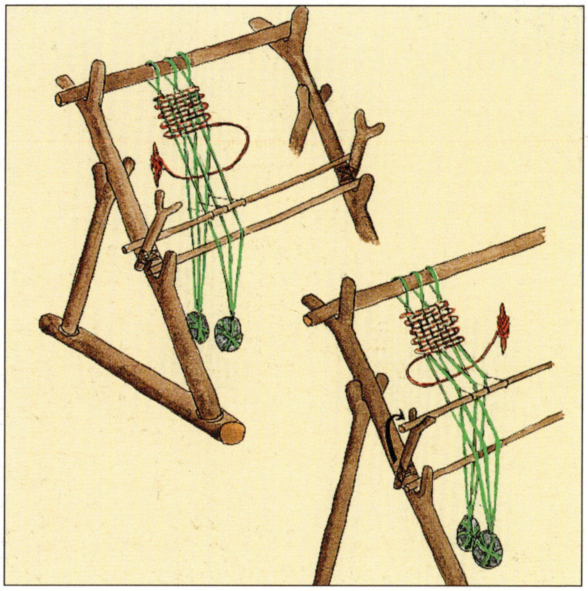

1 Webstuhl der Jungsteinzeit. Rekonstruktion. 1 Kettfäden, 2 Schussfaden, 3 Weberkamm, 4 Gewichte.

1 *Erläutert mit Hilfe der Zeichnungen 2 und 3 die Steinbearbeitung.*
2 *Versucht einen Stein mit Hilfe von Wasser und Sand auf einer Steinunterlage glattzuschleifen.*
3 *Versucht die Arbeitsweise der Bohrmaschine auf Bild 3 zu erläutern.*

2 Schleifen von Steingeräten. Modellversuch.

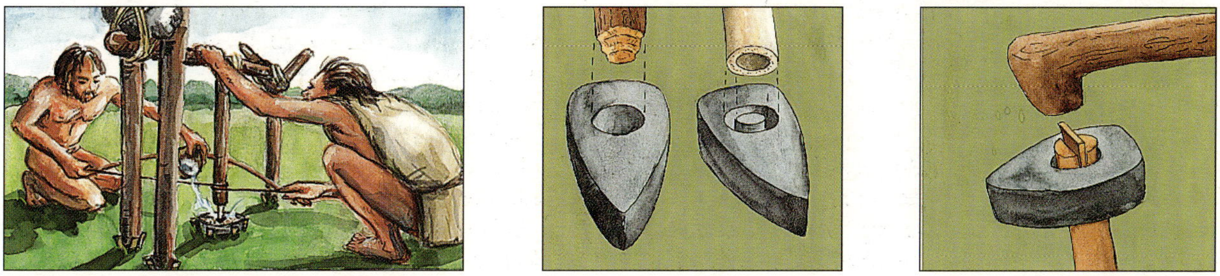

3 Bohren von Steinen. Modellversuch.

1 Ein Feuersteinbergwerk der Jungsteinzeit. Rekonstruktion.

Handwerker
Die Herstellung der Beile (vgl. S. 35) erforderte nicht nur viel Zeit, sondern auch Übung und Geschicklichkeit. Es ist anzunehmen, dass zu dieser Zeit die Arbeitsteilung begann. Für besonders schöne und gute Werkzeuge gab es schon Spezialisten, die ersten Handwerker.
So wurde in einer steinzeitlichen Siedlung abseits der großen Langhäuser ein kleines Haus gefunden. Hierin befand sich eine große Zahl fertiger und halbfertiger Steingeräte und auch Rohmaterial.
Die Handwerker tauschten ihre Erzeugnisse gegen Lebensmittel. Aber sie werden auch nebenher noch Felder bearbeitet haben.

2 Ein Hortfund. Foto.

Händler
Die Frühgeschichtsforschung kennt sogenannte Hortfunde. Das sind Fundstellen, in denen mehrere Gegenstände so zusammenliegen, dass sie zum selben Zeitpunkt vergraben worden sein müssen. Es wird vermutet, dass Händler ihre Waren vergruben, wenn sie in Gefahr gerieten. Die Größe der Funde ist unterschiedlich. Es gibt solche mit mehr als 80 Steinbeilen. Diese Geräte wurden untersucht und dabei wurde festgestellt, dass sie Hunderte von Kilometern von ihrem Herstellungsort gefunden wurden. In Niedersachsen wurden in einem Hortfund Steinbeile gefunden, die in Mittelfrankreich hergestellt worden waren.

1 *Spielt, wie Händler in ein Steinzeitdorf kommen und Werkzeuge eintauschen wollen. Womit werden sie sich wohl „bezahlen" lassen?*

Bergwerke in der Jungsteinzeit
Zur Herstellung von Werkzeugen eigneten sich am besten Feuersteine, die frisch aus dem Kalkgestein herausgebrochen worden waren. Um an diese Feuersteine zu kommen legten die Menschen schon in der Jungsteinzeit die ersten Bergwerke an.

2 *Beschreibt die Tätigkeiten auf Bild 1.*

3 *Überlegt, woher die ersten Bergleute ihre Nahrung bekamen.*

4 *Beschreibt die Zusammenhänge von Bergwerk, Handel, erstem Handwerk und Landwirtschaft.*

Grabsitten in der Altsteinzeit

Durch eine Reihe von Funden weiß die Frühgeschichtsforschung, dass schon die Jäger und Sammlerinnen Tote beerdigt haben.
Otto Hauser, ein Archäologe, berichtet:

> **M** Es war ein unvergesslicher Moment, als ich mit bloßen Händen die Erde sacht abhob und das Schädeldach bloßlegte ...
> Alle Anzeichen sprachen dafür, dass die alte Höhlenhorde den 16- bis 18-jährigen Mann ehrfurchtsvoll bestattet hatte. Wegzehrung in Form gebrannter Bisonkeulen, schöne Feuersteinwerkzeuge lagen bei der Hand. Eine Grabstätte aus grauferner Zeit ...

Die Jäger und Sammlerinnen betteten die Toten in Gruben, oft in unmittelbarer Nähe ihrer eigenen Wohnstätte. Sie streuten Ocker über die Leichen, wahrscheinlich um ihnen die Hautfarbe der Lebenden zu geben. Schmuck, Werkzeuge, Lebensmittel, manchmal sogar Blumen wurden mit ins Grab gegeben.
Die Wissenschaftler deuten das so:
Die Menschen der Altsteinzeit glaubten an ein Weiterleben nach dem Tode. Deshalb gaben sie den Toten die Dinge mit ins Grab, die sie auch im Leben gebraucht hatten. Wie sie sich das Leben nach dem Tode vorstellten und was sie darüber sprachen, das wissen wir nicht.
Es ist anzunehmen, dass sich die Menschen gegenüber den Naturgewalten hilflos fühlten und Angst vor Blitz und Donner, Krankheit und Tod hatten. Sie werden sich gefragt haben, woher das alles kommt.
Beim Nachdenken über diese Fragen kamen die damaligen Menschen vermutlich auf den Gedanken, dass übernatürliche Kräfte, Götter und Geister ihr Leben beeinflussten.

1 Großsteingrab „Große Slopsteene“ bei Wersen, Kreis Steinfurt. Foto.

2 Steinkistengrab aus der Jungsteinzeit. Ähnliche Bestattungen gab es schon in der Altsteinzeit.

Grabsitten in der Jungsteinzeit

Die Menschen der Jungsteinzeit beerdigten ihre Toten auf verschiedene Weisen. Weit verbreitet waren die Großsteingräber. Aus großen Steinblöcken (Findlingen) bestanden die Grabkammern. In ihnen bestatteten die Dorfgemeinschaften ihre Toten mehrere Generationen lang. Grabbeigaben, wie Schmuck, Waffen und Nahrung, zeigen, dass die Menschen an ein Weiterleben nach dem Tode glaubten. Gegen Ende der Jungsteinzeit wurden die Toten in Einzelgräbern beerdigt.

1 *Fasst zusammen, was die Frühgeschichtsforschung zu der Vermutung geführt hat, die Menschen der Altsteinzeit und der Jungsteinzeit hätten eine Religion gehabt.*

2 *Vergleicht die Grabsitten der Altsteinzeit mit denen der Jungsteinzeit.*

1 **Die Hornspitze im Bodensee im Zustand der mittleren Steinzeit.** Rekonstruktion.

2 **Die Hornspitze im Bodensee im Zustand der Jungsteinzeit mit der Siedlung Hornstaad-Hörnle um 3900 v. Chr.** Rekonstruktion.

Die Hornspitze im Bodensee heute. Luftaufnahme.

Mensch und Natur

1 *Beschreibt die Veränderung der Landschaft der Hornspitze im Laufe der Zeit. Beachtet dabei die Ausbreitung der Siedlungsfläche und die Bodennutzung.*

2 *Fasst noch einmal zusammen, was ihr über die Ernährung der Menschen in der Mittelsteinzeit und der Jungsteinzeit erfahren habt.*

In der Altsteinzeit lebten die Menschen als Jäger und Sammlerinnen. In die Natur griffen die Menschen nur durch Jagen und Sammeln ein, richteten aber keine Schäden an. Das veränderte sich mit Beginn der Jungsteinzeit, als die Menschen begannen Ackerbau und Viehzucht zu betreiben. Für die Äcker und Gärten benötigten sie freie Flächen.

Sie rodeten den Wald mit Steinbeilen, vielleicht auch mit Hilfe des Feuers. Der Boden zwischen den Baumstümpfen wurde aufgelockert und mit Getreide besät. Auf offen gelassenen, für die Saat nicht benutzten Flächen ließ man das Vieh weiden. Mit der Zeit stellten sich hier vor allem lichtliebende Gehölze ein, darunter viele Haselnuss- und Beerensträucher, die das Nahrungsangebot für den Menschen vergrößerten.

Nach wenigen Jahrzehnten verließ man die Anbauflächen und verlagerte das gesamte Dorf. Eine solche Wirtschaftsweise hatte einen großen Flächenbedarf. Da Grünlandflächen (wie die heutigen Wiesen und Weiden) in der Steinzeit noch kaum entwickelt waren, trieb man das Vieh vor allem in den Wald, wo es sich von Laub ernähren musste. Schweine profitierten im Herbst von herabfallenden Eicheln und Bucheckern. Die Waldweide der Tiere dezimierte nachwachsende junge Bäume und führte zu einer Auflichtung der Wälder.

Auf diese Weise wurden nachhaltige Eingriffe in die Natur vorgenommen und das Gesicht der Landschaft veränderte sich stark. Das hatte auch zur Folge, dass sich das örtliche Klima veränderte.

3 *Beurteilt die menschlichen Eingriffe in die Natur.*

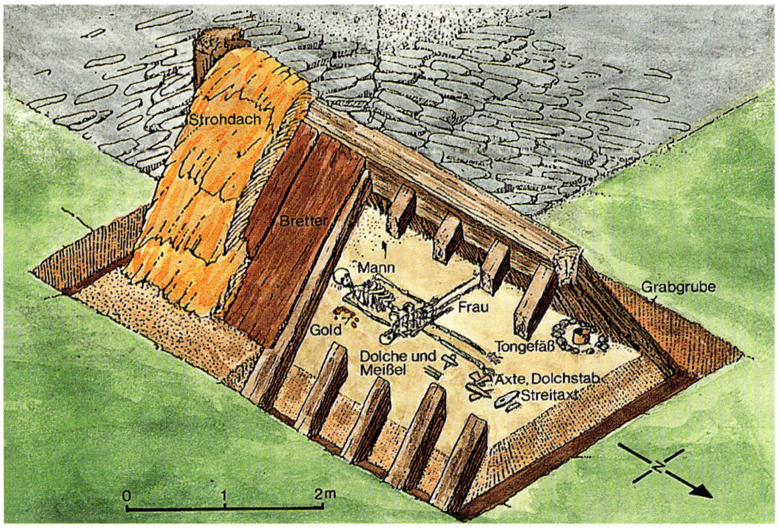

1 **Das Totenhaus von Leubingen.** Rekonstruktion.

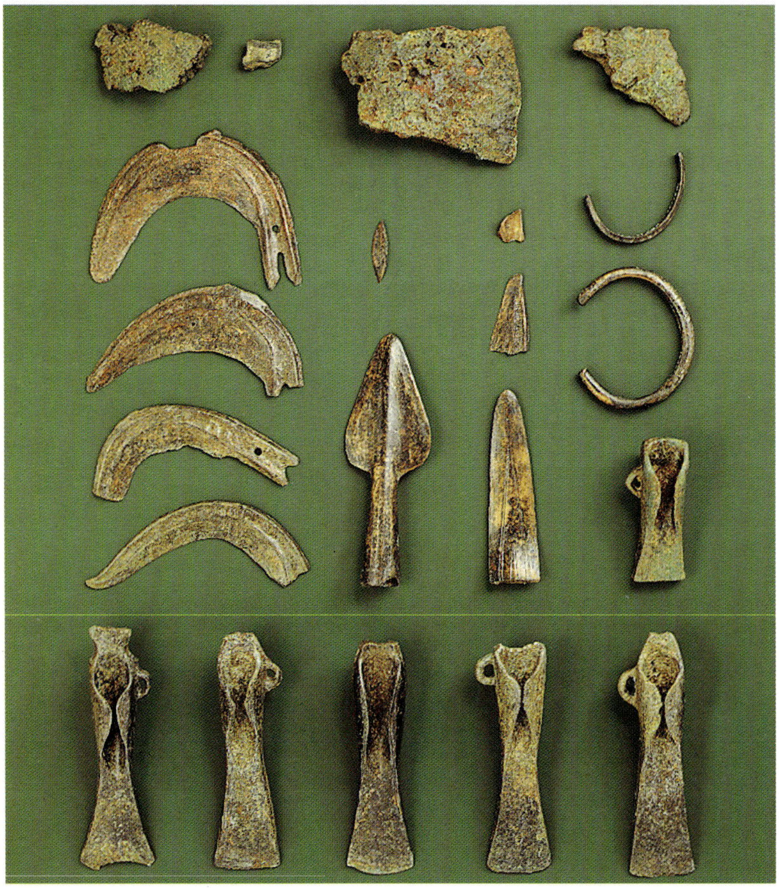

2 **Funde aus der Bronzezeit.** Foto.

Die Metallzeiten

Die Menschen bemühten sich während der Jungsteinzeit um die Verbesserung ihrer Geräte. Auf der Suche nach neuen Werkstoffen entdeckten sie das Metall. Der älteste Fund aus bearbeitetem Kupfer stammt aus der Türkei. Es sind Schmuckperlen aus dem 7. Jahrtausend v. Chr. Aber reines Kupfer ist für Waffen und Geräte zu weich. Nach langem Experimentieren fanden die Menschen heraus, dass die Mischung aus 9 Teilen Kupfer und 1 Teil Zinn ein neues; härteres Metall ergaben, die Bronze. Seit etwa 2000 v. Chr. breitete sich in Mitteleuropa die Bronze aus. Wir sprechen von der Bronzezeit. Ab etwa 1000 v. Chr. setzte sich ein weiteres Metall durch, das viel härter war, das Eisen. Damit begann die Eisenzeit. Auf den folgenden Seiten könnt ihr erkunden,
– wie die Einführung der Metalle das Leben veränderte,
– und wie die gesellschaftliche Gliederung neu geformt wurde.

Das Grab von Leubingen

Als das Grab von Leubingen in Thüringen (Bild 1) untersucht wurde, stellte man fest, dass es rund 3500 Jahre alt sein musste. Die Forscher fanden in dem Grab die Überreste von zwei Menschen, einem Mann und einer Frau, die beide lang ausgestreckt lagen. An Geräten wurden gefunden:

- reicher Goldschmuck, Äxte, Dolche und Meißel aus Bronze, Streitäxte aus Stein und Tongefäße.

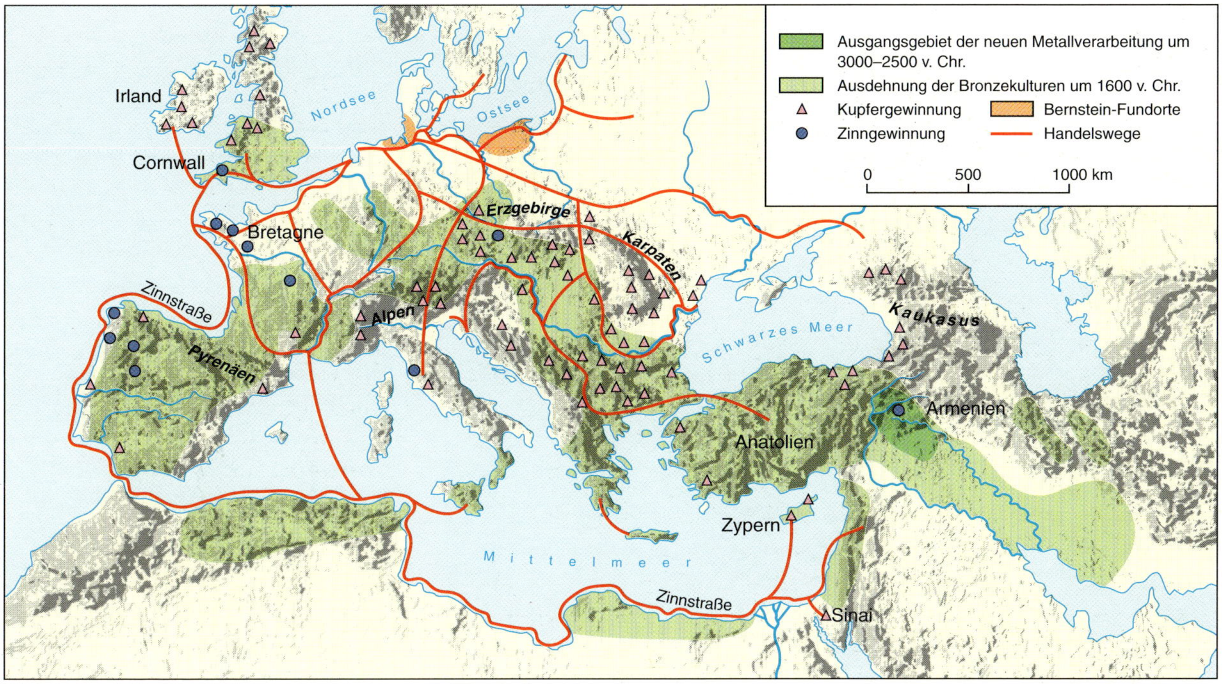

Bodenschätze und Handelswege in der Bronzezeit. (vgl. auch S. 45)

1 *Überlegt, was im Grab von Leubingen gegenüber der Steinzeit neu ist.*
2 *Vergleicht die Steinwerkzeuge (S. 24) mit den Bronzegeräten auf der gegenüberliegenden Seite.*
3 *Denkt über Vor- und Nachteile der Metallwerkzeuge nach.*

Neuer Fortschritt durch das Metall

Die ältesten bekannten Metallgeräte stammen aus der Türkei. Sie sind aus Kupfer. Weil Kupfer sehr weich ist, verbiegen sich die Geräte sehr leicht. Deshalb waren die Kupfergeräte den steinernen nicht überlegen. Erst als man die Bronze erfand, eine Mischung aus neun Teilen Kupfer und einem Teil Zinn, setzte sich das Metall durch. Erze gab und gibt es nicht überall. Auf der Karte oben sind die damaligen Hauptabbaugebiete für Kupfer und Zinn eingetragen.

4 *Beschreibt die Fundgegenden.*
5 *Überlegt, wie Bauern und Hirten in unserer Gegend an die Bronze gekommen sein könnten.*

Schon in der Jungsteinzeit trieben die Menschen Fernhandel. Dieser wurde nun ausgebaut. Auf Grund der Funde lassen sich regelrechte Handelswege beschreiben. Sie sind in der Karte eingezeichnet. Die Händler befuhren mit Booten die Flüsse und Bäche. Aber sie benutzten auch die Pfade an den Abhängen der Täler. An manchen Stellen dieser Wege stieß man auf Hortfunde (vgl. S. 36). Die meisten von ihnen enthielten einige Dutzend Gegenstände. Es gab aber auch so große Funde wie den von Bad Homburg v. d. H. Dort lagen Hunderte von Lanzenspitzen, Sicheln, Messer, Armbänder und Haarnadeln aus Bronze. Bei Achenbach am Bodensee enthielt ein Hort über einen Zentner Bernstein. Warum die damaligen Besitzer ihre wertvollen Waren nicht wieder abgeholt haben, ist nicht bekannt.

6 *Vermutet, wie wohl der Handel vor sich gegangen sein kann.*
7 *Überlegt, womit die Bauern die Bronzegeräte „bezahlt“ haben können.*
8 *Stellt Gründe zusammen, mit denen die Händler für ihre Bronzewaren geworben haben könnten.*

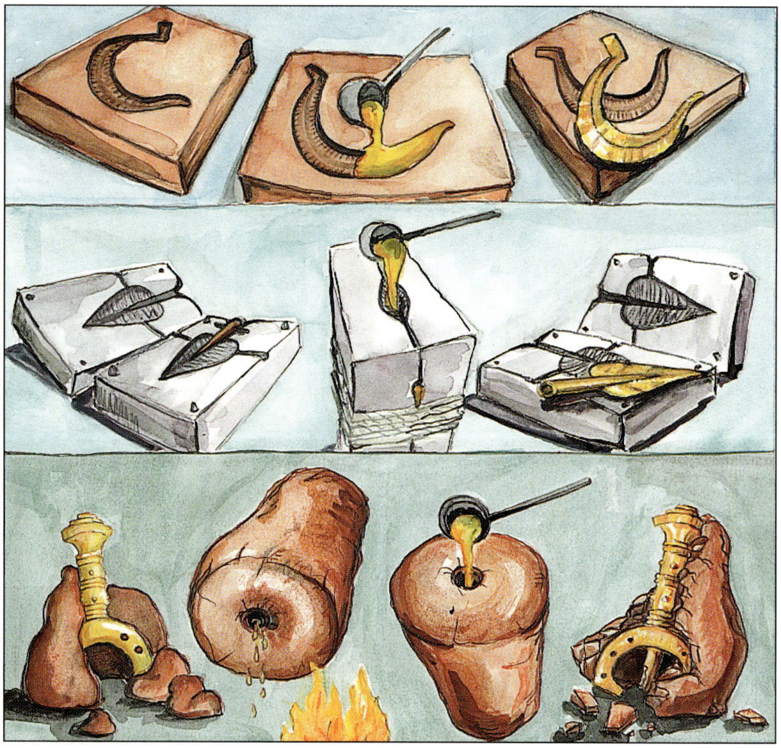

Unterschiedliche Gusstechniken.
Rekonstruktion.

Drei Gusstechniken sind wichtig.
A Der offene Herdguss: In eine offene Stein- oder Tonform wird die Bronze gegossen. Die in solchen Formen gegossenen Geräte sind nur auf einer Seite geformt.

B Der Schalenguss: Zwei gleiche Formen werden aneinander gefügt, die Bronze wird oben eingegossen, Luft entweicht durch eine zweite Öffnung. Diese Technik ermöglicht eine Formung auf beiden Seiten des Gerätes.

C Gießen in der verlorenen Form: Aus Wachs wird ein Modell des Gegenstandes geformt und mit Ton umkleidet. Dabei lässt man Öffnungen im Ton für das Eingießen der Bronze und den Luftaustritt. Dann wird die Form erhitzt, das Wachs ausgegossen und die Form gebrannt, damit sie fest wird. In diese Form wird die Bronze gegossen. Nach dem Abkühlen muss man die Form zerschlagen um das Bronzestück zu erhalten.

Wie Bronze hergestellt wurde

Viele bronzezeitliche Bergwerke sind von den Archäologen ausgegraben worden. Man fand z. B. in Spanien in einer Kupfergrube 20 tote Bergleute aus der Bronzezeit, die während einer Arbeitspause von niederstürzendem Gestein erschlagen worden waren. Kleidung, Geräte, Werkzeuge und Lampen sind von diesem, aber auch von anderen Schächten bekannt. Daher weiß man, wie die Bergleute damals arbeiteten. Soweit es ging, arbeiteten die Bergleute im Tagebau. Lagen die Erz führenden Schichten aber zu tief, gruben sie einen Schacht und erweiterten ihn unten, wo die Erze lagen, zu großen Räumen.
Mit starkem Feuer erhitzten die Bergleute die Gesteinswand, dann schütteten sie kaltes Wasser dagegen. Dadurch wurden die Steine spröde und brüchig. In die Spalten trieb man Holzkeile, die mit Wasser begossen wurden. Sie quollen auf und sprengten das Erz ab. Über Tage wurde das Erz weiterverarbeitet.
Das Erz wurde in „Hochöfen" ausgeschmolzen. Dazu schichtete man abwechselnd Erz und Holzkohle zu einem mannshohen Haufen auf, den man mit Lehm abdeckte. Je ein Loch im Lehmmantel oben und unten sorgte für den Durchzug. Außerdem führte man mit einem Blasebalg Frischluft zu, dadurch erhöhte man die Temperatur im Ofen. Das geschmolzene Metall floss unten aus dem Ofen in vorbereitete Formen aus Lehm und erkaltete. Jetzt waren die Barren fertig.

Um Geräte oder Waffen herzustellen schmolz man Zinn und Kupfer zusammen, dadurch erhielt man Bronze. Die wurde dann in Formen gegossen. Archäologen haben ausgerechnet, dass ein Kilogramm Kupfer den Gegenwert von ungefähr zwanzig Arbeitstagen eines Mannes hatte.

1 *Überlegt, was es für die Bauern bedeutete, dass ein Kilogramm Kupfer den Wert von 20 Arbeitstagen hatte.*

2 *Beschreibt die Arbeitsgänge, die nötig sind um eine Bronzesichel, eine Speerspitze und eine Bronzefigur herzustellen.*

3 *Vergleicht die Arbeitsvorgänge in den verschiedenen Techniken. Welche mag man für Massenwaren benutzt haben?*

Der Archäologie liegen Tausende von Funden aus der Bronzezeit vor. Aus ihnen kann die Forschung gesicherte Erkenntnisse über materielle Bereiche ablesen, so z. B. über Hausbau, Landwirtschaft, Metallbearbeitung, auch über Ernährung und Kleidung. Aber über die gesellschaftliche Gliederung sagen die Funde nur wenig aus. So ist die Wissenschaft darauf angewiesen, zu den geringen Kenntnissen das Wissen über heutige naturnahe Völker hinzuzuziehen und aus dem Vergleich Modelle zu entwickeln. Diese Modelle müssen immer neu geprüft werden, wenn neue Funde gemacht worden sind.

Bauern und Bäuerinnen

In der Bronzezeit veränderte sich vieles im Leben der Menschen. Neue Siedlungsräume wurden gewonnen und die landwirtschaftliche Produktionsweise wurde verbessert. Das kann man aus Funden ablesen. Mehr Nahrung, als die bäuerlichen Familien verbrauchten, wurde produziert. Sie konnten Vorräte für schlechte Zeiten anlegen oder auch Überschüsse gegen andere Dinge eintauschen. So konnten auch Handwerker und Bergleute sich die meiste Zeit ihrem Beruf widmen.
Für die Bäuerin blieb die Arbeit im Haus, das Kochen, Spinnen und Weben, die Vorratshaltung, aber vermutlich auch die Mithilfe auf dem Felde. Der Bauer stellte die einfachen Werkzeuge wie Rechen, Schaufel, Egge selbst her. Die grobe Feldarbeit und die Betreuung des Großviehs waren seine Arbeit. Sicher gehörte dazu auch die Beschaffung des Brennholzes. Die große Masse der Bevölkerung bestand aus Bauern und Bäuerinnen.

Handwerker und Händler

Seit die Bronze bekannt war, wollten immer mehr Menschen Werkzeuge, Waffen und Schmuck aus dem neuen Metall haben. Das führte dazu, dass sich an vielen Stellen die Bronzeherstellung oder Bearbeitung als ein regelrechtes Handwerk entwickelte. Viele Geräte, wie z. B. Sicheln, wurden in ganzen Serien gegossen. Die Handwerker lösten sich weitgehend aus der Landwirtschaft. Sie tauschten ihre Erzeugnisse gegen Lebensmittel. Aber sie stellten auch mehr Produkte her, als in ihrer Siedlung benötigt wurden. So fanden sich Männer, die mit den Bronzewaren über Land zogen und sie gegen andere Waren eintauschten. Zum Beispiel war Salz sehr begehrt, ebenso Bernstein. In einigen Grabstellen wurden sogar griechische Weingefäße gefunden. Die Händler konnten Besitz ansammeln.

Priester und Priesterinnen

Die Vorgeschichtsforschung hat viele Skelette gefunden, an denen man erkennen konnte, dass die Menschen immer wieder Hungersnöte erlitten hatten. Wir können uns vorstellen, dass die Menschen sich abhängig fühlten von den Kräften der Natur und diese als Götter und Göttinnen verehrten. Aus Funden ist bekannt, dass ihnen Tiere und Nahrungsmittel, Waffen und Geräte geopfert wurden.
Beim Opfern war es wichtig, sich richtig zu verhalten und die richtigen Sprüche aufzusagen. Nur die Spezialisten für den Opferdienst, die Priester und Priesterinnen, kannten die Sprüche. Sie hatten oft große Macht über die Menschen, weil sie die Wünsche der Menschen den Göttern und Göttinnen vortrugen, aber auch mit deren Fluch drohen konnten.

Die „Fürsten und Fürstinnen“

In den Gebieten, in denen die Bronze verarbeitet und benutzt wurde, fand man Gräber wie das von Leubingen (S. 40). Sie waren mit großen Reichtümern ausgestattet. In ihnen fand man neben anderen Gütern kostbaren Goldschmuck, wertvolle Bronzewaren, sogar Glasperlen aus Ägypten und Weingefäße aus Griechenland. Die Forscher und Forscherinnen vermuten, dass aus der Reihe der Großbauern einige zu Häuptlingen wurden. Es wird angenommen, dass sie genügend Lebensmittel produzierten um zusätzlich Männer auf dem Hof halten zu können. Mit diesen konnten die Häuptlinge, die man auch Bauernfürsten nannte, die Dörfer und ihre Umgebung vor räuberischen Einfällen schützen, aber auch selbst auf Beute ausziehen. In den Gebieten, in denen die „Fürsten“ für Schutz sorgten, gewannen sie nach und nach auch politische Macht. Ebenso reich ausgestattete Frauengräber wurden gefunden. Aus ihnen kann man erkennen, dass auch Frauen über großen Reichtum verfügten. Ob sie aber selbst Macht ausübten, lässt sich noch nicht feststellen.

1 *Beschreibt die gesellschaftlichen Gruppen.*

2 *Sucht heraus, wie die Gruppen voneinander abhingen.*

3 *Sucht aus dem Text Aussagen heraus, die durch Funde belegt werden können, und andere, die nur Vermutungen sein können.*

1. Ein Jäger braucht ein neues Werkzeug

Auf der Jagd ist ein Faustkeil verloren gegangen. Ein neuer muss hergestellt werden.

- *Sucht euch passende Steine, am besten Feuersteine.*
- *Probiert, welche Steine sich gut bearbeiten lassen.*
- *Sammelt mehrere Steine von der Art, die sich gut bearbeiten lässt.*
- *Legt einen Stein auf einen festen Untergrund und versucht durch vorsichtige Schläge mit einem anderen Stein kleine Splitter abzuschlagen. Gebt so eurem Werkzeug eine handliche und spitze Form.*
- *Schärft nun die Kanten, indem ihr mit einem kleinen Stein Splitter vom Rand abschlagt.*
- *Prüft, ob man die abgeschlagenen Splitter als Werkzeug benutzen kann.*

! Wenn Steine gegeneinander geschlagen werden, springen Splitter ab, die weit fliegen können. Deshalb müsst ihr bei der Bearbeitung der Steine eine Schutzbrille tragen.

2. Nichts darf verkommen

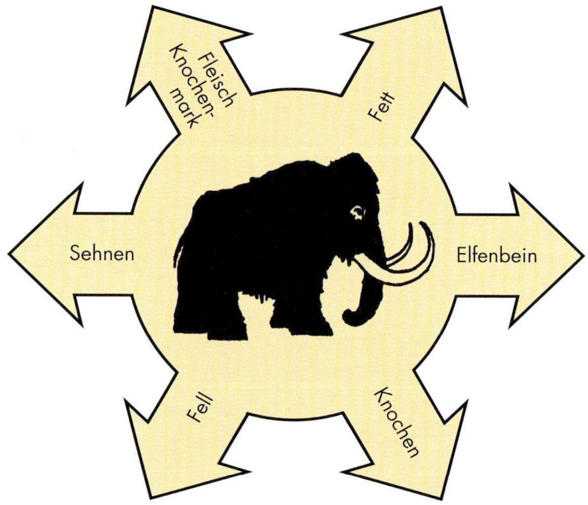

- *Wozu konnten die Steinzeitmenschen ihre Jagdbeute verwenden?*
  Nahrung, Kleider, Fäden, Schnüre, Waffen, Schmuck, Geräte, Werkzeuge, Zeltdecken, Heizmaterial, …
- *Zeichnet das Bild ab und tragt die Verwendungszwecke in eure Zeichnung ein.*

3. Von der Höhle zum Haus

- *Was hat sich verändert? Denkt an die Räume, Zahl der Menschen, Tätigkeiten in der Wohnung, Heizung, Ernährung, Freizeit.*

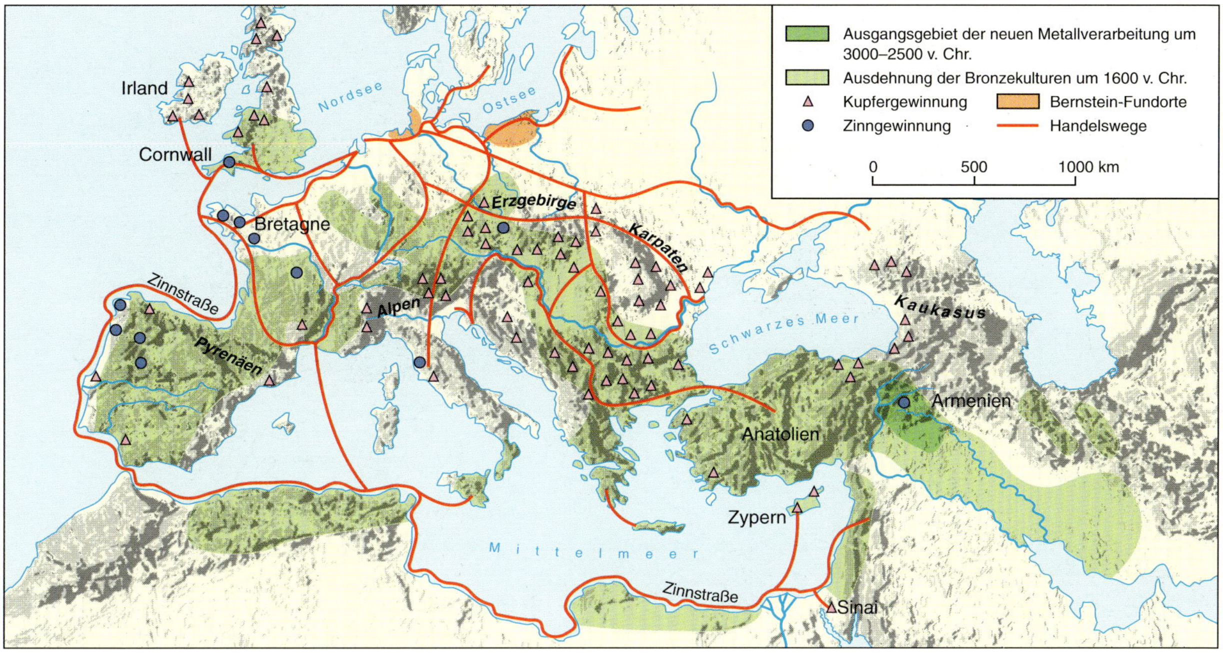

Bodenschätze und Handelswege der Bronzezeit.

Aus dem Erdkundeunterricht kennt ihr bereits geographische Karten. Meist sind es physische Karten; vielleicht habt ihr aber auch schon mit verschiedenen thematischen Karten gearbeitet: politische Karten, Wirtschaftskarten oder Karten über Verkehrswege, um nur einige Beispiele zu nennen.

Im Geschichtsunterricht arbeitet ihr mit Geschichtskarten. Der Unterschied zu den geographischen Karten: Geographische Karten zeigen die Situation in der Gegenwart; Geschichtskarten bilden zu einem Thema einen Zustand aus der Vergangenheit ab oder zeigen eine Entwicklung über einen bestimmten Zeitraum hinweg. Ihr könnt mit Geschichtskarten also genauso arbeiten, wie ihr es im Erdkundeunterricht gelernt habt. Ihr müsst nur zusätzlich darauf achten, welcher Zeitabschnitt dargestellt ist.

Wenn man mit einer Geschichtskarte arbeitet, sind folgende Fragen wichtig:

1 *Welcher Zeitraum ist dargestellt?*
2 *Welches Gebiet ist dargestellt?*
3 *Welches Thema behandelt die Karte?*
4 *Welche Signaturen oder Flächenfarben finden sich auf der Karte, was bedeuten sie?*
5 *Kann man die Aussagen der Karte in kurzen Sätzen zusammenfassen?*

Wenn ihr die Fragen sorgfältig beantwortet, kommt ihr bei der Karte oben etwa zu folgendem Ergebnis:

zu **1** und **2:** Am Kartenbild erkennt ihr: Gezeigt wird Europa und der Mittelmeerraum. Der Titel (Unterschrift) verweist die Darstellung in die Bronzezeit.

zu **3:** Dem Titel entnehmt ihr außerdem, dass die Karte eine thematische Karte ist, sie zeigt die Ausbreitung der Metallverarbeitung.

zu **4:** Aus der Legende könnt ihr erkennen: Die Karte zeigt Fundorte von Kupfer und Zinn sowie Bernstein, außerdem Handelswege, Flussverläufe und Gebirgszüge. Daneben zeigt sie in zwei grünen Farbtönen das Verbreitungsgebiet der Metallverarbeitung zu zwei Zeiten: 3000–2500 v. Chr. und 1600 v. Chr.

zu **5:** Einige Kernaussagen: Die Metallverarbeitung breitete sich im Laufe der Jahrtausende vom Vorderen Orient über ganz Europa aus. Die Fundorte für die Rohstoffe lagen weit auseinander (Maßstab!). Die Entfernungen wurden durch Handelswege überbrückt, die dem Verlauf von Flüssen folgten, Gebirgszüge umgingen und sogar übers Meer führten.

1 Ackerbau

2 Viehzucht

3 - 5 Reis- und Getreideernte

6 - 7 Ackerbau

Ihr habt gelernt, dass in der Jungsteinzeit die Landwirtschaft von den Menschen erfunden wurde. Bis heute hat sich die Landwirtschaft sehr verändert, aber sie sieht in den verschiedenen Zonen der Erde sehr unterschiedlich aus.

1 *Beschreibt die Tätigkeiten.*

2 *Ordnet die Bilder Erdteilen zu. Begründet eure Entscheidungen (Hautfarbe, Kleidung und Arbeitsgeräte). Es gibt unterschiedliche Möglichkeiten.*

3 *Sucht heraus, welche Tätigkeiten die Steinzeitbauern schon kannten.*

4 *Erklärt an zwei Bildern, wie Maschineneinsatz die Landwirtschaft verändert.*

Die Altsteinzeit

Die ältesten Spuren der Menschen auf der Erde sind rund zwei Millionen Jahre alt. Wir wissen von diesen Menschen wenig, aber dass sie aus Steinen Werkzeuge herstellten, ist sicher. Das Klima änderte sich in langen Zeitabschnitten mehrfach. Es gab Eiszeiten, die mit Warmzeiten abwechselten. Das Leben der frühen Menschen war ein ständiger Kampf um Nahrung. Die Menschen jagten Tiere und sammelten pflanzliche Nahrung. Wir nennen die Menschen jener Zeit deshalb Jäger und Sammlerinnen. Sie lernten das Feuer zu benutzen. Dem wandernden Wild mussten sie nachziehen und Gebiete aufsuchen, in denen es genügend pflanzliche Nahrung gab. Deshalb hatten sie keine festen Wohnsitze. Sie lebten als Nomaden. Höhleneingänge, Windschirme und Zelte dienten ihnen als Unterkünfte. Die Jäger und Sammlerinnen lebten in Gruppen von 25 bis 30 Menschen zusammen. Die erste Arbeitsteilung zwischen Mann und Frau bildete sich aus.

Die Jungsteinzeit

Im 10. Jahrtausend vor Christus begann eine umwälzende Veränderung bei den Menschen im Vorderen Orient. Die Menschen fanden heraus, dass sie sich besser ernähren konnten, wenn sie selbst Pflanzen anbauten, und dass man umso mehr erntete, je besser man den Boden bearbeitete. Deshalb erfanden sie nach und nach neue Arbeitsgeräte: den Grabstock, den Spaten und den Pflug. Die Menschen lernten auch Tiere zu züchten: Hunde, Schafe, Ziegen, bald auch Rinder und Schweine. Damit wurde die Fleischversorgung sicherer. Die Menschen wurden sesshaft. Dort, wo sie Äcker angelegt hatten, bauten sie Häuser. In Dörfern lebten sie in Familien zusammen. Die neue Wirtschaftsform dehnte sich langsam nach Mitteleuropa aus. Etwa um 5000 v. Chr. erreichte sie unsere Gegend. Nun gab es genügend Nahrung und einzelne Menschen konnten sich als Handwerker spezialisieren. Sie entwickelten neue Techniken. Die Töpferei wurde erfunden. Man lernte das Spinnen und Weben. Dadurch konnte bessere und bequemere Kleidung hergestellt werden. Die neue Art der Steinbearbeitung durch Schleifen und Bohren erbrachte bessere Werkzeuge.

Die Bronze- und Eisenzeit

Als um 1800 v. Chr. die Menschen lernten aus Kupfer und Zinn Bronze herzustellen, begann die Metallzeit. Funde aus der Bronzezeit deuten darauf hin, dass Bauern und Hirten mehr Lebensmittel produzierten, als sie selbst verbrauchten. Dafür konnten sie wertvolle Metallwaffen und -geräte, aber auch Schmuck eintauschen. Händler trieben Tauschhandel mit Metallwaren, Salz und Bernstein. Weite Strecken wurden dabei überwunden. Der neue Werkstoff, die Bronze, verlangte wegen der schwierigen Herstellungs- und Bearbeitungstechnik Spezialisten. Bergleute und Schmiede gehörten dazu. Die Bodenfunde zeigen deutlich, dass in der Bronzezeit die Menschen nicht mehr alle gleich waren. Die Forscherinnen und Forscher fanden viele Gräber ganz ohne und manche mit geringen Beigaben. Sie fanden nur wenige, die reich ausgestattet waren. Aus den Funden schloss man, dass die Masse der Familien als Bauern lebte. Eine kleine Gruppe, wahrscheinlich die Händler und Handwerker, war etwas reicher. Die reich ausgestatteten Gräber stammen wohl von Häuptlingsfamilien. Seit etwa 800 v. Chr. verdrängte das Eisen die Bronze als Rohstoff für Geräte und Waffen.

Um 3000 v. Chr. begannen im Vorderen Orient erste Versuche Metall zu bearbeiten. Zur selben Zeit herrschte in Mitteleuropa die Jungsteinzeit. Damals gingen im Niltal, im Industal und etwas später in China bedeutende Veränderungen vor sich. Dort entwickelten sich unabhängig voneinander Hochkulturen (vgl. S. 48). Darunter versteht man Kulturen mit hoch entwickelter Wirtschaft, staatlichen Organisationen und eigener Schrift. Eine der frühen Hochkulturen entstand in Ägypten. Zum Glück für uns haben die Ägypter damals schon die Schrift erfunden und vieles aufgeschrieben. So brauchen die Forscher nicht mehr nur auf die Bodenfunde zu achten, sondern können aus den ägyptischen Schriften lesen, wie die Ägypter lebten und was sie dachten. Vielleicht wisst ihr schon etwas über Ägypten in alter Zeit. Denkt einmal darüber nach.

2. Frühe Kulturen und Herrschaftsformen: Beispiel Ägypten

Isis-Tempel bei Philae in der Nähe von Assuan. Foto 1987.

Das Alte Ägypten
Millionen Menschen fahren jedes Jahr nach Ägypten. Staunend stehen sie vor den gewaltigen Pyramiden und Tempeln, die im Auftrag von Königinnen und Königen erbaut wurden. Beeindruckend sind auch die prächtig bemalten und ausgestatteten Grabanlagen (s. S. 72/73), in denen Herrscher und Herrscherinnen oder hohe Beamte beigesetzt wurden. Ihre Namen und Tätigkeiten kann man häufig den schönen und farbigen Hieroglyphen-Texten entnehmen (s. S. 54/55). Die alten Ägypter um 3000 v. Chr. kannten also schon die Schrift und auch den Kalender. Sie waren in der Lage große Städte zu planen und zu bauen, in denen viele Menschen auf engem Raum zusammenlebten. Dies alles geschah in Ägypten bereits zu einer Zeit, da in Europa die jungsteinzeitlichen Lebensformen noch andauerten.

Ähnlich hoch entwickelte Kulturen entstanden auch im Vorderen Orient zwischen Euphrat und Tigris (um 3000 v Chr.), am Indus (um 2500 v. Chr.) sowie um 1500 v. Chr. in China am Hwangho (s. Karte S. 77).
Weil alle diese hoch entwickelten Kulturen an großen Strömen lagen, spricht man heute von Hoch- oder Flusskulturen.

In diesem Kapitel könnt ihr herausfinden,
- wie es dazu kam, dass seit 3000 v. Chr. im Alten Ägypten Könige und Königinnen herrschten,
- warum sich die Könige Pyramiden bauen ließen,
- wie das ägyptische Reich regiert wurde und
- wie Ägypterinnen und Ägypter damals lebten.

Blick von der Cheops- auf die Chephrenpyramide bei Giseh, Ägypten. Die Chephrenpyramide wurde um 2500 v. Chr. erbaut.

- *Erzählt, was ihr über das Ägypten der Pharaonenzeit wisst.*
- *Besorgt euch in einem Reisebüro Kataloge über Ägypten. Schneidet Bilder aus und fertigt daraus eine Wandzeitung für euer Klassenzimmer.*

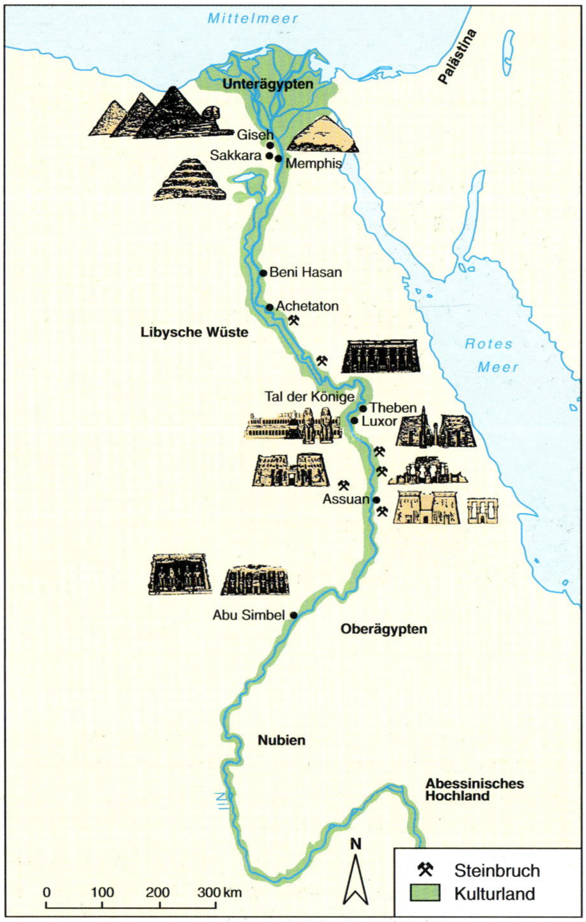

1 **Altägypten.**

Reich	Jahr	Ereignisse	
	30 v. Chr.	Ägypten wird Provinz des Römischen Reiches	
	500		
	1000	Ägyptens Großreich zerfällt in Teilreiche	
Neues Reich		Pharao Ramses III. Pharao Ramses II. Pharao Tutenchamun	
	1500		Hauptstadt: Achetaton
		Fremde Herrscher	
Mittleres Reich		Ägypten wird Großmacht	Blütezeit von Kunst und Literatur Hauptstadt: Theben
	2000		
		Machtkämpfe der Kleinkönige	
Altes Reich	2500	Pharao Chephren Pharao Cheops	Pyramiden in Giseh 1. Pyramide in Sakkara
	3000 v. Chr.	Staatsgründung in Ägypten	Kalender Hieroglyphenschrift Hauptstadt: Memphis

2 **Schaubild Altägypten.**

Die Besiedlung des Niltals

1 *Seht euch die Angaben auf der Karte und in der Zeittafel an und schreibt auf, was ihr von dem Leben im Alten Ägypten genauer wissen möchtet.*

Wo sich heute in Ägypten unter flimmernder Hitze endlos erscheinende Wüsten erstrecken, da gab es einst tropische Wälder und zahlreiche Seen. Wie in Europa, so lebten auch dort die Menschen bis etwa 5000 v. Chr. von der Jagd, dem Fischfang und dem Sammeln von Früchten und essbaren Pflanzen.

Allmählich jedoch begann sich das Klima zu ändern und Ägypten wurde zur Wüstenlandschaft. Immer mehr Menschen zogen deshalb bis etwa 3000 v. Chr. ins Niltal und wurden hier sesshaft. Sie gründeten Städte, bauten Dämme und Bewässerungsanlagen, errichteten die ersten Pyramiden, erfanden Schrift und Kalender und gründeten einen Staat mit einer großen Zahl von Beamten. Erste Hauptstadt dieses Reiches war Memphis. Hier stand auch der Palast des Königs, des Pharao.

Man bezeichnet diesen frühen hoch entwickelten Staat heute als Fluss- oder Hochkultur im Vergleich etwa zu den gleichzeitigen bäuerlichen Kulturen der Jungsteinzeit in Mitteleuropa.

Das ägyptische Reich bestand fast 3000 Jahre, in denen es von 30 verschiedenen Pharaonengeschlechtern (Dynastien) regiert wurde. Man untergliedert diesen Zeitraum heute, indem man von der Geschichte des Alten, Mittleren und Neuen Reiches spricht (Abb. 2).

2 *Lest auf S. 47 nach, welche Entwicklungen sich gleichzeitig während der Jungsteinzeit- und Metallzeit in Europa abspielten.*

3 *Gemeinsam könnt ihr in den folgenden Wochen einen „Reiseführer" Ägypten erstellen. Themen könnten z. B. sein: Bau und Bedeutung der Pyramiden; Jenseitsglaube im Alten Ägypten; von der Steinzeit zur Hochkultur; die Bedeutung des Nils für die wirtschaftliche und kulturelle Entwicklung Ägyptens; die Rolle der Frau in der ägyptischen Gesellschaft usw. Überlegt zunächst, woher ihr Informationen zu den einzelnen Themen erhalten könnt. Überlegt dabei, was euch – als Touristen – interessieren würde.*

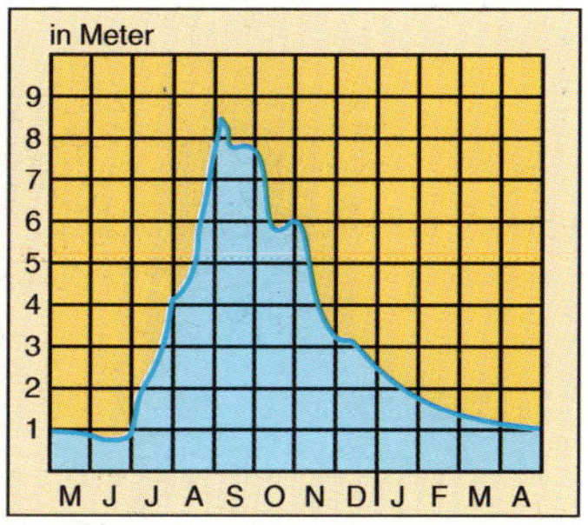

2 Der Wasserpegel des Nils bei Beni Hasan.
Dieses Schaubild zeigt den Wasserstand des Nils vom Mai 1931 bis April 1932, also vor der Regulierung des Nils im Jahr 1970 (vgl. S. 76). Die waagerechte Linie gibt die Monate an, die senkrechte den Wasserstand des Nils.

1 Der Nil bei Beni Hasan.
Foto 1984.

Das Land am Nil

Von dem ägyptischen Dichter Cheti (um 1900 v. Chr.) stammt wahrscheinlich folgender Lobgesang:

Q1 Gegrüßt seist du, o Nil, klarer Fluss, der du ganz Ägypten Leben gibst …
Rätselhaft und geheimnisvoll lässt du die Früchte auf den Bäumen wachsen und gibst allen Tieren Leben …
Du lässt Gerste und Weizen keimen und die Tempel von Freudenrufen widerhallen:
Du füllst die Weizenspeicher und bist der Herr der Armen und Bedürftigen …
Wenn deine Hände ruhen, trauert alles …
Aber wenn deine Wellen überfließen, jauchzt die Erde …
Blühe, o Nil, lass die Menschen mit den Herden wachsen und die Herden mit den Früchten …
Erfülle die Wünsche aller und ergieße deine Wasser ohne Unterlass und versiege nicht … Nie und niemals …

Der folgende Text stammt aus dem 4. Jahrhundert v. Chr., schildert aber möglicherweise ein Ereignis aus der Zeit des Pharaos Djoser (um 2700 v. Chr.):

Q2 (Der Pharao spricht): Trauer hatte mich ergriffen auf meinem Thron und meine Umgebung war betrübt. Mein Herz war schwer, weil der Nil zu meiner Zeit schon während sieben Jahren nicht rechtzeitig gekommen war. Das Getreide gedieh spärlich, der Samen verdorrte in der Erde und es gab nicht genug zu essen …
Die Kinder weinten, die jungen Leute waren ermattet und die Alten hockten mit untergeschlagenen Beinen auf dem Boden …

Immer wieder vollzog sich in beinahe regelmäßiger Wiederkehr am Nil folgendes Naturereignis:
Der Nil führte im April/Mai zunächst immer weniger Wasser. Große Trockenheit herrschte (vgl. Diagramm 2). Dann endlich, wenn es in seinem Quellgebiet zu starken Regenfällen kam, schwoll der Nil mächtig an und wälzte große Schlammmassen der Mündung zu. Das flache Land verschwand unter den braunen Fluten. Nur die auf der Hochfläche liegenden Dörfer waren vor ihm sicher.
Wenn der Nil nach einigen Monaten in sein altes Flussbett zurückkehrte, blieb eine fruchtbare Schlammschicht auf dem Boden zurück.

1 *Erklärt mit Hilfe von Q1 und Q2 sowie von Bild 1 die Bedeutung des Nils.*

2 *Q2 und Bild 1 sowie die Karte der Vorseite geben Hinweise, welche Probleme sich für die Ägypter ergaben, wenn der Nil zu viel oder zu wenig Wasser führte.*

1 Ein Bauer schöpft Nilwasser in einen Bewässerungskanal. Grabmalerei, um 1250 v. Chr.

2 In einigen Gegenden Ägyptens schöpfen Bauern wie ihre Vorfahren vor über 3000 Jahren das Nilwasser in Bewässerungskanäle. Foto 1985.

Der Nil und die Menschen

1 *Erklärt mit Hilfe der Bilder und der Zeichnung (S. 53), wie ägyptische Bauern ihre Felder bewässerten und in einigen Gebieten Ägyptens auch heute noch bewässern.*

Der Anstieg der Flut wurde von den Menschen alljährlich voller Hoffnung, aber auch mit Angst erwartet: Waren die Fluten zu hoch, wurden Dörfer und Siedlungen überschwemmt und zerstört, waren sie zu niedrig, blieben weite Gebiete trocken und es drohte eine Hungersnot.
Über die weiteren Ereignisse schrieb ein Wissenschaftler im Jahre 1989:

> **M** Irgendwann in ihrer Entwicklungsgeschichte, der Zeitpunkt ist ja niemals exakt zu bestimmen, wurden die Menschen veranlasst mehr zu produzieren, als sie eigentlich benötigten. Über die Gründe, die dazu geführt haben können, ist viel spekuliert worden.
> Da die Quellen leider darüber fast völlig schweigen, soll an dieser Stelle keine weitere Spekulation hinzugefügt werden. Entscheidend ist die Tatsache, dass Vorräte gebildet wurden. Das hatte einen ganz entscheidenden Vorteil, denn auf diese Art wurde die ganze Gruppe unabhängiger von den Unbilden der Natur.

Diese Vorratswirtschaft hatte weit reichende Folgen:
- Aus den Vorräten konnten Menschen versorgt werden, die nicht mehr selber Bauern waren, z. B. Händler, Priester oder Handwerker, die sich jetzt ganz auf ihren Beruf spezialisieren konnten.
- Die Versorgung der Bevölkerung in Notzeiten erforderte eine langfristige Planung: Getreidespeicher mussten gebaut werden. Die Bauern mussten angehalten werden zu festgesetzten Zeiten eine ausreichende Menge an Lebensmitteln abzuliefern. Organisiert werden mussten auch der Transport der Nahrungsmittel und die Bewachung der Speicher. Archäologinnen und Archäologen konnten nachweisen, dass es derartige Speicher seit etwa 3500 v. Chr. gab. So bildete sich vermutlich seit dieser Zeit zusammen mit der Vorratswirtschaft eine neue Schicht von Verwaltern. In den folgenden Jahrhunderten gelang es den Verwaltern offensichtlich immer besser, den Arbeitseinsatz der übrigen Bevölkerung zu planen und anzuordnen. So gab es schließlich eine kleine Gruppe von Menschen, die Befehle erteilten, denen alle anderen zu gehorchen hatten.
- Die Vorratswirtschaft trug ferner wohl auch zur Erfindung der Schrift bei. Mit ihrer Hilfe konnte man sich einen Überblick verschaffen

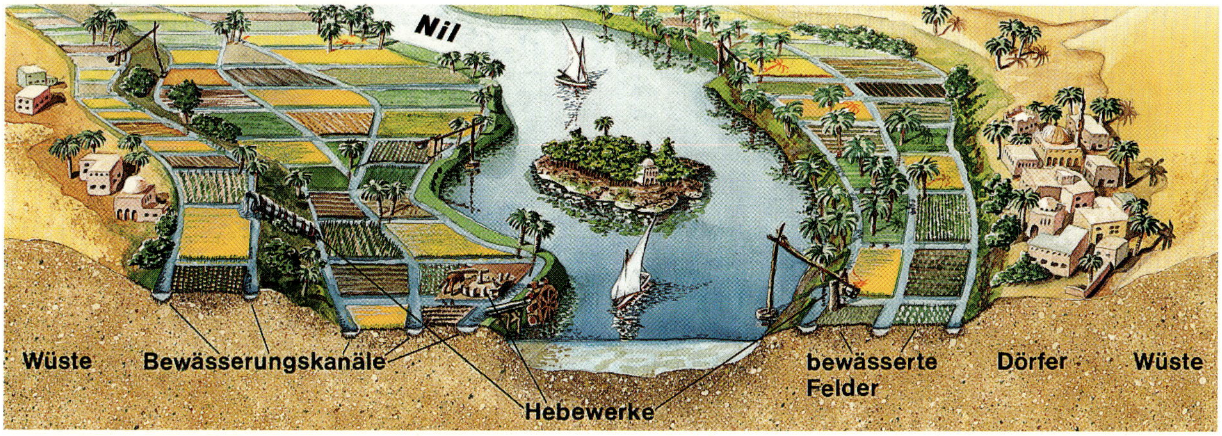

1 Querschnitt durch das Niltal. Schemazeichnung 1994.

über Ernteerträge, Vorräte, den Tierbestand und über die Anzahl der zu versorgenden Menschen.

- Wahrscheinlich schlossen sich seit der Mitte des 4. Jahrtausends v. Chr. auch viele Dörfer zusammen um in gemeinsamer Arbeit Deiche, Kanäle, Staudämme und Auffangbecken zu bauen (vgl. Bild 1). Aus dem Flusstal des Nils wurde so im Laufe der Zeit eine fruchtbare Flussoase.
- Mit der Größe solcher „Verwaltungsbezirke", der Gaue, wuchsen auch Macht und Ansehen der Gauverwalter. Schließlich kam es zur Bildung von zwei größeren Herrschaftsgebieten: das eine in Unterägypten, das andere in Oberägypten. Aus ihnen entstand um 3200 v. Chr. das altägyptische Reich. Man weiß bis heute noch nicht genau, welche Ereignisse schließlich dazu führten, dass sich die gesamte Macht in den Händen eines Einzelnen, des Königs, konzentrierte.
- Mit der Verwaltung des Landes beauftragte der König zunächst nur Mitglieder der Königsfamilie. Aber noch zu Beginn des 3. Jahrtausends v. Chr. wurden die Verwaltungsaufgaben mehr und mehr von Beamten übernommen, die hierfür speziell ausgebildet worden waren. Sie konnten Lesen und Schreiben und hoben sich dadurch weit von der Masse der Analphabeten wie Handwerkern und Bauern ab.

1 *Erklärt den Zusammenhang zwischen Vorratshaltung, arbeitsteiliger Gesellschaft und Herausbildung von Herrschaftsbezirken.*

2 Zwei Nilgötter verknüpfen die beiden Wappenpflanzen: Lotus (Oberägypten) und Papyrus (Unterägypten) über einem Bildzeichen mit der Bedeutung „Vereinigung". Symbolhafte Darstellung der Vereinigung von Ober- und Unterägypten auf einer Statue von Ramses II. (1290–1224 v. Chr.) am Tempel von Luxor.

2 *Sprecht darüber, welche Rolle der Nil bei dieser Entwicklung spielte.*

3 *Beschreibt, was ihr auf Bild 2 erkennen könnt.*

4 *Malt ein Bild, auf dem ihr die Vereinigung von Ober- und Unterägypten bildlich darstellt.*

Oben: Wandrelief im Grab eines Beamten um 2400 v. Chr.
Unten: Moderne Umzeichnung mit Übersetzung der ägyptischen Schriftzeichen.

Die Entwicklung der ägyptischen Schrift

1 *Beschreibt die Vorgänge auf dem oberen Bildteil. Welche Schwierigkeiten entstehen, wenn die Übersetzung der Inschrift (unterer Teil) fehlen würde?*

Das ägyptische Wort für Beamter bedeutet „Schreiber“. Schreiber, Beamte, gab es seit Beginn der ägyptischen Hochkultur um 3200 v. Chr.; ebenso alt ist die Schrift. Wir wissen nicht, wie die altägyptische Schrift entstanden ist – ob sie sich allmählich entwickelt hat oder erfunden wurde. Wissenschaftler meinen heute, dass es möglicherweise eine Reihe von Erfindungen gab:

1. Schritt: Zunächst bestand die altägyptische Schrift aus etwa 800 Bildzeichen. Für viele Lebewesen und Gegenstände gab es ein Bild, wie zum Beispiel:

 Haus

 Sonne

2. Schritt: Um bestimmte Tätigkeiten wiedergeben zu können wurden weitere zusätzliche Zeichen geschaffen, wie zum Beispiel

 kommen (Beine und Füße)

 geben (Arm und Brot)

Mit diesen Schriftbildern konnte man bereits viele Gegenstände und Tätigkeiten des täglichen Lebens aufschreiben, aber Wörter wie „Ruhe“, „Liebe“, „ehrlich“, „denken“ konnte man damit nicht wiedergeben. Deshalb ließ man in einem

3. Schritt: völlig außer Acht, was das Schriftzeichen bildlich darstellte; man achtete nur noch auf den Klang, den Laut für das Dargestellte. Im Deutschen wäre das so, als ob wir mit dem Bild eines Armes sowohl den „Arm“ als auch das Wort „arm“ wiedergeben würden. Mit dieser Methode konnte man auch zusammengesetzte Wörter schreiben, wie beispielsweise im Deutschen:

 Orkan (Ohr und Kahn)

1 Ägyptisches Wort für Krokodil (M + S + CH).

2 Papyrusherstellung. Die Papyrusstreifen werden kreuzweise aufeinander gelegt. Durch sanfte Schläge mit dem Schlegel kleben die beiden Schichten zusammen.

Auf diese Weise konnte man jetzt alles wiedergeben, weil es nur noch auf den Klang des Wortes ankam und nicht mehr auf die ursprüngliche Bedeutung des Bildzeichens.
Anfangs meißelten ägyptische Schreiber die Bildzeichen nur in Steinblöcke oder malten sie auf Tontafeln (vgl. Bild 1). Die Griechen nannten später diese Schrift, die sie vor allem an Tempeln und Götterstatuen sahen, Hieroglyphen – heilige Einkerbungen. Geschrieben wurden diese Hieroglyphen von rechts nach links oder von links nach rechts oder von oben nach unten.

1 *Eine(r) von euch schreibt an die Tafel eine Mitteilung, die nur aus Bildzeichen besteht. Welche Schwierigkeiten ergeben sich für die Klasse diese Mitteilung zu lesen?*

Die altägyptische Schreibschrift

Eine Wissenschaftlerin schrieb 1989:

M Im altägyptischen Staat spielte die Bürokratie eine große Rolle; und dazu war eine Schrift nötig, die man mit wenig Aufwand flott und mit leicht transportierbarem Schreibmaterial hinschreiben konnte. Denn die Schreiber taten ihre Arbeit nicht nur in ihren Amtsstuben, sondern mussten z. B. auch aufs Land gehen um gleich an Ort und Stelle festzuhalten, wieviel Getreide ein Bauer einbrachte.
Als Schreibgeräte verwendeten die Schreiber Pinsel und Tinte. Die „Tinte" war ein festes, trockenes Stück Farbe; wollte man damit schreiben, strich man mit dem angefeuchteten Pinsel darüber. Brauchte man mehr „Tinte", weil man längere Texte schrieb, löste man ein größeres Stück Farbe in einem mit Wasser gefüllten Töpfchen auf. Zum Handwerkszeug eines altägyptischen Schreibers gehörten zwei „Tinten": eine schwarze, mit der üblicherweise geschrieben wurde, und eine rote zum Hervorheben bestimmter Stellen. Die schwarzen Farbstücke wurden hergestellt, indem man Ruß, die roten, indem man fein zerriebenen roten Ocker mit Wasser und Gummi mischte und dann trocknen ließ. Die Verwendung von Schwarz für die normale Schrift und von Rot zum Hervorheben wurde übrigens später von den Arabern übernommen und an uns weitergereicht.

Geschrieben wurde auf Scherben zerbrochener Tongefäße, auf Schreibtafeln aus Holz und vor allem auf Papyrus (vgl. Bild 2). Diese Pflanze, die vor allem in den Sumpfgebieten des Nils wuchs, wurde bis zu 5 m hoch. Das Wort „Papyrus" bedeutet in der altägyptischen Sprache vermutlich „zur Verwaltung gehörig". Von den Ägyptern übernahmen die Griechen diesen Ausdruck, von den Griechen die Römer und seit dem 14. Jahrhundert ist er in unserer deutschen Sprache als „Papier" gebräuchlich.

2 *Erklärt mit Hilfe von Bild 2 die Herstellung von Papyrusbögen.*

3 *Die ägyptische Verwaltung wäre ohne eine Schrift nicht möglich gewesen. Notiert euch dazu einige Begründungen. Lest auch nochmals die vorhergehenden Seiten daraufhin durch.*

Bildhauer stellen aus rötlichem Granit, der in den Steinbrüchen von Assuan abgebaut wurde, eine Sitzstatue von Pharao Thutmosis III. her. Aus dem Grab des Wesirs Rechmire, dem Leiter aller Werkstätten, um 1480 v. Chr.

Der Pharao als König und Gott

1 *Beschreibt die Darstellung auf dem Bild. Kennt ihr Herrscher aus unserem Jahrhundert, die von sich überlebensgroße Statuen anfertigen ließen? Sprecht darüber, welche Ziele sie damit verfolgten.*

Die ägyptischen Könige wurden Pharaonen genannt. „Pharao“ bedeutet „großes Haus“. Ursprünglich hat man so den Königspalast genannt, später den König selber. Er galt als Sohn des Sonnengottes Re, der die Welt erschaffen hatte und sie beherrschte.
In einem Loblied begrüßen die Höflinge den Pharao Ramses II. (um 1310–1244 v. Chr.):

Q1 Wir kommen zu Dir, Herr des Himmels, Herr der Erde, Du lebende Sonne des ganzen Landes; Herr der Lebensdauer …
Du, der die Fürsten macht und die Waisen aufbaut, dessen Rede alle heilige Speise entstehen ließ, der wacht, wenn alles schläft, dessen Kraft Ägypten errettet, der über die Fremdländer siegt und triumphierend heimkehrt, dessen Stärke Ägypten schützt, Geliebter der Wahrheit, der in seinen Gesetzen in ihr lebt …
Du unser König, unser Herr, unsere Sonne, von dessen Aussprüchen alles lebt.
Siehe, wir sind hier vor deiner Majestät, dass du uns Leben, das du geben kannst, gewährst, Pharao, …

Pharao Ramses II. ließ im Jahr 1302 v. Chr. auf einer Stele* folgende Dankesworte an seine Arbeiter und Handwerker aufzeichnen:

Q2 Ich bin es, Ramses, der die Geschlechter schafft und leben lässt. Nahrungsmittel und Getränke stehen vor euch, ohne dass es nötig wäre, einen Wunsch auszusprechen … Ich verbessere eure Lage, denn ich sage, wenn ihr mit Liebe für mich arbeitet, werde ich durch euer Wohlergehen gestärkt … Umfangreiche Vorräte werde ich euch übergeben … Es sind auch Getreidespeicher vorhanden, ich lasse euch nicht einen Tag ohne Lebensmittel. … Außerdem wird jeder von euch für einen Monat bezahlt. Ich habe für euch Speicher mit Dingen aller Art angefüllt, mit Backwerk, Fleisch und Kuchen um euch zu ernähren …, damit keiner von euch die Nacht voll Furcht vor dem Elend zubringe.

2 *Schreibt aus Q1 alle Bereiche heraus, über die der Pharao nach Meinung seiner Untertanen Macht besaß.*

3 *Stellt an Hand von Q1 und Q2 fest, wie der Pharao von den Höflingen bezeichnet wird und wie er sich selbst sieht.*

Die Macht des Pharaos beschrieb ein Wissenschaftler in den USA im Jahr 1941:

M An der Spitze der Regierung steht der König. Er galt als Sohn eines Gottes und war in den Augen des Volkes selbst göttlich. Seine Macht war unbegrenzt. Er beherrschte das Land im Namen des Gottes, als sein einziger Meister und Herr … Leben, Güter und Arbeit der Untertanen lagen in der Hand des Königs, der darüber verfügen konnte, wie es ihm beliebte. Er ordnete an, welche Felder jedes Jahr besät werden sollten … Er stellte fest, welchen Anteil von der Ernte der Bauer an die Regierung abzuführen hatte. Er ernannte Personen zur Ausführung bestimmter Arbeiten um Kanäle anzulegen, Deiche, Tempel, Gräber, Paläste oder Schiffe zu bauen.

4 *Vergleicht diesen Text mit Q1 und Q2. Welche Aussagen des Textes finden sich auch in den Quellen? Welche zusätzlichen Informationen bietet der Text?*

1 Königin Anchesen-Merire mit ihrem noch unmündigen Sohn und Pharao Pepi II. (2221–2157 v. Chr.). Die Königin trägt die „Geierhaube“, das Zeichen ihrer Würde als Königsgemahlin. Pepi trägt das Königskopftuch als Zeichen der Königswürde.

2 Standfigur der Hatschepsut (Erste unter den Frauen); regierende Königin von 1488–1468 v. Chr. Um 1465 v. Chr.

Frauen auf dem Königsthron

Im Alten Ägypten war es zu allen Zeiten üblich, dass ein Amt vom Vater auf den Sohn vererbt wurde; diese Regel galt auch für das Amt des Pharaos. Wichtig für die Thronfolge war dabei die Abstammung von der Hauptgemahlin des Pharaos. Hatte sie keinen Sohn, konnte manchmal auch eine Tochter das Amt des Pharaos übernehmen.

Unter den über 500 Pharaonen, die das ägyptische Reich während seiner dreitausendjährigen Geschichte regierten, befinden sich insgesamt vier regierende Königinnen. Daneben aber gab es Königinnen, die an Stelle ihrer noch unmündigen Kinder das Land regierten ohne Pharao zu sein (s. Bild 1). Andere hatten als Gemahlin und Beraterin des Königs große politische Einflussmöglichkeiten. Die Bedeutung dieser königlichen Frauen wird auch in der Kunst sichtbar. So heißt es in einem 1984 erschienenen Buch:

M In königlichen Gruppenstatuen erscheint schon im Alten Reich, zur Pyramidenzeit, der König in Begleitung seiner Gemahlin, die ihn umarmt.

Königinnen des Mittleren Reiches werden in überlebensgroßen Statuen abgebildet und zeigen sich in Sphinxgestalt, also unter göttlichen Aspekten. In der 18. Dynastie, im 14. Jahrhundert v. Chr., treten sie neben und mit ihrem göttlichen Gemahl öffentlich im politischen Geschehen auf, bei Staatsakten wie z. B. Ordensverleihungen ... Teje, die große königliche Gemahlin Amenophis III. [1403–1365 v. Chr.] [erscheint] als Sphinx, die ausländische Frauen (!) zertritt, und Nofretete [1365–1347 v. Chr.] als heldenhafte Gestalt, die mit erhobenem Krummschwert die Feinde Ägyptens bedroht.

1 *Beschreibt Bild 1 und überlegt, welches Ziel die Königin Anchesen-Merire verfolgte, wenn sie von sich und ihrem Sohn eine derartige Darstellung anfertigen ließ.*

2 *Vergleicht Bild 2 mit dem Bild auf S. 56 und Bild 2, Seite 72. Wie ließ sich die Königin Hatschepsut darstellen? Welchen Grund könnte es hierfür gegeben haben?*

Ausgabe von Nahrungsmitteln durch Beamte. Vor den Toren der Verteilungsstätte stehen Soldaten mit dem Brotbeutel in der Hand Schlange. Malerei aus dem Grab des königlichen Schreibers Userhat, um 1400 v. Chr.

Schreiber – die Beamten des Pharaos

1 *Bilder und Grafik dieser Doppelseite geben Hinweise auf Macht und Selbstbewusstsein der Beamten. Beachtet bei dem Bild oben auch die Haltung der dargestellten Personen. Überlegt auch, was die Soldaten empfunden haben könnten.*

Um 1900 v. Chr. brachte der Beamte Cheti seinen Sohn Pepi in die Hauptstadt zur Palastschule des Pharaos. Während der Fahrt dorthin schrieb er noch einige Ermahnungen für seinen Sohn auf:

Q Ein Schreiber auf irgendeinem Posten des Staates, der leidet dort keine Not … Der Beruf des Schreibers ist doch der höchste aller Berufe. Es gibt nicht seinesgleichen auf Erden. Kaum ist der Schreiberschüler herangewachsen – noch ein Kind – da grüßt man ihn schon; er wird geschickt um Aufträge auszuführen.

Nie habe ich einen Bildhauer bei einer [amtlichen] Sendung gesehen, noch einen Goldschmied, der ausgeschickt worden wäre.

Dagegen habe ich den Metallarbeiter bei seiner Arbeit gesehen, an der Öffnung seines Schmelzofens, seine Finger sind wie Krokodilleder und er stinkt mehr als Fischlaich.

Der Weber ist in der Webstube; ihm geht es schlechter als einer (gebärenden) Frau, denn seine Knie drücken auf den Magen und er bekommt keine Luft. Wenn er einmal einen Tag vertrödelt ohne zu weben, dann bekommt er 50 Schläge mit der Lederpeitsche …

Merke: Es gibt keinen Beruf ohne einen Vorgesetzten, außer dem Schreiber – der ist der Vorgesetzte.

Eine Wissenschaftlerin schrieb im Jahr 1987:

M Der auf Schreiber in hohem Maße angewiesene Staat der Ägypter musste mit allen Mitteln um Nachwuchs werben, denn der junge Mensch von damals zog die Abenteuer eines Soldaten oder die Freude des Landlebens dem „Stubenhockerdasein“ vor. Es gibt deshalb nicht wenige Texte, die das Los des Schreibers werbend preisen und ihm das Elend der anderen Berufe gegenüberstellen.

2 *Ordnet die in der Quelle genannten und auf den Bildern dieser Doppelseite gezeigten Berufsgruppen in das Schaubild über den Aufbau der ägyptischen Gesellschaft ein.*

3 *Lest die Quelle genau durch. Mit welchen Hinweisen möchte Cheti seinen Sohn dazu bringen, die Mühe des Schreibenlernens auf sich zu nehmen?*

4 *Untersucht die Quelle, indem ihr die Grundfragen von S. 66 beachtet. Achtet bei euren Aussagen auch auf den Text der Wissenschaftlerin.*

Verwaltung – eine Angelegenheit nur für Männer?

Man schätzt, dass im Alten Ägypten zwischen ein bis zwei Millionen Menschen lebten; von ihnen dürften etwa 10 000 bis 20 000 Männer sowie einige Frauen als Beamte und Beamtinnen tätig gewesen sein. Schriften aus dem Alten Reich nennen Frauen als Verwalterinnen von Scheunen und Schatzhäusern; auch eine „Aufseherin der Ärztinnen“ wird einmal erwähnt. Aus dem Mittleren Reich (vgl. Zeittafel S. 50) sind einige Frauen als „Schreiberinnen“ in untergeordneten Stellungen bekannt. Oberster Beamter war der Wesir. Er war der Stellvertreter des Königs. Seit dem Mittleren Reich gab es zwei Wesire, je einen für Unter- und Oberägypten. Der Wesir war oberster Richter, oberster Polizeichef und oberster Heerführer. Er überwachte die jährliche Feldvermessung ebenso wie die Steuereinnahmen. Alle Verwaltungen in Dörfern und Städten unterstanden ihm. Täglich musste er dem Pharao alle wichtigen Ereignisse und Entscheidungen vortragen. Alle Befehle des Pharaos leitete der Wesir an seine Beamten weiter.

1 Der Schreiber. Auf den gekreuzten Beinen eine Tafel, auf der er das Papyrusblatt ausbreitet. Früheste Darstellung einer Tätigkeit aus einem Grab in Sakkara, um 2500 v. Chr.

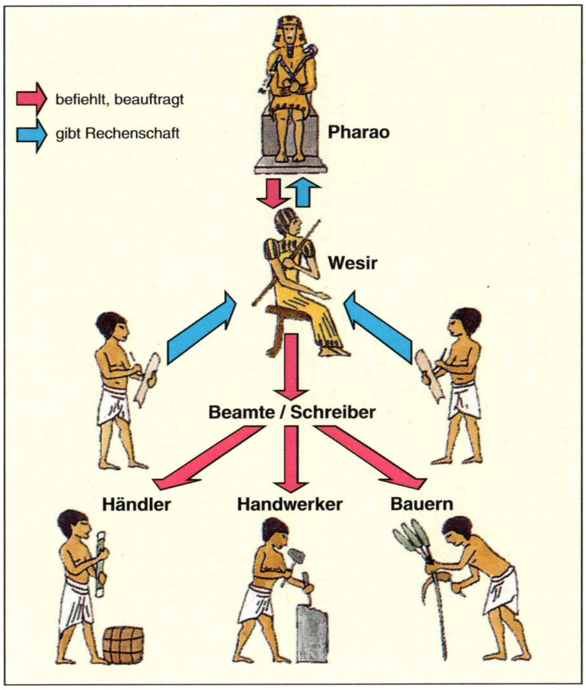

2 Die Herrschaftsordnung im Ägypten der Pharaonenzeit.

Über die ägyptischen Beamten heißt es in einem wissenschaftlichen Buch von 1989:

M Innerhalb der ägyptischen Beamtenschaft bestand eine ausgeprägte Rangfolge: Ganz unten waren die einfachen Schreiber, die Viehherden, Getreideablieferungen usw. aufschreiben mussten oder auch in den Dörfern hie und da für einen „Analphabeten" einen Brief schrieben, kleinere Streitigkeiten schlichteten und Arbeiten überwachten; unter diesen Menschen galten auch schon die niedrigen Schreiber als Respektspersonen, als Mitglieder der gesellschaftlichen Elite. Ganz oben standen die Beamten, die im Staat eine Rolle spielten, die man mit der unserer Minister, Präsidenten und Kanzler vergleichen könnte; über ihnen gab es nur noch den König. Die hohen Beamten hatten ihrerseits wieder eine ganze Schar von Beamten zur Verfügung, an die sie Arbeiten delegieren konnten …

Beamte waren nicht nur in der Verwaltung, sondern auch als Wissenschaftler tätig: Jedes Jahr überschwemmte der Nil die Felder der Bauern und ließ die Grenzen verschwinden. Aus der Notwendigkeit die Grenzen immer wieder neu festzulegen entwickelte sich die Kunst der Landvermessung, von den Griechen später als Geometrie bezeichnet. Die Landvermesser benutzten dazu Messschnüre, die durch Knoten in regelmäßige Abstände unterteilt waren (vgl. Bild S. 60, obere Reihe, links).

Eine ebenso bedeutsame Leistung stellt die Erfindung des Kalenders dar, der vermutlich um 2800 v. Chr. eingeführt wurde. Durch genaue Beobachtung hatte man erkannt, dass die Nilschwelle unmittelbar bevorstand, wenn der Stern Sirius kurz vor Sonnenuntergang im Osten sichtbar wurde. Dieser Tag – in unserem Monat Juli – wurde der Neujahrstag. Die weitere Beobachtung von Sonne, Mond und Sternen ließ sie die genaue Dauer von Tag, Monat und Jahr erkennen. So entstand der Kalender mit 12 Monaten zu je 30 Tagen; fünf weitere Schalttage fügte man jedem Jahr hinzu. Dieser Kalender ist im Grunde bis heute gültig geblieben.

1 *Überlegt, welche Vorstellungen die Ägypter von ihren Frauen hatten, wenn fast nur Männer als Beamte des Pharaos tätig werden konnten.*

2 *Erkundigt euch, wieviel Frauen als Abgeordnete z. B. im Landtag oder im Stadtrat sitzen. Woher kommt es nach eurer Meinung, dass es in fast allen politischen Institutionen mehr Männer als Frauen gibt?*

Ernte. Untere Bildreihe (von links nach rechts): Ernte mit der Sichel – Abtransport der Ähren in Säcken. Zwei Bauern haben sich ermattet in den Schatten eines Baumes gesetzt. Zwei kleine Ährenleserinnen sind sich in die Haare geraten. Mittlere Reihe: (von rechts nach links): Dreschen mit Rindern – Säubern des Getreides – Schreiber notieren die Erträge. Obere Bildreihe (von links nach rechts): Vermessung der Äcker – Ein Bauer wird verprügelt. Deutlich hervorgehoben sind zwei hohe Beamte in der mittleren und oberen Bildreihe. Wandmalerei aus dem Grab eines ägyptischen Beamten um 1400 v. Chr.

Das Landleben in den Augen eines „Touristen"

Im 5. Jahrhundert v. Chr. schrieb der griechische Geschichtsschreiber Herodot, nachdem er Ägypten besucht hatte:

Q1 Offenbar sind die Gebiete Ägyptens, die von Griechen zu Schiff besucht werden, Neuland und ein Geschenk des Nils ... Die Ägypter [ernten] den Ertrag ihres Bodens heute so mühelos wie kaum andere Menschen ... Sie haben es nicht nötig, mühevoll mit dem Pflug Furchen zu ziehen, den Boden zu hacken oder sonst Feldarbeiten zu tun, womit sich andere auf dem Acker plagen. Der Strom kommt von selbst, bewässert die Äcker und fließt dann wieder ab. Dann besät jeder seinen Acker und treibt Schweine darauf. Wenn er die Tiere die Saat hat festtreten lassen, wartet er ruhig die Ernte ab, drischt das Korn mit Hilfe der Schweine und fährt es heim.

1 *Verfasst mit Hilfe des Bildes auf dieser Seite und Q1 eine kurze Beschreibung des Landlebens aus der Sicht eines ägyptischen Bauern oder eines hohen Beamten.*

Das Landleben in den Augen ägyptischer Beamter

Belehrung durch Neb-maat-re-necht, den Schreiber des Königs, für seinen Gehilfen Wentai-amon, um 1200 v. Chr.:

Q2 Und nun komm, dass ich dir darlege, wie es den Bauern ergeht. Wenn das Wasser bei der jährlichen Nilüberschwemmung steigt, wird er durchnässt ... Wenn das Feld wasserfrei vor ihm liegt, geht er davon um sein Gespann zu holen ... Wenn es tagt, so geht er heraus; was er sucht, findet er nicht auf seinem Platz. Drei Tage verbringt er damit, es zu suchen und findet es dann im Schlamm stecken ...

Der Schreiber landet an dem Damm und schreibt die Ernte auf. Türhüter mit Stöcken begleiten ihn und Neger mit Ruten. Man sagt: „Gib Korn her!" – „Es ist keines da!" Er wird hingestreckt und geschlagen; er wird in den Kanal geworfen und er versinkt und ertrinkt.

Wenn du Verstand hast, so werde Schreiber und bewahre dein Herz vor dem Wunsch Bauer zu werden.

Viehzählung. In einer Laube sitzen der Aufseher und vier Schreiber. Ein Hirte wird geprügelt. Holzmodell aus dem Grab des Mektire, Schatzkanzler von Theben, um 2100 v. Chr.

Auf einer Stele aus der Zeit um 1400 v. Chr. berichtet ein Beamter stolz von seiner Tätigkeit:

Q Ich bin ein tüchtiger Beamter meines Herrn beim Erfüllen der Getreideablieferungen und beim Erfüllen der Steuern. Dies ist mein Überschuss an Getreidelieferungen und Steuern: 3632 Krüge Wein (zu je 10 Litern) waren mein Soll durch meine Leute, ich ließ sie 25 368 Krüge bringen. 70 Krüge Honig (zu je 10 Litern) waren mein Soll; der Honig, den ich brachte, waren 700 Krüge, also 630 mehr. 70 000 Säcke Getreide waren mein Jahressoll; ich brachte 140 000, also einen Überschuss von 70 000 Sack.

Die Ackerfläche, die ein Bauer zu bearbeiten hatte, lag in der Regel zwischen 0,8 bis 1,3 Hektar*. Heute wird geschätzt, dass ihm nach Abzug aller Abgaben etwa 1–2 Sack Getreide pro Monat verblieben. (Zum Vergleich: Arbeiter erhielten für ihre Tätigkeit jeden Monat 5 Sack Getreide.) Eine Menge von 1–2 Sack Getreide reichten dem Bauern gerade aus um sich und seine Familie notdürftig zu ernähren. Frauen halfen in der Landwirtschaft, indem sie beim Worfeln des Getreides dabei waren, Ähren einsammelten, Kühe melkten (Bild 4, S. 63).

Der Willkür der Beamten waren die Bauern und ihre Familien schutzlos ausgeliefert.

1 *Q2 von S. 60 und der Bericht des Beamten (Q) geben Hinweise, dass die Bauern den Beamten ausgeliefert waren. Überprüft diese Behauptung.*

2 *Auf dem Bild S. 60 wird ein Bauer verprügelt, auf dem Bild oben ein Hirte. Überlegt, welche Vorwürfe die Beamten erhoben haben könnten. Was mögen Bauer oder Hirte geantwortet haben? Ihr könnt diese Situation auch selbst „spielen“.*

3 *Notiert euch stichwortartig, was die Bauern zu dem Bericht des Beamten (Q) gesagt haben könnten.*

4 *Lest nochmals den Text der Wissenschaftlerin (S. 58). Wie beurteilt sie das Landleben? Was könnt ihr darauf sagen?*

5 *Der Schreiber (Q2, S. 60) warnt davor, Bauer zu werden. Kennt ihr auch Warnungen vor bestimmten Berufen, da sie nicht so angesehen sind? Wie kommt es zu diesen Urteilen?*

Vornehme Familien bei der Jagd. Links im Bild schleudert der Mann ein Wurfholz in eine Gänseschar, hinter ihm seine Gemahlin, eine Tochter umklammert sein Bein, ein Sohn im Hintergrund macht die Bewegungen des Vaters nach. Grabmalerei, um 1380 v. Chr.

Mann, Frau und Familie

1 *Beschreibt die Darstellungen von Mädchen und Frauen auf den Bildern dieser Doppelseite.*

Ein hoher ägyptischer Offizier erkrankte nach dem Tod seiner Frau. Weil er glaubte, dass sie ihm böse sei und ihm deshalb die Krankheit geschickt habe, schrieb er einen Brief. Die Papyrusrolle, an eine weibliche Holzfigur gebunden, wurde auf dem Grab der verstorbenen Ehefrau (um 1250 v. Chr.) gefunden.

Q1 Was habe ich dir nur Böses getan, dass ich in diesen schlimmen Zustand geraten bin? … Ich habe dich zur Frau genommen, als ich ein junger Mann war, und ich blieb bei dir, während ich alle meine Ämter durchlief …
Bedenke doch, als ich Offiziere für das Heer des Pharaos ausbildete, sorgte ich dafür, dass sie kamen und sich vor dir auf die Erde niederwarfen; und sie brachten lauter schöne Dinge um sie vor dir niederzulegen … Mein Verhalten zu dir war immer das eines Kavaliers!

Der Armeeoberst Schedsu-Chons schrieb um 1000 v. Chr. an seinen Pächter, einen Nubier:

Q2 Ich teile dir mit, dass ich nach Theben zurückgekehrt bin. Nun hatte ich dir gesagt: Ich werde dich nicht mehr wirtschaften lassen. Doch siehe, meine Ehefrau, die Herrin meines Hauses, hat mir gesagt: Nimm dem Pächter den Acker nicht weg. Überweise ihm den Acker wieder, lass ihn den Acker weiter bewirtschaften.
Wenn nun mein Brief zu dir gelangt ist, so nimm dich des Ackers an und vernachlässige ihn nicht.

Der Schreiber Ani hat um 1500 v. Chr. für seinen Sohn u. a. folgende Lehren aufgeschrieben:

Q3 Nimm dir eine Frau, solange du jung bist, sie soll dir einen Sohn bringen und Kinder bekommen, solange du noch ein junger Mann bist …
Eine verheiratete Frau wird eingestuft nach ihrem Ehemann. Ein Mann wird eingestuft nach seinem Rang …
Kontrolliere deine Frau nicht in ihrem Hause, wenn du weißt, dass sie tüchtig ist. Sage nicht: „Wo ist denn das? Bring es her!", wenn sie es an die richtige Stelle getan hat. Dein Auge blicke hin und schweige, dann wirst du ihre Geschicklichkeit kennen lernen.

2 *Notiert, was ihr aus den Quellen und Bildern dieser Doppelseite über Aufgabenbereiche und die Stellung von ägyptischen Frauen erfahrt.*

3 *Überlegt, von welchen Frauen in Q1–Q3 die Rede ist. Denkt daran, von wem die Texte geschrieben worden sind.*

4 *Dem Text auf S. 59 könnt ihr entnehmen, auf wie viele Frauen die Aussagen von Q1 zutreffen. Warum wissen wir so wenig vom täglichen Leben der vielen anderen Mädchen und Frauen?*

1 Ehepaar bei der Feldarbeit, Grabmalerei um 1500 v. Chr.

2 Drei Prinzessinnen auf einem Fest, um 1410 v. Chr.

3 Der Zwerg Seneb, Vorstand der königlichen Webereien, mit seiner Frau, die ihn liebevoll umfasst, und seinen beiden Kindern. Bemalter Sandstein, um 2250 v. Chr.

Über das Leben der Frauen im Alten Ägypten erfahren wir hauptsächlich etwas aus Bildern und Berichten, die von Männern stammen. Als Bäuerin arbeitete die Frau zusammen mit ihrem Mann in der Landwirtschaft (Bild 1). Frauen in der Stadt konnten als Blumenbinderin, Weberin oder Spinnerin arbeiten; manche Frauen spezialisierten sich auch auf die Herstellung von Parfümen, das Knüpfen von Perücken oder auf die farbige Bemalung von Papyri.
In der Hauptsache scheint die Aufgabe der Frau darin bestanden zu haben, für die Familie zu sorgen, d. h. sich um Haus und Kinder zu kümmern. Darauf deuten wohl auch die vielen Bilder hin, auf denen Frauen Korn mahlen, Brot backen, das Essen zubereiten oder einfach im Kreise der Familie dargestellt werden.

1 *Versucht folgende Aufgabe zu lösen: Schreibt einen kurzen Bericht, in dem ihr das tägliche Leben eurer Mutter aus ihrer Sicht bzw. aus der Sicht eures Vaters schildert. Vergleicht euren Text mit den Berichten in Q1–Q3 und den Bildern dieser Seite.*

4 Melkende Bäuerin. Modell aus der Zeit um 2000 v. Chr.

2 *Ausländische Schülerinnen und Schüler können berichten, welche Rolle die Frauen in der Gesellschaft ihres Heimatlandes spielen.*

Auf einer Ausgrabung in Fenan/Jordanien arbeitende Beduinen. Foto 1993: Weder das im Sand markierte Spielfeld noch die Kiesel und Kamelmistbollen wären archäologisch nachweisbar. Vom selben Fundort stammen ganz ähnliche in Stein gravierte Spielfelder des 4. Jahrtausends v. Chr.

Kinderspiele

Den Bild- und Schriftzeugnissen aus dem Alten Ägypten kann man entnehmen, dass es Spiele gab, die nur von Jungen gespielt wurden wie Stockfechten, Ringkämpfe, Gewichtheben und Pfeilwurf. Beliebt scheint auch das Ziegenspiel (Bocksprung) gewesen zu sein, bei dem zwei Jungen sich im Sand gegenüber saßen und nicht umfallen durften, wenn andere über sie hinwegsprangen. Dieses Spiel wird unverändert bis heute noch in Ägypten gespielt. Mädchen zogen offenbar Geschicklichkeitsspiele vor. Sie übten nach Aussage der Bilder in ihrer Freizeit akrobatische Tänze oder jonglierten mit Bällen.

In den Texten und auf den Bildern werden immer nur Kinder von einigermaßen wohlhabenden Eltern gezeigt. Ob beispielsweise auch Jungen und Mädchen auf dem Land Zeit für solche Spiele hatten oder ob sie schon sehr früh auf den Feldern, im Stall oder bei der Hausarbeit mithelfen mussten, wissen wir nicht.

1 *Sprecht darüber, welche Spiele heute nur von Jungen oder nur von Mädchen gespielt werden?*

Eine Wissenschaftlerin schrieb 1993:

M Fast jeder Gegenstand lässt sich ja zum Spielen zweckentfremden, wie gerade Kleinkinder es immer wieder tun. Und auch mit Erwachsenen geht oft die Lust am Spiel durch: Steinchen übers Wasser hüpfen lassen, eine Cola-Dose herumkicken, aus Bierdeckeln Kartenhäuschen bauen und um Streichhölzer knobeln …

Weder Steinchen, Cola-Dose noch Streichholz könnte jedoch ein Archäologe der Zukunft als Spielzeug identifizieren. Für ihn wäre eine bei Ausgrabungen zu Tage gekommene Cola-Dose immer nur das, was sie ursprünglich einmal war: ein Getränkebehältnis des 20. Jahrhunderts …

Naturgemäß unerreichbar bleiben dem Archäologen Spiele, die völlig ohne Spielutensilien auskommen, z. B. Fang- und Suchspiele … In Zeiten mit schriftlicher Überlieferung, also dem Alten Ägypten …, helfen uns Schrift- und Bildzeugnisse diese Lücke zu schließen …

Als wäre es nicht genug, legt uns auch die Natur eine Fußschlinge auf dem Weg zur Erkenntnis vergangener Spiele: Früher oder später zersetzt sich im Boden jeder Gegenstand … (dabei) vermodern Holz, Leder, Wachs, Stoff und Stroh im Boden ganz besonders leicht. Und dies hat enorme Folgen für die Archäologie des Spielzeugs. Denn gerade aus diesen Materialien wurde die Masse der Spielutensilien gefertigt.

2 *Bei der Erforschung von Spielen aus vergangenen Zeiten gibt es mehrere Schwierigkeiten; versucht sie mit Hilfe von Text und Bild zu benennen.*

3 *Überlegt, welche eurer Spiele archäologisch nicht nachweisbar wären.*

Schreiber und Schreibschüler. Darstellung aus dem Grab des Menna, um 1400 v. Chr.

Erziehung und Unterricht

Die folgenden Zeilen stammen aus der Zeit um 1200 v. Chr. Der Verfasser ist nicht bekannt.

Q Wach auf, an deinen Platz. Die Bücher liegen schon vor deinen Kameraden. Bring deine Kleidung in Ordnung und zieh die Sandalen richtig an ... Faulenze keinen Tag oder wehe deinen Gliedern. Suche zu verstehen, was dein Lehrer will, höre auf seine Ermahnungen; werde Schreiber. Jedes Mal, wenn der Lehrer dich aufruft, sollst du sagen: „Hier bin ich."

1 *Beschreibt an Hand der Quelle das Lehrer-Schüler-Verhältnis.*

2 *Schreibt Verhaltensregeln auf, die man euch schon einmal gesagt hat. Überlegt, welchen Sinn sie eurer Meinung nach haben.*

Ermahnungen wie in dieser Quelle wurden ausgesprochen von Männern, geschrieben von Männern, gelesen von Männern. Es gibt keinen einzigen Text, der über eine schulische Ausbildung von Mädchen berichtet. Nur aus bildlichen Darstellungen wissen wir, dass Mädchen in Gesang, Musik und Tanz unterrichtet wurden.

Eine Wissenschaftlerin schrieb 1985:

M Die Chance Lesen und Schreiben zu lernen stand theoretisch jedem offen, praktisch beschränkte sich diese Kunst immer auf einen sehr kleinen Teil der Bevölkerung, die herrschende Schicht der Beamtenschaft ... Die Söhne dieser Beamten wurden von ihren Vätern schon als Kinder in die Schreiberlehre gegeben, d. h. zuerst in die Verwaltungsbüros, wo sie das Handwerk eines Verwaltungsbeamten von Grund auf erlernten, in späteren Zeiten auch in die Tempelschulen.

Die Ausbildung dauerte viele lange und harte Jahre ... Zur Ausbildung gehörte damals außer Lesen und Schreiben auch Mathematik und Astronomie, soweit es nämlich für die alltäglichen Verwaltungsaufgaben [wie Vermessen von Feldern, Berechnen der Steuern, Beobachtung der Gestirne für die Festlegung religiöser Feste usw.] notwendig war.

Im Alter von 16–18 Jahren wurde die Ausbildung abgeschlossen.

Berichte, dass Mädchen zur Schule gingen, gibt es nicht. Dennoch gab es mit Sicherheit Frauen, die lesen und schreiben konnten (vgl. S. 58). Wie diese Frauen sich ihre Kenntnisse angeeignet haben, ist völlig unbekannt.

3 *Auch heute kann man noch hören, dass eine langjährige Ausbildung für Mädchen nicht so wichtig sei. Wie denkt ihr darüber?*

4 *Ausländische Mitschülerinnen können berichten, welche Bedeutung die schulische und berufliche Ausbildung von Mädchen in ihren Heimatländern hat.*

**Was man beachten muss,
wenn man Berichte aus früheren Zeiten liest.**

Belehrung durch Neb-maat-re-necht, Schreiber des Königs, an seinen Gehilfen Wentai-amon, um 1200 v. Chr.:

> **Q** Und nun komm, dass ich dir darlege, wie es dem Bauern ergeht. Wenn das Wasser bei der jährlichen Nilüberschwemmung steigt, wird er durchnässt. Er steht da mit seiner Ausrüstung, den Tag über schneidet er Ackergerät zurecht, die Nacht durch dreht er Stricke ... Wenn das Feld wasserfrei vor ihm liegt, geht er davon um sein Gespann zu holen ... Wenn es tagt, so geht er heraus; was er sucht, findet er nicht auf seinem Platz. Drei Tage verbringt er damit, es zu suchen und findet es dann im Schlamm stecken ...
> Der Schreiber landet an dem Damm und schreibt die Ernte auf. Türhüter mit Stöcken begleiten ihn und Neger mit Ruten. Man sagt: „Gib Korn her!" – „Es ist keines da." Er wird hingestreckt und geschlagen; er wird gebunden und in den Kanal geworfen und er versinkt und ertrinkt.
> Seine Frau liegt gebunden vor ihm und seine Kinder sind gefesselt.
> Wenn du Verstand hast, so werde Schreiber und bewahre dein Herz vor dem Wunsch Bauer zu werden.

Berichte aus früheren Zeiten geben uns ein Bild von der Vergangenheit. Ist dieses Bild richtig? Wenn wir einen Bericht auf seinen Wahrheitsgehalt überprüfen, müssen wir zunächst nach Möglichkeit folgende Fragen klären, die den Geschichtsschreiber und seinen Bericht betreffen:

Der Bericht

1 *Wovon wird im Text berichtet?*

2 *Was steht im Mittelpunkt des Berichts? Wie kann man den Inhalt kurz zusammenfassen?*

3 *Welche Wertungen enthält die Darstellung? Enthält der Bericht Übertreibungen oder ist er einseitig?*

4 *Stimmen heutige Forschungsergebnisse mit diesem Bericht überein?*

Der Geschichtsschreiber

5 *Was wissen wir von dem Schreiber?*

6 *Kennt der Schreiber die Ereignisse, die er berichtet, aus eigener Anschauung?*

7 *Verfolgt der Schreiber mit seiner Darstellung bestimmte Absichten, und wenn ja, welche?*

8 *Wie steht der Schreiber zu den Personen oder Gruppen, über die er schreibt? Ergreift er für eine Seite Partei?*

Wenn wir diese Fragen sorgfältig beantworten, kommen wir bei der Quelle zu folgenden Ergebnissen:

zu 1 Der Schreiber schildert hier ganz allgemein die Lage der Bauern.

zu 2 Im Mittelpunkt des Berichts stehen deshalb die täglichen Mühen und Gefahren des Bauern, der schließlich sogar ertränkt wird, weil er die geforderte Menge an Getreide nicht liefern kann. Der Beamte hingegen, begleitet von vielen „Dienern", die seinen Befehlen Folge leisten, ist der Herr.

zu 3 Weil Neb-maat-re-necht einen bestimmten Zweck verfolgt, enthält sein Bericht möglicherweise Übertreibungen. Völlig falsch kann er aber nicht sein, denn dann hätte Wentai-amon die Ermahnungen nicht ernst nehmen können. Aber: Ganz so schlimm kann die Situation der Bauern insgesamt auch nicht gewesen sein, sonst wäre die Mahnung, er solle sein Herz vor dem Wunsch bewahren Bauer zu werden unverständlich.

zu 4 Nach heutigen Forschungen können wir vermuten, warum Neb-maat-re-necht seinen Gehilfen unbedingt zum Schreiber machen möchte. Der ägyptische Staat war auf gut ausgebildete Beamte dringend angewiesen (vgl. den Text der Wissenschaftlerin auf S. 58).

zu 5 Verfasser ist Neb-maat-re-necht, ein Schreiber des Königs, also ein höherer Beamter.

zu 6 Die Situation der Bauern hat er während seiner Beamtenlaufbahn (vgl. S. 59) - sicherlich aus eigener Anschauung kennen gelernt.

zu 7 Die Ermahnungen haben offensichtlich das Ziel seinen Gehilfen Wentai-amon zu ermuntern, die schwierige Ausbildung zum Schreiber bis zum Ende durchzuhalten und ebenfalls Schreiber, also Beamter, zu werden.

zu 8 Als hoher Beamter fühlt sich Neb-maat-re-necht weit über alle anderen Berufe erhaben. Auf die Tätigkeiten von Handwerkern und Bauern sieht er deshalb wohl mit Verachtung und Abscheu herab (vgl. S. 58 f.).

1 Der Priester Tenti mit seiner Ehefrau. Grabmal des Tenti, um 2400 v. Chr.

2 Der Richter Schepsi mit seiner Ehefrau Ni-kar-Hathor, einer Priesterin, und ihr Sohn. Grabmal des Schepsi, um 2400 v. Chr.

Kunstwerke erzählen Geschichte:

1 *Beschreibt, was ihr auf den Bildern erkennen könnt.*

Statuen, Zeichnungen und Gemälde enthalten zahlreiche Hinweise, was Menschen in früheren Zeiten gedacht und erhofft oder wie sie gelebt haben. Deshalb versuchen Wissenschaftlerinnen und Wissenschaftler mit Hilfe von Kunstwerken auch Aussagen zu machen zur Rolle der Frau im Alten Ägypten. Ein mögliches Beispiel hierfür sind die Bilder (1 und 2).

Auch wenn man zu anderen Problemen Antworten aus Kunstwerken gewinnen möchte, kann man zunächst immer folgende Fragen stellen:

1 *Was ist dargestellt?*

2 *Wurde das Kunstwerk zu einem bestimmten Zweck geschaffen?*

3 *Ist die Darstellung naturgetreu oder zeigt sie bestimmte Einzelheiten abweichend von der Wirklichkeit, wie wir sie vermuten dürfen?*

4 *Gibt es auffällige Gemeinsamkeiten oder Unterschiede, die auf vergleichbaren Darstellungen immer wieder auftauchen?*

Wenn man die Bilder (1 und 2 sowie Bild 3, S. 63) genau anschaut, sind folgende Antworten möglich:

zu 1 Dargestellt ist jeweils ein Ehepaar oder eine Familie. Man gewinnt den Eindruck, dass die Einehe die Regel war.

zu 2 Die Darstellungen stammen aus Grabanlagen; sie lassen erkennen, wie sich Ägypterinnen und Ägypter das jenseitige Leben wünschten und vorstellten. Man darf daher annehmen, dass ihnen Ehe und Familie sehr wichtig waren.

zu 3+4 Gesichtszüge, Kleidung oder auch Haltung der dargestellten Personen sind sehr ähnlich. Die Darstellungen sind also wohl nicht naturgetreu, sondern spiegeln eher die idealen Vorstellungen dieser Zeit: Der Mann sitzt oder steht vor seiner Frau und erscheint meist etwas größer als sie. Während er fast starr wirkt, ist sie die „aktive", die den Mann umarmt. Die dunkle Hautfarbe des Mannes weist auf seine Tätigkeit außerhalb des Hauses hin, bei der er eher der Sonne ausgesetzt ist; die helle Hautfarbe der Frau ist ein Hinweis auf ihre häusliche Tätigkeit. Der Mann befindet sich auf der rechten Seite.

Eine Wissenschaftlerin schrieb dazu 1987:

> **M** Rechts ist – wie auch bei uns – recht, richtig; links dagegen ist untergeordnet bis linkisch. Somit bezeichnet der Standort eine Rangordnung zu Gunsten des Mannes.

2 *Seht Euch nochmals alle Bilder dieses Kapitels an, auf denen Frauen dargestellt sind. Schreibt einen kurzen Text über die Rolle der Frau dazu.*

3 *Achtet auch bei den nächsten Kapiteln darauf, wie Männer und Frauen dargestellt werden.*

In der Mitte Pharao Mykerinos (um 2485–2457) mit der Weißen Krone Oberägyptens. Zu seiner Rechten die Göttin Hathor, die Herrin des Himmels, des Lebens und der Liebe. Mit ihrer linken Hand umfasst sie schützend den König, sodass ihre linke Hand auf seinem linken Arm liegt. Zur Linken des Pharaos ist die Schutzgöttin des 17. oberägyptischen Gaues dargestellt, die ebenfalls den König schützend umfasst.

Viele Göttinnen und Götter – ein Gott?

1 *Sprecht darüber, wie auf den Bildern dieser Doppelseite das Verhältnis vom Pharao zu den Göttinnen dargestellt ist.*

Die Ägypter kannten eine Vielzahl von „Göttern" und „Göttinnen". Eine der bedeutendsten Göttinnen war Hathor. Sie war die Göttin der ausgelassenen Freude, der Liebe, aber zugleich wurde sie auch als Totengöttin verehrt, die den Verstorbenen mit sich führte in ihr göttliches Reich. Als Tochter des Sonnengottes war sie zudem auch die Himmelskönigin. Hoch angesehen war sie als „Herrin der beiden Länder" (vgl. S. 53) und „Mutter" des Königs. Es gibt zahlreiche Darstellungen, auf denen sich die Pharaonen als Säuglinge abbilden ließen, die von Hathor gestillt werden (vgl. Bild S. 69). Nach Ansicht der Ägypter verlieh die Göttin dem Pharao Leben und Kraft für seine Tätigkeiten als Herrscher Ägyptens.
Großes Ansehen genossen auch z. B. Isis als Vorbild einer treuen Ehefrau und fürsorglichen Mutter, ferner die Schreibergöttin Seschat, die Kriegsgöttin Neith und viele andere.
Eine Wissenschaftlerin schrieb dazu im Jahre 1992:

M Gab es auch bedeutende Göttinnen, die einen Kult genossen haben, so waren die größten Gottheiten männlichen Geschlechts. Keine Göttin hat es zur Reichsgöttin gebracht, wenn auch die Landesgöttinnen Unter- und Oberägyptens … weiblichen Geschlechts waren.

Viele dieser „Göttinnen" und „Götter" wurden nur an einem Ort oder in einer bestimmten Gegend verehrt, manche aber auch im ganzen Land, wie z. B. der Totengott Osiris und seine Frau Isis, der Sonnengott Re und der Gott Amun. Er galt als Schützer der Armen und Schwachen und wurde zusammen mit Re als Schöpfergott verehrt. Im Mittleren Reich war er der oberste Gott von ganz Ägypten. Sein Name bedeutet: der Verborgene.
Viele Wissenschaftlerinnen und Wissenschaftler sind heute der Ansicht, dass die große Zahl der „Göttinnen" und „Götter" nur einen Versuch der Ägypter darstellt die Macht und Größe des einen Gottes und sein Wirken in allen Lebensbereichen zu verdeutlichen. Der „Verborgene" sollte so für die Gläubigen erkennbar werden. Auch heute sprechen ja gläubige Menschen in ganz unterschiedlicher Weise von Gott, wenn sie z. B. sagen: Gott ist der Schöpfer, der Allmächtige, die Liebe, der gerechte Richter, usw.
Die Verehrung von Göttinnen und Göttern spielte im täglichen Leben eine große Rolle. Man betete zu ihnen um die Erfüllung ganz persönlicher Wünsche, um Genesung von Krankheit, bei Kinderlosigkeit, in Zeiten der Not. So betete ein armer Ägypter (um 1350 v. Chr.):

Q1 Komm zu mir, Amun, rette mich in diesem Jahr der Not. Die Sonne ist so, dass sie nicht aufgeht, der Winter ist bereits im Sommer gekommen, die Monate sind so, dass sie verdreht sind … Die Großen rufen zu dir, Amun, die Kleinen suchen dich. „Möge er mich gedeihen lassen … wie ein Schiff, das voll bemannt ist", so sagen die

Hirten auf dem Felde, die Wäscher auf dem Uferdamm, die Jäger der Wüste, die herausgekommen sind in das Fruchtland.

Die Gebete der hohen Beamten hörten sich ganz anders an. So betete der Wesir Paser (um 1270 v. Chr.):

Q2 Sei gegrüßt ... Amun, einziger Schöpfer, der entstand, ohne dass ein anderer mit ihm entstand, der Zehntausende und Tausende erschuf mit seinem Namen ohne Zahl ... Niemand gründete die Unteren (Armen) und die Oberen (Mächtigen) außer dir allein mit deinen Armen.

In dem Gebet eines anderen hohen Beamten aus der gleichen Zeit heißt es:

Q3 Er (Amun) ist es, dem die Felder gehören, Ufer und Äcker ... Er misst das ganze Land, für ihn wird die Gründungszeremonie vollzogen, sein ist die Königselle, die die Steine berechnet ...

Ein Wissenschaftler schrieb im Jahr 1989:

M Der Schöpfergott war nach Aussage des letzten Gebets also derjenige, der Ägypten erschaffen und vor allem vermessen hatte. Das bedeutete: Die ungerechte Verteilung des Bodens an Wenige war der Wille Gottes! Die Berechnungen der Arbeitsleistung wurden mit der Königselle vorgenommen und das wiederum war der Wille des Amun, sodass kein Arbeiter gegen das Arbeitssoll protestieren konnte ohne gleichzeitig Kritik an der Schöpfung Gottes zu üben ... Das erste Gebet beschrieb Amun als Schöpfergott ... Bezeichnend war dabei, dass er die Erschaffung der Oberen und Unteren bewirkt hatte, sodass die soziale Ungleichheit als eine gottgewollte Maßnahme erklärt wurde: Die gebildete und herrschende Schicht stellte die Göttlichkeit der Gesellschaftsordnung, in der sie ja bevorzugt war, besonders heraus, sodass die vorhandene Frömmigkeit der Menschen als Herrschaftsmittel ge- und oftmals auch missbraucht werden konnte.

1 *Erklärt mit Hilfe von Q2 und 3 sowie des Textes des Wissenschaftlers, warum sich die ägyptischen Untertanen nicht gegen die Gesellschaftsordnung auflehnten. Lest dazu auch nochmals Q1 der Vorseite und den Text eines Wissenschaftlers (M) auf S. 56.*

2 *Sprecht darüber, was mit dem Missbrauch der Frömmigkeit als Herrschaftsmittel gemeint ist.*

Die Hauptsorge der armen Ägypterinnen und Ägypter ebenso wie der reichen galt einem glücklichen Leben im Jenseits. Nach dem Glauben der Ägypter

Die Göttin Hathor stillt den Pharao. Ägyptische Gottheiten konnten in einer Tier- oder einer Menschengestalt dargestellt werden. Hathors Tiergestalt ist Kuh. Auf S. 68 ist Hathor in Menschengestalt zu sehen.

verließ die Seele beim Tod eines Menschen den Körper; beim Begräbnis aber kehrte sie in den Körper zurück. Er sollte deshalb nicht verwesen. Man entfernte daher die Eingeweide und entwässerte den Körper mit Natronsalz, sodass er austrocknete und zur Mumie wurde. Mit kostbaren Binden umwickelt wurde die Mumie in einen Sarg gelegt, der dann in eine prächtig ausgemalte und ausgestattete Grabkammer gebracht wurde. So fand man in einer Grabkammer aus der Zeit um 1400 v. Chr. ein Bett, Stühle, Hocker, Truhen, Lampen, Handtücher, 17 Hemden, Ölkrüge, Mehl, Fleisch, Trockenfisch, Weinkrüge, Konfitüre, Trauben, Datteln, Zwiebeln, Senfkörner und Salz.

Derartig kostspielig ausgestattete Grabkammern konnten sich nur hohe Beamte leisten; einfache Bauern oder Handwerker wurden nach ihrem Tode einfach im Wüstensand beigesetzt.

3 *Der Text gibt euch Hinweise, wie sich die Ägypter das Leben nach dem Tod vorstellten. Sprecht über Gemeinsamkeiten und Unterschiede zwischen den ägyptischen und euren Vorstellungen über das Leben nach dem Tode.*

Königsgräber und Pyramiden

Die gewaltigste Pyramide war die des Pharao Cheops (um 2545–2520 v. Chr.). Sie ist 146 m hoch und 230 m lang an jeder Seite, 2300000 Steine sind in dieser Pyramide verbaut. Jeder Stein wiegt 2,5 Tonnen. Zum Vergleich: Ein Mittelklassewagen wiegt etwa 1 Tonne. Würden alle Steine der Cheopspyramide auf einen Container-Zug verladen, dann würde dieser Güterzug von Athen bis München reichen.

Nach heutigen Berechnungen waren beim Pyramidenbau etwa 4000 Facharbeiter 20 Jahre lang beschäftigt. Sie wohnten in eigens angelegten Dörfern, die mit ihren kasernenähnlichen Unterkünften einem römischen Kastell gleichen. Weitere schätzungsweise 70000 Bauern kamen während der Überschwemmungszeit hinzu.

Zu ihren Arbeiten – so berichtet Herodot – gehörte auch der Transport der Steine von den Steinbrüchen bis zum Nil. Über die damit verbundenen Probleme berichten die Quellen nichts. Aus der sehr viel späteren Zeit Ramses IV. (12. Jh. v. Chr.) gibt es aber einen Hinweis. Eine Inschrift besagt, dass von 9262 Männern, die in die Steinbrüche des Wadi Hammamat gesandt wurden, 900 nicht mehr zurückkehrten; sie waren vermutlich in der Wüste ums Leben gekommen.

Herodot spricht davon, man habe ihm berichtet, dass Cheops alle Ägypter zur Arbeit an dieser Pyramide gezwungen habe. Manche Wissenschaftler und Wissenschaftlerinnen sind heute der Ansicht, dass Sklaven unter unmenschlichen Arbeitsbedingungen die Pyramiden erbauen mussten. Andere erklären hingegen die Tatsache, dass die ägyptische Bevölkerung über einhundert Jahre lang zum Pyramidenbau immer wieder herangezogen werden konnte, so:

Die Ägypter glaubten, dass der tote Pharao für die Verstorbenen ebenso sorge, wie er es vorher für die Lebenden tat. Damit er diese Aufgabe erfüllen konnte, sollte sein Körper für alle Zeiten durch den Bau einer Pyramide gesichert sein. Durch die Arbeit an den Pyramiden trug man also dazu bei, auch die eigene Versorgung im Jenseits zu sichern.

Ob alle Pyramiden tatsächlich Grabbauten für Pharaonen waren, ist allerdings noch zweifelhaft. So schrieb ein Wissenschaftler 1980:

> **M** Welche Fragen allerdings bei ... dem fast völligen Fehlen schriftlicher und bildlicher Berichte aufgeworfen werden, kann wohl nichts deutlicher machen als das „Pyramidenproblem“; so ist sich die Ägyptologie zwar darin einig, dass wir es bei diesen Bauwerken mit riesigen Grabanlagen für die verstorbenen Könige zu tun haben, aber auch das scheint nicht so sicher, denn manche davon sind wohl als Scheingräber angelegt worden.

Seit dem Mittleren Reich ließen die Pharaonen ihre Gräber im „Tal der Könige“ in Felsen einhauen (vgl. Karte S. 50). Im Jahre 1922 wurde hier das Grab des Pharao Tut-ench-amum (1347–1336 v. Chr.) gefunden. An ihm konnte man deutlich erkennen, wie kostbar diese Gräber ausgestattet waren (vgl. Bild 2, S. 72).

Allein der innerste der drei Särge, in dem die Mumie des Königs lag, wog 110 kg reinen Goldes; das entsprach etwa dem Monatslohn von 35000 Handwerkern. Kein Wunder, dass vor allem in Notzeiten (vgl. S. 51) diese Gräber aufgebrochen und beraubt wurden. So gesteht bereits im Jahre 1121 v. Chr. der Steinhauer Amon-panufer dem verhörenden Richter:

> **Q1** Wir sind in den Gräbern gewesen um nach unserer Gewohnheit zu stehlen und fanden das Pyramidengrab des Königs ... Sebekemsaf. Dies war ganz und gar nicht wie die Pyramidengräber oder die Beamtengräber, die wir sonst geplündert haben ... Wir öffneten ... die Särge, in denen der König und die Königin lagen, und fanden die ehrwürdige Mumie des Königs ... Seine Goldmaske bedeckte ihn. Die ehrwürdige Mumie des Königs war ganz mit Gold überzogen. Seine Särge waren innen und außen mit Gold und Silber geschmückt und mit jeder Art von Edelsteinen eingelegt.
>
> Wir rissen das Gold ab, das wir an der ehrwürdigen Mumie des Gottes fanden ... Die Königin fanden wir ganz in der gleichen Weise (ausgestattet) und wir rissen ebenso alles ab, was wir an ihr fanden, und legten Feuer an ihre Särge ... Dann teilten wir zwischen uns (acht) Dieben das Gold, das wir bei beiden Göttern gefunden hatten.

Jeder Dieb, so berichtet Amon-panufer weiter, erhielt über 1,8 kg Gold. Diese Summe verdiente ein Arbeiter in etwa 48 Jahren, sofern er überhaupt das entsprechende Alter erreichte.

1 *Das Vorgehen der Grabräuber und ihre Bezeichnung des Pharaos und seiner Frau erscheint widersprüchlich. Welche Erklärung könnt ihr dafür finden?*

1 Die Arbeiter beförderten die Steinblöcke auf dem Nil vom Steinbruch zur Pyramidenbaustelle.

2 Auf die wachsende Pyramide wurden die Steinblöcke über eine Rampe geschleppt. Mit zunehmender Bauhöhe wurde die Rampe nach außen verlängert.

3 Zum Abschluss wurde die Pyramide mit Steinplatten verkleidet und geglättet. Dabei benutzte man Holzgerüste.

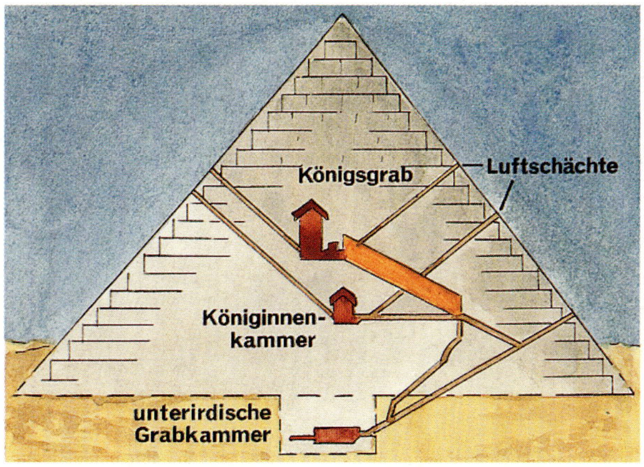

4 Der Querschnitt durch die Cheopspyramide zeigt die drei Grabkammern sowie die Gänge und Luftschächte. (Bilder 1–4 Rekonstruktionen)

5 Die Cheopspyramide, erbaut um 2520 v. Chr. Die Außenverkleidung ist im Laufe der Jahrtausende zerstört worden. Foto 1979.

1 *Steckt in der Straße, in der eure Schule steht, die Seitenlinien der Cheopspyramide ab.*
2 *Sucht auf der Karte S. 50 die Steinbrüche und den Standort der Pyramiden. Überlegt euch, wie man die Steine transportieren konnte.*
3 *Stellt mit Hilfe der Bilder eine Liste aller Maßnahmen auf, die für den Bau einerPyramide nötig waren. Denkt daran, dass die Arbeiter essen und wohnen mussten.*

1 **Totengericht.** Malerei auf einer Schriftrolle, um 1400 v. Chr.

2 **Maske der Mumie des Pharaos Tut-ench-amun (1347–1336 v. Chr.).** Foto.

Das Totengericht

Ein König schrieb um 2200 v. Chr. an seinen Sohn und Nachfolger:

> **Q** Man braucht nicht zu glauben, dass am Tage des Gerichts alles vergessen sein wird. Rechne nicht darauf, dass die Jahre lang sind. Das Leben verrinnt wie eine Stunde. Nach dem Tod lebt der Mensch aber weiter, und seine Taten werden neben ihm aufgehäuft.
> Derjenige, der dann ohne Sünde vor den Totenrichter tritt, wird dort wie ein Gott sein und frei dahinschreiten wie die Herren der Ewigkeit.

Den Toten im Alten Ägypten wurden lange Papyrusrollen mit bunten Malereien und Schriftzeichen mit ins Grab gegeben. Diese Schriftrollen nennt man „Totenbücher“. Neben Wünschen und Ratschlägen für den Toten enthalten sie auch die Darstellung eines Totengerichts.

In diesem Gericht waren Osiris, der Gott des Totenreichs, und andere Götter die Richter.

Nach Auffassung der Ägypter lief dieses Totengericht nach bestimmten Regeln ab: Der Totengott Anubis führte den Verstorbenen, der in ein leinenes Gewand gehüllt war, in den Richtersaal. Nach dem Totenbuch des königlichen Schreibers Hunefer, um

Das Totengericht
Bild 1 ist aus dem Totenbuch des Schreibers Hunefer und stellt ein Totengericht dar: Rechts sitzt Osiris auf seinem Thron; hinter ihm stehen seine Frau Isis und deren Schwester Nephthys; oben sitzen hintereinander 14 Götter, die Beisitzer im Gericht sind. Vor ihnen kniet Hunefer und berichtet aus seinem Leben. Nach dem Bericht führt der schakalköpfige Totengott Hunefer zur Waage in der Mitte des Saales. Auf der einen Waagschale liegt das Herz des Hunefer, auf der anderen die Feder der Göttin der Wahrheit und Gerechtigkeit. Das Herz wird mit der Feder aufgewogen. Der vogelköpfige göttliche Schreiber notiert das Ergebnis. Hunefer besteht die Prüfung: Sein Herz ist leichter als die Feder. Der krokodilköpfige Totenfresser wird ihn nicht verschlingen. Horus, der Gott mit dem Falkenkopf, führt Hunefer zu Osiris, der ihn in sein Reich aufnimmt.

1250 v. Chr., sagte der Verstorbene zum Gott Osiris und den übrigen Göttern:

Q Ich habe kein Unrecht gegen Menschen begangen, ich habe das Vieh ([Gottes] = die Menschen) nicht in Not gebracht.
Ich habe nichts „Krummes" getan an Stelle von Recht ...
Ich habe keinen Gott gelästert.
Ich habe nichts getan, was die Götter verabscheuen ...
Ich habe keinen Schmerz zugefügt und (keinen) hungern lassen.
Ich habe nicht weinen gemacht.
Ich habe nicht getötet,
ich habe auch nicht zu töten geheißen.
Ich habe niemandem ein Leid zugefügt ...
Ich habe nicht gestohlen,
ich war nicht habgierig,
ich habe mir nichts (unrechtmäßig) angeeignet.
Ich habe keinen Menschen umgebracht ...
ich habe nicht die Unwahrheit gesagt ...
Ich bin nicht aggressiv gewesen ...
Ich habe keinen Schaden gestiftet ...
ich habe keinen Streit entfacht ...
Ich habe nie die Beherrschung verloren,
ich habe mich nicht gestritten,
ich bin nicht gewalttätig gewesen ...
ich habe mich nicht über meinen Stand erhoben ...
Ich habe getan, was die Menschen (Weisheitslehrer) raten und womit die Götter zufrieden sind ...
Brot gab ich dem Hungrigen, Wasser dem Dürstenden. Kleider dem Nackten, ein Fährboot den Schifflosen.
Ich habe den Göttern Gottesopfer und den Verklärten (Toten) Totenopfer dargebracht.
So rettet mich denn, so schützt mich denn, macht keine Anzeige gegen mich beim großen Gott.

Bestand der Verstorbene die Prüfung vor dem Totengott Osiris, so konnte er in das ewige Leben eingehen.

1 *Beschreibt Bild 1 mit Hilfe des danebenstehenden Textes.*

2 *Lest im Alten Testament die Zehn Gebote (2. Mose 20, 1–17 oder 5. Mose 5, 6–21) und was im Neuen Testament über das Weltengericht gesagt wird (Matth. 25, 35–37).*

3 *Notiert euch Übereinstimmungen zwischen der Quelle und den Sätzen im Alten und Neuen Testament.*

Expedition im Steinbruch

Auf S. 75 ist ein ägyptischer Papyrus nachgebildet, wie er vor etwa 3200 Jahren entstand. Er enthält den Plan eines Wüstentales in der Ostwüste, das Wadi Hamamat. In diesem Plan sind die Lagerstätten des Goldes, Brunnen und Straßen, die Hütten der Arbeiter und kleine Heiligtümer eingezeichnet. Die Spielelemente wurden nachträglich hinzugefügt.

Spielanleitung

- Am besten spielt ihr dieses Spiel zu zweit.
- Du brauchst einen Würfel und für jeden Teilnehmer einen Spielstein.
- Weil es bei einer Expedition in den Steinbruch langsam vorangeht, musst du eine Eins würfeln um starten zu können (beim Pfeil).
- Sieger ist, wer als Erster den Tempel der Göttin Hathor erreicht hat.
- Auf deinem Weg kommst du an verschiedenen Zeichen vorbei. Sie helfen dir entweder schneller voranzukommen oder sie verlangsamen deine Reise. Sie haben folgende Bedeutung:

Der Steinbohrer. Du hast gute Arbeit geleistet und darfst ein Feld vorrücken, wenn du den Namen des Pharao weißt, der dich zusammen mit 9261 Männern hierher schickte. (Überprüfe deine Antwort auf S. 70.)

Der Opfertisch. Du hast im Tempel die Göttinnen und Götter durch Opfer milde gestimmt. Du darfst drei Felder vorrücken, wenn du den Namen einer Göttin oder eines Gottes nennen kannst.

Der Pharao. Der Pharao hat dich zum obersten Beamten ernannt. Du darfst deshalb die Abkürzung durch den Goldminenweg nehmen, wenn du deinen Titel kennst. (Kontrolliere deine Antwort an Hand des Schemas auf S. 59.)

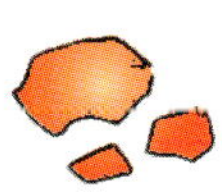

Steinschlag. Nur wer eine 1 oder 2 würfelt, darf hier weiter.

Totengott. Du bist auf dem Rückweg vom Wadi Hamamat nach Hause und denkst an die 900 Steinbrucharbeiter, die bei dieser Expedition ums Leben gekommen sind. Nenne mindestens zwei Gründe, die zu ihrem Tod geführt haben könnten. Sonst: zweimal aussetzen.

König Ramses IV. hat hier für die Durstigen einen **Brunnen** gebaut. Du hast dich erfrischt und kannst jetzt noch bei den Arbeitern am Rosengranitweg vorbeigehen.

Arbeiter. Du triffst auf Arbeiter und unterhältst dich mit ihnen. Da du die Cheops-Pyramide selber gesehen hast, berichtest du davon und erzählst, wie hoch sie ist und wie viele Arbeiter vermutlich mit ihrem Bau beschäftigt waren. (Lies dazu nochmals S. 70.) Setze einmal aus.

Frauen. Du triffst auf einige Frauen. Rücke zwei Felder vor, nachdem du die rechtliche Stellung der Frau im Alten Ägypten erklärt hast (vgl. S. 62–63).

Das Zeichen für **Gold**: Hier mündet der Goldminenweg in die Tempelstraße. Es wird kontrolliert, ob du etwas gestohlen hast: zweimal aussetzen.

Ein **fertiger Felsblock** ist von seinem Schlitten gerutscht und versperrt den Weg. Du musst durch den krummen Weg zurück auf die Hauptstraße und nochmals beginnen. Ein Schreiber zeigt dir aber einen kleinen Durchgang, wenn du ihm innerhalb von drei Minuten die ersten drei und die letzten vier Zeilen des Loblieds auf Pharao Ramses den II. auswendig hersagen kannst (s. S. 56).

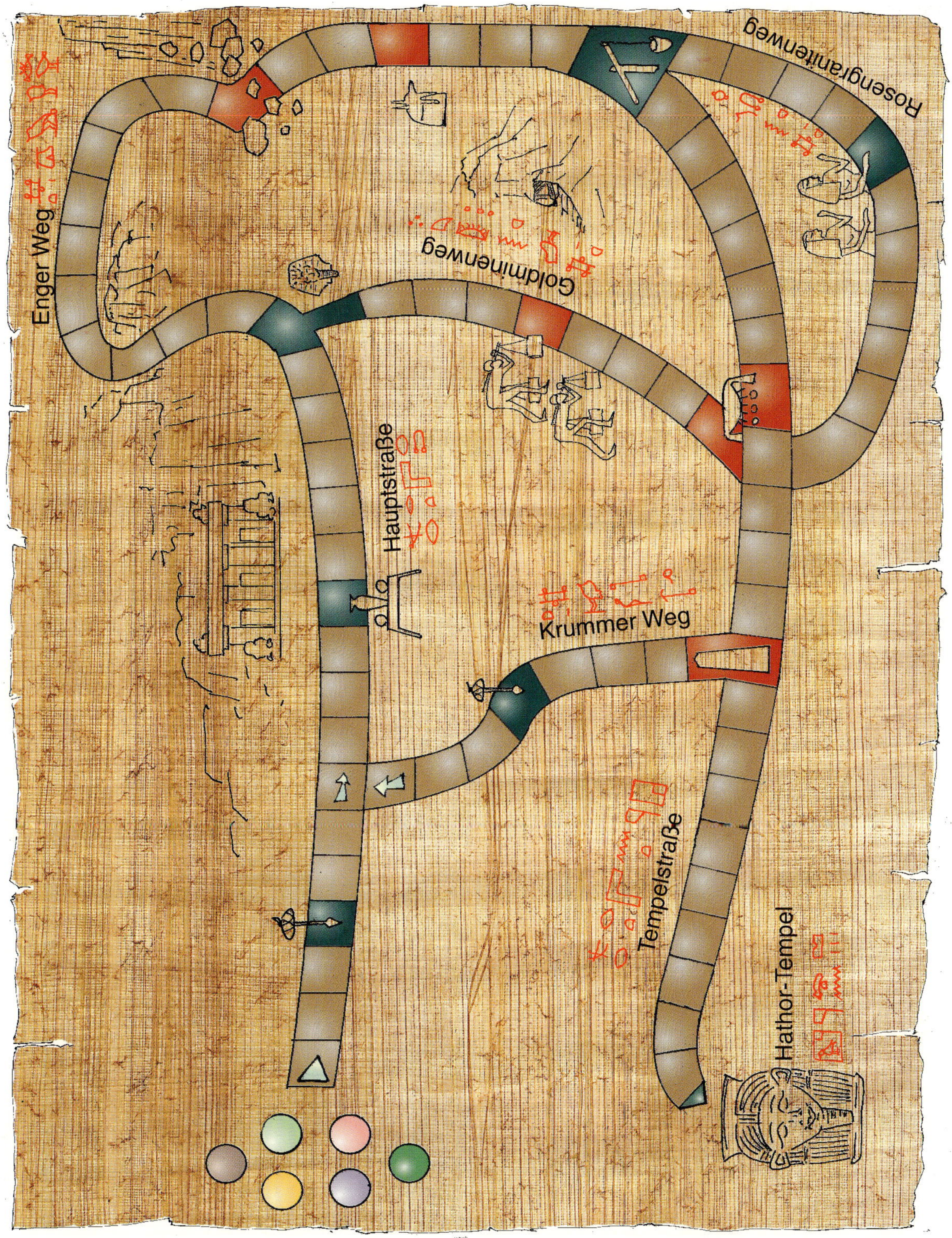
Enger Weg
Rosengranitenweg
Goldminenweg
Hauptstraße
Krummer Weg
Tempelstraße
Hathor-Tempel

1 Ein gigantischer Bau, in den Ägypten seine Hoffnungen setzte: Der Assuan-Damm im Niltal. Foto 1980.

2 Ägypten heute.

Der Assuan-Staudamm – ein Wunderwerk der Technik?

Ägypten ist größer als die Bundesrepublik Deutschland, Frankreich, Belgien, die Niederlande und Luxemburg zusammen, aber 95 % des Landes sind Wüste. Wie zu den Zeiten der Pharaonen ist der Nil auch heute das Schicksal Ägyptens. An seinen Ufern leben über 97 % der gesamten Bevölkerung.

Überschwemmungen gibt es allerdings nicht mehr, seit im Jahre 1970 der Assuan-Staudamm fertig gestellt wurde, ein gigantisches Bauwerk: 3600 m lang ist der Damm und 121 m hoch. Seine Baumasse von 4,3 Millionen Kubikmetern hätte zum Bau von siebzehn Cheopspyramiden gereicht. 500 km lang und 10–26 km breit ist der in den Sudan hineinreichende See, der durch den Stau des Nils gebildet wird.

„Nassers Pyramide" nennen die Ägypter heutzutage den Staudamm. Unter dem ägyptischen Staatspräsidenten Nasser war im Jahre 1960 mit dem Bau begonnen worden. Nasser setzte sich damit selber ein Denkmal, das der Nachwelt von der Macht und Größe des modernen Herrschers am Nil Kunde geben sollte. Mit dem Bau des Staudamms verfolgte Nasser zwei weitere Ziele: Es sollte keine Überschwemmungen mehr geben und die Felder sollten auch in trockenen Jahren stets mit genügend Wasser versorgt werden können. Beide Ziele wurden erreicht. Dank neuer Bewässerungsanlagen konnte die Ackerbaufläche um ca. 400 000 Hektar erweitert werden. Statt früher nur eine, werden jetzt 2 oder 3 Ernten jedes Jahr erzielt.

Neben diesen Erfolgen brachte der Staudamm aber auch unerwartete Probleme. Eine Zeitung berichtete im Jahr 1981:

M Der fruchtbare Nilschlamm bleibt im Stausee zurück und setzt sich dort ab ... Für die Felder der Fellachen hat das Ausbleiben des Nilschlamms verheerende Folgen. Denn das Wasser, das durch die Kraftwerksturbinen des Staudamms abläuft, ist frei von Schweb- und Nährstoffen, das heißt, dass die natürliche Düngung des Fruchtlandes seit zehn Jahren ausbleibt. Deshalb wurde Ägypten in den letzten Jahren zu einem der größten Kunstdünger-Importeure der Welt. Aber: Kunstdünger ist teuer und verteuert die landwirtschaftliche Produktion ...
Die Verwendung von Kunstdünger hat zu einer immer bedrohlicher werdenden Versalzung des Bodens geführt. Im Nildelta kann man sich selbst davon überzeugen, dass noch vor wenigen Jahren fruchtbare Ackerflächen heute mit einem grauweißen Film von abgelagerten Salzen überzogen sind ...
Die Frage: Assuan-Damm – Segen oder Fluch für Ägypten? ist bis heute weder beantwortet noch ausdiskutiert.

1 *Der Assuan-Damm: Segen oder Fluch für Ägypten? Versucht euch ein Urteil darüber zu bilden. Zusätzliches Informationsmaterial könnt ihr z. B. bei der Botschaft Ägyptens in Bonn anfordern.*

Als sich das Klima in Nordafrika änderte, das Land austrocknete und alles verdorrte, zogen sich seit etwa 5000 v. Chr. die Menschen an die Ufer des Nils zurück und wurden in Ägypten sesshaft.
Irgendwann um 3200 v. Chr. – der Zeitpunkt ist nicht genau zu bestimmen – begannen sie Dämme und Kanäle zu bauen um die Fluten des Nils auf ihre Äcker zu lenken, erfanden Kalender und Schrift, bauten Städte und gründeten einen Staat mit dem Pharao an der Spitze und einer großen Zahl von Beamten, die für die Verwaltung zuständig waren. Daneben gab es Handwerker, Künstler, Arbeiter, Priester, Wissenschaftler, die sich ganz ihren jeweiligen Tätigkeiten widmen konnten, da die Bauern mehr produzierten, als sie selber brauchten. Ähnlich hoch entwickelte und arbeitsteilig organisierte Staaten gab es auch an anderen großen Strömen, so zwischen Euphrat und Tigris (um 3000 v. Chr.), am Indus (um 2500 v. Chr.) und am Hwangho (um 1500 v. Chr.) in China. Man bezeichnet sie alle heute als Hoch- oder Stromkulturen.
Über die beinahe 3000-jährige Geschichte Ägyptens und das Leben im Alten Ägypten sind wir einigermaßen gut informiert durch die zahllosen schriftlichen Zeugnisse und die Bilder. Das tägliche Leben der Menschen hat sich – soweit wir dies heute wissen – in diesem langen Zeitraum kaum verändert. Deshalb ist es möglich, z. B. Bilder, die um 1400 v. Chr. gemalt wurden und Berichte, die erst 200 Jahre später geschrieben wurden, also aus der Zeit um 1200 v. Chr. stammen, heranzuziehen um das Leben von Arbeitern, Bauern und Schreibern zu schildern.
An der Spitze des ägyptischen Staates stand der Pharao mit einer beinahe unbegrenzten Machtfülle, von seinen Untertanen wie ein Gott verehrt. Die Verwaltung des Landes, seiner Menschen und Erträge, gehörte zu den Aufgaben der Beamten.
Frauen spielten im öffentlichen Leben anscheinend keine allzu große Rolle. Frauen begegnet man in der Landwirtschaft, wo sie mithelfen mussten, oder auch z. B. als Handwerkerinnen. Ihr eigentlicher Tätigkeitsbereich aber sind das Haus und die Familie. „Herrin des Hauses“ wird sie in den Texten oft genannt und in diesem Bereich genoß sie hohes Ansehen.
Im religiösen Bereich galt die Hauptsorge dem ewigen Leben im Jenseits, das man sich teilweise als Fortsetzung des hiesigen Lebens vorstellte. Sichtbarer Ausdruck dieses Glaubens waren die Mumifizierung,

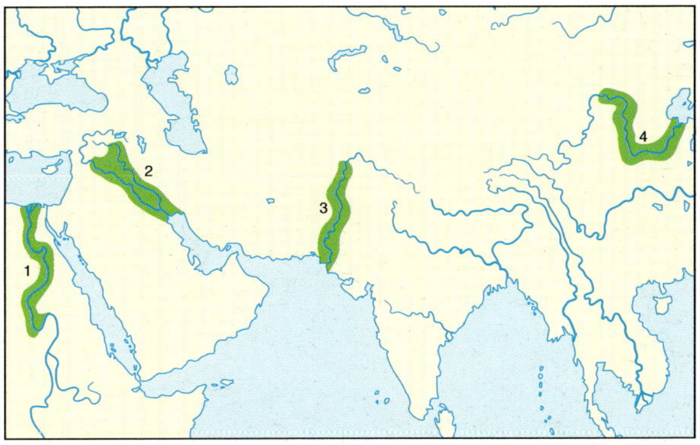

Stromkulturen in Afrika, im Vorderen Orient und in Asien: im Niltal (1), zwischen Euphrat und Tigris (2), im Industal (3) und am Hwangho (4).

damit die Seele auch weiterhin in ihrem Körper leben konnte, sowie die Pyramiden und Grabkammern, in denen der Tote wohnte, versorgt mit allem, was er „zum Leben“ brauchte.
So wie damals ist auch heute der Nil die „Lebensader“ Ägyptens: Über 97 % der gesamten ägyptischen Bevölkerung lebt heute an seinen Ufern. Der Assuan-Staudamm verhindert seit 1970 Überschwemmungen, ermöglicht zusätzliche Ernten, bringt aber auch neue Probleme: Der fruchtbare Nilschlamm bleibt aus. Die Felder müssen künstlich gedüngt werden oder sie werden unfruchtbar.

Herodot, ein griechischer Geschichtsschreiber, hat im 5. Jahrhundert v. Chr. eine umfangreiche Geschichte der Griechen und Nicht-Griechen geschrieben. Um zuverlässige Informationen zu erhalten unternahm er viele Reisen, u. a. auch nach Ägypten. Vieles musste ihm als Griechen fremd erscheinen: Herodot hatte viele Jahre in Athen gelebt, damals die berühmteste Stadt Griechenlands. Könige hatte es hier vor vielen Jahrhunderten gegeben. Ihre Zeit war längst vorbei. Jetzt regierten in Athen die athenischen Bürger. Die Athener nannten diese Herrschaftsform „Demokratie“, also „Herrschaft des Volkes“. Fast zur gleichen Zeit wurde Rom eine Republik, eine „Angelegenheit, die alle angeht“. Wie es zu dieser Entwicklung in Athen und Rom kam und wie die Menschen dort lebten, davon handelt das nächste Kapitel.

3. Griechen und Römer

1 Das Oberste Bundesgericht in Washington, erbaut 1935.

2 Das Brandenburger Tor in Berlin, erbaut 1789–1791.

Die Antike: „Werke von unsterblichem Ruhm"

Altägyptisch verstehen heute nur wenige Fachleute an Universitäten oder Museen. Ganz anders steht es um die Sprachen der alten Griechen und der Römer: In jeder größeren Stadt gibt es Schulen, an denen man Latein oder Altgriechisch lernen kann. Und auch an eurer Schule gibt es Unterrichtsfächer mit griechischen Namen wie Biologie, Physik, Geographie, Musik, Mathematik oder Politik.
Auf lateinische Ursprünge gehen dagegen Bezeichnungen wie Rektor, Kollegium, Klasse, Aula, Disziplin und die Schule selbst zurück, zum Glück aber auch die Ferien. Die Pause wiederum ist altgriechisch.

Die Griechen

Griechischen Einfluss erkennen wir auch in vielen anderen Bereichen. Die Griechen sind beispielhaft geworden in Wissenschaften und Künsten, wie etwa in der Architektur. „Werke von unsterblichem Ruhm" werde man errichten, so soll schon der athenische Staatsmann Perikles (443–429 v. Chr.) gesagt haben. Bauten, deren Würde und Erhabenheit besonders betont werden sollte, indem man den griechischen Baustil nachahmte, finden sich heute in vielen Ländern (vgl. Bild 1 und 2). Die in vielen kleinen Stadtstaaten lebenden Griechen haben auch Bemerkenswertes geleistet bei ihrer Suche nach der bestmöglichen Staatsform. Die Athener des 5. Jahrhundert v. Chr. beispielsweise sahen sie am ehesten verwirklicht in der Demokratie (= Volksherrschaft), einer Staatsform, zu der sich heute viele Staaten bekennen.

Die Römer

Im Unterschied zu den kleinen Stadtstaaten Griechenlands war Rom durch militärische Überlegenheit Hauptstadt eines Weltreiches geworden. Alle Länder um das Mittelmeer gehörten dazu, ebenso weite Gebiete Europas. In den Provinzen* ließen sich römische Familien nieder, entstanden römische Städte und Gutshöfe. Römische Soldaten sicherten die römische Herrschaft. Als „Herren der Welt", wie der griechische Schriftsteller Plutarch (46–120 n. Chr.) sie bezeichnete, haben sie das Leben vieler Völker nachhaltig geprägt.
Die große Zeit der Griechen und Römer vor etwa 2000 bis 2500 Jahren nennen wir „Antike". In diesem Kapitel könnt ihr untersuchen, wie es zur kulturellen, wirtschaftlichen und politischen Überlegenheit von Griechen und Römern kam und welche Auswirkungen sie hatte.
Im ersten Teilkapitel könnt ihr erarbeiten, wie es den zahllosen griechischen Stadtstaaten gelang, kulturelle Einheit zu bewahren. Ihr könnt erkunden, warum gerade das „demokratische" Athen im 5. Jahrhundert v. Chr. zum wirtschaftlichen und kulturellen Mittelpunkt Griechenlands wurde und wie dadurch das Leben in Athen geprägt wurde.
Im zweiten Teilkapitel könnt ihr erarbeiten, wie Rom Hauptstadt eines Weltreiches wurde und welche Auswirkungen die römische Weltherrschaft für die Römer und für die unterworfenen Völker hatte. Ihr könnt die unterschiedlichen Reaktionen der „Unterlegenen" untersuchen, die teilweise die römische Lebensweise annahmen, teilweise aber auch ablehnten und bekämpften.

Eine Schulklasse besucht den Archäologischen Park Xanten. Foto 1993.

3.1 Das antike Griechenland

Wettstreit verbindet
In den Wochen vor den Sommerferien gibt es an vielen Schulen ein ähnliches Ereignis: Das große Mannschaftssportturnier wird ausgetragen, bei dem alle Klassen – gestaffelt nach Altersgruppen – gegeneinander antreten.
Diesem Tag fiebern Schülerinnen und Schüler schon lange entgegen – nicht bloß, weil der normale Unterricht ausfällt. Alle möchten dabei sein, jeder gibt sein Bestes. Wer heute gute Leistungen zeigt, vertritt die Schule vielleicht im nächsten Spiel des Stadtturniers. Auch wenn es diesmal noch nicht dazu reicht: Der Einsatz wird belohnt, steigt man doch mit den gezeigten Leistungen im Ansehen der Klassenkameradinnen und -kameraden. Und nicht nur bei ihnen: Wenn dieser Tag zu Ende geht, kennt man die Schülerinnen und Schüler aus den Parallelklassen, ja man hat zum Schluss sogar begeistert die Leistungsträger aus den Abschlussklassen angefeuert, deren Kraft und Schnelligkeit der eigenen weit überlegen ist. Am nächsten Tag sieht man die Schule mit anderen Augen, begrüßt neue Bekannte, mit denen man vorher kein Wort gesprochen hat, und fühlt sich als Mitglied einer großen Gemeinschaft.

Sportfest an einer Schule. Foto 1993.

Das antike Griechenland – im Wettstreit verbunden
Griechische Stadtstaaten gab es nicht nur im heutigen Griechenland (vgl. S. 78 und Karte S. 81). Weil das Ackerland nicht mehr ausreichte die wachsende Bevölkerungszahl zu ernähren, verließen zwischen 750 und 550 v. Chr. viele griechische Männer und Frauen ihre Heimatstadt. Sie gründeten neue Städte rund um das Mittelmeer und das Schwarze Meer. Obwohl sie räumlich weit getrennt voneinander lebten, bewahrten die Bewohner dieser Stadtstaaten jahrhundertelang das Gefühl ihrer Zusammengehörigkeit: Man sprach dieselbe Sprache, verehrte dieselben Götter und traf sich – nicht zuletzt – bei großen Wettkämpfen wie den Olympischen Spielen.
Einen Stadtstaat nannten die Griechen „polis". „Nicht Stein oder Holz machen die Polis aus", schrieb um 600 v. Chr. der Grieche Alkaios, „sondern die Menschen." Er meinte damit die „politischen" Menschen, die Bürger, die sich für ihre Stadt einsetzten. Wie sollte das Zusammenleben dieser Menschen in einer Polis geregelt werden? Wer sollte herrschen, Gesetze erlassen, Recht sprechen?

In Athen beispielsweise wurden diese Fragen im Laufe seiner Geschichte ganz unterschiedlich beantwortet, bis schließlich im 5. Jahrhundert die Herrschaft auf alle Bürger überging. „Demokratie" (wörtlich: Volksherrschaft) nannten die Athener diese politische Ordnung. Dieses demokratische Athen war zwar nur ein Stadtstaat unter vielen, dennoch erlangte es um 500 v. Chr. eine Vormachtstellung in Griechenland. Mit seiner politischen Macht und wirtschaftlichen Bedeutung wurde es aber auch zum kulturellen Zentrum, das auf die anderen Stadtstaaten ausstrahlte.
Im Zusammenhang mit der Geschichte Griechenlands und insbesondere des Stadtstaates Athen könnt ihr in diesem Teilkapitel folgende Fragen untersuchen:
– Welche Bedeutung hatten die Olympischen Spiele für das Zusammengehörigkeitsgefühl der Griechen?
– Wie gelang Athen der Aufstieg zur Großmacht und damit zum kulturellen und wirtschaftlichen Zentrum Griechenlands?
– Was verstand man in Athen im 5. Jahrhundert v. Chr. unter „Demokratie"?
– Wie lebten Athenerinnen und Athener, Fremde, Sklavinnen und Sklaven in Athen?

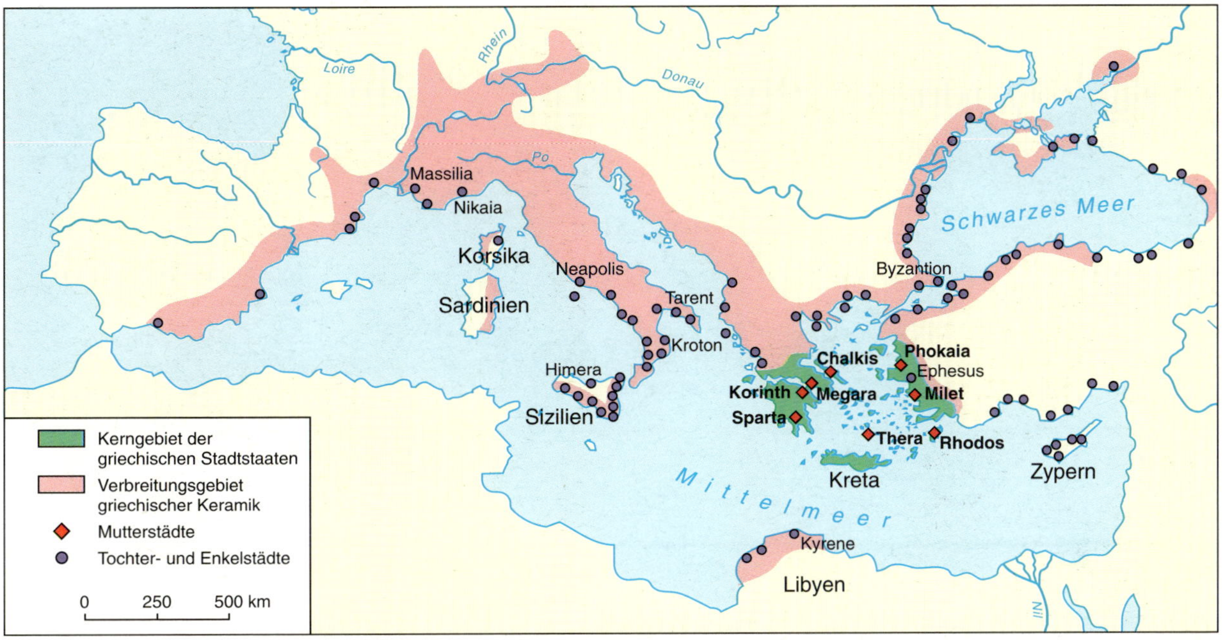

1 **Die Welt der Griechen um 750–550 v. Chr.**

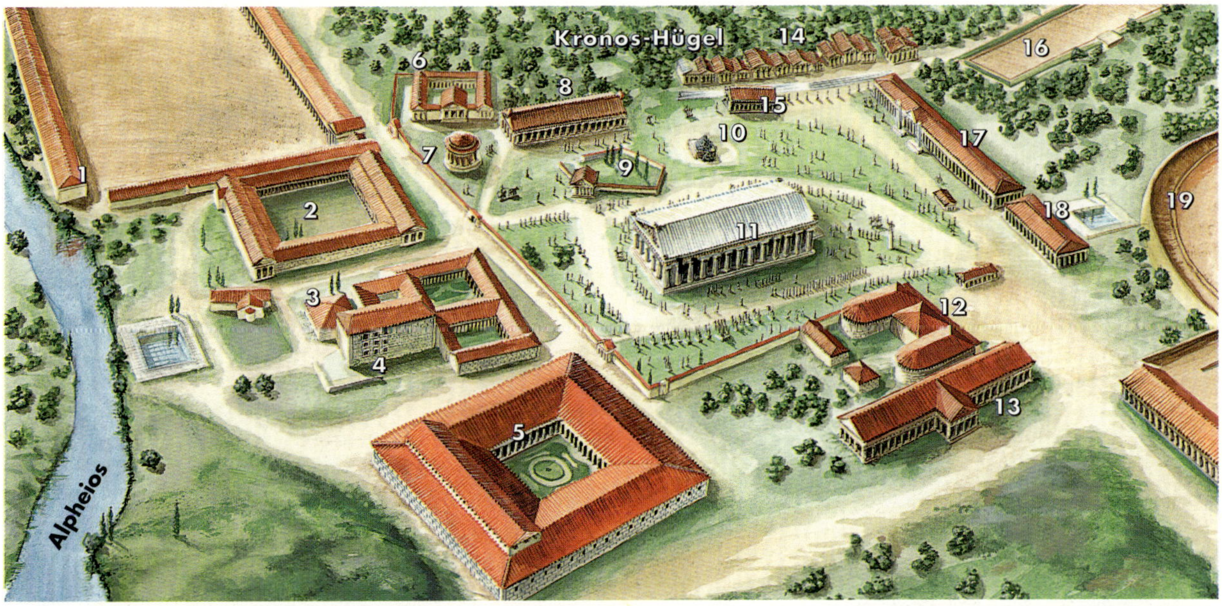

2 **Die Anlage von Olympia im 5. Jahrhundert v. Chr.** Rekonstruktion 1995. 1–Gymnasion, 2–Ringerschule, 3–Amtssitz der Olympischen Priester, 4–Werkstatt des Bildhauers Phidias, 5–Gästehaus, 6–Amtssitz hoher Verwaltungsbeamter, 7–Grab des Königs Philipp, 8–Hera-Tempel, 9–Grab des Königs Phelops, 10–Zeus-Altar, 11–Zeus-Tempel, 12–Buleuterion (hier wurde der olympische Eid abgelegt), 13–Süd-Stoa, 14–Schatzhäuser, 15–Tempel der Kybele, 16–Stadion, 17–Echohalle, 18–Ost-Bäder, 19–Pferderennbahn.

– *Legt eine Liste heutiger olympischer Sportarten und der dafür erforderlichen Einrichtungen an.*
– *Beschreibt Bild 2.*
– *Überlegt, wodurch sich die Olympischen Spiele im antiken Griechenland von den heutigen unterschieden haben könnten.*

1 Wagenrennen. Vasenmalerei aus dem 5. Jahrhundert v. Chr.

2 Waffenlauf. Vasenmalerei aus dem 6. Jahrhundert v. Chr.

Die ersten Olympischen Spiele, von denen wir sicher wissen, fanden im Jahre 776 v. Chr. statt. Seit dieser Zeit sind uns die Namen jener Athleten überliefert, die den Stadionlauf gewonnen haben. Die Anfänge dieses Festes liegen aber vermutlich noch einige Jahrhunderte länger zurück. Die Olympischen Spiele wurden alle vier Jahre zu Ehren des Göttervaters Zeus veranstaltet. Nach den Vorstellungen der Griechen thronte er als Herrscher des Himmels mit seiner Gemahlin Hera auf dem Gipfel des Berges Olymp.
Auf den folgenden Seiten könnt ihr untersuchen, wodurch sich die Olympischen Spiele in Griechenland von den heutigen unterschieden und warum diese Spiele für alle Griechen eine so überragende Bedeutung besaßen.

Die Durchführung der Spiele

1 *Beschreibt die Vorgänge auf den Bildern dieser Doppelseite.*

Mindestens vier Wochen vor Beginn der Wettkämpfe mussten die Athleten in Olympia erscheinen um unter der Aufsicht von Kampfrichtern zu trainieren. Vor Beginn der Wettkämpfe legten die Sportler vor der Statue des Zeus (vgl. S. 84) einen Eid ab, dass sie sich keinen Verstoß gegen die Regeln der olympischen Wettkämpfe zu Schulden kommen lassen werden.

Die Spiele dauerten insgesamt fünf Tage. Das Stadion bot etwa 45 000 Zuschauern Platz. Berühmte Schriftsteller und Geschichtsschreiber wie beispielweise Herodot (vgl. S. 60) lasen vor oder zwischen den Wettkämpfen den Zuschauern aus ihren Werken vor. Sie erinnerten dabei an die gemeinsame Herkunft aller Griechen und ermahnten die Zuhörer einig zu sein und zusammenzuhalten.
Es gab Wagenrennen (Bild 1) und Laufwettbewerbe wie den Stadionlauf über 192 m, den Langstreckenlauf über 4500 m (Bild 1, S. 83) und den Waffenlauf über 400 m (Bild 2), ferner den Fünfkampf: Diskuswerfen, Weitsprung, Speerwurf, Ringen und Stadionlauf, sowie den Allkampf (Pankration), einen Box- oder Ringkampf, bei dem beinahe alle Griffe erlaubt waren. Der Kampf dauerte so lange, bis einer der beiden Gegner aufgab, häufig infolge schwerer Verletzungen. Mannschaftswettbewerbe gab es nicht. Die Athleten wollten bei den Wettkämpfen keine Rekorde aufstellen. Sie wollten Erste sein, besser sein als alle anderen. Zweite und dritte Plätze gab es nicht.

Ehrungen und Belohnungen

Von den Siegern wurden Standbilder angefertigt, die man in Olympia aufstellte. Dichter ehrten sie mit ihren Versen. Von ihrer Heimatgemeinde wurden sie feierlich empfangen. In manchen Stadtstaaten erhielten sie ein Leben lang kostenlose Verpflegung und Befreiung von allen Abgaben. Der athenische Ge-

setzgeber Solon verfügte im 6. Jh. v. Chr., dass ein Athener, der bei den Olympischen Spielen siegen würde, 500 Drachmen aus der Staatskasse erhalten solle. Diese Summe entsprach ungefähr dem Wert von 500 Schafen oder Rindern. Manche Wettkämpfer scheuten angesichts solcher Preise nicht vor Bestechungsversuchen zurück um den Sieg zu erkaufen.
Kritik an der seiner Ansicht nach völlig ungerechtfertigten Auszeichnung und Verehrung der Wettkämpfer äußerte damals schon Xenophanes (ca. 570–480 v. Chr.), ein griechischer Gelehrter aus Kleinasien:

Q1 ... Wenn einer auch in den landesüblichen Wettkämpfen den Preis davontrüge und von seinen Mitbürgern hoch geehrt würde, wäre er doch nicht so viel wert wie ich. Denn besser als die rohe Kraft von Männern und Rossen ist meine Weisheit ... Und wenn einer auch als tüchtiger Faustkämpfer oder als Ringer sich auszeichnete oder durch die Schnelligkeit seiner Füße ..., so würde dadurch doch die Wohlfahrt der Stadt in keiner Weise gefördert ...

Der Schriftsteller Lukian (ca. 120–180 n. Chr.) aus Samosata am Euphrat, der viele Jahre in Athen lebte, schrieb ein Werk, in dem er sich mit der Ausbildung zum Wettkämpfer befasst. Dabei lässt er einen Fremden mit Namen Anacharsis ein Gespräch mit dem athenischen Gelehrten Solon führen.

Q2 Anacharsis: „Weswegen, bester Solon, tun dies bei euch die jungen Männer? Die einen umschlingen einander und stellen sich ein Bein, andere wieder packen sich an der Kehle, versuchen sich gegenseitig zu Boden zu werfen und wälzen sich wie Schweine im Kot. Zu Anfang aber – ich sah es selbst –, nachdem sie sich der Kleider entledigt hatten, salbten sie sich mit Öl und einer rieb den anderen friedlich abwechselnd ein; darauf jedoch – ich weiß nicht, was sie anwandelte – rennen sie ihre Stirnen aneinander wie die Widder ..."
Solon: „... Verstehe, mein Anacharsis, wir trainieren die männliche Jugend, weil wir glauben, dass sie so zu tüchtigen Hütern unserer Stadt wird und wir durch sie in Freiheit leben können ..."

Im Jahre 393 n. Chr. wurden die Olympischen Spiele als „heidnischer Brauch" vom christlich-römischen Kaiser Theodosius I. verboten. Erst im Jahre 1896 wurden sie von dem Franzosen Baron de Coubertin erneut ins Leben gerufen.

Langstreckenläufer. Vasenmalerei um 333 v. Chr. aus Benghasi in Libyen, in der Nähe des antiken Kyrene.

An den heutigen Olympischen Spielen wird vielfach Kritik geübt:
- der Gedanke eines fairen Wettkampfes spielt keine große Rolle mehr; es geht allein um Siege und Erfolge;
- siegreiche Athletinnen und Athleten erhalten als Werbeträger großer Firmen teilweise ungeheuer große Summen;
- viele Sportlerinnen und Sportler nehmen daher Dopingmittel um auf diese Weise den Sieg zu erringen;
- das persönliche Kennenlernen von Teilnehmerinnen und Teilnehmern aus verschiedenen Völkern und Erdteilen ist unwichtig geworden; die eigentliche Olympische Idee wird somit verfälscht.

1 *Gebt die Kritik an den Wettkämpfen in Q1 und Q2 mit eigenen Worten wieder und sprecht darüber.*

2 *Nehmt Stellung zu der Kritik an den heutigen Olympischen Spielen. Schülerinnen und Schüler, die in einem Sportverein sind, können vielleicht von Wettbewerben berichten, an denen Mannschaften aus mehreren Ländern teilnahmen. Tragen diese Veranstaltungen zur Völkerverständigung und zum Abbau von Vorurteilen bei?*

Das 12 m hohe Standbild des Zeus, des „Vaters und Königs und Beschützers der griechischen Städte". Wie ein Olympiasieger trägt Zeus auf seinem Haupt einen Lorbeerkranz; als Herr der Wettkämpfe hält er in seiner rechten Hand die Siegesgöttin, in der linken das Zepter.
5. Jahrhundert v. Chr., Rekonstruktion 1995.

Herkunftsorte von Siegern bei Olympischen Spielen

Olympiade	Herkunft des Siegers
29. Olympiade (664 v. Chr.)	Weitsprung (Sparta)
48. Olympiade (588 v. Chr.)	Stadionlauf (Kroton in Süditalien)
65. Olympiade (520 v. Chr.)	Stadionlauf (Tarent in Süditalien)
66. Olympiade (516 v. Chr.)	Stadionlauf (Himera auf Sizilien)
79. Olympiade (464 v. Chr.)	Faustkampf (Rhodos)
93. Olympiade (408 v. Chr.)	Stadionlauf (Kyrene in Nordafrika)
99. Olympiade (384 v. Chr.)	Langlauf (Kreta)
103. Olympiade (368 v. Chr.)	Stadionlauf (Ephesus in Kleinasien)

1 *Sucht auf der Karte (S. 81) die Herkunftsorte der Sieger.*
2 *Überlegt mit Hilfe der Karte, wie Athleten und Zuschauer nach Olympia kommen konnten.*
3 *„Olympia war von großer Bedeutung für das Zusammengehörigkeitsgefühl aller Griechen." Erklärt diese Behauptung mit Hilfe der Siegerliste, der Karte S. 81, der Quelle und des Bildes.*

Olympische Spiele – Symbol der griechischen Einheit

Sokrates (436–338 v. Chr.), ein Gelehrter aus Athen, schrieb anläßlich der 100. Olympiade im Jahre 380 v. Chr. über den Sinn der Spiele:

Q Die Gründer der großen Feste werden mit Recht dafür gepriesen, dass sie uns die Sitte überliefert haben einen Waffenstillstand miteinander zu vereinbaren, unsere bestehenden Feindseligkeiten einzustellen und gemeinsam an einem Ort zusammenzukommen, wo wir nach Absolvierung gemeinsamer Gebete und Opfer an die Stammesverwandtschaft erinnert werden die zwischen uns besteht, und wir für die Zukunft freundlicher zueinander gestimmt werden um alte Freundschaften wiederaufleben zu lassen und neue Partnerschaften einzugehen …

Olympische Spiele als nationale Meisterschaften

Da die Olympischen Spiele zu Ehren von Zeus stattfanden, begannen sie stets mit Opfer und Gebet. Erst dann folgten die Wettkämpfe.
Ein Wissenschaftler schrieb 1991:

M … soll bei den heutigen Olympischen Spielen „die Jugend der Welt" nicht nur friedlich miteinander wetteifern, sondern sich auch näher kommen, sich besser verstehen lernen, und soll der Sport auf diese Weise trennende nationale Grenzen … überspringen, so fanden die Olympischen Spiele des Altertums gewissermaßen in geschlossener Gesellschaft statt: zugelassen waren nur Griechen … Die olympischen Spiele waren demnach so etwas wie nationale Meisterschaften.

Ausgeschlossen waren also alle Nicht-Griechen (= Barbaren). Nicht zugelassen waren ferner Sklaven und Frauen, verheiratete Frauen nicht einmal als Zuschauerinnen. Die Gründe hierfür sind unbekannt.
Ausgeschlossen waren ferner alle, die den heiligen Waffenstillstand nicht einhielten, der in Olympia ausgerufen wurde. Von hier aus eilten Boten zu den Stadtstaaten um ihnen diesen Waffenstillstand zu verkünden; er dauerte vermutlich vier Monate. So lange etwa brauchten Wettkämpfer wie Zuschauer für die Hinreise, die Durchführung der Spiele und die Rückreise. Für diesen Zeitraum garantierten die Städte die Sicherheit sämtlicher Teilnehmer und Besucher der Olympischen Spiele. Wer dagegen verstieß, beging Gotteslästerung und musste eine hohe Buße zahlen.
Da der Waffenstillstand nur für all jene galt, die sich auf dem Weg zu den Olympischen Spielen befanden, konnten die kriegerischen Auseinandersetzungen im Übrigen durchaus weitergehen. Es war also durchaus möglich, dass zwei Städte Krieg gegeneinander führten, deren Wettkämpfer in Olympia friedlich um den Sieg kämpften.
Für die Griechen waren diese Spiele so wichtig, dass sie ihre Zeit nach den Olympiaden rechneten. Eine Olympiade umfasste die vier Jahre zwischen den Spielen.

1 *Sprecht über die Behauptung, die Olympischen Spiele seien damals wie heute ein wichtiger Beitrag zur Völkerverständigung und zum Frieden.*

Olympische Wettkämpfe der Frauen

Für Frauen gab es seit dem 5. Jahrhundert v. Chr. eigene Spiele. Sie fanden alle vier Jahre zu Ehren von Hera, der Gemahlin des Zeus, statt. Einziger Wettbewerb war ein Lauf über 160 m. Gekämpft wurde in drei verschiedenen Altersklassen.
In einer Darstellung heißt es:

> **M** Zuerst kamen die jüngsten, dann die mittleren und schließlich die älteren Mädchen. Nach der Vorschrift liefen sie mit offenem Haar in einem kurzen, hemdartigen Gewand, das bis zu den Knien reichte ... Die Siegerinnen erhielten ebenfalls einen Kranz vom Ölbaum, ferner einen Teil von der der Hera geopferten Kuh. Es wurde ihnen auch erlaubt, ihr ein gemaltes Bild zu weihen.

Wettlauf von Frauen. Vasenmalerei, 5. Jahrhundert v. Chr.

Seit dem Beginn des 4. Jahrhundert v. Chr. sind außerdem Frauen als Olympiasiegerinnen bekannt, aber nur in einer einzigen Disziplin, dem Wagenrennen. Als Sieger galt hier nicht der Wagenlenker, sondern der Rennstallbesitzer. Da er nicht selber in Olympia anwesend sein musste, meldeten auch Frauen ihre Gespanne an und wurden als Teilnehmerinnen zugelassen.

2 *Vergleicht den Bericht über den Wettkampf der Frauen mit den Informationen über die Wettkämpfe der Männer. – Welche Unterschiede stellt ihr fest?*

3 *Beschreibt das Bild und lest dazu nochmals M. Welcher Widerspruch fällt euch auf? Sprecht darüber, wie dieser Widerspruch erklärt werden könnte.*

4 *Überlegt, warum es nur wenige Nachrichten und Darstellungen von den Olympischen Spielen der Frauen gibt!*

5 *Vergleicht die antiken und heutigen Olympischen Spiele im Hinblick auf die Teilnehmer, Art und Zahl der Wettbewerbe, Ablauf der Wettkampftage, Ehrungen und Vergünstigungen usw.*

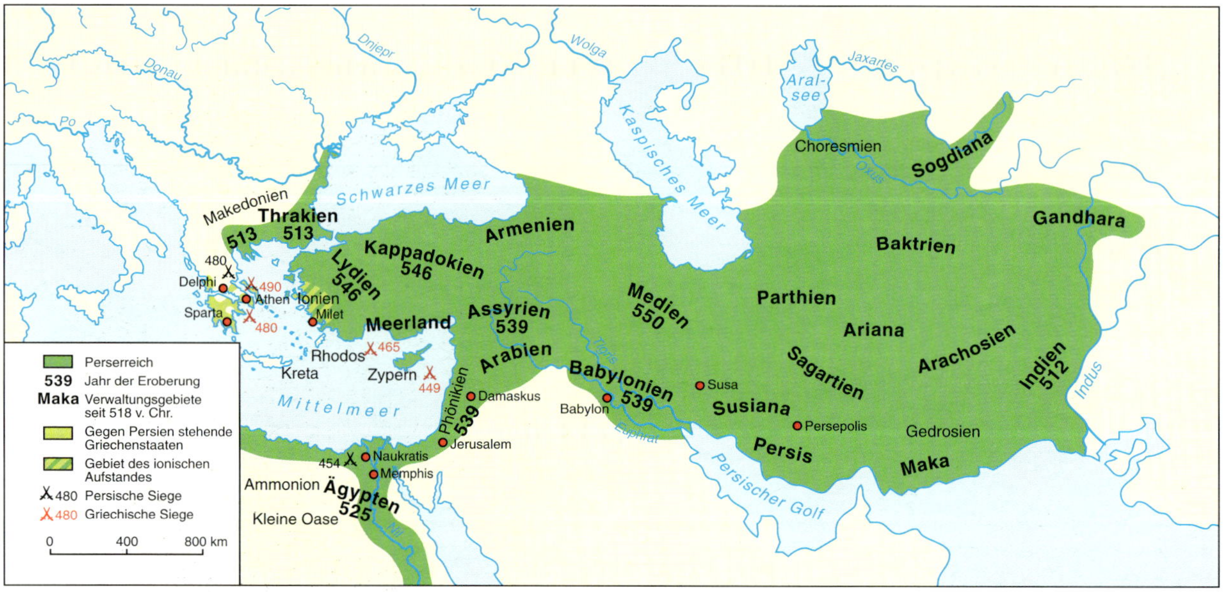

Griechenland und das Perserreich im 6./5. Jahrhundert v. Chr.

In Athen hatte seit dem 7. Jahrhundert v. Chr. die Herrschaft in den Händen von Adligen gelegen, die das Königtum abgeschafft hatten. Nach langwierigen Auseinandersetzungen zwischen dem Adel und den übrigen Bevölkerungsgruppen wie Kaufleuten, Handwerkern und Bauern kam es im Jahre 507 v. Chr. zu Reformen: Alle Bürger, die sich selber eine Kriegsausrüstung leisten konnten, erhielten jetzt die gleichen politischen Rechte: Sie stimmten in der Volksversammlung ab über Krieg und Frieden, neue Gesetze oder die Wahl der Beamten. Ausgeschlossen blieben davon die Armen, die keine Rüstung besaßen; dies waren vor allem Landarbeiter ohne eigenen Boden. Doch kaum hatten sich die besitzenden athenischen Bürger von der Vorherrschaft des Adels befreit, da wurde diese Freiheit bedroht durch das Vordringen der Perser.
Auf den folgenden Seiten könnt ihr untersuchen, warum sich die Athener dem übermächtig erscheinenden Gegner nicht einfach unterwarfen. Ihr könnt ferner erarbeiten, wie es Athen gelang, durch seinen Kampf gegen die Perser zum bedeutendsten Stadtstaat und gleichzeitig zum wirtschaftlichen und kulturellen Zentrum ganz Griechenlands zu werden.

Die Perserkriege

Seit dem 6. Jahrhundert v. Chr. besaßen die Perser ein Großreich, das von Indien bis zum Mittelmeer reichte. Die griechischen Städte an der Westküste Kleinasiens (vgl. Karte S. 81) wurden von ihnen ebenso erobert wie Ägypten, das eine persische Provinz wurde.
In der Grabinschrift des persischen Großkönigs Dareios (521–486 v. Chr.) heißt es:

Q Es kündet Dareios der König: Als Ahuramazda (der oberste Gott der Perser) sah, dass diese Erde in Aufruhr war, übertrug er sie mir, mich machte er zum König. … Das, was ich getan habe, habe ich alles nach dem Willen Ahuramazdas getan. Ahuramazda lieh mir Beistand, bis ich das Werk vollbracht habe.

1 *Sprecht darüber, wie Dareios seine Eroberungen rechtfertigte.*

Der Sieg bei Marathon

Im Jahre 499 v. Chr. brach in Milet, einer griechischen Stadt in Kleinasien, ein Aufstand gegen die Perser aus. Weitere griechische Städte in Kleinasien schlossen sich an. Athen unterstützte ihren Kampf mit einigen Schiffen. Dem persischen Großkönig gelang es jedoch, diesen Aufstand niederzuwerfen. Milet wurde völlig zerstört, die Bevölkerung 2000 km weit ins Landesinnere verschleppt.

Da die Athener die aufständischen Griechen in Kleinasien unterstützt hatten, beschloss der Großkönig ganz Griechenland zu unterwerfen. Im Jahre 490 v. Chr. landete ein persisches Heer mit etwa 20 000 Soldaten, darunter viele Bogenschützen, in der Ebene von Marathon, 42 km nordwestlich von Athen. Um den Pfeilhagel zu unterlaufen griffen die Athener die Perser als Phalanx im Laufschritt an. Die Phalanx, was so viel wie „Walze" bedeutet, war eine eng geschlossene Schlachtordnung schwer bewaffneter Fußsoldaten, bis zu acht Reihen hintereinander. Jeder Soldat schützte dabei mit seinem Schild in der linken Hand die rechte Seite seines Nebenkämpfers.

Fiel ein Soldat, so rückte einer aus der nächsten Reihe sofort an seine Stelle. Die Athener besiegten die Perser. Ein athenischer Bote soll sofort vom Kampfplatz nach Athen gelaufen sein um den Sieg zu melden.

Der Feldzug des Xerxes

Zehn Jahre später plante der persische Großkönig Xerxes – Nachfolger des 485 v. Chr. verstorbenen Dareios – einen neuen Feldzug gegen Griechenland. Mit einem Heer von 500 000 Soldaten und über 1000 Schiffen zog er im Jahre 480 v. Chr. gegen Griechenland. Der persische Feldherr Mardonios machte den Athenern ein Friedensangebot, das sie jedoch ablehnten. Den Abgesandten der Spartaner, die fürchteten, Athen könne sich mit den Persern verbünden, sagten die Athener:

Q1 ... Wir ... [haben] gleiches Blut und gleiche Sprache mit den Griechen, die gleichen Heiligtümer und Opfer, die gleichgearteten Sitten. Es wäre nicht anständig, wenn wir dies alles verraten wollten. Wenn ihr es bisher nicht gewusst habt, dann sollt ihr es jetzt wissen! Solange noch ein einziger Athener am Leben ist, gibt es keine Aussöhnung mit Xerxes.

Die Entscheidungsschlacht fand zur See in der engen Bucht von Salamis statt. Vom Ufer aus beobachtete der persische Großkönig, wie seine großen und schwerfälligen Schiffe von der beweglichen Flotte der Athener geschlagen wurden. Xerxes floh in großer Eile. In Griechenland ließ er sein Heer zurück, das aber im folgenden Jahr ebenfalls geschlagen wurde. Griechenland blieb frei. Herodot (s. S. 77) schrieb:

Der Abschied des Kriegers. Vasenmalerei um 440 v. Chr.

Q2 Als die Athener von Tyrannen beherrscht wurden, waren sie keinem einzigen ihrer Nachbarn im Kriege überlegen; jetzt aber, wo sie frei von Tyrannen waren, standen sie weitaus an der Spitze. Daraus ersieht man, dass sie als Untertanen, wo sie sich für ihren Gebieter mühten, sich absichtlich feige und träge zeigten, während jetzt nach ihrer Befreiung ein jeder eifrig für sich selbst schaffte.

1 *Lest Q2 genau durch. Worauf spielt Herodot an, wenn er sagt, dass die Athener „nach ihrer Befreiung" für sich selber schaffen. Vgl. dazu S. 86.*

2 *Sprecht darüber, warum nach Meinung Herodots die Griechen trotz zahlenmäßiger Unterlegenheit die Perser besiegten.*

3 *Betrachtet das Bild und stellt euch eine ähnliche Abschiedsszene im Jahre 490 oder 480 v. Chr. vor. Was könnte der Krieger seiner Frau gesagt haben? Was könnte sie ihm geantwortet haben?*

Athen – vom Vorsitzenden eines Bündnisses zum Herrscher über Verbündete

Im Jahre 477 v. Chr. schlossen sich viele griechische Städte und Inseln unter Führung Athens zum attischen Seebund zusammen um die Perser von weiteren Angriffen abzuhalten. Die Bundesgenossen verpflichteten sich für Kämpfe gegen Persien Schiffe und Soldaten zu stellen oder Beiträge in die gemeinsame Bundeskasse zu zahlen, die sich im Tempel des Gottes Apoll auf der Insel Delos befand. Verwaltet wurde die Bundeskasse von athenischen Beamten.

Mit Hilfe dieser Bundeskasse vergrößerte Athen seine Kriegsflotte auf über 200 Schiffe und wurde dadurch zur führenden Handels- und Seemacht.

Der griechische Geschichtsschreiber Plutarch (etwa 46–120 n. Chr.) schrieb:

Q1 [Der athenische Feldherr] Kimon ließ sich von denen, die nicht selbst Kriegsdienste leisten wollten, Geld und leere Schiffe geben und gestattete den Bundesgenossen gern, dass sie ... ihren häuslichen Geschäften nachgingen und aus Bequemlichkeit und Unverstand aus tapferen Kriegern zu feigen Bauern oder Krämern wurden.

Dagegen ließ er die Athener abwechselnd in großer Menge die Schiffe besteigen, härtete sie zum Kriegsdienst ab und machte sie in kurzer Zeit durch die von den Bundesgenossen erhobenen Gelder zu Gebietern derjenigen, die diese Gelder gaben. Denn da die Athener nun ständig auf See waren, die Waffen immer in der Hand hatten ..., gewöhnten sich [die Bundesgenossen] nach und nach sie zu fürchten und ihnen zu schmeicheln und wurden dann, ehe sie sich's versahen, aus Bundesgenossen zu tributpflichtigen Untertanen.

Als im Jahre 454 v. Chr. ein persischer Angriff drohte, nahmen die Athener dies zum Anlass die Bundeskasse nach Athen zu bringen; jetzt konnten sie über die Gelder nach Gutdünken verfügen. Im Jahr 449 v. Chr. kam es zwischen dem attischen Seebund und dem persischen Großkönig zu einem Friedensvertrag. Viele Bundesgenossen wollten aus dem Bündnis austreten, was Athen mit Waffengewalt verhinderte.

1 *Athen wurde aus dem Vorsitzenden eines Bündnisses zum Herrscher über Verbündete. Erklärt diese Behauptung an Hand der Schilderung Plutarchs.*

2 *Schreibt stichwortartig auf, wie die Athener über die Bundesgenossen – und umgekehrt – gedacht haben könnten.*

Staatliche Bauten – von den Bundesgenossen bezahlt

Die Akropolis, das Heiligtum auf dem Burgberg von Athen (s. Bild S. 89), war im Jahre 480 v. Chr. von den Persern vollkommen zerstört worden. Im Jahre 449, nur ein Jahr nach dem Friedensvertrag mit den Persern, beschloss die Volksversammlung der Athener sie wiederaufzubauen. Geleitet wurde die Baukommission von Perikles, dem einflussreichsten Politiker Athens in jener Zeit. Innerhalb weniger Jahrzehnte wurden die Tempel und Gebäude errichtet, deren Überreste noch heute Millionen Menschen jedes Jahr bewundern. Zur Bezahlung der Baumaßnahmen verwendete Perikles die Gelder aus der Bundeskasse des attischen Seebundes.

Wie der griechische Schriftsteller Plutarch schrieb, soll es deswegen auf einer Volksversammlung zwischen Perikles und seinen Gegnern zu einer heftigen Auseinandersetzung gekommen sein:

Q2 Da schrien sie [die Gegner]: „Das Volk hat seinen guten Namen verloren, da es den Bundesschatz, der allen Griechen gemeinsam gehört, aus Delos zu sich genommen hat ...

Nun glaubt Griechenland, ... mit offener Tyrannei behandelt zu werden, da es sehen muss, wie wir mit den Beiträgen, die es nur gezwungen für den Krieg gegen die Perser aufgebracht hat, unsere Stadt vergolden und ausschmücken, die sich mit köstlichen Steinen, Bildern und Tempeln ... behängt wie ein eitles Weib."

Dagegen stellte Perikles dem Volke vor ... „Die Bundesgenossen haben ja kein Pferd, kein Schiff, keinen Mann gestellt, sondern nur Geld beigesteuert und das gehört nicht denen, die es geben, sondern denen, die es bekommen, wenn sie nur leisten, wofür es ihnen gegeben...

Wenn aber der Stadt an Kriegsbedarf nichts mehr fehlt, dann soll man den Überfluss verwenden für Unternehmungen, die für die Zukunft unsterblichen Ruhm, für den Augenblick reichen Verdienst versprechen. Dann werden Handel und Wandel sich beleben, Bedürfnisse aller Art entstehen und jedem Beruf, jeder Hand zu tun geben.

3 *Beurteilt die Vorwürfe, die Plutarch den Gegnern des Perikles in den Mund legte, und die Antwort des Perikles. Hätte es eurer Meinung nach auch eine andere Lösung gegeben?*

4 *Nennt drei Ziele, die – nach dem Bericht Plutarchs – Perikles mit seinen Baumaßnahmen verfolgte.*

1 Die Akropolis* von Athen zur Zeit des Perikles im 5. Jahrhundert v. Chr. Rekonstruktion.

2 Standbild der Athene im 5. Jahrhundert v. Chr. Rekonstruktion.

3 Giebelfelder am Tempel der Göttin Athene im 5. Jahrhundert v. Chr. Rekonstruktion.

Olivenernte. Die Früchte werden mit Stangen oder Schilfrohr vom Ölbaum heruntergeschlagen. Attischer Krug aus dem 6. Jahrhundert v. Chr.

Athen: reich und mächtig

Athen wurde – vor allem auch durch die Beiträge der Bundesgenossen (vgl. S. 88) – zur reichsten Stadt Griechenlands. Wie hoch die jährlichen Einnahmen des Stadtstaates waren, weiß man nicht genau. Hinweise finden sich aber in der Komödie „Die Wespen" des Dichters Aristophanes (ca. 445–385 v. Chr.).
Aristophanes lässt in diesem Stück einen jungen Mann namens Antikleon zu seinem Vater sagen:

> **Q1** Sieh, rechne einmal so obenhin an den Fingern nur, ohne Rechensteine, wieviel an Tribut von den verbündeten Städten im Jahr ... bei uns eingeht. Dann noch die Zölle und Hafengebühren und die vielen Prozente und Zinsen, Bergwerkserträge, dem Staat zugefallenes Besitztum, Pachtzins und Marktgebühren.
> Das alles zusammengerechnet trägt uns zirka zweitausend Talente ein.

Heutige Wissenschaftler sind der Meinung, dass diese Zahl in etwa stimmen könnte. Die Ausgaben für die Beamten und Richter betrugen jährlich etwa 150 Talente*, wie es in dieser Komödie heißt. So blieb genügend Geld für die Sonderausgaben wie den Bau von Tempeln, Götterstatuen, Schiffshallen und für sonstige öffentliche Arbeiten. Auf diese Weise war die Beschäftigung von Handwerkern, Baumeistern, Architekten und Künstlern aller Art auf Jahre hin gesichert (vgl. S. 88).
Nicht nur der Staat stellte seine Gelder zur Verfügung, auch reiche Privatleute finanzierten beispielsweise die öffentlichen Aufführungen von Gesangs- und Theaterwettbewerben. Weil ihre Leistungen hier Anerkennung fanden, kamen immer mehr Maler und Schauspieler, Bildhauer und Dichter nach Athen, das so zum kulturellen Zentrum Griechenlands wurde.

1 *Sprecht über folgende Behauptung: Athen verdankt seine Größe der Abwehr des persischen Angriffs. Seht euch dazu nochmals die vorhergehenden Seiten an.*

Athen als Handelsmacht

2 *Seht euch die Karte (S. 91) an und ordnet die Einfuhrgüter nach Gruppen (z. B. Fleisch, Obst usw.).*

3 *Vergleicht die Karte mit einer entsprechenden Karte im Atlas. Wie heißen die Länder, mit denen Athen Handel trieb, heute?*

Der Aufstieg Athens zur Großmacht hatte noch eine weitere Folge. Der athenische Geschichtsschreiber Xenophon (etwa 430–354 v. Chr.), meinte:

> **Q2** [Die Athener] allein sind im Stande, über die Schätze Griechenlands und die der Barbarenländer zu verfügen ... Ohne eigene Arbeit erhalten wir alle Erzeugnisse der Welt, nur weil wir das Meer beherrschen. Unter einer Missernte ... leiden die Landmächte schwer, die Seemächte ertragen sie leicht; denn nie trifft sie alle Länder gleichzeitig, sodass ein Land mit guter Ernte an das seebeherrschende Volk exportieren kann. Um aber auch weniger Wichtigeres zu erwähnen: dem meerbeherrschenden Staate [der Athener] gewährt der Verkehr auch die Mittel zu allerlei Genüssen. Was es in Sizilien, Italien, auf Zypern, in Ägypten, Indien, den Pontusländern, der Peloponnes oder sonstwo an Delikatessen gibt, das ist alles [in Athen] vereinigt.

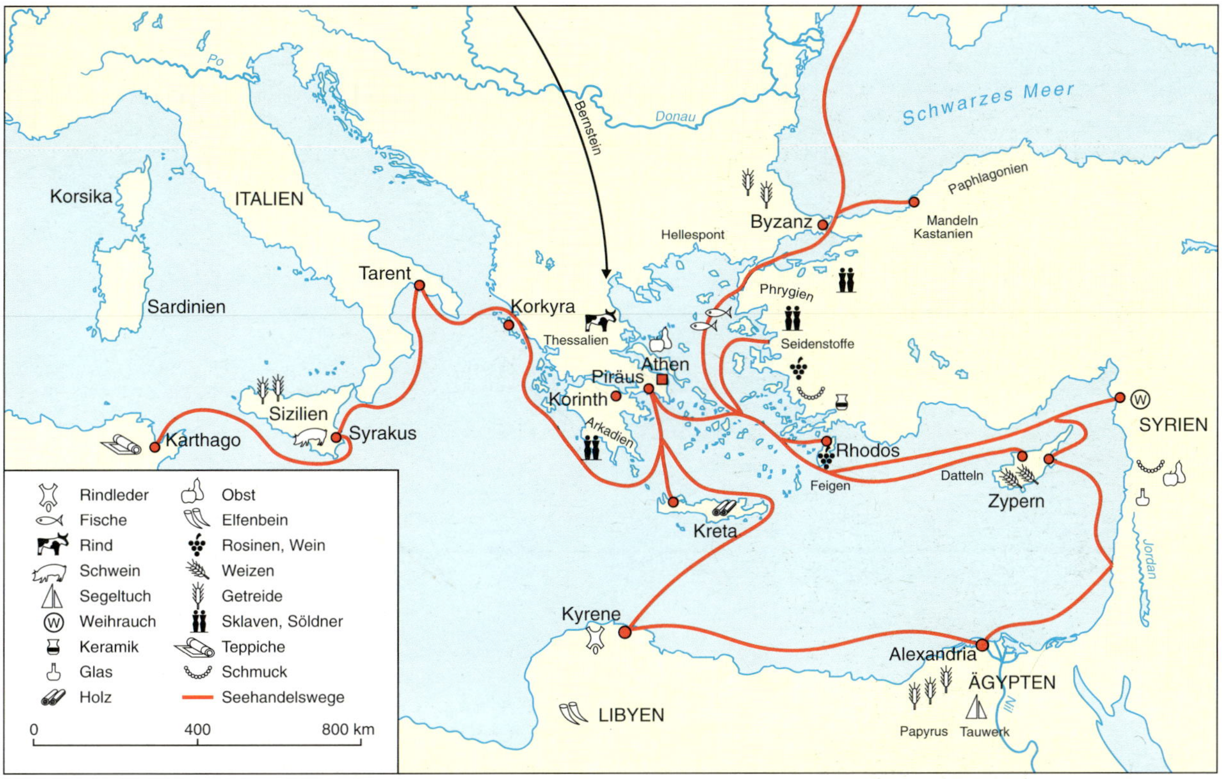

1 Athenische Importwaren im 5. Jahrhundert v. Chr.

Luxusgüter und Lebensmittel aus dem gesamten Mittelmeerraum und den Gebieten des Schwarzen Meeres wurden nach Athen gebracht. Im Gegenzug lieferten die Athener Wein, Öl, gewebte Stoffe und kunstvoll bemalte Tonkrüge (vgl. die Bilder auf dieser Doppelseite).

1 *Beschreibt die Bilder dieser Doppelseite. Sie zeigen wichtige Ausfuhrgüter Athens.*
2 *Erklärt folgende Feststellung: an der Ausfuhr von Wein und Olivenöl verdienten Bauern, Händler, Schiffsbesitzer, Töpfer und Künstler.*
3 *Erkundigt euch, wo unsere Lebensmittel herkommen. Geht dazu in einen Supermarkt und achtet auf die Beschriftung der angebotenen Ware.*

2 Mädchen beim Bemalen eines Tonkrugs. Attische Vasenmalerei aus dem 5. Jahrhundert vor Christus.

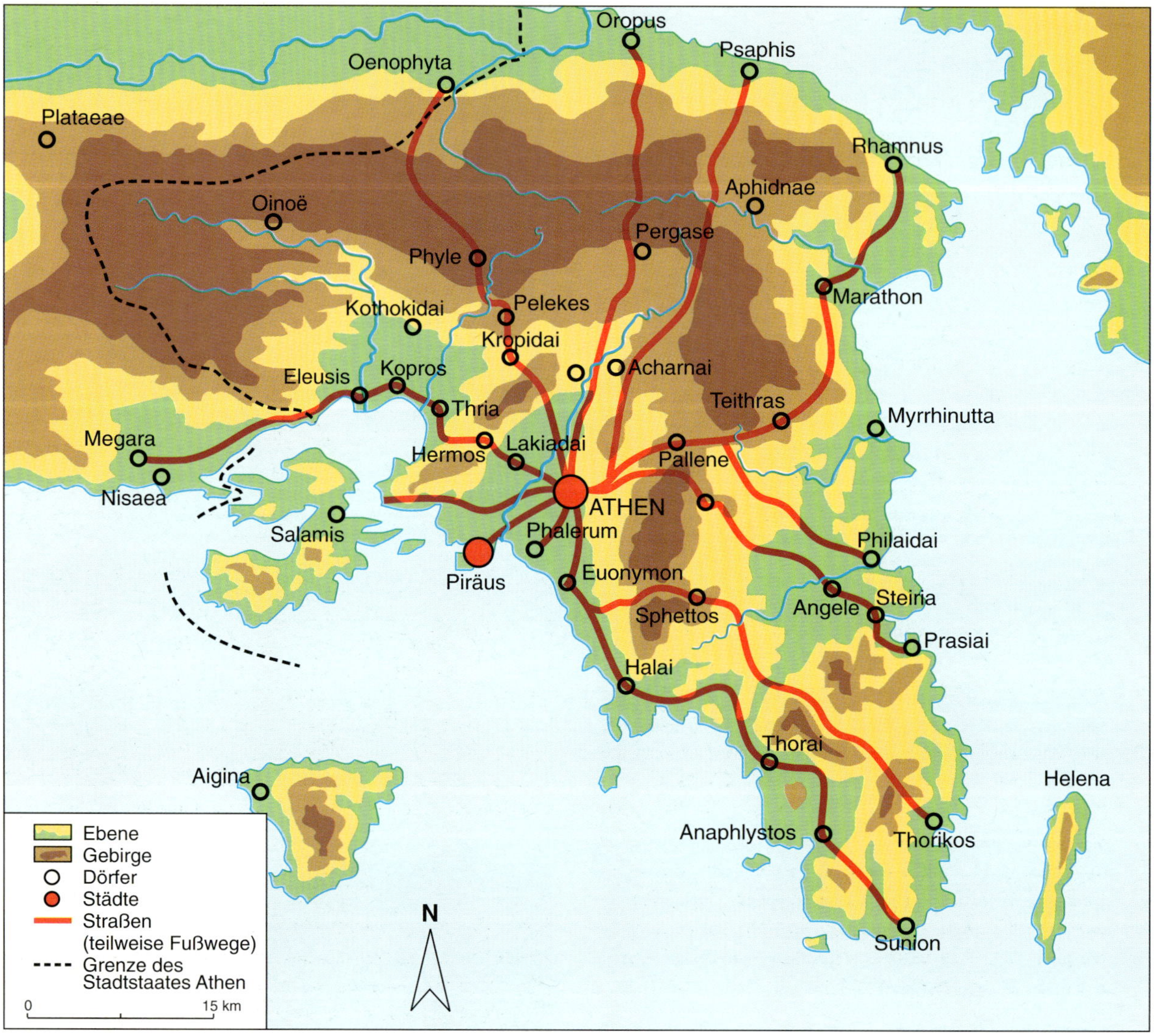

Das Gebiet des Stadtstaates Athen.

Im Jahre 480 v. Chr. hatten athenische Kriegsschiffe den Sieg gegen die Perser entschieden (s. S. 87). Nur ein Jahr später wurde der attische Seebund unter der Führung Athens gegründet (s. S. 88). In den folgenden Jahrzehnten kontrollierten Kriegsschiffe das gesamte östliche Mittelmeer und machten Athen zur Herrin der Ägäis (vgl. Q2, S. 90). Reichtum und Größe, Macht und Sicherheit Athens hingen von seiner Flotte ab.

Dienst auf Kriegsschiffen leisteten zu Tausenden die ärmsten Bürger Athens. Durch ihren Kriegsdienst erwarben sie sich nach damaliger Überzeugung das Recht ebenfalls politisch tätig zu werden und in den Volksversammlungen abstimmen zu dürfen (vgl. S. 86). Da auf der Volksversammlung alle Gesetze beschlossen, die Beamten gewählt und über Krieg und Frieden entschieden wurde, gab es nach Meinung der Athener in ihrem Staat jetzt endgültig die Volksherrschaft (= Demokratie).

Auf den folgenden Seiten könnt ihr untersuchen, was die Athener unter Demokratie verstanden und wie der Alltag der verschiedenen Bevölkerungsgruppen in diesem demokratischen Athen aussah.

Die Volksversammlung

1 *Informiert euch über die ungefähre Größe eures Stadt- oder Kreisgebietes und vergleicht sie mit der des athenischen Stadtstaates. Messt dazu die größte Ost-West- sowie Nord-Süd-Entfernung auf einer Kreiskarte und der Karte S. 92.*

Mindestens vierzigmal im Jahr wurden die Bürger Athens zur Volksversammlung gerufen. Häufig dauerten diese Versammlungen von Sonnenaufgang bis zum Abend. Teilnehmen konnte jeder athenische Mann, dessen Eltern auch Athener waren. In Wirklichkeit war vielen Bürgern ein Besuch der Volksversammlung kaum möglich. Ein heutiger Wissenschaftler schreibt:

> **M** … Der im Süden Attikas wohnende Bauer konnte nicht beliebig oft seine Hacke fallen lassen und den langen Weg in die Stadt antreten und der Gemüsehändler, der seinen Stand auch nur für einen Tag schloss, riskierte, dass seine Kunden am nächsten Tag anderswohin gingen …
> Für gewöhnlich besuchten die Volksversammlung die Bauern der näheren Umgebung, die stadtansässige Bevölkerung (darunter viele Alte und Arbeitslose) und aus entfernteren Gegenden alle die, denen der Gegenstand der Beratung am Herzen lag; so ist z. B. verständlich, dass eine Debatte über den weiteren Ausbau der Flotte die in Piräus wohnenden Bürger in Scharen in die Stadt strömen ließ …

2 *Spielt folgende Situation: Zwei Bauern in Sunion (Karte S. 92) unterhalten sich zur Zeit der Frühjahrsaussaat darüber, ob sie zur Volksversammlung gehen sollen. Entschieden werden soll diesmal über den Bau neuer Tempel (s. S. 88).*

Die Demokratie – Herrschaft des Volkes?

In seinem Geschichtswerk lässt der griechische Geschichtsschreiber Thukydides (460–396 v. Chr.) den athenischen Politiker Perikles (s. S. 88) folgende Rede halten:

> **Q1** Wir leben in einer Staatsverfassung, die nicht den Gesetzen der Nachbarn nachstrebt, sondern wir sind eher das Vorbild für andere als deren Nachahmer. Ihr Name ist Demokratie [= Volksherrschaft], weil sie nicht auf einer Minderzahl, sondern auf der Mehrzahl der Bürger beruht. Vor dem Gesetz sind bei persönlichen Rechtsstreitigkeiten alle Bürger gleich …

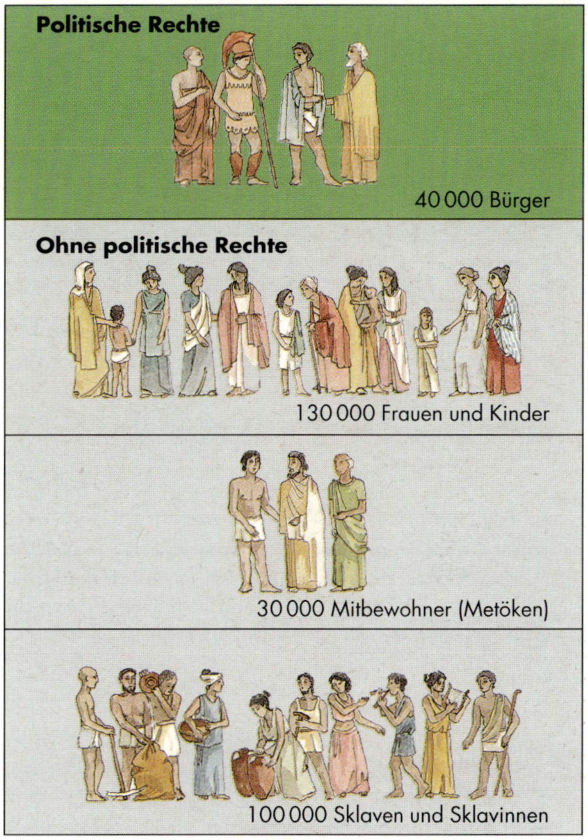

Die Bevölkerung des Stadtstaates Athen um 430 v. Chr.

Über Perikles schrieb Thukydides:

> **Q2** Perikles verdankte seinen Einfluss seinem tatsächlichen Ansehen und seiner geistigen Bedeutung, war dabei jeder Bestechung durchaus unzugänglich und konnte daher die Menge in aller Freiheit in Zucht halten; so war er nicht der von ihr Geführte, sondern führte sie vielmehr selber … So bildete sich unter ihm ein Zustand heraus, der nur dem Namen nach eine Demokratie, in Wirklichkeit die Herrschaft des ersten Mannes war …

3 *Stellt mit Hilfe der Grafik fest, wieviel Menschen in Athen politische Rechte besaßen und wieviel davon ausgeschlossen waren.*

4 *Vergleicht die Aussagen über die Demokratie in Q1 und Q2 miteinander. Wie sind die unterschiedlichen Aussagen zu erklären?*

Eine Reise in das Athen des Perikles

In einem Jugendbuch wird versucht das Alltagsleben in Athen im 5. Jh. v. Chr. wieder lebendig werden zu lassen. Der folgende Text enthält Auszüge hieraus:

M Was haltet ihr davon, wenn wir zusammen eine Reise machen? Eine Reise ins alte Athen. Wir brauchen nur die Zeit um ungefähr 2500 Jahre zurückzudrehen, bis ins Jahr 432 v. Chr. Dann gelangen wir ins Athen des Perikles. Auf uns wartet unser guter Freund Kritias …

„Wollt ihr einmal sehen", fragt er uns, „wie die berühmten attischen Vasen gemacht werden? Hier in der Nähe hat mein Freund Meidias seine Töpferei." Das lassen wir uns natürlich nicht zweimal sagen. Bis zur Töpferei sind es nur wenige Schritte: … Was für ein Betrieb in der Werkstatt von Meidias herrscht. Wie in einem Bienenstock. Handwerker, Lehrlinge und Sklaven arbeiten ohne Pause. Die einen arbeiten an der Töpferscheibe, die anderen formen den Ton mit der Hand. Die fertigen Töpferwaren werden zum Trocknen nach draußen in die Sonne gestellt. Ein Teil der Gefäße bleibt so, wie sie sind, schlicht und einfach. Die anderen aber werden mit Ritzmustern, Linien und Darstellungen verziert. Zum Schluss werden alle Gefäße dann im Töpferofen gebrannt. Dadurch werden sie haltbarer und die Bemalung wird fest eingebrannt und bekommt die schöne, glänzende Farbe, die wir noch heute bewundern.

„Unsere Töpferwaren", sagt Meidias, „d. h. die attischen Vasen, sind bekannt für die gute Qualität des Tons und der Bemalung. Und darum sind sie sehr gefragt und reisen auch sehr weit." – So erklärt es sich also, denken wir, dass viele dieser Vasen fern von Griechenland gefunden wurden.

Meidias ist heute in Eile. „Ich muss ins Prytaneion", erklärt er. Wir fragen ihn, warum er dorthin muss. „Weil ich Prytane bin," antwortet er voller Stolz. „Ich bin einer der 50 Abgeordneten meines Bezirks und wir werden 35 Tage lang die Stadt regieren. Wie ihr vielleicht wisst, ist Athen in 10 Bezirke unterteilt und jeder von ihnen regiert der Reihe nach die Stadt. Von den Abgeordneten wird durch Los ein Vorsitzender gewählt."

„Und für wie lange", fragen wir. „Für einen Tag und eine Nacht", antwortet Meidias. „Während dieser Zeit muss der Vorsitzende dauernd im Prytaneion sein. Er isst dort mit den anderen Abgeordneten, empfängt die Wohltäter der Stadt sowie Persönlichkeiten aus anderen Städten und Ländern. Und abends schläft er auch dort. Er ist für alle wichtigen Angelegenheiten der Stadt verantwortlich und muss Tag und Nacht erreichbar sein um alle Probleme, die möglicherweise auftauchen, zu lösen. – Jetzt muss ich aber los!" …

Wir begleiten ihn ein Stück und kommen so zur Agora, dem Marktplatz. „Die Agora", sagt Meidias, „ist der Ort, wo wir uns persönlich versammeln. Dort feiern wir in den alten und neuen Tempeln unsere religiösen Feste, dort halten wir auch unsere politischen Versammlungen ab. Mit einem Wort: die Agora ist das politische und auch das wirtschaftliche Zentrum der Stadt. Dort hinten seht ihr übrigens das Buleuterion", sagt er und deutet dabei mit der Hand auf ein großes Gebäude. „Dort tagt der Rat der 500 Ratsleute aus ganz Attika, die durch das Los bestimmt werden. Dieser Rat bereitet die Gesetze vor, die der Volksversammlung zur Abstimmung vorgelegt werden."

„Und was ist das runde Gebäude dort", möchten wir wissen. „Das ist das Prytaneion, der Sitz der Athener Regierung", erklärt uns Meidias sichtlich stolz. „Dort wohnen die Abgeordneten und dort werden die offiziellen Maße und Gewichte der Stadt aufbewahrt. Unter den Händlern, die auf der Agora ihre Waren verkaufen, sind manchmal Betrüger und so gibt es zehn Marktaufseher, die Kontrollen durchführen. Für diese Kontrollen benutzen sie die Maße und Gewichte, die hier aufbewahrt werden, und wenn sie einen Betrüger erwischen, wird er streng bestraft."

Anschließend zeigt uns Meidias noch das Gerichtsgebäude. „Jedes Jahr werden 6000 Richter gewählt", sagt er. „Durch Los wird festgelegt, welchen Fall sie zu richten haben. So wird eine Bestechung der Richter verhindert." …

Hier verabschieden wir uns von Meidias und jetzt führt uns wieder Kritias weiter. Er führt uns jetzt zur Pnyx, wo die Volksversammlungen stattfinden. „Die Abstimmung" – so klärt er uns auf – „erfolgt durch Erheben der Hand oder mit Kieseln, die als Stimmsteinchen dienen. Die Volksversammlung beschließt über alle wichtigen Dinge: über Krieg und Frieden, über die Bündnisse der Stadt, über die Wahl der Botschafter, der Heerführer und der anderen Kriegsherren. Und außerdem beschließt sie über neue Gesetze. Es liegt also wirklich die

Athenische Volksversammlung. Rekonstruktionszeichnung 1994.

Macht beim Volke und deswegen heißt es auch in Athen: Das Volk ist der Herrscher.
Kritias fährt fort: „Die Volksversammlung kommt einmal im Jahr, im Frühling, zu einem besonderen Zweck auf der Agora zusammen: bei dieser Versammlung wird entschieden, ob eine Abstimmung mit Scherben stattfinden soll. Dafür sind die Stimmen von 6000 Athenern notwendig.
„Eine Abstimmung mit Scherben?", fragen wir erstaunt. „Ja", sagt Kritias, „bei dieser Abstimmung schreiben die Athener Bürger auf eine Tonscherbe den Namen des Politikers, der ihrer Meinung nach für die Stadt und die Demokratie eine Gefahr bedeutet. Derjenige, dessen Namen am häufigsten aufgeschrieben wurde, wird für zehn Jahre aus der Stadt verbannt. Leider urteilen die Athener nicht immer richtig."
Plötzlich blicken alle zur Straße hin. Ein Mann von edler Gestalt kommt näher. „Das ist Perikles", flüstert Kritias. „Er ist einer der zehn Heerführer, die den Oberbefehl über unser Heer und unsere Flotte haben." Die Oberbefehlshaber werden immer nur für ein Jahr gewählt, wissen wir.
„Ja, aber Perikles wird in den letzten Jahren immer wieder gewählt", sagt Kritias. „Und das ist gut so, denn er hat viel für unsere Stadt getan. Er war es, der der Volksversammlung vor ungefähr zwanzig Jahren vorgeschlagen hat, mit dem Geld unserer Verbündeten die Tempel und Gebäude, die die Perser zerstört hatten, wieder aufzurichten. Mit seinem Vorhaben wollte er zwei Dinge erreichen: Athen sollte eine prächtige Stadt werden und die vielen arbeitslosen Athener sollten Arbeit bekommen. Zusätzlich hat er noch vieles andere getan. So hat er viele wichtige Gesetze durchgebracht, wie z. B. jenes, dass alle Richter, Soldaten und Beamten aus der Stadtkasse entlohnt werden. Sie bekommen für ihre Tätigkeiten jetzt Diäten, d. h. eine Bezahlung, die dem Tagesverdienst eines Handwerkers entspricht."
Von der Pnyx werfen wir einen Blick auf die Akropolis mit ihren wunderschönen Bauten, wir denken an die Werkstätten mit den vielen Beschäftigten, an die Regierungsgebäude auf der Agora und es fallen uns die Worte ein, die Perikles … gesagt haben soll: „Einer solchen Stadt gebührt aller Ruhm der Welt. Feinde und Untertanen, heutige und künftige Geschlechter werden mit Bewunderung uns betrachten."

1 *Kritias erzählt, dass Beamte und Richter für ihre Tätigkeit ein Tagegeld (= Diäten) erhalten. Erklärt die Bedeutung der Diäten für die Verwirklichung der athenischen Demokratie.*

2 *Informiert euch bei eurem Landtags- oder Bundestagsabgeordneten, warum er Diäten erhält.*

3 *Ein ägyptischer Beamter besucht Athen. Nennt alle politischen Einrichtungen, die ihm fremd sind. Wie könnte er darüber gedacht haben?*

1 Mutter mit ihrem Baby im Kinderstuhl. Malerei auf einer Schale um 450 v. Chr.

2 Buntweberei am senkrechten Webstuhl. Malerei auf einem Trinkgefäß um 430 v. Chr.

Männer und Frauen in Athen

1 *Beschreibt die Bilder dieser Doppelseite. Wie wird auf ihnen der Alltag der Frauen geschildert?*

Aristoteles (384–322 v. Chr.), ein griechischer Gelehrter, der lange in Athen gelebt hatte, schrieb:

Q1 [So steht dem Manne zu], über die Frau und die Kinder zu regieren ... Denn das Männliche ist von Natur zur Leitung mehr geeignet als das Weibliche ... Der Sklave besitzt das planende Vermögen überhaupt nicht, das Weibliche besitzt es zwar, aber ohne Entscheidungskraft ... Die Besonnenheit des Mannes und der Frau [ist] nicht dieselbe und auch nicht die Tapferkeit und die Gerechtigkeit, sondern das eine ist eine regierende Tapferkeit, das andere eine dienende und so weiter.

2 *Nehmt Stellung zu der Aussage des Aristoteles. Wie begründet er die angebliche Ungleichheit von Männern und Frauen? Wer stellt diese fest?*

3 *Nach Artikel 3 des Grundgesetzes sind Männer und Frauen bei uns gleichberechtigt. Wo gibt es Probleme bei der Verwirklichung?*

Die Frauen der athenischen Bürger waren von der Volksversammlung ausgeschlossen. Sie hatten also kein Stimmrecht, auch sonst blieb ihnen jede politische Betätigung verwehrt. Mit seinem Theaterstück „Die Frauenvolksversammlung“ brachte der griechische Dichter Aristophanes (445–386 v. Chr.) die Athener zum Lachen. Zu komisch erschien ihnen die Vorstellung, dass politische Entscheidungen von Frauen getroffen werden könnten.

Das Leben der Frauen spielte sich mehr im häuslichen Bereich ab. Über die Rolle der Athenerin schreibt der Geschichtsschreiber Xenophon (um 430–354 v. Chr.). In seiner „Hauswirtschaftslehre“ lässt er einen 30-jährigen Gutsbesitzer namens Ischomachos zu seiner 14-jährigen Ehefrau sagen:

Q2 Deine Pflicht ist es, zu Hause zu bleiben und die Sklaven, die außerhalb des Hauses zu tun haben, hinauszuschicken. Diejenigen aber, die im Hause zu tun haben, musst du beaufsichtigen. Das, was ins Haus gebracht wird, musst du in Empfang nehmen. Du musst das, was sogleich gebraucht wird, verteilen, musst einschätzen, was als Vorrat gebraucht werden soll, und darauf achten, dass nicht der Vorrat für ein ganzes Jahr schon in einem einzigen Monat verbraucht wird. Wenn man Wolle bringt, musst du darauf achten, dass alle davon Kleider bekommen, die es brauchen, und du musst ferner darauf achten, dass die getrockneten Nahrungsmittel ordentlich zubereitet werden ... Eine freilich von deinen künftigen Aufgaben wird dir vielleicht nicht erfreulich erscheinen: Du musst nämlich, wenn jemand im Hause krank geworden ist, dich auch darum kümmern, dass man ihn pflegt ... Sollten uns nun die

Götter einst Kinder schenken, so wollen wir zusammen beraten, wie wir ihnen die beste Erziehung geben können, denn diese müssen unsere Gehilfen und besten Pfleger im Alter werden.

1 *Beschreibt, wie Xenophon das Verhältnis zwischen Ischomachos und seiner Ehefrau schildert. Beachtet bei eurer Antwort auch die Aussagen von Q1 der vorhergehenden Seite.*

2 *Nennt die Aufgabenbereiche, für die nach Xenophon die Frau zuständig sein soll. Seht euch dazu auch die Bilder (1) und (2) auf S. 96 an. Welche Aufgaben sollen beide Ehepartner übernehmen?*

3 *Stellt euch vor, ihr könntet mit Xenophon sprechen: Berichtet ihm, in welchen Punkten sich das Leben einer Frau in unserer Gesellschaft von dem Leben einer athenischen Frau, wie er es beschreibt, unterscheidet.*

Manche Wissenschaftlerinnen und Wissenschaftler glauben auf Grund dieser und anderer Darstellungen, dass sich das Leben einer athenischen Ehefrau fast ausschließlich im Hause abgespielt habe. Ausnahmen habe es nur für arme Athenerinnen gegeben, die beispielsweise selbst auf den Markt gingen um Waren zu verkaufen. Andere Wissenschaftlerinnen und Wissenschaftler sind hingegen der Meinung, dass Darstellungen wie diese eher Wunschträume der athenischen Männer wiedergeben; wiederum andere weisen daraufhin, dass diese Regelung wohl nur für Frauen der Oberschicht galt, die Athenerin aber sonst selbstverständlich das Haus verließ um einzukaufen, Freundinnen zu besuchen oder ins Theater zu gehen. Einig ist man sich in der Wissenschaft aber darin, dass die athenische Frau nicht nur von den politischen Entscheidungen ausgeschlossen war, sondern auch sonst kaum Rechte besaß.
Zeit ihres Lebens stand sie unter der Vormundschaft, zunächst ihres Vaters, später ihres Ehemanns. Sie war nicht geschäftsfähig, konnte also keine Verträge schließen, keine Sklaven in die Freiheit entlassen, keinen Prozess führen und auch keine Testamente aufsetzen.
Selbst auf ihre Heirat hatte sie keinen Einfluss. Ihr Vater als ihr Vormund konnte mit dem künftigen Ehemann einen Ehevertrag schließen ohne sie zu fragen. Soweit man dies den Quellen entnehmen kann, hat sich die rechtliche Stellung der Athenerin im Vergleich zu den vorangehenden Jahrhunderten im demokratischen Athen verschlechtert.

Lesende Athenerin. Vasenbild aus Athen.
5. Jahrhundert v. Chr.

Ein heutiger Wissenschaftler gibt dafür folgende mögliche Erklärung:

M Seit dem Beginn des 5. Jahrhunderts erfuhr zuerst durch die Perserkriege, dann durch den Attischen Seebund und den endgültigen Durchbruch der Demokratie das öffentliche Leben Athens ... eine ... ungeheure Steigerung ... Es wurde in Athen jetzt Weltpolitik gemacht, jahrzehntelang erfolgreich Krieg geführt; die Stadt wurde die Führungsmacht ... und durch ihre schöpferischen Leistungen auf geistigem und künstlerischem Gebiet zur kulturellen Vormacht Griechenlands, ja der damaligen Welt ...
Das Entscheidende ... ist ..., dass an diesem ... erfolgreichen Staatsleben nur die Männer beteiligt waren, und allein diese Tatsache würde wohl genügen um daraus eine generelle Zurücksetzung der Frau abzuleiten.

4 *Sprecht darüber, welche Begründungen auch heute noch gerne angeführt werden um Frauen von bestimmten Tätigkeiten oder Positionen fernzuhalten.*

Sklaven im Bergwerk. Tafelbild, um 600 v. Chr..

Sklavinnen und Sklaven

Neben den Frauen hatte Aristoteles (S. 96, Q 1) auch die Sklaven erwähnt. Über ihre Herkunft erfahren wir etwas aus einer Versteigerungsliste des Jahres 414 v. Chr. In dieser Liste sind alle Sklavinnen und Sklaven eines athenischen Bürgers genannt:

Herkunft	Preis in Drachmen*	Herkunft	Preis in Drachmen*
Thrakerin	165	Skythe	144
Thrakerin	135	Illyrer	121
Thraker	170	Kolcher	153
Syrer	240	karischer Knabe	174
Karier	105	karisches Kleinkind	72
Illyrer	161	Syrer	301
Thrakerin	220	Melitt (Maltese?)	151
Thraker	115	Lyderin	85

1 *Ermittelt auf der Karte (S. 91) die Herkunftsgebiete dieser Sklavinnen und Sklaven.*

Jeden Monat einmal fand in Athen der große Sklavenmarkt statt. Männer, Frauen und Kinder standen dort zum Verkauf. Vor allem Kriegsgefangene wurden von den Sklavenhändlern wie Vieh angepriesen und von interessierten Käufern begutachtet.

Viele Sklaven arbeiteten als Handwerker in einem Betrieb oder waren als Diener oder Dienerinnen in einem Haushalt tätig. Einige waren auch Lehrer und Erzieher der Kinder reicher Familien. Zehntausende aber schufteten in den staatlichen Silberbergwerken in der Nähe Athens (vgl. nebenstehende Abbildung). Die Arbeit in den niedrigen Stollen dauerte von Sonnenaufgang bis Sonnenuntergang. Ruhe- oder Feiertage gab es nicht.

Alle, so schrieb ein griechischer Geschichtsschreiber um 120 v. Chr., begrüßen den Tod, wenn er naht.

In der Forschung ist man sich nicht sicher, wieviel Sklaven zur Zeit des Perikles in Athen gelebt haben. Viele Wissenschaftlerinnen und Wissenschaftler schätzen, dass es etwa 100000 gewesen sein mögen (vgl. Grafik S. 93).

Einig ist man sich aber darüber, dass ohne die Arbeit der Sklavinnen und Sklaven die athenischen Bürger nicht genügend Zeit gehabt hätten ihre politischen Rechte und Pflichten wahrzunehmen. (vgl. S. 93 ff.)

2 *Das Schicksal der Sklavinnen und Sklaven hing davon ab, welche Arbeit ihre Besitzer von ihnen verlangten. Besprecht verschiedene Möglichkeiten.*

3 *Erkundigt euch über Formen der Sklaverei heute. Informationen erhaltet ihr bei terre des hommes, Postfach 4126, 49031 Osnabrück.*

Die „Mitbewohner"

Zur Zeit des Perikles lebten in Athen ungefähr 30000 Fremde. „Metöken" wurden sie von den Athenern genannt, das heißt „Mitbewohner". Sie waren nach Athen gekommen um hier im Handel, Handwerk oder Bankgeschäft ihren Lebensunterhalt zu verdienen. Metöken mussten Militärdienst leisten und Steuern zahlen, hatten aber ebensowenig politische Rechte wie die 100000 Sklaven.

4 *Fremde, die in Athen wohnten, arbeiteten und Steuern zahlten, durften an den Volksversammlungen nicht teilnehmen und nicht wählen. Informiert euch, ob es vergleichbare Regelungen auch bei uns gibt. Wie denkt ihr über diese Regelungen?*

5 *Die Fremden wurden von den Athenern „Mitbewohner" genannt. Welche Einstellung kommt in dieser Bezeichnung gegenüber den Fremden zum Ausdruck? Sprecht darüber, wie man eurer Meinung nach Fremden, d. h. Übersiedlern, Flüchtlingen und Asylbewerbern begegnen sollte. Schülerinnen und Schüler, die aus anderen Ländern kommen, können über ihre Erfahrungen berichten.*

Die Familie

Zu den Pflichten der griechischen Männer gehört es, zu heiraten und Kinder zu haben, vor allem Knaben, die die Nachfolge sichern. Wenn ein junger Mann zwanzig Jahre alt ist, wählt sein Vater ihm eine Frau aus. Die Familie des jungen Mädchens, das meist beträchtlich jünger ist als der Bräutigam, sorgt für die Mitgift*. Die Verlobung findet in Form eines einfachen Versprechens in Gegenwart von Zeugen statt. Die Hochzeit wird im Allgemeinen im Winter bei Vollmond gefeiert. Nach dem Hochzeitsmahl, das bei den Eltern der Braut eingenommen wird, bildet man einen Geleitzug, der das Paar, das in einem geschmückten Wagen fährt, zum Haus des Bräutigams bringt. Zum Klang von Kithara* und Flöte stimmen alle in den Hochzeitsgesang ein. Der Ehemann hilft seiner jungen Frau vom Wagen und führt sie in ihr neues Heim.

Eine Frau, die ein Kind erwartet, braucht es nicht auszutragen: Mit Zustimmung des Ehemannes kann sie die Schwangerschaft abbrechen. Sie kann ihr Neugeborenes auch aussetzen, indem sie es in einem Tongefäß ins Freie stellt. Wenn man über der Tür eines Hauses einen Olivenzweig sieht, heißt das, dass hier ein Knabe geboren und von der Familie angenommen worden ist. Hängt dort ein Wollbändchen, handelt es sich bei dem Neugeborenen um ein Mädchen. In manchen Städten taucht der Vater seinen Sohn in Eiswasser, bevor er ihn anerkennt, um zu sehen, ob er widerstandsfähig genug ist. In Sparta wird der Säugling in Wein gebadet.

Im Zentrum des Familienlebens steht jedoch die Verehrung der Vorfahren. Alle Griechen haben die Pflicht den Alten in ihrer Familie bis zu deren Tod beizustehen. Die Götter, so glaubt man, strafen diejenigen, die den Ahnenkult nicht pflegen. Diesem Kult dient der Altar, der sich am Eingang des Hauses befindet und auf dem in manchen Familien Bilder der Verstorbenen aufgestellt sind. Am Todestag eines Angehörigen begibt sich die ganze Familie zum Friedhof um dem Toten zu opfern. Man bringt ihm Milch und Wein in Gefäßen, die unten ein Loch haben, damit der Tote sich an der Flüssigkeit laben kann.

Mehr über das Alltagsleben der alten Griechen könnt ihr aus dem Buch von Pierre Miquel, So lebten sie im alten Griechenland, Tessloff Verlag 1982, erfahren.

1 Der Hochzeitszug trifft vor dem Hause des Bräutigams ein.

2 Zwischen dem fünften und dem siebten Tag nach seiner Geburt wird das Neugeborene auf dem Arm seines Vaters oder seiner Amme im Laufschritt um das Herdfeuer getragen, das Symbol der Familie ist. Bei diesem Familienfest wird das Kind feierlich in die Gemeinschaft aufgenommen.

Handelsschiffe im Hafen von Piräus; im Vordergrund ein athenisches Kriegsschiff. Rekonstruktion.

Im Hafen von Piräus

Krates, athenischer Kaufmann, ist nach langer Fahrt wieder mit dem Schiff in den Hafen von Piräus zurückgekehrt. Er geht an Land.

Aber man kommt nur langsam voran.

Überall werden Frachtschiffe ent- und beladen. Lastenträger bahnen sich ihren Weg durch die Menge; unter lautem Geschrei und Geschimpfe der Fuhrleute werden Karren weitergeschoben; vereinzelt sind auch Pferdefuhrwerke zu sehen, die mit allen möglichen Waren vollgepackt sind. Matrosen und Passagiere kämpfen sich durch die Menschenmassen, fliegende Händler preisen lautstark ihre Getränke und Imbisse an; hier steht eine Gruppe heftig diskutierender Müßiggänger herum, die sich die Köpfe über Politik heiß reden, dort schauen Neugierige dem bunten Treiben im Hafen vergnügt zu. Alles läuft durcheinander, alles ruft durcheinander: Chaos auf der ganzen Linie…

Krates hat erst wenige Schritte in diesem „Gewühl“ zurückgelegt, als der Verkehr vor ihm plötzlich ins Stocken gerät. Da vorn muss irgendetwas Besonderes vor sich gehen. Im Nu bildet sich eine Menschentraube. Jeder versucht einen Blick auf das ungewöhnliche Geschehen zu werfen, natürlich auch Krates. Und er hat auch Glück, weil sein Vordermann aus dem Wege geht. Jetzt sieht er den Grund für den „Stau“: Von einem Schiff, das wenige Meter von ihm entfernt liegt, werden Pferde heruntergeführt. Edle Pferde, wie er mit Kennerblick sogleich feststellt. Ein anerkennendes Raunen geht durch die Menge. Schnell spricht sich herum, um was für eine Ware es sich handelt, die da behutsam ausgeladen wird: Die Tiere kommen aus Thessalien, einer Landschaft in Nordgriechenland, die für ihre Pferdezucht berühmt ist. Ein reicher Athener hat sie dort gekauft und dann per Schiff nach Athen bringen lassen. Sein Name ist einigen der Umstehenden bekannt. Schon bei den letzten Olympischen Spielen hat er am Wagenrennen teilgenommen. Er hat zwar einen Platz unter den ersten errungen, aber das zählt für den ehrgeizigen Mann nicht. Beim nächsten Mal möchte er unbedingt den Siegeskranz erringen – und das lässt er sich eine Menge kosten. Denn die thessalischen Züchter wissen sehr wohl um den Wert ihrer Pferde und die Käufer bekommen das zu spüren …

Der neben ihm stehende Mann spricht Krates an: „Pferde, das lass' ich mir ja noch gefallen. Die machen wenigstens nicht so viel Dreck. Du hättest das gestern erleben sollen; da haben sie eine Fuhre Ziegenböcke aus Kilikien ausgeladen. Ein Gestank war das vielleicht – zwei Meilen gegen den Wind zu riechen. Und wie das Pflaster des Kais aussah, nachdem diese Stink-Herde darüber gelaufen war, kannst du dir ja wohl lebhaft vorstellen.“ Bei dem Gedanken an diese Hafen-Szene muss Krates lachen. „So geht's nun mal zu im Piräus“, tröstet er seinen entrüsteten Nachbarn. „Ich weiß noch, wie vor ein paar Jahren eine Ladung molossischer Doggen hier ankam und sich beim Ausladen eine von ihnen losriss. Da konntest du die Leute aber laufen sehen! Es ist übrigens nichts passiert, außer dass ein Passant ins Bein gebissen wurde – eine ungefährliche Fleischwunde, aber der Besitzer musste natürlich zahlen. Immerhin hatte er so schon „ausprobiert“, dass der auch als Hirtenhund seine Sache ganz gut machen würde.“ Beide brechen in Lachen aus. „Im Grunde hast du recht“, stimmt der andere zu, „genau betrachtet, ist das ja gerade das Schöne am Piräus: Es gibt keine Ware, die hier nicht schon einmal gehandelt worden wäre – stinkende Ziegenböcke und bissige Molosserhunde mit eingeschlossen.“

Langsam löst sich die Menschenmenge auf. Die Pferde trotten in Richtung Marktplatz. Dort in der Nähe liegen Ställe, in denen sie untergebracht werden, bis ihr Besitzer sie abholen lässt.

Über Kaufleute und Kapitäne, Piraten und Sklavenjäger, Kriegs- und Handelsschiffe im alten Griechenland erfahrt ihr mehr in dem Buch von Carl W. Weber, Segel und Ruder. – Die Welt des Meeres bei den Griechen. dtv junior. München 1991.

Das Geschichtspuzzle
Oben seht ihr die Einzelteile einer Darstellung aus dem 5. Jahrhundert v. Chr. Richtig zusammengesetzt zeigen sie eine Szene aus einer bekannten griechischen Sage. Bestimmt findet ihr heraus, wie ihr Held heißt und welche Abenteuer er erlebt hat. Ihr könnt dies in kleinen Arbeitsgruppen gemeinsam versuchen.
Am besten geht ihr folgendermaßen vor:
- Ihr müsst diese Seite für jede Arbeitsgruppe 1 x kopieren.
- Dann schneidet ihr die Einzelteile sorgfältig aus und fügt sie dann zusammen.
- Anschließend klebt ihr euer Ergebnis auf feste Pappe.
- Abschließend könnt ihr die Darstellung noch farbig unterlegen. Achtet darauf, vor allem braune und beige Farbe zu verwenden.

Das Silbenrätsel
a – a – ae – ben – di – di – en – ken – kles – ko – kro – lis – lo – lymp – met – ni – o – oe – on – pe – po – ri – scher – skla – sta – ten – then – ven
Aus diesen Silben sind die folgenden Begriffe herauszufinden: Sportstätte – Athenischer Staatsmann – heiliger Berg des Zeus – Griechische Tochterstätte – Größte Bevölkerungsgruppe Athens im 5. Jahrhundert v. Chr. – „Abstimmungszettel“ der athenischen Volksversammlung – Tagegelder für Beamte – Berühmte Stadt Griechenlands – Der „Burgberg“ Athens – Die Mitbewohner“ Athens
Wenn ihr aus dem ersten Begriff den 4. Buchstaben herausschreibt, aus dem zweiten den 2., aus den folgenden Begriffen den 4., 2., 2., 5., 3., 2., 8. und 2. Buchstaben, dann erhaltet ihr als Lösungswort einen Begriff, der in der Geschichte Athens eine wichtige Rolle spielte.

Verkarstete Landschaft in Griechenland. Foto 1993.

„Das Land – ein mageres Gerippe –" Umweltzerstörung in Attika

Platon (427–347 v. Chr.), ein bedeutender griechischer Gelehrter, schrieb in einem seiner Werke:

Q1 ... Ringsum ist aller fette und weiche Boden weggeschwemmt worden und nur das magere Gerippe des Landes ist übrig geblieben. Aber früher war dieses Land noch unversehrt, mit hohen, von Erde bedeckten Bergen, und die Ebenen, die man heute als rauh und steinig bezeichnet, hatten fetten Boden in reichem Maße und auf den Höhen gab es weite Wälder, von denen heute noch deutliche Spuren sichtbar sind.

Einige von diesen Bergen bieten jetzt einzig den Bienen noch Nahrung; es ist aber noch gar nicht so lange her, da waren von den großen Häusern, für deren Bedachung man dort die Bäume gefällt hatte, die Dächer noch wohlerhalten. Und auch sonst trug das Land hohe Fruchtbäume in großer Zahl und den Herden bot es unbeschreiblich reiche Weideplätze. Und vor allem bekam es von Zeus jedes Jahr sein Wasser, und dieses ging nicht wie heute verloren, wo es aus dem kärglichen Boden ins Meer fließt, sondern weil das Land reichlich Erde hatte und das Wasser damit auftrank und es in dem lehmhaltigen Boden bewahrte, ließ es das Nass von den Höhen herab in die Talgründe fließen und bot allerorten den Brunnen und Bächen reichlich Bewässerung ...

Wie man das bei den kleinen Inseln sehen kann, ist also, wenn man den heutigen Zustand mit dem damaligen vergleicht, gleichsam noch das Knochengerüst eines Leibes übrig, der von einer Krankheit verzehrt wurde.

Eng verbunden mit der Entwicklung Athens vom kleinen Stadtstaat zum politischen, wirtschaftlichen und kulturellen Zentrum Griechenlands ist die weitgehende Zerstörung der natürlichen Landschaft Attikas. Die waldreichen Hügel und Berge rings um Athen wurden im Laufe der Jahrhunderte bedenkenlos abgeholzt. Dafür gab es viele Gründe:

- Die zunehmende Bevölkerung brauchte zu ihrer Ernährung immer mehr Ackerland; dafür wurden Bäume gefällt, Wälder gerodet.
- Je größer die Bevölkerungszahl, desto höher war der Bedarf an Holz als Bau- und Brennmaterial.
- Im 5. Jahrhundert v. Chr. stieg der Holzbedarf in Athen nochmals an durch den Bau von über 200 Kriegsschiffen (vgl. S. 88). Da diese Schiffe – so schätzt man heute – nur eine Lebensdauer von maximal 20 Jahren hatte, musste die Flotte ständig erneuert werden.
- Der Aufstieg Athens zur führenden Seemacht war auch verbunden mit einer Ausweitung seines Handels, was wiederum den Bau von großen Handelsschiffen erforderte.
- Und schließlich benötigte man Holz auch für die prächtigen öffentlichen Bauten, wie sie unter Perikles errichtet wurden (vgl. S. 88), sowie für die Wohnhäuser der Reichen.

1 *Seht euch das Bild an und erläutert den Satz: „Die Sünden einer frühen Zivilisation treffen diejenigen, die heute auf demselben Boden leben, mit voller Wucht."*

2 *Sprecht darüber, welche Konsequenzen sich aus dieser Behauptung für unseren Umgang mit der Natur ergeben.*

3 *„Schon für die Menschen der Antike war die Natur ein Selbstbedienungsladen." Überprüft diese Behauptung mit Hilfe von Q 1 und dem anschließenden Text.*

4 *Zeitschriften und Zeitungen berichten häufig von Umweltschäden. Sammelt entsprechende Berichte und Fotos und erstellt damit eine Wandzeitung für euer Klassenzimmer.*

Die kulturelle Einheit Griechenlands
Im antiken Griechenland gab es kein großes Reich mit einer einzigen Hauptstadt, sondern zahllose kleine, selbstständige Stadtstaaten. Sie verfügten jeweils nur über eine verhältnismäßig kleine Anbaufläche, sodass nur eine begrenzte Zahl von Menschen ausreichend ernährt werden konnte. Überbevölkerung war daher lange Zeit ein großes Problem.
Eine Lösung sahen viele griechische Stadtstaaten in der Auswanderung und Gründung neuer Siedlungen, vor allem in der Zeit zwischen dem 8. und 6. Jahrhundert v. Chr. Seitdem gibt es griechische Städte um das Schwarze Meer und das Mittelmeer.
Obwohl sie räumlich so weit getrennt voneinander lebten, blieb das Zusammengehörigkeitsgefühl aller Griechen untereinander bestehen. Man sprach dieselbe Sprache, verehrte dieselben Götter und traf sich bei den Spielen, von denen die berühmtesten jene von Olympia wurden. Diese Spiele, die alle vier Jahre stattfanden, waren zugleich religiöses Fest und Wettkampf. Für Frauen gab es seit dem 5. Jahrhundert v. Chr. eigene Olympische Spiele, die ebenfalls alle vier Jahre stattfanden.

Der Aufstieg Athens zur Weltmacht
Unter den vielen hundert Stadtstaaten Griechenlands errang Athen im 5. Jahrhundert v. Chr. eine Sonderstellung: Wie in anderen griechischen Stadtstaaten hatten in Athen zunächst Könige und nach Abschaffung des Königtums im 7. Jahrhundert v. Chr. Adlige geherrscht. Mit der Zeit setzte sich jedoch immer mehr der Gedanke durch, dass jeder, der Kriegsdienst leistete, auch das Recht auf politische Mitsprache habe. So kam es im Jahre 507 v. Chr. zu einer Reform: Alle athenischen Männer, die sich eine Ausrüstung leisten konnte, durften in der Volksversammlung gleichberechtigt abstimmen. Während sich die athenischen Bürger so von der Vorherrschaft des Adels befreien konnten, gerieten sie in Gefahr diese Freiheit durch das Vordringen der Perser wieder zu verlieren.
Trotz großer zahlenmäßiger Überlegenheit wurden die Perser 490 v. Chr. in der Schlacht von Salamis vernichtend geschlagen.
Gerade dieser Kampf gegen die Perser zeigte, dass sich die Bürger Athens im 5. Jahrhundert v. Chr. für ihre Stadt verantwortlich fühlten. Sie kämpften für die Unabhängigkeit ihrer Stadt und sie kämpften – wie Herodot meinte – damit auch gleichzeitig für sich selbst, für ihre Freiheit.

Die politische Ordnung Athens
Im Kampf gegen die Perser hatten die athenischen Kriegsschiffe den entscheidenden Sieg errungen, auf denen Tausende der ärmsten Bürger als Ruderer ihren Dienst versahen. Da sie auf diese Weise ebenso wie die schwer bewaffneten Fußsoldaten einen wichtigen Kriegsdienst ausübten, erhielten auch sie jetzt den Zugang zur Volksversammlung. Athen wurde nun eine Demokratie (= Volksherrschaft).
Unter der Führung Athens schlossen sich im Jahre 477 v. Chr. viele griechische Stadtstaaten zum attischen Seebund zusammen. Mit den – später auch gewaltsam eingezogenen – Beiträgen der Bundesgenossen vergrößerte Athen seine Kriegsflotte und wurde so zur führenden See- und Handelsmacht. Mit diesen Beiträgen finanzierte Perikles ferner auch den Bau all jener Tempel und Gebäude, die noch heute Bewunderung erregen.
Der Reichtum der Stadt, der auch durch die Arbeit der Sklaven erwirtschaftet wurde, erlaubte es den Athenern, großzügig die Werke von Künstlern zu fördern, die in immer größer werdender Zahl nach Athen kamen.
Keine Rolle im öffentlichen Leben spielten die Frauen. Manche Forscher meinen, dass gerade die herausragenden Ereignisse wie der Sieg gegen die Perser oder die Beherrschung des attischen Seebundes mit seinen großen Vorteilen für Athen zu einer Zurücksetzung der Frauen geführt habe, da sie daran nicht beteiligt waren.
Der Aufschwung Athens brachte der Stadt langfristig gesehen nicht nur Vorteile: Die öffentlichen Bauten erforderten ebenso wie der Unterhalt der Flotte einen hohen Holzbedarf. Bäume wurden gefällt. Wälder gerodet – die einst fruchtbaren Berghänge Attikas verwandelten sich in kahle Gebirge; sie blieben es bis auf den heutigen Tag.

Im 5. Jahrhundert v. Chr., als Athen seine Blütezeit erlebte, war Rom noch ein kleiner Bauernstaat, flächenmäßig nicht viel größer als das heutige Hamburg. Wie aus diesem kleinen Staat innerhalb weniger Jahrhunderte die Hauptstadt eines Weltreiches wurde, davon berichtet das nächste Kapitel.

3.2 Die Römer

Die kapitolinische Wölfin. Bronzestatue aus dem 5. Jahrhundert v. Chr., Symbol des römischen Staates.

Weltmacht und Alltag heute: Amerika

Sicher ist es euch auch schon aufgefallen: Wie man sich gibt, welche Hosen und welche Turnschuhe gerade als modern, welche Sportart als schick gilt, welche Musik, welcher Tanzstil „in" oder „out" sind, entscheidet sich oft zwischen New York und Los Angeles. Amerika liefert Jugendlichen und Erwachsenen die Leitbilder, an denen sie ihr Leben und ihre Ansprüche orientieren – nicht nur in eurer Klasse oder in Deutschland, sondern weltweit.

Wie es – angeblich – in Amerika zugeht, kann man rund um den Globus in Filmen und auf Videos verfolgen. Niemand wird gezwungen amerikanischen Leitbildern zu folgen – und doch tun es die meisten. Sie werden dazu nicht bloß von geschickter Werbung „verführt".

Warum ist es ausgerechnet Amerika, das heute weltweit die Leitbilder für einen „guten" Lebensstil abgibt? Liegt es am relativ hohen Lebensstandard der amerikanischen Mittel- und Oberschicht? Jeder weiß: Den Unterschichten geht es dort vergleichsweise schlecht. Liegt es vielleicht an der Garantie der freiheitlichen Grundrechte durch die demokratische Staatsordnung? Hier war Amerika zwar der Vorreiter, aber diese Rechte gelten inzwischen auch in vielen anderen Staaten.

Genau kann man es sicher nicht begründen, aber die Leitbildfunktion Amerikas hängt auch mit der Weltmachtstellung der USA zusammen. Die USA sind in der heutigen Zeit das mächtigste Land der Welt – seine Flotten und Flugzeugträger beherrschen die Ozeane, seine Soldaten sind rund um den Globus stationiert. Diese Machtstellung ist immer wieder umstritten. Doch sie war bisher – aller Kritik im Einzelfall zum Trotz – bei vielen Menschen gern gesehen, die rund um den Globus amerikanischen Leitbildern folgten.

Weltmacht und Alltag vor 2000 Jahren: Rom

„Alle Wege führen nach Rom", so lautet ein Sprichwort, das auf die herausragende Stellung des alten Rom hinweist. Tatsächlich war Rom über viele Jahrhunderte Hauptstadt und Zentrum eines Weltreiches, das alle Länder rund um das Mittelmeer und weite Teile Europas umfasste – die damals bekannte Welt.

Immer wieder stellen sich Menschen die Frage, wie es dem kleinen Stadtstaat Rom gelingen konnte, Mittelpunkt eines Weltreiches zu werden. Schon römische Geschichtsschreiber sahen die Gründe hierfür in der vorbildlichen Verfassung Roms. Heutige Wissenschaftler weisen auch auf das schlagkräftige römische Heer hin. Seine Soldaten waren gut ausgebildet und ausgerüstet; ihre Tapferkeit wurde schon damals gelobt.

Militärische Überlegenheit allein genügte jedoch schon vor 2000 Jahren nicht. Offenbar gelang es den Römern, die Bewohner der unterworfenen Gebiete für die römische Lebensart zu gewinnen. „Die Römer", so meinte ein Wissenschaftler, „haben es fertig gebracht, dass man es als eine Ehre betrachtete, Römer zu werden und Römer zu sein" (1).

In diesem Teilkapitel könnt ihr folgende Fragen untersuchen:

- Welche Ziele verfolgte Rom mit der Unterwerfung anderer Länder und wie ist es ihm gelungen, sein Weltreich zu verwalten und zu beherrschen?
- Wie sah die römische Verfassung aus, die nach Ansicht antiker Schriftsteller Grundlage für die erfolgreiche Ausdehnung des Römischen Reiches war?
- Welche Folgen hatten diese Eroberungen für das Leben im Römische Reich selber, aber auch für den Alltag der unterworfenen Völker?

Ausdehnung der römischen Herrschaft.

– *Seht euch die Karte an und berichtet von Gebieten, über die ihr im Geschichtsunterricht schon gesprochen habt.*
– *Überlegt, was die Ausdehnung des Römischen Reichs für die unterworfenen Völker bedeutete.*
– *Fertigt eine Tabelle an: In die linke Spalte tragt ihr die römischen Ländernamen ein, in die rechte Spalte die heutigen Bezeichnungen.*

damals	**heute**
Gallia	. . . .
...	. . . .
...	. . . .

Römischer Triumphzug. Rekonstruktionszeichnung 1995.

Ein römischer Triumphzug

Rom im Jahre 168 v. Chr.: Nach seinem glänzenden Sieg über Perseus, den König der Makedonen im Norden Griechenlands, bewilligte die römische Volksversammlung dem Feldherrn Aemilius Paullus einen Triumphzug durch Rom.

Im Werk des griechischen Geschichtsschreibers Plutarch (um 48–120 n. Chr.) heißt es:

Q Gefeiert wurde (der Triumph), so lauten die Berichte, auf folgende Weise. In den Theatern für Pferderennen, die sie Zirkus nennen, und um den Markt schlug sich das Volk Gerüste auf, besetzte alle anderen Teile der Stadt, von wo man einen guten Blick auf den Festzug hatte, und schaute in sauberer Festkleidung zu ... Der festliche Umzug war auf drei Tage verteilt, von denen der erste kaum für die erbeuteten Bildsäulen, Gemälde und Kolossalstatuen ausreichte, die auf 250 Wagen vorbeigefahren und zur Schau gestellt wurden.

Am folgenden Tag wurden die schönsten und kostbarsten der makedonischen Waffen auf vielen Wagen vorgeführt ...: Helme neben Schilden, Panzer über Beinschienen, kleine kretische und geflochtene thrakische Schilde und Köcher vermengt mit Zaumzeug für Pferde, dazwischen blanke Schwerter hervorragend und lange Lanzen zur Seite gebracht, alle diese Waffen mit solchen Zwischenräumen angeordnet, dass sie beim Fahren zusammenstießen und wild und furchtbar klirrten und ihr Anblick auch, nachdem sie besiegt waren, noch Schrecken erregte.

Hinter den Wagen mit den Waffen marschierten 3000 Männer mit Silbergeld in 750 Gefäßen von je drei Talenten (1 Talent = ca. 26,20 kg) Gewicht, deren jedes von vier Mann getragen wurde. Andere trugen silberne Mischkrüge, Trinkhörner, Schalen und Becher.

Am dritten Tag gleich frühmorgens zogen Trompeter auf, die aber nicht eine friedliche Festweise anstimmten, sondern diejenige, mit der die Römer sich zum Kampfe anspornen lassen. Hinter diesen wurden 120 gemästete Ochsen mit vergoldeten Hörnern geführt, geschmückt mit Bändern und Kränzen ... Nach diesen kamen dann die Leute, welche die Goldmünzen trugen, in derselben Weise wie das Silbergeld auf Gefäße von je drei Talenten Gewicht verteilt; die Zahl der Gefäße betrug 77.

An diese schlossen sich die Männer an, die die heilige Schale emporhielten, die Aemilius aus zehn Talenten Gold, geschmückt mit Edelsteinen, hatte herstellen lassen und ... das sonstige goldene Tafelgeschirr des Perseus ...
Auf diese folgte der Wagen des Perseus, seine Waffen und, auf den Waffen liegend, sein Diadem.
Dann endlich wurden, nach einem kleinen Zwischenraum, die Kinder des Königs als Gefangene einhergeführt und mit ihnen die Menge ihrer Wärter, Lehrer und Erzieher ... Es waren zwei Knaben und ein Mädchen, wegen ihres zarten Alters noch nicht fähig, die Größe ihres Unglücks zu ermessen ... Er selbst, Perseus, ging hinter den Kindern und deren Dienerschaft, in ein dunkles Gewand gekleidet, ... und infolge der Größe des Unglücks wirkte er wie einer, der völlig betäubt ist und den Verstand verloren hat ...

Die Beute des Aemilius Paullus reichte aus um die römischen Bürger für über einhundert Jahre von allen Steuern zu befreien.
Nach ihrem Sieg über die Makedonen eroberten römische Truppen noch weitere Gebiete, so u. a. Griechenland, Kleinasien, Ägypten, Gallien und einen Teil von Germanien und Britannien.

1 *Schreibt mit Hilfe der Quelle einen kurzen Bericht, in dem eine Frau oder ein Mann aus Makedonien erklären, was die Niederlage gegen Rom für ihre Heimat und sie selber bedeutete.*

2 *Sprecht auch darüber, wie Römer diesen Krieg beurteilt haben könnten.*

Das römische Weltreich

Mit dem Sieg über Makedonien begann Roms Aufstieg zur Weltmacht. Etwa 300 Jahre zuvor, um 500 v. Chr., war Rom noch ein kleiner Bauernstaat gewesen, dessen Fläche nicht viel größer war als ein griechischer Stadtstaat oder das heutige Hamburg. In den folgenden Jahrhunderten besiegten römische Heere in einer fast ununterbrochenen Folge von Kriegen zunächst die italischen Stämme und die griechischen Städte in Italien (vgl. S. 81); es folgte die Unterwerfung Karthagos, der mächtigen Handels- und Seemacht in Nordafrika. Im Jahre 146 v. Chr. wurde diese Stadt dem Erdboden gleichgemacht. Ihre ehemaligen Besitzungen, nämlich Sizilien, Korsika und Spanien, waren schon zuvor an die Römer gefallen.

Über die Gründe für die zahllosen römischen Kriege haben sich römische Schriftsteller und Gegner der Römer geäußert:
Im Jahre 202 v. Chr. fand eine große Schlacht zwischen dem römischen und dem karthagischen Heer statt. Nach einem Bericht des römischen Schriftstellers Livius (59 v.–17 n. Chr.) soll Hannibal, der Feldherr Karthagos, vor der Schlacht gesagt haben:

Q1 Hier Soldaten, müsst ihr siegen oder sterben ... Dieses so grausame und hochfahrende Volk nimmt alles in Besitz und unterwirft alles seiner willkürlichen Entscheidung ... Ist es denn nicht genug, dass du [Rom] mir meine uralten Provinzen weggenommen hast? Nimmst du mir auch noch Spanien? Und wenn ich dieses räume, wirst du nach Afrika hinübergehen.

Nach dem Bericht des römischen Schriftstellers Sallust (86–34 v. Chr.) sagte Mithridates VI. (120–63 v. Chr.), König von Pontos am Schwarzen Meer und Gegner Roms:

Q2 Die Römer haben einen einzigen und uralten Grund dafür, mit allen Nationen und Völkern und Königen Krieg anzufangen: unermessliche Begierde nach Herrschaft und Reichtum ...
Die Römer führen ihre Waffen gegen alle Völker, die schärfsten gegen die, deren Niederlage die meiste Kriegsbeute einbringt ... Dadurch, dass sie Krieg an Krieg reihten, sind sie groß geworden. Und so werden sie alles vernichten oder selbst zu Grunde gehen.

Der römische Dichter Vergil (70–19 v. Chr.) schrieb:

Q3 Du bist ein Römer, dies sei dein Beruf:
Die Welt regiere, denn du bist ihr Herr,
Dem Frieden gib Gesittung und Gesetze,
Begnadige, die sich dir gehorsam fügen,
Und brich in Kriegen der Rebellen Trutz.

Livius meinte:

Q4 Wir sind das Volk, das Kriege führt für die Freiheit anderer, damit nirgends ungerechte Herrschaft besteht, sondern überall Recht und Gesetz.

3 *Überlegt, wie es zu den unterschiedlichen Beurteilungen kommen konnte.*

4 *Sprecht darüber, aus welchen Gründen eurer Meinung nach die Römer Krieg führten.*

5 *Verfolgt in den Medien Berichte über kriegerische Konflikte heute. Wie lauten die Rechtfertigungen der kriegführenden Staaten?*

6 *Überlegt gemeinsam, ob es Gründe gibt, die einen Krieg rechtfertigen.*

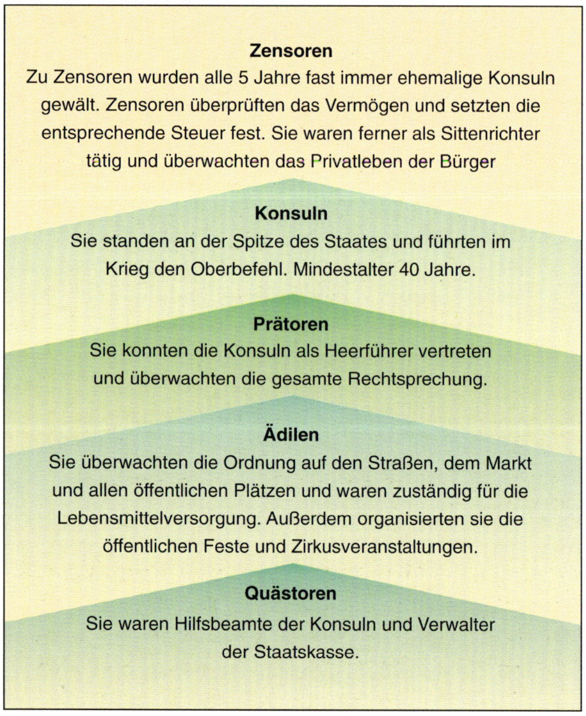

1 **Römische Beamtenschaft.**

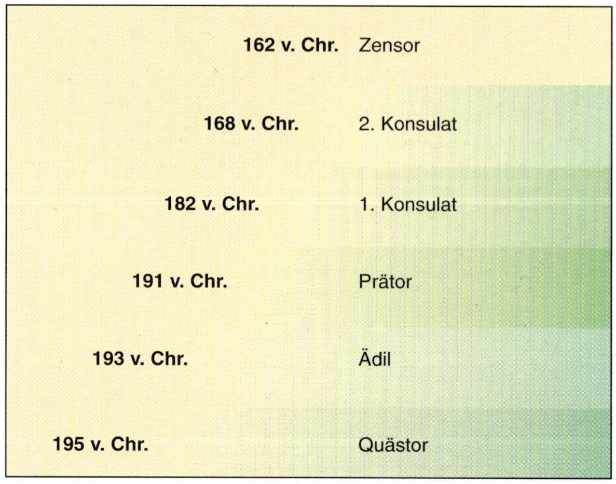

2 **Ämterlaufbahn des römischen Feldherrn Lucius Aemilius Paullus (um 228–160 v. Chr.).**

Der griechische Politiker und Geschichtsschreiber Polybios (um 200–120 v. Chr.), der im Jahre 167 v. Chr. als Gefangener nach Rom kam, schrieb in seiner „Römischen Geschichte“:
„Wer wäre so gleichgültig, so oberflächlich, dass er nicht zu erfahren wünschte, wie und durch was für eine Art von Einrichtung und Verfassung ihres Staates beinahe der ganze Erdkreis ... unter die alleinige Herrschaft der Römer gefallen ist?“ (1)
Auf den folgenden Seiten könnt ihr erarbeiten,
- wie die Verfassung des römischen Staates entstand und wodurch sie sich von jener Athens unterschied,
- welche Rechte Römerinnen und Römer in diesem Staat hatten und
- wie Sklavinnen und Sklaven lebten.

Die Anfänge der Republik

Wie in Athen, so herrschten auch in Rom Könige. Um 500 v. Chr. wurde der letzte König von den Adligen vertrieben. Künftig sollte die Politik eine Angelegenheit aller Bürger sein. Rom wurde eine Republik.

„Res publica“, eine „gemeinsame“ Sache, so nannten die Römer ihren Staat. In Wirklichkeit aber meinten die alten Adelsfamilien, dass sie allein die Macht übernehmen sollten. Die Adligen, die Patrizier (von lat. patres – die Väter), wie sie sich selber nannten, stellten alle führenden Beamten, alle Richter, Herrscher und Priester. Mit dieser Vorherrschaft des Adels war die übrige Bevölkerung nicht einverstanden. Als Handwerker, Händler, Kaufleute oder Bauern zählten sie zu den Plebejern (von lat. plebs = Menge, Masse). Als Soldaten, die häufig Jahr für Jahr für Rom in den Krieg zogen, forderten sie ebenfalls politische Rechte. Wie schon in Athen (s. S. 86), so kam es auch in Rom zwischen beiden Gruppen zu erbitterten Auseinandersetzungen, die über 150 Jahre andauerten. Während aber in Athen die Herrschaft allmählich auf alle Bürger überging (vgl. S. 93), kam es in Rom zu einer Verständigung zwischen Patriziern und Plebejern. Dies wird auch deutlich in den politischen Einrichtungen.

1 *Überlegt, worauf das Wort Republik in „Bundesrepublik Deutschland“ hinweist.*

2 *Ausländische Schülerinnen und Schüler können berichten, wie die genaue Bezeichnung ihres Staates lautet.*

Politische Einrichtungen und Ämter

Die Auseinandersetzungen zwischen Patriziern und Plebejern fanden endgültig zu Beginn des 3. Jahrhunderts v. Chr. ihren Abschluss. In dieser Zeit gab es in Rom folgende politische Einrichtungen und Ämter:

– den Senat

Das Zentrum der politischen Macht war der Senat, in dem seit dem 4. Jahrhundert v. Chr. auch plebejische Mitglieder aufgenommen wurden. Seine 300 Senatoren gehörten zu den reichsten und mächtigsten Männern in Rom. Ihre Aufgabe war es, die Beamten bei ihrer Tätigkeit zu beraten. Kein Beamter konnte es wagen, gegen den Rat des Senats zu entscheiden.

– die Beamten

Die Staatsaufgaben wurden in Rom von den Beamten wahrgenommen. Oberste Beamte waren die beiden Konsuln. Sie führten die Regierungsgeschäfte und hatten im Krieg den Oberbefehl.

Konsul konnte nur werden, wer über große politische Erfahrung verfügte, d. h. vorher andere wichtige Ämter übernommen hatte. Ein typisches Beispiel hierfür ist die Beamtenlaufbahn des Aemilius Paullus (s. S. 106 sowie Schaubild S. 108).

Für jede Art gab es mindestens zwei Beamte. Die Anordnungen des einen Beamten konnten von seinen Kollegen verboten werden. Die Amtszeit aller Beamten betrug ein Jahr. Nur reiche Bürger konnten ein Amt übernehmen, da diese Tätigkeit nicht bezahlt wurde.

1 *Seht euch das Schaubild 1 S. 108 an. Wie heißen bei uns die Beamten, die vergleichbare Aufgaben wie die römischen Beamten wahrnehmen?*

– die Volksversammlung

Bei der Volksversammlung wurden die Römer – Frauen waren nicht zugelassen – nach ihrem Vermögen einer der insgesamt 193 Zenturien (Stimmabteilungen) zugewiesen. 98 Zenturien waren allein den Reichen und Wohlhabenden vorbehalten, die als Erste ihre Stimme abgaben. Waren sie sich einig, so hatten sie bereits die Mehrheit und die Abstimmung war beendet. Abgestimmt wurde über Gesetzesvorlagen sowie über Krieg und Frieden. Das Volk konnte dabei nur mit „Ja“ oder „Nein“ stimmen. Eine Diskussion fand nicht statt.

– die Volkstribunen

Zu Beginn der römischen Republik hatten die Plebejer kaum politische Rechte.

Mit der Drohung, keinen Kriegsdienst mehr zu leisten, setzten die Plebejer durch, dass sie eigene Beamte wählen durften, die Volkstribunen. Sie waren unverletzlich, d. h., wer sich an ihnen vergriff, sollte selber getötet werden. Die Volkstribunen schützten die Plebejer vor ungerechten Amtshandlungen der Beamten. Sie hatten außerdem das Recht, gegen neue Gesetze Einspruch zu erheben, wenn diese ihrer Meinung nach die Plebejer benachteiligten (Vetorecht*).

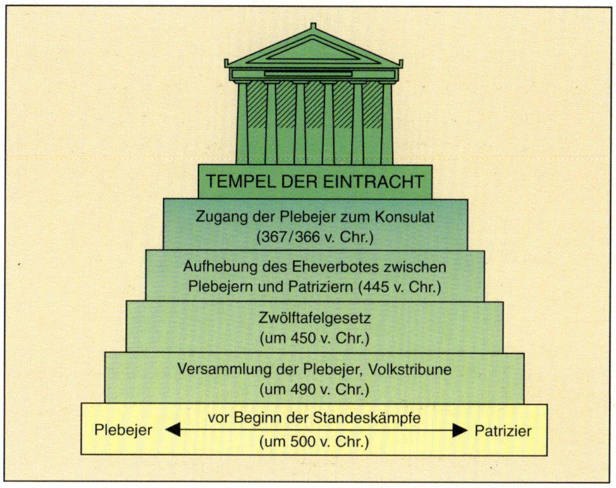

Die Stufen auf dem Weg zur „Eintracht“ zwischen Patriziern und Plebejern.

2 *Vergleicht die politischen Einrichtungen Roms mit jenen von Athen (S. 92 ff.). Welche Unterschiede stellt ihr fest?*

Weitere Erfolge der Plebejer

Auf Betreiben der Volkstribunen wurden um 450 v. Chr. die Gesetze aufgeschrieben, an die alle Bürger, Patrizier wie Plebejer in gleicher Weise gebunden waren. 366 v. Chr. gab es den ersten plebejischen Konsul. Nur Männer aus sehr reichen plebejischen Familien konnten es sich allerdings leisten, ein Staatsamt zu übernehmen, da es ehrenamtlich, das heißt ohne Bezahlung, ausgeübt wurde. So blieb die Zahl der plebejischen Familien, die diesen Aufstieg schafften, gering.

In dieser Zeit soll auch in Rom ein Tempel gebaut worden sein, der den Namen „Concordia“ = Eintracht erhielt. Er war das sichtbare Zeichen der Versöhnung und des Ausgleichs zwischen Patriziern und Plebejern. 286 v. Chr. erhielten die Beschlüsse der Versammlungen der Plebejer Gesetzeskraft.

3 *Erklärt, warum den Plebejern die Aufzeichnung des Rechts so wichtig war. Was änderte sich dadurch für sie?*

4 *Informiert euch, wo heute die Rechte der Bürgerinnen und Bürger schriftlich festgehalten sind.*

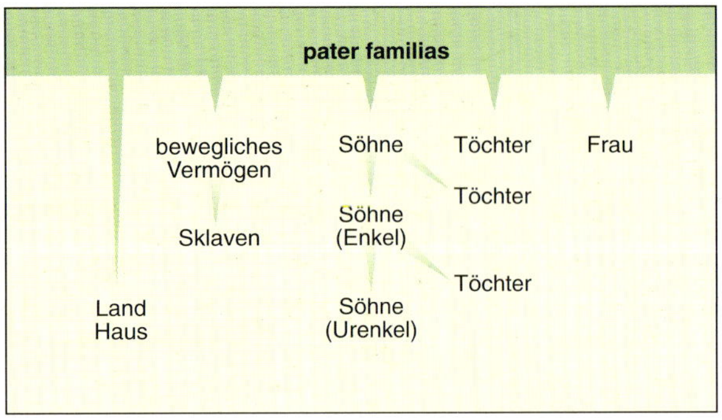

Die römische „familia“. Bei Heirat wechselten die Töchter in die Familie des Mannes.

Die väterliche Gewalt in der „familia“

Eine Gemeinschaft besonderer Art innerhalb des römischen Staates bildete die „familia“. An ihrer Spitze stand der „pater familias“, der Hausvater. Anders als bei unseren heutigen „Familien“ gehörten zur römischen „familia“ neben der Ehefrau und den Kindern auch alle weiteren männlichen Nachkommen mit ihren Familien (vgl. Grafik) sowie alle Sklavinnen und Sklaven. Über sie alle besaß der pater familias uneingeschränkte Gewalt bis an sein Lebensende. Er konnte Strafen verhängen bis hin zur Todesstrafe.
Über den Alltag in einer römischen Familie gibt es kaum Berichte. Sicher ist, dass der pater familias alles entschied, die Berufswahl der Söhne, die Verheiratung der Töchter und auch die Erziehung. Die Söhne sollten Verhaltensweisen erlernen, auf die der römische Staat später aufbauen konnte:

- Verehrung der Götter,
- absoluter Gehorsam gegenüber dem pater familias, Wahrhaftigkeit,
- Pflichtgefühl im privaten wie im öffentlichen Leben,
- Tapferkeit und Achtung vor den Vorfahren, deren Andenken gewahrt werden sollte um der Jugend Vorbild und Ansporn zur Nachahmung zu sein.

1 *Auch heute ist ein demokratischer Staat darauf angewiesen, dass seine Bürgerinnen und Bürger bestimmte Verhaltensweisen für wichtig erachten: Welche Verhaltensweisen seht ihr als besonders wichtig an?*
2 *Nennt Unterschiede zwischen einer römischen „familia“ und einer heutigen Familie.*
3 *Sprecht mit euren Eltern darüber, was sie noch von euren Vorfahren wissen.*

Frauen in der römischen Republik

4 *Seht euch das Bild (S. 111) an. Wie ist das Verhältnis von Frau und Mann dargestellt?*

Eine römische Frau besaß als Mutter und Ehefrau zwar großes Ansehen, politische Rechte aber besaß sie nicht. Von den politischen Ämtern war sie ebenso ausgeschlossen wie von der Teilnahme an den Wahlen. Lediglich als Priesterinnen konnten Frauen ein wichtiges öffentliches Amt übernehmen. So gab es sechs Priesterinnen, die Vestalinnen. Sie vollzogen die kultischen Handlungen im Heiligtum der Vesta, der Göttin des Herdfeuers. Ihr Ansehen war so groß, dass selbst die Konsuln bei einer Begegnung ihnen den Vortritt ließen. Besaßen die römischen Frauen auch keine politischen Rechte, so wurden sie in der Gesellschaft doch sehr geachtet.
In der Grabschrift eines Ehemannes für seine verstorbene Ehefrau aus dem 1. Jh. v. Chr. heißt es:

> **Q** Ehen von so langer Dauer, die durch den Tod beendet, nicht durch Scheidung getrennt werden, sind selten. Ward es uns doch beschieden, dass unsere Ehe ohne eine Trübung bis zum 41. Jahre fortdauerte … Was soll ich deine häuslichen Tugenden preisen, deine Keuschheit, deine Folgsamkeit, dein freundliches und umgängliches Wesen, deine Beständigkeit in häuslichen Arbeiten, deine Frömmigkeit, frei von allem Aberglauben, deine Bescheidenheit im Schmuck, die Einfachheit im Auftreten? Wozu soll ich reden von der Zuneigung zu den Deinen, da du mit gleicher Sorge meine Mutter und deine Eltern umhegtest …

Die Römerin heiratete im Alter von 12–14 Jahren. Als verheiratete Frau war sie vor allem „mater familias“, die Mutter der Familie, die sich viele Söhne wünschte. Sie sorgte für das Haus, empfing Gäste, beaufsichtigte die Sklavinnen, kümmerte sich um die Erziehung der Kinder und saß auch selbst am Webstuhl. Kinder, Diener und Sklaven gehorchten ihr, so wie sie wiederum ihrem Manne gehorchte.

5 *Schreibt einen kurzen Text über Eigenschaften, die eurer Meinung nach heute an einer Frau und Mutter besonders geschätzt werden.*
6 *Vergleicht euren Text mit der Grabschrift (Q1). Welche Unterschiede stellt ihr fest?*
7 *Vergleicht die Aussagen in Q1 mit den Aussagen über die Frau in Athen (S. 96/97).*

Die Stellung der Frau in der Gesellschaft verändert sich

Die in der Grabinschrift gepriesenen Tugenden werden von römischen Geschichtsschreibern vor allem den Frauen in der frühen römischen Republik zugeschrieben. Man darf aber daraus nicht den Schluss ziehen, dass die römische Frau in all den Jahrhunderten immer an das Haus gebunden war. Mit der Ausdehnung des römischen Reiches wuchs zugleich auch das Selbstbewusstsein der Römerinnen. Während der langen Zeit der Abwesenheit ihrer Männer mussten sie selbstständig den Haushalt führen, die Kinder allein erziehen und allein Entscheidungen treffen. Ganz selbstverständlich nahm die Römerin auch am öffentlichen Leben teil. Sie war bei den Gastmählern zugegen, ging ins Theater oder in den Circus (vgl. S. 118).

Ein heutiger Wissenschaftler schreibt:

M Die Frauen der ... obersten Stände ... konnten nicht an den Rand gedrückte, vernachlässigte Wesen gewesen sein, sondern sie hatten natürlich Teil an der führenden Stellung des Standes und der einzelnen Familien. Ähnlich hat man sich die Stellung der einfachen römischen Bürgerinnen vorzustellen. Sie waren Frauen der Bauernsoldaten, die das römische Volk ausmachten und die Italien und immer größer werdende Teile der Mittelmeerwelt erobert hatten. Auch sie sind nur schlecht als entrechtete und verschüchterte Anhängsel vorstellbar.

1 *Sprecht darüber, wie der Wissenschaftler die Stellung der römischen Frau in der Gesellschaft zu erklären versucht.*

2 *Vergleicht diese Aussage mit der Begründung desselben Wissenschaftlers für die Zurücksetzung der athenischen Frauen (S. 97). Welchen Widerspruch stellt ihr fest?*

Über das wachsende Selbstbewusstsein der Römerin berichtet der römische Geschichtsschreiber Livius (59 v.–17. n. Chr.). Seinen Angaben zufolge stand der römische Senat im Jahre 195 v. Chr. vor der Frage, ob ein Gesetz, das den Frauen jeglichen Luxus verbot, abgeschafft oder beibehalten werden sollte. Livius schreibt:

Q1 Die Frauen ließen sich durch keine Autorität, kein Gefühl für Anstand und keinen Befehl ihrer Männer im Hause halten, sie belagerten alle Straßen der Stadt und die Zugänge zum Forum – Diese große Menge der Frauen wuchs noch von Tag zu Tag. Denn sie kamen auch aus den Landstädten und Marktorten zusammen.

Bildnis eines römischen Ehepaares aus dem 1. Jh. v. Chr.

Cato, einer der beiden Konsuln, soll daraufhin folgende Rede gehalten haben:

Q2 Mitbürger, wenn jeder von uns es verstanden hätte, bei seiner eigenen Frau das Recht und die Würde des Mannes zu behaupten, hätten wir jetzt mit allen Frauen weniger Last. Jetzt wird unsere Entscheidungsfreiheit, um die es zu Hause durch die Herrschsucht der Frauen geschehen ist, auch hier auf dem Forum zermalmt und mit Füßen getreten. Und weil wir sie jede einzeln nicht im Zaume gehalten haben, haben wir jetzt vor ihnen allen Angst ... Unsere Vorfahren haben gewollt, die Frauen sollten kein Rechtsgeschäft, nicht einmal ein privates, ohne Genehmigung des Vormundes abschließen und sollten unter der Vormundschaft ihrer Väter, Brüder und Männer stehen. Wir, wenn es den Göttern gefällt, dulden jetzt sogar, dass sie ihre Hand nach dem Staat ausstrecken und sich schon aufs Forum und in die Volksversammlungen und Abstimmungen drängen...

3 *Lest euch die Q2 genau durch und stellt fest, welche „Gefahren“ Cato kommen sieht.*

4 *Entwerft eine Rede, in der römische Frauen Cato antworten.*

Römischer Sklavenmarkt. Rekonstruktion 1994.

Sklavinnen und Sklaven

1 *Beschreibt das Bild. Spielt folgende Szene: Zwei Käufer unterhalten sich mit dem Verkäufer über die Sklaven, die er anzubieten hat. Sklaven berichten, was sie dabei empfinden.*

Der römische Politiker Cato der Ältere (234–149 v. Chr.) schrieb:

Q1 Sobald der Gutsherr auf den Gutshof gekommen ist, soll er … an demselben Tage auf dem Gut einen Rundgang machen … Er soll das Öl verkaufen, wenn es einen [günstigen] Preis hat; Wein [und] Korn, was überschüssig ist, soll er verkaufen; alte Ochsen, entwöhnte Kälber, entwöhnte Lämmer, Wolle, Häute, den alten Wagen, die alten Eisengeräte, den alten Sklaven, den kranken Sklaven und wenn sonst etwas überflüssig ist soll er verkaufen.

Der griechische Geschichtsschreiber Plutarch (um 46–120 n. Chr.) schrieb über Cato den Älteren:

Q2 Er erwarb viele Sklaven, und zwar kaufte er vor allem Kriegsgefangene, die noch sehr jung und wie junge Hunde oder Füllen noch für Zucht und Erziehung empfänglich waren … Wenn er … Freunde und Amtskollegen zu Tische hatte, bestrafte er gleich nach der Mahlzeit diejenigen, die beim Aufwarten oder Zubereiten etwas versehen hatten, mit Peitschenhieben … Über diejenigen, die ein todeswürdiges Verbrechen begangen hatten, ließ er alle Sklaven zu Gericht sitzen und sie erst, wenn sie dort verurteilt wurden, hinrichten.

2 *Sprecht darüber, wie Cato nach Q 1 und 2 seine Sklaven behandelte. Was sind sie für ihn, solange sie klein, wenn sie erwachsen und schließlich alt sind?*

Die meisten Sklavinnen und Sklaven waren Kriegsgefangene, die die Römer aus den eroberten Gebieten mitbrachten. Sie alle waren völlig rechtlos und galten lediglich als eine „Sache“, mit der man nach Gutdünken verfahren konnte. Ihr weiteres Schicksal hing von der Tätigkeit ab, die sie übernehmen mussten, und von der Einstellung ihres Herrn. Haussklavinnen und -sklaven wurden meist einfachere Arbeiten übertragen. Sie waren allerdings – ebenso wie alle anderen – ständig der Gefahr ausgesetzt wegen einer Nachlässigkeit schwer bestraft oder sogar getötet zu werden. Die übliche Tötungsart war die Kreuzigung.

Unter unmenschlichen Bedingungen mussten viele Sklavinnen und Sklaven auf den großen landwirtschaftlichen Gütern arbeiten. An Ketten gefesselt arbeiteten sie tagsüber bei geringer Verpflegung, nachts schliefen sie angekettet in unterirdischen Räumen.

Gladiatorenkämpfe. Ausschnitte aus einem Gladiatorenmosaik einer römischen Villa in Nennig an der Mosel (3. Jahrhundert n. Chr.)

Gladiatoren

1 *Beschreibt die Situationen auf dem Bild. Versetzt euch in eine der dargestellten Personen und schildert eure Gedanken und Empfindungen*

Manche Sklaven wurden auch zu Gladiatoren ausgebildet. Zur Unterhaltung der Zuschauer mussten sie in großen Arenen auf Leben und Tod gegeneinander oder gegen wilde Tiere kämpfen (vgl. Bild).
Bei den Römern waren diese Spiele überaus beliebt. Mit lauten Rufen feuerten sie die Gladiatoren an oder verlangten von den Aufsehern, allzu träge und langsame Kämpfer mit Peitschenhieben oder glühenden Eisen anzutreiben. War ein Gladiator so stark verwundet, dass er nicht weiterkämpfen konnte, hob er den linken Arm; mit diesem Zeichen bat er um Gnade. Die Entscheidung darüber stand allein dem Ausrichter der Spiele zu, der aber den Willen der Zuschauer berücksichtigte. Waren diese mit den Leistungen nicht zufrieden, so senkten sie den Daumen und riefen: „Erdrossle, töte ihn."
Weil diese Spiele so beliebt waren, nutzten ehrgeizige Politiker diese Möglichkeit sich durch die Ausrichtung derartiger Veranstaltungen bei der Bevölkerung beliebt zu machen. Auf diese Weise hofften sie genügend Stimmen zu erhalten, wenn sie sich um das nächsthöhere Amt in ihrer Beamtenlaufbahn (s. S. 108) bewarben.

2 *Wie der heilige Augustinus (354–430) berichtete, wurde sein Schüler Alypius, der die Gladiatorenspiele verabscheute, von Freunden bedrängt mit ihnen dorthin zu gehen. Spielt folgende Situation: Die Freunde wollen Alypius überreden sich die Kämpfe anzuschauen, er aber lehnt ab.*

Sklavenaufstände

Je mehr Gladiatoren es gab, desto größer war die Gefahr für die Römer selber. Dies zeigte sich deutlich bei dem großen Sklavenaufstand zwischen 73 und 71 v. Chr. Anführer dieses Aufstandes war Spartacus, ein Sklave aus der Gladiatorenschule in Capua. Über 60 000 Sklaven schlossen sich seinem Aufstand an. Sie besiegten mehrere römische Heere, bevor sie selber entscheidend geschlagen wurden. Zur Abschreckung schlugen die Römer 6000 Sklaven an der Straße zwischen Rom und Genua ans Kreuz.
Es gab im Altertum nur wenige Menschen, die sich für eine menschliche Behandlung der Sklaven aussprachen. Beachtung fand der Philosoph Seneca (etwa 4 v. Chr.–65 n. Chr.); er schrieb:

> **Q** Zu meiner Freude erfuhr ich von Leuten, die dich besucht haben, dass du freundlich mit deinen Sklaven umgehst. Das entspricht deiner Einsicht und deiner Bildung ... Bedenke, dass der Mensch, den du einen Sklaven nennst, den gleichen Ursprung hat wie du, dass sich über ihm derselbe Himmel wölbt, dass er die gleiche Luft atmet, dass ihm das gleiche Leben, der gleiche Tod beschieden ist.

Große Verbesserungen konnte aber auch Seneca nicht erreichen. Erst mit dem Christentum wurde die Sklaverei allmählich abgeschafft (vgl. S. 219).

3 *Entwerft eine Rede, in der Spartacus dazu aufruft, sich seinem Aufstand anzuschließen.*

4 *Ein römischer Feldherr spricht zu seinen Soldaten vor dem Kampf mit dem Heer des Spartacus. Was könnte er gesagt haben?*

5 *Sprecht darüber, wie Seneca seine Haltung gegenüber den Sklaven begründet.*

Rom war im 2. Jahrhundert v. Chr. eine Weltmacht geworden (s. S. 107). Während die eroberten Gebiete geplündert und ungeheure Reichtümer nach Rom gebracht wurden (vgl. Quelle S. 106), versank ein großer Teil der römischen Bevölkerung in bitterer Armut.
Auf den folgenden Seiten könnt ihr erkunden,
- welche Zusammenhänge bestehen zwischen dem Aufstieg Roms zur Weltmacht und den Veränderungen in Staat und Gesellschaft und
- wie die Römische Republik allmählich zu Grunde ging.

Die römischen Bauern: Herren der Welt – ohne das kleinste Stückchen Land

Die Hauptlast der Kriege hatten in allen Jahrhunderten vor allem die Bauern tragen müssen.
Nach einem Bericht des griechischen Schriftstellers Plutarch (um 46–120 n. Chr.) soll der Volkstribun Tiberius Gracchus um 130 v. Chr. die Lage der Bauern folgendermaßen geschildert haben:

Q Die wilden Tiere, die Italien bevölkern, haben ihre Höhlen und kennen ihre Lagerstätte, ihren Schlupfwinkel. Die Männer aber, die für Italien kämpfen und sterben, haben nichts als Luft und Licht; unstet, ohne Haus und Heim, ziehen sie mit Weib und Kind im Land umher. Die Feldherren lügen, wenn sie in der Schlacht ihre Soldaten aufrufen, Gräber und Heiligtümer gegen die Feinde zu verteidigen. Denn keiner von diesen armen Römern hat einen Altar von seinen Vätern geerbt, kein Grabmal seiner Ahnen. Für Wohlleben und Reichtum anderer setzen sie im Krieg ihr Leben ein. Herren der Welt werden sie genannt: in Wirklichkeit gehört kein Krümchen Erde ihnen zu eigen.

1 *Erklärt mit eigenen Worten, warum nach Tiberius Gracchus die römischen Bauern verarmten, während das Römische Reich immer größer wurde.*

2 *Überlegt, welche Römer ihm zustimmen werden; welche macht er sich mit dieser Rede vielleicht zu Feinden?*

Der Aufstieg Roms zur Weltmacht brachte tiefgreifende wirtschaftliche und soziale Veränderungen mit sich. Die Kluft zwischen Armen und Reichen wurde immer größer: In den eroberten Gebieten wurden brachliegendes Land und Bauernhöfe vom römischen Staat beschlagnahmt und an römische Bürger verpachtet. Die Pachtgebühren konnten sich in der Regel nur reiche römische Bürger leisten. Zusätzlich erwarben sie die Güter jener Bauern, die im Krieg gefallen waren oder nicht genügend Geld hatten um ihren Hof wieder aufzubauen; andere vertrieben sie gewaltsam von ihren Höfen.
So entstanden große landwirtschaftliche Betriebe in den Händen von Großgrundbesitzern. Da billiges Getreide aus den Provinzen* kam, spezialisierten sie sich auf bestimmte Nahrungsmittel wie Olivenöl, Obst und Fleisch. Dafür benötigten sie große Anbau- oder Weideflächen. Auch während eines Krieges konnten diese Güter von Sklaven* weiter bewirtschaftet werden, sodass sich der Wohlstand ihrer Besitzer ständig vermehrte.
Mit diesen großen landwirtschaftlichen Betrieben konnten die kleinen Bauern nicht konkurrieren. Während ihrer oft mehrjährigen Abwesenheit verfielen ihre Höfe. Geld zum Wiederaufbau besaßen sie nicht. Zudem mussten sie sehr schnell feststellen, dass das von ihnen hauptsächlich angebaute Getreide fast unverkäuflich war wegen der billigen Getreideeinfuhren aus den Provinzen.
So mussten viele Bauern ihre Höfe aufgeben. Sie zogen mit ihren Familien nach Rom. Doch auch hier erwartete sie keine bessere Zukunft, denn überall, im Kleinhandel wie im Handwerk, wurden Sklaven beschäftigt. Für die Bauern gab es keine Arbeit. Mittellos, ohne große Verdienstmöglichkeiten, gehörten sie bald zur Masse der Proletarier*; so nannte man diese Menschen, die nichts anderes besaßen als ihre Nachkommen.

3 *Spielt folgende Situation: Bauern, die ihren Hof aufgeben mussten, suchen bei einem Großgrundbesitzer Arbeit. Welche Antwort wird er ihnen geben?*

4 *Erklärt jetzt nochmals die Aussage in Q: „Für Wohlleben und Reichtum anderer kämpfen sie (die römischen Bauern) im Krieg.“*

Tiberius und Gaius Gracchus – zwei Volkstribunen kämpfen für eine Landreform

Die Entwicklung Roms zum Weltreich hatte zwei große Gefahren mit sich gebracht:
- Zwischen Großgrundbesitzern und ehemaligen Kleinbauern entstanden große soziale Spannungen.
- Die Zahl der Kleinbauern nahm beständig ab.

Im Kriegsfall wurden freie Bauern zum Heeresdienst eingezogen. Ihre Ausrüstung mussten sie selbst stel-

Römischer Bauer auf dem Weg zum Markt. Am Stock über der Schulter trägt er ein Ferkel, in der rechten Hand einen Korb mit Eiern. Auf dem Rücken der Kuh sind zwei an den Beinen zusammengebundene Schafe zu erkennen. Marmorrelief, um 50 n. Chr.

len. Freie Bauern, die über so viel Geld verfügten, gab es immer weniger. So wurde es für Rom immer schwieriger, genügend Soldaten auszuheben.
Der Volkstribun Tiberius Gracchus wollte diese Situation ändern. Er forderte im Jahre 133 v. Chr., dass jeder Großgrundbesitzer höchstens 1000 Morgen (250 ha) Land besitzen dürfe. Das übrige Land sollten landlose Bauern erhalten. Mit diesem Vorschlag waren die Großgrundbesitzer nicht einverstanden. Ein Jahr später wurde Tiberius Gracchus von aufgebrachten Senatoren ermordet. Das gleiche Schicksal ereilte 10 Jahre später auch seinen Bruder Gaius, der ebenfalls eine Landreform durchsetzen wollte.
Die Frage, wie es in Zukunft weitergehen sollte, spaltete die politische Führungsschicht in zwei Blöcke: Auf der einen Seite standen die Popularen*. Sie wollten mit Hilfe der Volkstribunen und der Volksversammlung Reformen durchsetzen. Ihnen gegenüber standen die Anhänger der Senatspartei, die Optimaten*. Sie vertraten die Interessen der Besitzenden und lehnten jede Reform ab.

1 *Verfasst eine kurze Ansprache, in der Tiberius Gracchus dafür wirbt, das Land neu aufzuteilen.*

2 *Spielt folgende Situation: Nach der Ansprache des Tiberius kommt es zu einem Streitgespräch zwischen einem Reichen und einem Bauern, der schon viele Feldzüge mitgemacht hat. Worauf wird der Bauer hinweisen? Beachtet dazu auch das Bild.*

Der Konsul Marius und die Heeresreform

Die Gracchen waren mit ihren Reformen gescheitert. Die Folgen zeigten sich, als im Jahre 115 v. Chr. Kimbern und Teutonen, deren Wohnsitze im Gebiet des heutigen Dänemark durch Sturmfluten zerstört waren, auf der Suche nach neuen Wohngebieten gegen Süden vordrangen. Römische Heere, die sich ihnen entgegenstellten, wurden bei Noreja in Kärnten und an der Rhône vernichtend geschlagen. In dieser für Rom bedrohlichen Situation wurde Marius, ein Anhänger der Popularen, im Jahre 107 v. Chr. zum Konsul gewählt. Marius führte sogleich eine grundlegende Heeresreform durch:

- Er warb für sein Heer Freiwillige, und zwar auch aus den Reihen der Proletarier.
- Die einheitliche Ausrüstung wurde vom Staat gestellt. Außerdem erhielt jeder Soldat für die Dauer seiner Dienstzeit eine feste Besoldung.
- Bisher waren die Soldaten nach Beendigung eines Krieges in ihre Heimat zurückgekehrt um z. B. die Arbeit auf dem Hof wieder aufzunehmen; jetzt dienten sie viele Jahre hindurch im Heer. „Soldat sein“ wurde damit zu einem Beruf.

Mit seinen Reformen gelang es Marius in kurzer Zeit, ein starkes Heer aufzustellen, das sich in ständiger Kriegsbereitschaft befand. Kimbern und Teutonen wurden von diesen gut ausgebildeten Truppen in den Jahren 102–101 v. Chr. vernichtend geschlagen.

1 Ein kleiner, uns allen wohlbekannter Gallier verabredet ein Treffen mit Gaius Julius Caesar. Comic-Zeichnung 1978.

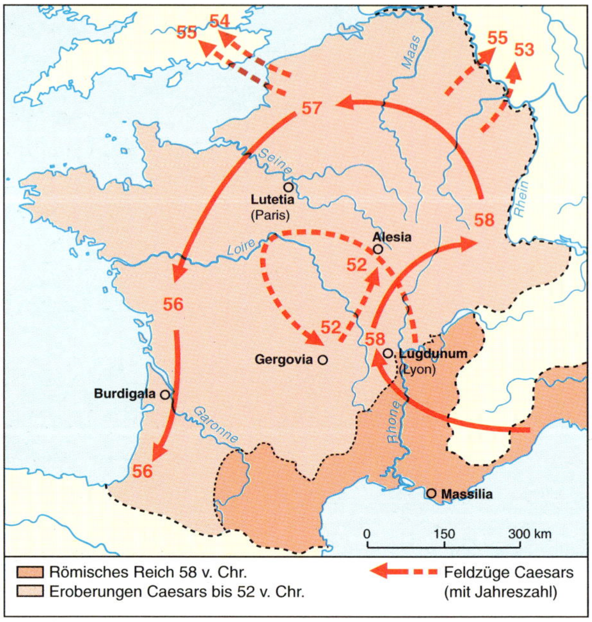

2 Die Feldzüge Caesars in Gallien.

Die Folgen der Heeresreform für die römische Republik

Durch die Aussicht auf Beute, festen Sold und späteren Landbesitz verlockt traten viele Proletarier in das Heer ein. Das Ackerland als „Altersversorgung" hatte ihnen aber nicht der römische Senat zugesagt, sondern Marius. Dieser Umstand führte zu einem ganz neuen Verhältnis zwischen dem Feldherrn und seinem Heer. Ein erfolgreicher Feldherr, der viele Siege errang, konnte sich auf seine Truppen unbedingt verlassen; ein weniger erfolgreicher Heerführer konnte kaum darauf hoffen, dass ihm die Soldaten die Treue hielten. So diente das Heer in erster Linie nicht dem Staat, sondern seinem Heerführer. Macht und Ansehen des Senats, dessen Anordnungen die Truppen nicht mehr Folge leisteten, schwanden immer mehr dahin. Es dauerte nicht lange, bis einzelne Heerführer, gestützt auf die ihnen treu ergebenen Soldaten, ihre Truppen in Rom einmarschieren ließen um selber die Macht an sich zu reißen; zum ersten Mal geschah dies im Jahre 88 v. Chr. Immer häufiger kam es seit dieser Zeit zu erbitterten Kämpfen zwischen einzelnen Heerführern und ihren Truppen um die Macht. Jahrzehntelange Bürgerkriege waren die Folge.

Gaius Julius Caesar

1 *Seht euch das Bild (1) und die Karte (2) an und erzählt, was ihr über die Eroberung Galliens durch Caesar aus Jugend- oder Sachbüchern wisst.*

Caesar (100–44 v. Chr.), ein Populare, war im Jahre 59 v. Chr. zum Konsul gewählt worden. Zwischen 58–52 v. Chr. eroberten die von ihm geführten Truppen ganz Gallien.
Der griechische Schriftsteller Plutarch (um 46–120 n. Chr.) schrieb:

Q In dieser Zeit schuf Caesar sich in den gallischen Kriegen seine politische Macht. Während man meinte, er schlüge sich in fernen Landen weit von Rom mit Belgern, Sueben und Britanniern herum, verstand er es mit seiner politischen Begabung doch, in politischen Dingen mitten im Volk heimlich gegen Pompeius (einen anderen Heerführer) zu arbeiten.
Und dort draußen in Gallien war er die Seele, das Heer sozusagen der Körper, den er sich gefügig machen wollte. Denn eigentlich ging sein Kampf mit diesem Heer nicht gegen die Barbaren, sondern wie durch Jagden und Tierhatzen wollte er seine Truppen in den Kämpfen gegen die Barba-

ren zur Härte erziehen. So schuf er sich in seinem Heer eine unwiderstehliche, furchtbare Macht. Gold, Silber und andere kostbare Beute, wie sie ihm in den zahllosen Feldzügen in die Hände fallen musste, schickte er nach Rom. So wagte er hier und da Bestechungen, unterstützte die Aedilen, Praetoren und Konsuln und ihre Frauen bei ihren Ausgaben und schuf sich immer neue Freunde.

1 *Fasst mit eigenen Worten zusammen, welches Ziel Caesar nach der Meinung Plutarchs mit seinen Kriegen verfolgte.*

Caesar als Diktator

Nach der Niederwerfung Galliens war das Ansehen Caesars so groß geworden, dass ein Senator meinte: „Nicht die Gallier und Germanen muss man fürchten, die größte Gefahr droht von Caesar." Als der Senat verlangte, dass Caesar seine Soldaten entlassen sollte, beschloss Caesar nach Rom zu marschieren. Kampflos besetzte er in kurzer Zeit Italien und besiegte das vom Senat aufgestellte Heer. Viele Senatoren flohen aus Rom; die Übrigen ernannten ihn jetzt zum Diktator, zunächst auf ein Jahr, später auf Lebenszeit.

Eine der ersten Maßnahmen Caesars bestand darin, die Versorgung seiner Soldaten sicherzustellen. Sie wurden in verschiedenen Gebieten des Römischen Reiches angesiedelt und erhielten Land zur Bearbeitung. Anderen gab er Arbeit durch ein großzügiges Bauprogramm in der Hauptstadt.

Vom Volk wurde Caesar sehr verehrt. Unter den Senatoren, die den Verlust ihrer Macht und ihres Einflusses beklagten, hatte er viele Feinde. Andere, die die Republik* wiederherstellen wollten, meinten, die Alleinherrschaft eines Einzigen sei nicht länger tragbar. Am 15. März 44. v. Chr. wurde Caesar von seinen Gegnern während einer Senatssitzung ermordet.

2 *Erklärt an Hand der Quelle und der Karte Caesars Ruhm und Ansehen in Rom.*

3 *Überlegt, welchen Zusammenhang es gibt zwischen der Eroberung Galliens und seiner Ernennung zum Alleinherrscher.*

4 *Sprecht darüber, ob eurer Ansicht nach die Beweggründe von Caesars Gegnern einen politischen Mord rechtfertigen können.*

Friedensaltar des Augustus, errichtet 13–9 v. Chr.
Teilansicht

Der Beginn der Kaiserzeit

Nach der Ermordung Caesars kam es erneut zum Bürgerkrieg. Aus ihm ging schließlich Octavian, Caesars Adoptivsohn, als Sieger hervor. Der Senat verlieh ihm den Titel Augustus, der „Erhabene". Dieser Titel wurde bald zum Eigennamen.

Wie Caesar war auch Augustus (27 v.–14 n. Chr.) schon bald Alleinherrscher, ein Kaiser; dieses Wort leitet sich ab vom Namen Caesar.

Widerstand gegen die Alleinherrschaft des Augustus gab es nicht. Dies lag sicherlich auch daran, dass nach den Jahrzehnten des Bürgerkriegs die Menschen sich nach Ruhe und Frieden sehnten. Als äußeres Zeichen dieses Friedens im ganzen Reich ließ Augustus einen Friedensaltar errichten.

5 *Beschreibt das Bild und erklärt, wie der Künstler den Frieden darstellt.*

6 *Malt – vielleicht in Absprache mit eurem Kunstlehrer – selber Bilder, die eure Vorstellungen von Frieden wiedergeben.*

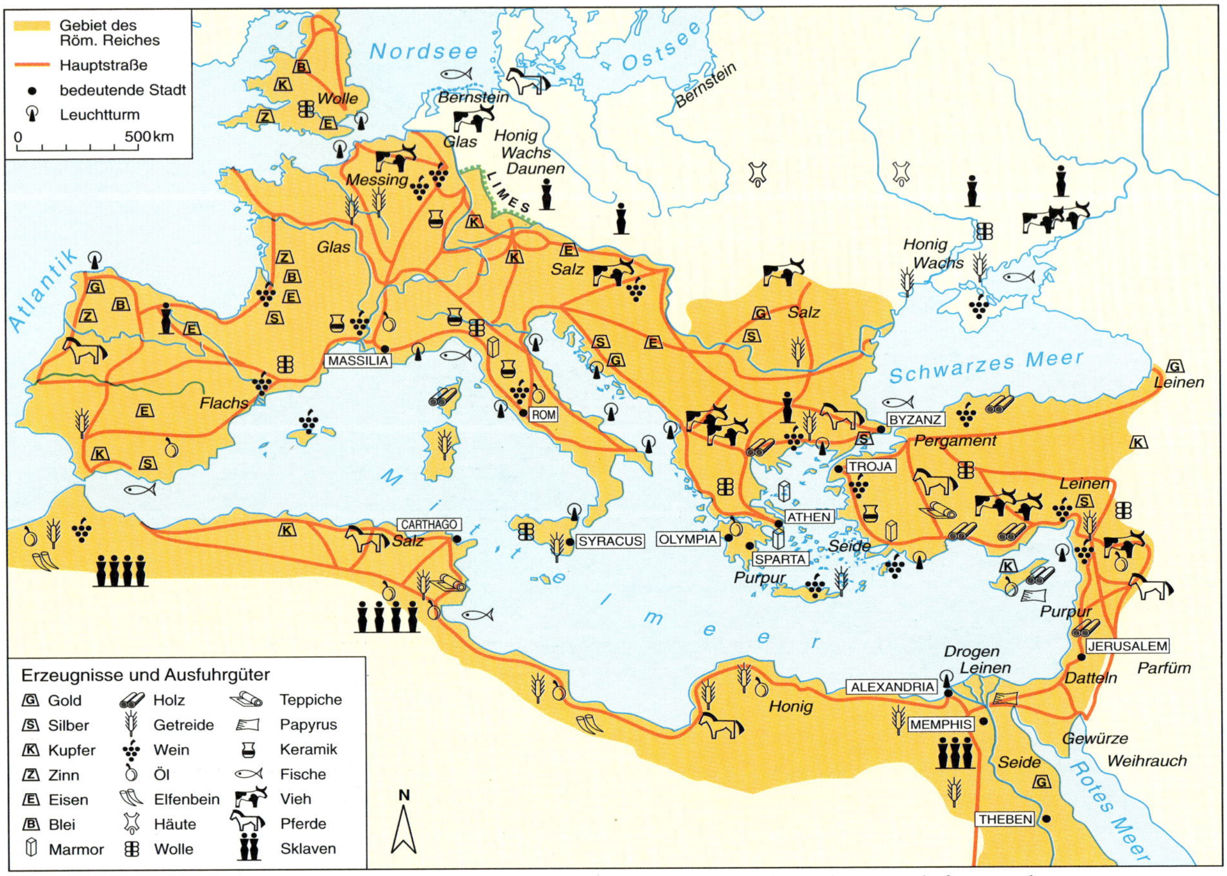

Die Wirtschaft des Römischen Reiches im 1. Jahrhundert n. Chr. und Produkte, die nach Rom geliefert wurden.

Mit Augustus begann für das Römische Reich eine Zeit des Friedens. Auf den Straßen wie auf dem Meer konnte sich der Handelsverkehr ungestört entwickeln. Waren aus der ganzen Welt kamen jetzt nach Rom.
Auf den folgenden Seiten könnt ihr erarbeiten,
– welche Probleme sich daraus ergaben, dass Rom wie ein Magnet immer mehr Menschen anzog, die hier leben wollten,
– welche Umweltprobleme schon damals in einer Großstadt sichtbar wurden
– und wie das Leben der Menschen in der Kaiserzeit aussah.

Brot und Spiele

Seit der Mitte des 2. Jahrhundert v. Chr., als Zehntausende von Proletariern in die Hauptstadt zogen (vgl. S. 114), hatte die Bevölkerungszahl sprunghaft zugenommen. Dieser Zuzug hielt auch in den folgenden Jahrzehnten unvermindert an; alle hofften in Rom Arbeit, Unterkunft und Verpflegung zu bekommen. Zur Zeit des Kaisers Augustus dürften über eine Million Menschen in Rom gelebt haben. An über 200 000 römische Bürger ließ Augustus jeden Monat 30 kg Weizen kostenlos verteilen, da sie nicht genug verdienten um ihre Familien ernähren zu können.
Obwohl sich Augustus hierdurch bei den Massen beliebt machte, plante er die Getreidespenden einzustellen. Das Volk – so meinte er – würde sich allzu sehr auf sie verlassen und daher den Ackerbau vernachlässigen. Er ließ diese Idee aber schnell wieder fallen, weil er wusste, dass seine Nachfolger diesen Brauch doch wieder einführen würden um die Gunst der Masse zu erringen.

1 *Sprecht über die Probleme, die Augustus in der kostenlosen Getreidespende sah.*

Das Forum Romanum zur Zeit des Augustus. Rekonstruktion 1995.

Die römischen Bürger forderten vom Kaiser aber nicht nur Brot. Er sollte auch für Unterhaltung und Vergnügen in der Freizeit sorgen. Brot und Spiel – so lautete die Forderung an den Kaiser. Abwechslung und Unterhaltung suchten die Römer vor allem in den Thermen. Das waren prächtig ausgestattete Freizeitzentren mit Schwimmbädern, Gymnastikhallen, Büchereien und kleinen Läden. In den größeren Thermen konnten sich bis zu 5000 Besucher gleichzeitig aufhalten.

Ein beliebter Treffpunkt waren auch die von Augustus aufwendig veranstalteten Gladiatorenkämpfe (s. S. 113). Kaiser Augustus, der genau wusste, wieviel Popularität man mit der Ausrichtung solcher Spiele bei der Bevölkerung erlangen konnte, ließ diese Tierhetzen während seiner Regierungszeit 26-mal durchführen, wobei 3500 Tiere getötet worden sein sollen. Seine Nachfolger überboten ihn – so berichten es wenigstens die antiken Schriftsteller – noch bei weitem: Als im Jahre 80 n. Chr. das Kolosseum eingeweiht wurde, das größte Amphitheater, das Rom jemals gebaut hat, mit Sitzplätzen für 50 000–70 000 Zuschauer, sollen allein bei dieser Veranstaltung 9000 Tiere getötet worden sein. Als Herren der Welt fühlten sich die Besucher, wenn wilde Tiere aus der ganzen Welt in die Arena getrieben und dort getötet wurden. Daran erkannten sie, dass Rom sich die Welt unterworfen hatte.

Großes Ansehen erlangte Augustus auch durch die Erneuerung und Erweiterung des Forum Romanum (vgl. Bild), das weltliche, religiöse und wirtschaftliche Zentrum Roms, sowie den Bau von Theatern und Aquaedukten (Wasserleitungen). Zahllose Arbeiter und Handwerker erhielten auf diese Weise Beschäftigung und Verdienst.

1 *Nehmt Stellung zu der Aussage eines heutigen Wissenschaftlers über die Tierhetzen bei den Römern:*
„Da fehlte jede Ehrfurcht vor der Schöpfung, da diente die Natur als Selbstbedienungsladen ... [für das] ... Unterhaltungsbedürfnis ... Ob unsere Zivilisation in diesem Punkt gegenüber der römischen Kaiserzeit etwas hinzugelernt hat, scheint mehr als fraglich."

2 *Erklärt, warum sich die Kaiser um die „Freizeitgestaltung" der Römer sorgten.*

3 *Vergleicht die Maßnahme des Augustus mit denen des Perikles (S. 88).*

4 *Heute kümmern sich vielfach Vereine und Jugendhäuser um Freizeitprogramme. Informiert euch, wie und warum eure Gemeinde diese Bemühungen finanziell unterstützt.*

Wohnung eines armen Händlers. Rekonstruktion nach Funden in der römischen Hafenstadt Ostia

„Denn selbst im traurigsten Nest lebt sich's besser als hier im Getriebe der Großstadt"

Rom, Hauptstadt eines Weltreiches, lockte mit den vielfältigen Angeboten an Arbeitsplätzen und Freizeitvergnügungen viele Menschen an. Sie ließen sich, wenn irgend möglich, im Zentrum der Stadt nieder. Denn hier spielte sich das öffentliche Leben ab; hier gab es das Forum und das Amphitheater, die großen Thermen und die Tempel.

Die meisten Römer lebten in einfachen Häusern, die wir heute als Mietskasernen bezeichnen würden. Man wohnte dicht gedrängt und musste an den Hausbesitzer hohe Mieten zahlen. Die kleinen Fenster in den Mauerbögen erhellten notdürftig ein Zwischengeschoss. Es diente zugleich als Lagerraum und als Wohnung für den Ladeninhaber und seine Familie. Über dem Zwischengeschoss befanden sich weitere Wohnungen, alle vollgestopft mit Mietern. Heizung gab es keine und fließendes Wasser auch nicht. Häufig waren die Häuser baufällig. Über die Folgen dieser Zusammenballung auf engstem Raum schrieb der Dichter Juvenal (ca. 60–130 n. Chr.) eine Satire, in der er auf Missstände hinwies. Seine Klagen, vorgetragen aus der Sicht eines Mannes, der nicht zu den Wohlhabenden gehörte, sind vermutlich überspitzt, enthalten aber sicher auch einen wahren Kern:

Q Wir aber hausen zumeist in Gebäuden mit Stützbalken leichter Art; nur solche zieht der Verwalter ein, wenn die Wand schwankt. Hat er die alten Risse verstopft, dann sagt er, wir sollten ruhig schlafen, obgleich die Gefahr des Einsturzes andauert ... Kannst du dich nur losreißen vom Circus und seiner Ergötzung, gibt's Landstädtchen genug, dir ein Häuschen zu kaufen zum gleichen Preis, den du hier pro Jahr für ein finsteres Loch zahlst ... Weil es an Schlaf fehlt, gehen in Rom viele Kranke zu Grunde ... Doch wen lässt die Mietwohnung schlafen? Allnächtlich rollen die Reisewagen durch enger Gassen Gewinkel, wo Herden sich stauen und Flüche der Treiber hallen: der Lärm weckt Erzschlafmützen ... auf ... Mir Eiligem hemmt die vor mir flutende Menge den Schritt und hinter mir drückt das Volk in Scharen nach. Der stößt mir den Arm in die Seite, jener ein hartes Brett; bald trifft mich ein Balken am Schädel, bald ein Ölfass. Kot bespritzt meine Waden, von allen Seiten bekomme ich Tritte von mächtigen Sohlen und bald pflanzt mir in die Zehen ein grober Soldat die Nägel der Stiefel ... Nun, Freund, weißt du, warum ich die Hauptstadt verlasse ...

1 *Beschreibt mit Hilfe der Quelle und des Bildes die Wohnung eines Römers.*

2 *Vergleicht damit die Wohnverhältnisse der wohlhabenden Römer an Hand der Bilder (S. 121).*

Enge, dunkle Wohnungen, für die man hohe Mieten zahlen musste, Stress durch die Zahl der Menschen in der Stadt, schlaflose Nächte, dies alles kann auf Dauer krank machen. Eine Bestätigung findet sich möglicherweise in den Grabinschriften. Eine Auswertung ergab, dass die Lebenserwartung in Rom deutlich geringer war als in anderen Teilen des Reiches. Nur die Wohlhabenden konnten sich diesem Leben entziehen, denn sie wohnten am Rande der Stadt auf den Hängen der Hügel, fernab vom Lärm, oder sie hatten ein Landhaus, in das sie sich jederzeit zurückziehen konnten.

3 *Sammelt aus Zeitungen Leserbriefe und Berichte über heutige Großstadtprobleme. Auf einer Wandzeitung könnt ihr darstellen: Großstadtprobleme im antiken Rom und in einer heutigen Großstadt.*

1 Römische Luxusvilla in Pompeji. Rekonstruktion.

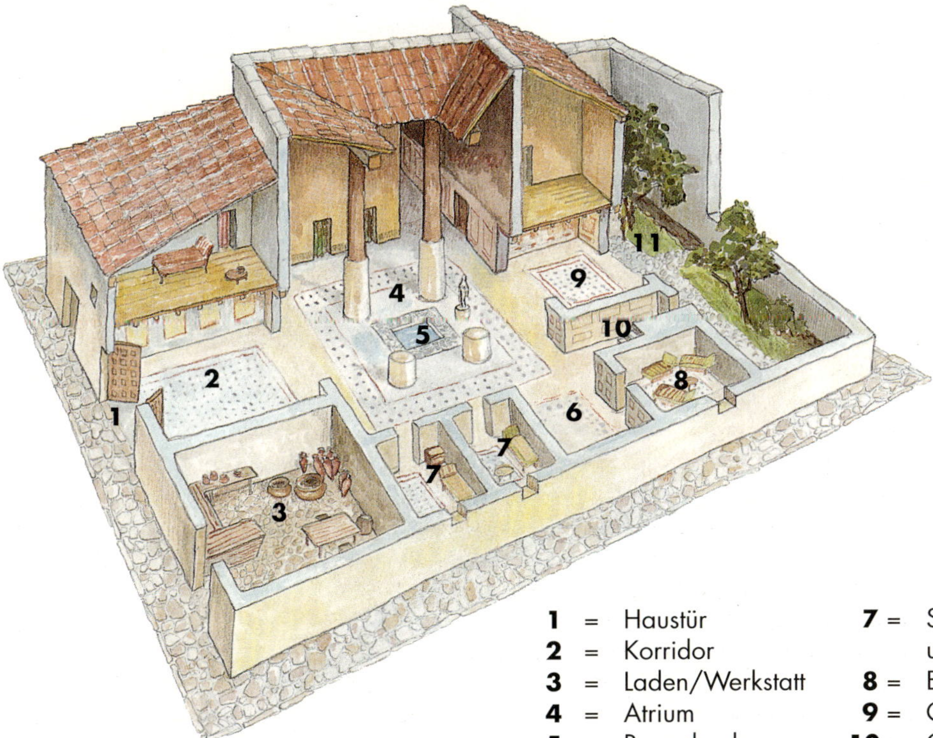

1 = Haustür	**7** = Schlaf-, Wohn- und Wirtschaftsräume
2 = Korridor	**8** = Esszimmer
3 = Laden/Werkstatt	**9** = Gesellschaftsraum
4 = Atrium	**10** = Gang
5 = Regenbecken	**11** = Garten
6 = Seitenflügel	

2 Vornehme römische Villa. Rekonstruktion.

1 Junge Frau mit Schreibtafel und Griffel. Wandbild aus Pompeji, 1. Jahrhundert n. Chr.

2 Eine Frau mit einer Schreibtafel; ihr Mann mit einer Buchrolle. Wandbild aus Pompeji um 70 n. Chr.

Die vornehmen Römerinnen

Der Politiker und Schriftsteller Plinius der Jüngere (um 62–114 n. Chr.) schwärmt in einem Brief von seiner Frau:

Q1 Sie besitzt außerordentlichen Scharfsinn und führt ein äußerst anspruchsloses Dasein … Dazu gesellt sich noch ihre Neigung für wissenschaftliche Studien, die sie aus Liebe zu mir gefasst hat. Sie besitzt meine Schriften, liest darin und lernt sie sogar auswendig. Wie bangt sie, wenn ich [als Anwalt] vor Gericht aufzutreten habe, wie jubelt sie, wenn ich meine Aufgabe erledigt habe. Sie stellt Leute an, die ihr von dem Beifall und den Zurufen sowie vom Ausgang der Verhandlung Bericht erstatten. Halte ich einmal einen öffentlichen Vortrag, so sitzt sie in meiner nächsten Nähe hinter einem Vorhang und lauscht in höchster Spannung dem mir gespendeten Lob. Sie singt auch meine Lieder, die sie nach eigener Weise zur Zither vertont …

1 *Überlegt, warum die Frau des Plinius Leute anstellt bzw. hinter einem Vorhang sitzt?*

2 *Beschreibt, welche Eigenschaften einer Römerin in der Quelle und auf den Bildern 1 und 2 als lobenswert erscheinen.*

3 *Vergleicht diese Quelle mit der Quelle auf S. 110. Welche Übereinstimmungen und Unterschiede stellt ihr fest?*

Das Ende der Republik und der Beginn der Kaiserzeit brachten den Römerinnen größere Freiheit und Selbstständigkeit. Die väterliche Gewalt (vgl. S. 110) wurde eingeschränkt. Kein Vater konnte seine Tochter mehr zwingen eine Ehe einzugehen. Seit Augustus konnten Frauen weitgehend eigenverantwortlich, d. h. ohne männlichen Vormund handeln und über ihr Vermögen verfügen.

Politische Rechte erhielten die römischen Frauen allerdings auch jetzt noch nicht: sie konnten also auch weiterhin keine öffentlichen Ämter übernehmen. So beschäftigten sich Frauen der Oberschicht häufig mit griechischer Bildung und Wissenschaft.

Die nötige Vorbildung hierzu hatten sie wohl bereits als Kinder erhalten. Zumindest scheint es auch für Mädchen der Oberschicht durchaus üblich gewesen zu sein, eine „Grundschule“ auf dem Forum zu besuchen oder Unterricht durch einen Privatlehrer zu erhalten. So schrieb z. B. Plinius d. J. über ein 13-jähriges Mädchen, das kurz vor seiner Heirat starb:

Q2 Wie schätzte sie ihre Ammen, ihre Begleiter, ihre Lehrer … Wie verständig las sie.

Als Beraterinnen ihrer Männer wurden die Frauen von römischen Schriftstellern immer wieder wegen ihrer politischen Klugheit gelobt. Stärker als früher nahmen sie am öffentlichen Leben teil, besuchten religiöse Feste, öffentliche Spiele, Theater, Thermen und Zirkusspiele.

Pompeji im 1. Jahrhundert n. Chr. – Links eine Werkstatt, in der Stoffe bearbeitet werden. – Über dem Eingang die Köpfe von vier Schutzgöttern. – Rechts daneben: Ein Heiligtum, das den 12 Schutzgöttern des Stadtviertels geweiht war. – Weiter rechts: Ein Gasthaus (Taverne) mit einer Bar und weiteren Zimmern im Obergeschoss, dessen Besitzerin Aselina hieß. Rekonstruktion 1994.

Frauenalltag – Frauenarbeit

Der Geograph Strabo, der im 1. Jahrhundert v. Chr. lebte und in seiner Darstellung gerne die Kraft und Robustheit fremder Völker betonte, berichtete,

> **Q** … wie ein aus Massallia (Marseille) stammender … Grundbesitzer Männer und Frauen zum Umgraben (eines Feldes) angeheuert habe und wie eine der Frauen, bei der die Wehen einsetzten, ihren Platz verließ und, nachdem sie ihr Kind zur Welt gebracht hatte, sofort wieder an die Arbeit zurückkam um ihren Lohn nicht zu verlieren.

1 *Nennt mit Hilfe des Bildes und der Quelle Tätigkeiten, denen Frauen nachgingen.*
2 *Überlegt, warum Frauen häufig gezwungen waren einen Beruf auszuüben.*

Die Armut in diesen Familien war häufig so groß, dass auf die Mitarbeit von Frauen, Müttern, Töchtern nicht verzichtet werden konnte. War der Ehemann im Krieg gefallen, so musste die Frau allein für den Lebensunterhalt und die Erziehung der Kinder sorgen. Viele Frauen arbeiteten als Hausangestellte, Verkäuferin oder Handwerkerin. Grabinschriften nennen als Berufe die „Bohnenhändlerin“ oder „Nagelverkäuferin“. Man weiß von Frauen, die Gaststätten besaßen (vgl. Bild) oder als Bedienungen arbeiteten. Genannt werden auch Arbeiterinnen in den Getreidemühlen, Webereien, Steinmetzbetrieben oder auf dem Bau. Besonders schwer hatten es sicherlich jene Frauen, die in der Landwirtschaft bei Gelegenheitsarbeiten als Ährenleserinnen oder beim Garbenbinden, in der Geflügelzucht oder beim Umgraben des Feldes tätig waren.
Man geht heute davon aus, dass außerhalb der Städte bis zu 90 % der Bevölkerung in der Landwirtschaft arbeitete. Die große Mehrheit der Frauen musste also neben dem Haushalt und der Kindererziehung noch zusätzlich Landarbeiten verrichten.

3 *Zur Erziehungs- und Berufstätigkeit von Vätern und Müttern gibt es auch heute ganz unterschiedliche Ansichten: „Die Frau gehört ins Haus“ oder „Kindererziehung ist die gemeinsame Aufgabe der Eltern, beide sollten außerdem die Möglichkeit haben einen Beruf auszuüben“. Diskutiert diese Ansichten und begründet eure Stellungnahme.*

Der obergermanische und rätische Limes im 2. Jahrhundert n. Chr.

Das ganze Römische Reich war in große Verwaltungseinheiten eingeteilt, die Provinzen. An ihrer Spitze standen Statthalter. Sie waren zugleich Oberbefehlshaber der hier eingesetzten Truppen. Sie sorgten dafür, dass die unterworfenen Völker die römischen Gesetze befolgten und die Steuern und Abgaben bezahlten.
Kaiser Augustus wollte, dass das ganze Römische Reich durch natürliche Grenzen gesichert sein sollte. Bis zu seinem Tode hatte er dieses Ziel erreicht: Das Römische Reich wurde vom Atlantischen Ozean, von den Wüsten in Nordafrika und im Nahen Osten sowie von den Flüssen Euphrat, Donau und Rhein begrenzt (vgl. Karte S. 105).
Überall dort, wo nicht Berge oder Flüsse eine natürliche Grenze bildeten, ließen seine Nachfolger Erdwälle aufschütten und Türme, Palisaden oder Mauern errichten. Diese Grenzbefestigung wurde Limes genannt.
Auf den folgenden Seiten könnt ihr erarbeiten:
- wie die römischen Soldaten den Limes sicherten,
- wie die Menschen in den römischen Provinzen lebten,
- warum sich die römische Lebensweise auch bei der einheimischen Bevölkerung immer mehr durchsetzte und
- wie es aber auch zu Aufständen kam und wie das Römische Reich im 4. Jahrhundert n. Chr. zerbrach.

Der Limes
Der römische Schriftsteller Frontinius schrieb im 1. Jh. n. Chr.:

> **Q** Weil die Germanen, treu ihrer Gewohnheit, aus ihren Wäldern und dunklen Verstecken heraus die Unsrigen überraschend anzugreifen pflegten und nach jedem Angriff eine sichere Rückzugsmöglichkeit in die Tiefe der Wälder besaßen, ließ der Kaiser Domitian [81–96 n. Chr.] einen Limes über 120 Meilen anlegen [1 Meile = 1 478 Meter].

Nur einhundert Jahre später erstreckte sich der Limes vom Rhein bis zur Donau, 548 km lang und bewacht von römischen Soldaten in über 60 Kastellen und 900 Wachtürmen. In Obergermanien bestand der Limes aus einem Palisadenzaun, hinter dem sich Wall und Graben befanden. In Raetien baute man an Stelle der Palisaden im 2. Jahrhundert n. Chr. eine 2 bis 3 Meter hohe Mauer. Die Wachtürme aus Stein waren weiß verputzt mit rot eingefärbten Quaderlinien (vgl. Bild 1 und 2). Der Limes bildete so weithin sichtbar die römische Reichsgrenze. Nur an bestimmten Übergangsstellen durften Kaufleute und Reisende die Grenze überqueren. Reichtum und Wohlstand in den römischen Siedlungen hinter dem Limes verlockten Germanen immer wieder zu kleineren Raub- und Plünderungszügen. Entdeckte der römische Posten auf einem Wachturm Germanen, die sich heimlich der Grenze näherten, gab er sofort ein Signal an die benachbarten Wachtürme weiter, nachts z. B. mit einer Fackel, tagsüber mit einer roten Flagge oder mit dem Horn. Von Turm zu Turm wurde das Alarmsignal weitergegeben bis zum nächsten Kastell.

1 **Obergermanischer Limes mit Holzzaun, Wall und Graben.** Rekonstruktion.

2 **Rätische Limes-Mauer.** Rekonstruktion.

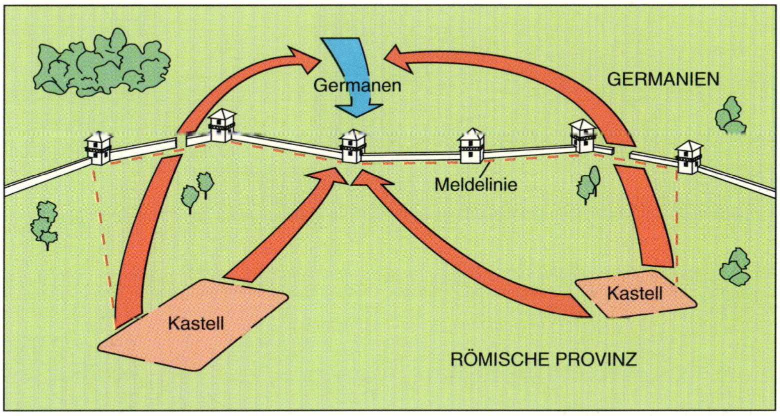

3 **Wach- und Meldeanlagen am Limes.**

1 *Beschreibt mit Hilfe der Karte (S. 124) und eines Atlas den Verlauf des Limes.*

2 *Schaut euch Abb. 3 genau an. Sprecht darüber, was geschah, wenn ein römischer Wachposten germanische Krieger sichtete. Schreibt das Vorgehen der Römer auf.*

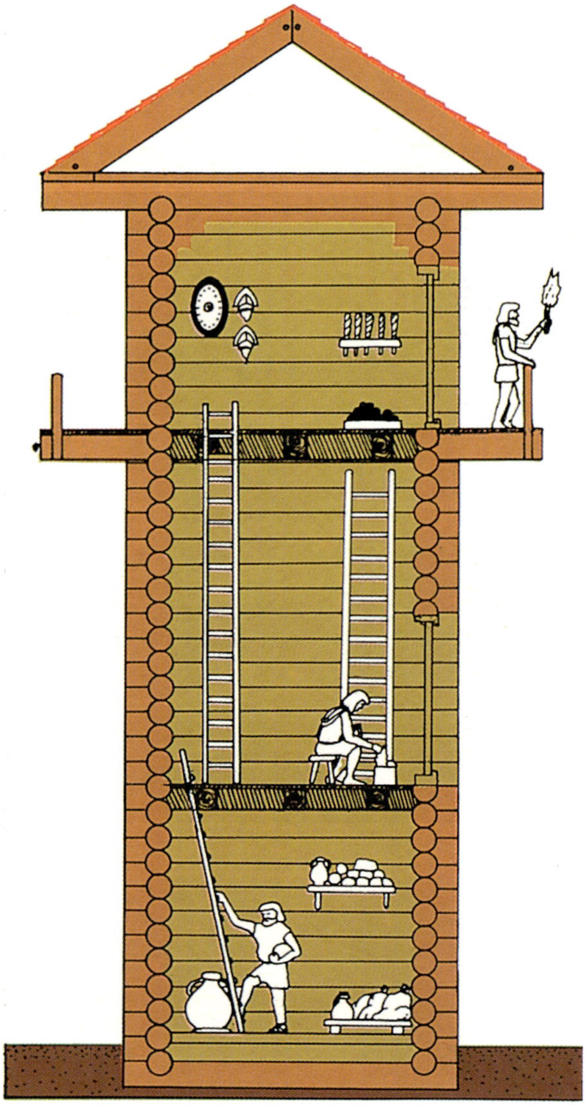

Blick in einen Wachturm. Ende des 1. Jahrhunderts n. Chr.

Modellbau eines Limes-Wachturmes
Die Wachtürme am Limes waren wegen des unebenen Geländes unterschiedlich hoch. Ihre Höhe schwankte zwischen 8 und 15 m. Der Grundriss der Türme war quadratisch. Die Kantenlänge lag zwischen 3 und 5 Metern. Damit keine ungebetenen Gäste in den Turm eindringen konnten, befand sich der Einstieg in einer Höhe von etwa 3 Metern. Die Leiter zum Einstieg konnte eingezogen werden.

Zum Herstellen des Modells benötigt man:
- etwa 12 m Rundhölzer mit 6 mm Durchmesser
- etwa 1 m Rund- oder Vierkanthölzer für das Geländer mit 4 mm Durchmesser
- eine Feinsäge
- ein Schnitzmesser
- eine flache Holzfeile
- einen Schraubstock
- Holzleim
- Furnierreste oder dünne Leisten.

Der Wachturm wird auf einer Sperrholz- oder Pressspanplatte aufgebaut. Für den Nachbau ist ein Maßstab von 1:50 sinnvoll, das Modell wird dann etwa 20 cm hoch.
Sprecht mit eurem Geschichts- oder Werklehrer darüber, ob ihr dieses Modell in der Schule nachbauen könnt, z. B. im Rahmen des Projektunterrichts. Als Erstes werden 8 cm lange „Baumstämme“ gesägt. Diese werden dann auf beiden Seiten jeweils oben und unten mit der Holzfeile eingekerbt (vgl. Bild 1). Die Einkerbungen sind jeweils 1,5 mm tief (1/4 des Holzdurchmessers). Werden diese „Stämme“ dann rechtwinklig übereinandergelegt, so müssen sie ohne Zwischenraum aufeinanderliegen.
Zuerst werden zwei gegenüberliegende Stämme (a) gelegt. Darauf wird wenig Holzleim aufgetragen, dann werden die zwei Stämme (b) aufgesetzt (vgl. Bild 2). So können 10–12 Baumlagen aufgebaut werden, in dieser Höhe befindet sich dann die Tür. Diese ist 5 Lagen hoch und 2 cm breit. Für die Tür werden also 10 Hölzer benötigt mit einer Länge von 2,5 cm (Bild 6); sie werden nur an einer Seite oben und unten eingeklebt. Rechts und links der Tür werden zwei senkrechte Hölzer, die in der Länge halbiert sind, eingeklebt.
Danach können wieder 5–7 Lagen hochgebaut werden, dann wird die Plattform angelegt. Dazu werden „Baumstämme“ verwendet, die jeweils an beiden Seiten 2 cm überstehen. Diese sind also 12 cm lang. Auf die überstehenden Holzenden kann dann später die Plattform aufgebaut werden (vgl. Bild 4).
Direkt über der Plattform wird eine zweite Tür angelegt. Darüber werden noch 3 Baumlagen aufgebaut. Die oberste Lage besteht aus Balken, die, wie bei der Plattform, 2 cm überstehen. Darauf wird ein Grundrahmen für das Dach aufgeleimt (vgl. Bild 5).
Dieser Rahmen sollte aus flachen Leisten gebaut werden. Auf die Ecken des Rahmens werden die vier

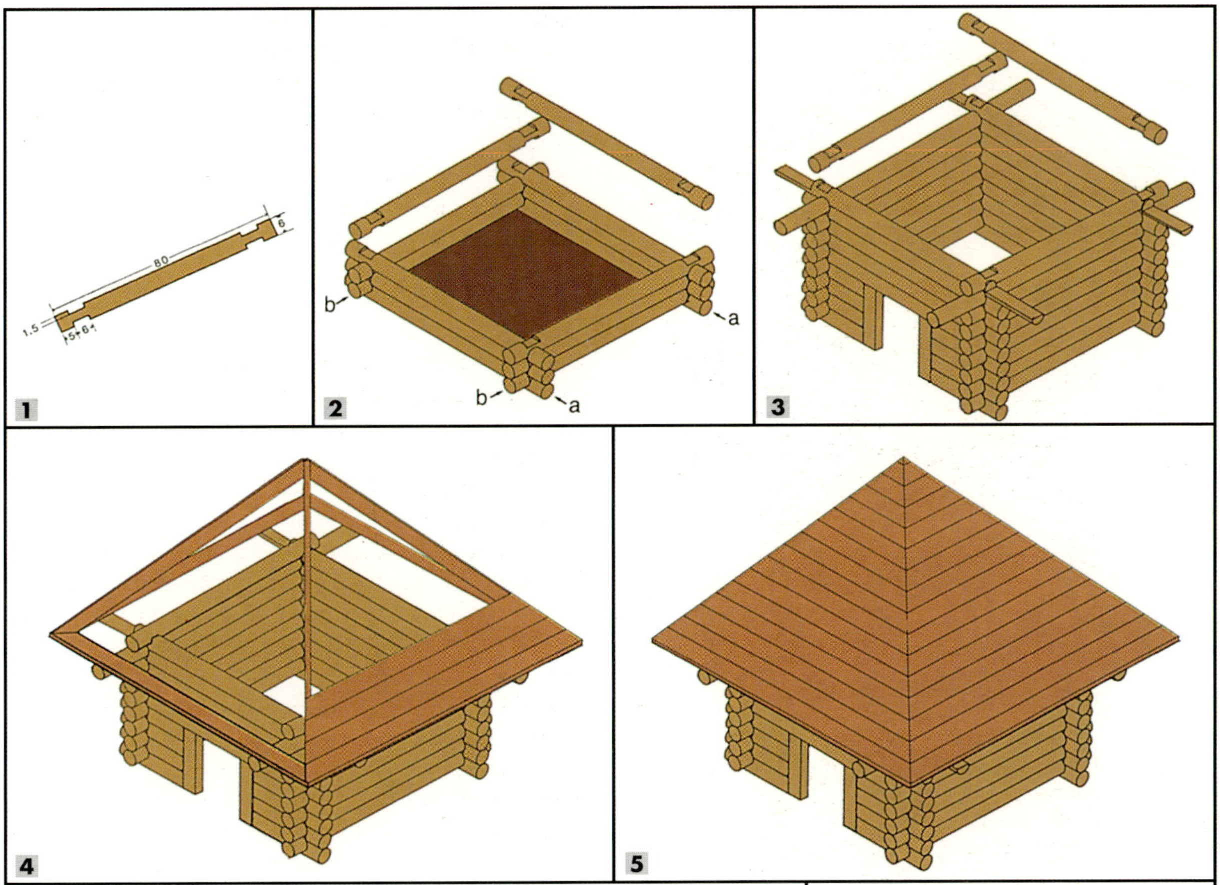

Dachbalken (9 cm lang), wie bei einem Zelt, aufgebaut. Diese Dachbalken müssen an beiden Enden abgeschrägt werden, damit sie voll auf dem Rahmen bzw. aufeinander liegen (vgl. Bild 5). Zum Decken des Daches eignen sich Furnierreste oder dünne Leisten.

Schließlich muss noch die Plattform aufgebaut werden. Zunächst wird der Boden der Plattform mit dünnen Leisten gelegt. Dabei ist zu beachten, dass die vier überstehenden Balkenenden auf gleiche Höhe gebracht werden. Dazu können die vier Balkenenden, die zu hoch sind, mit der Raspel abgeflacht werden.

Der Aufbau des Geländers wird einfacher, wenn man Vierkanthölzer (ca. 4 mm stark) verwendet. Alle Teile des Geländers müssen sorgfältig gesägt und geleimt werden. Die schrägen Stützen werden oben und unten abgeschrägt (vgl. Bild 6).

Römischer Straßenbau: rechts im Bild ein Landvermesser, unten: Querschnitt einer Landstraße. Rekonstruktion.

Römische Lebensweise in den Provinzen

1 *Seht euch das Bild an und sprecht über die Aufgaben, die beim Straßenbau gelöst werden müssen.*

2 *Schreibt folgende Geschichte zu Ende: Sobald der Landvermesser eine Straße abgesteckt hat …*

Zur Zeit seiner größten Ausdehnung (s. Karte S. 105) verfügte das Römische Reich über ein Straßennetz von 250 000 km; davon waren 80 000 km Fernstraßen. Sie verbanden die entferntesten Grenzgebiete mit Rom: Von Rom aus wurden die Truppen in die Provinzen verlegt; von Rom kamen die Verwaltungsbeamten mit ihren Familien; ihnen folgten Handwerker und Händler. Sie alle trugen dazu bei, dass sich die römische Lebensweise in den eroberten Gebieten rasch ausbreitete. Schon bald entstanden an den Fernverkehrsstraßen und den großen Flüssen römische Städte wie z. B. Koblenz, Bonn, Köln oder Xanten.

Von der einheimischen Bevölkerung wurde die römische Lebensweise häufig bereitwillig übernommen. So berichtet der römische Schriftsteller Tacitus (etwa 55–120 n. Chr.) über seinen Schwiegervater Agricola, der als Statthalter in Britannien eingesetzt war:

Q Um die verstreuten, rohen und darum leicht zum Krieg geneigten Menschen durch Annehmlichkeiten an Ruhe und Muße zu gewöhnen ermunterte er sie persönlich und unterstützte sie öffentlich, Tempel, Märkte und Häuser zu errichten, wobei er die Raschen lobte und die Trägen schalt; so war Wetteifer um die Ehre an die Stelle des Zwanges getreten. Dann ließ er die Söhne des Fürsten … (in der römischen Sprache) ausbilden … In der Folge kam sogar im äußeren Auftreten römisches Wesen zu Ehren und die Toga (römisches Kleidungsstück) wurde häufig. Und allmählich ließ man sich auf Dinge ein, die zur Entartung verführen: Säulenhallen, Bäder und erlesene Festgelage. Und das hieß bei den Unerfahrenen Kultur, während es ein Teil der Knechtschaft war.

3 *Erklärt, welche Ziele Agricola verfolgte bei seinen Bemühungen die einheimische Bevölkerung an die römische Lebensweise zu gewöhnen.*

4 *Erklärt den letzten Satz in der Quelle. Warum spricht Tacitus hier von Knechtschaft?*

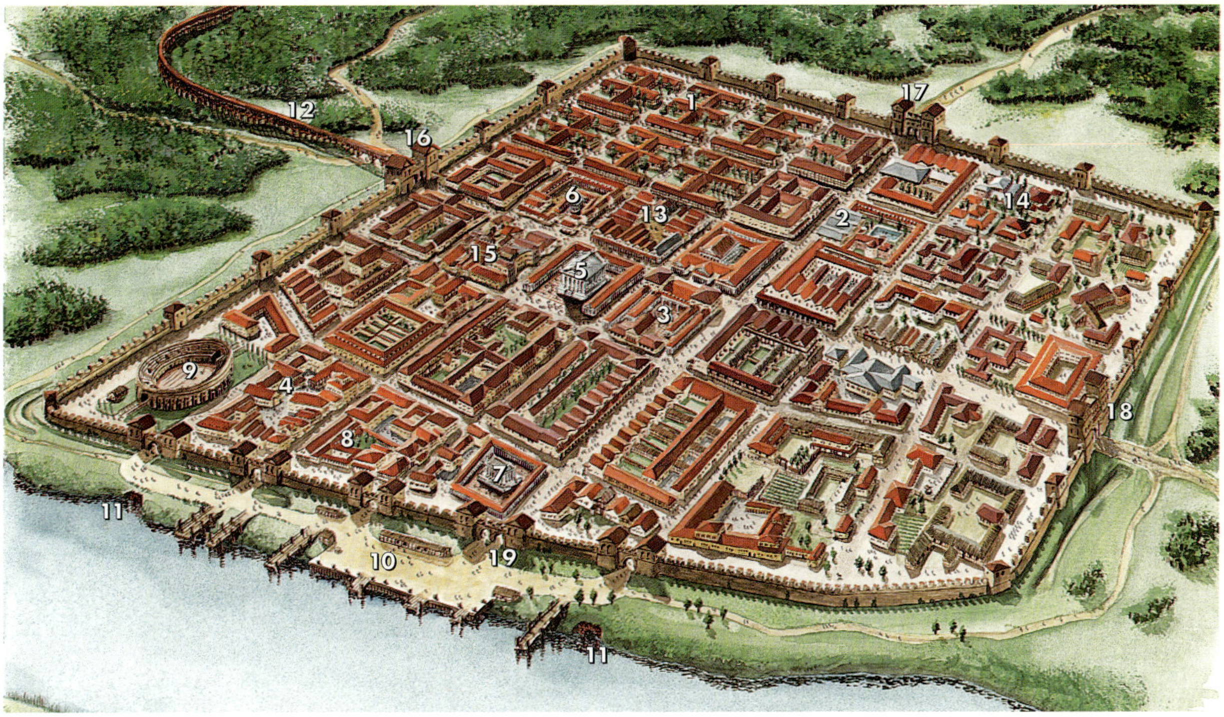

Rekonstruktion der Colonia Ulpia Traiana in Xanten. Zeichnung 1994.
1 – Wohnhäuser; 2 – Thermen; 3 – Forum; 4 – Wohn- und Gewerbeviertel; 5 – Haupttempel der Siedlung; 6 – Tempel für einheimische Schutz- und Fruchtbarkeitsgöttinnen; 7 – Hafentempel; 8 – Lagergebäude; 9 – Amphitheater; 10 – Rheinhafen; 11 – Kanalisation; 12 – Wasserleitung; 13 – Verwaltungspalast; 14 – Villenviertel; 15 – Handwerkerviertel; 16 – Vetera-Tor; 17 – Maas-Tor; 18 – Burginatium-Tor; 19 – Mittleres Hafentor.

Eine Stadt wie Rom – Colonia Ulpia Traiana (Xanten)

1 *Nennt mit Hilfe der Zeichnung die öffentlichen Gebäude und ihre Funktionen.*

2 *Erklärt jetzt den Satz: Jede römische Stadt war „ein Stück Rom in der Fremde".*

Unter den römischen Zivilsiedlungen in der Provinz Niedergermanien (vgl. Karte S. 124) gab es nur zwei große Städte: Köln und die Colonia Ulpia Traiana in der Nähe des heutigen Xanten. Kaiser Traian (98–117 n. Chr.) gab ihr den Namen.

Der Bau der römischen Stadt erforderte große Mengen an Baumaterial, vor allem Steine zum Bau der Tempel, des Amphitheaters und der vielen Häuser. Steinbrüche aber gab es in der näheren Umgebung nicht. Die Steine mussten aus großen Entfernungen herbeigeschafft werden: Kalk- und Sandstein aus der Umgebung von Metz und Trier, farbenprächtiger Marmor aus Italien, Griechenland und Nordafrika.

Als die Stadt endlich fertig gestellt war, wohnten hier etwa 10 000 Menschen. Das große Amphitheater bot sogar 12 000 – 13 000 Menschen Platz.

Die Stadt bestand bis zum 4. Jahrhundert. Nach dem Abzug der Römer verfiel sie mehr und mehr. Auf dem ehemaligen Friedhof aber bauten die Christen eine Kirche über dem Grab von zwei Märtyrern. Man nannte diese Kirche „ad sanctos" (zu den Heiligen). Daraus entstand der Name Xanten.

3 *Erstellt eine Liste mit den öffentlichen Einrichtungen und ihren Funktionen in eurer Gemeinde oder Stadt. Welche sind eurer Ansicht nach besonders wichtig, welche fehlen noch? Begründet eure Antwort.*

Ein römischer Gutshof. Rekonstruktion aus dem Limes-Museum in Aalen.

Römische Gutshöfe

1 *Beschreibt mit Hilfe des Bildes die Anlage eines römischen Gutshofes.*

Neben den großen Militärlagern und den Städten gab es zahlreiche römische Gutshöfe, die von ausgedienten Soldaten oder einheimischen Pächtern betrieben wurden. Diese Gutshöfe waren von großer Bedeutung für die Versorgung der Zivilbevölkerung und der Soldaten mit Lebensmitteln.

Fast jeder Gutshof verfügte über eine Badeanlage mit Kalt- und Warmwasserbädern sowie ferner über eine Warmluftheizung, die das Bad und die Wohnräume in den kalten Herbst- und Wintermonaten erwärmte. Steinhäuser, Wasserleitungen, Straßenbau (vgl. S. 128) – für die unterworfenen Völker war dies alles neu.

Selbst zahlreiche Früchte und Pflanzen, die die Römer anbauten, kannten die Germanen nicht. Sie übernahmen daher hierfür die römischen Begriffe. Es sind Begriffe, die wir heute noch in veränderter Form gebrauchen, wie der folgende Text zeigt:

Auf einer strata, bedeckt mit plastrum, nähert sich ein germanischer Händler auf seinem carrus dem römischen Gutshof. Seine Ware hat er sorgfältig verpackt in cista, saccus und corbis. Umgeben war der Gutshof von einer murus aus caementum. Durch die geöffnete porta gelangte er in den Innenhof. Jetzt stand er vor der villa, gedeckt mit roten tegula. In der Villa gab es eine camera und ein geheiztes Zimmer mit einem langen discus. An der Wand hing ein speculum. Jedes Zimmer hatte ein großes fenestra. Im cellarium befand sich die riesige pressa, mit deren Hilfe vinum und mustum hergestellt wurden. Unterm Dach war noch ein spicarium. Für seine Waren, Felle und Bernstein, erhielt der germanische Händler Obst und Gemüse wie: prunum, persicum und radix; außerdem oleum, vinum und den guten caseus. Einige Waren ließ er sich auch in römischer moneta bezahlen.

2 *Lest den Text laut vor und setzt an Stelle der lateinischen Wörter die entsprechenden deutschen Wörter ein. Beachtet dazu auch das Bild auf S. 129.*

1 Lateinische Wörter in der deutschen Sprache.

deutsch	lateinisch	französisch	italienisch	spanisch	portugiesisch
Blume	flora	la fleur	il fiore	la flor	a flor
Hafen	portus	le port	il porto	el puerto	o porto
Meer	mare	la mer	il mare	el mar	o mar
Zeit	tempus	le temps	il tempo	el tiempo	o tempo
Mensch	homo	l'homme	l'homo	el hombre	o homen
Familie	familia	la famille	la famiglia	la familia	a familia

2 Beispiele lateinischer Lehnwörter in romanischen Sprachen.

Latein – Muttersprache Europas

Mit der ständigen Erweiterung des Römischen Reiches (vgl. S. 105) und dem Vordringen seiner Soldaten fand auch die lateinische Sprache eine immer stärkere Verbreitung.

Den Soldaten folgten bald Siedler, häufig Kriegsveteranen, die sich in den eroberten Gebieten niederließen um einen kleinen Gutshof zu bewirtschaften. So gab z. B. Kaiser Traian (98–117 n. Chr.), nachdem seine Soldaten Dacien erobert hatten (s. Karte S. 105), Tausenden römischen Siedlern hier Land. So legte er die Grundlage dafür, dass auch heute noch in diesem Raum eine romanische Sprache gesprochen wird: das Rumänische.

Die lateinische Sprache ging mit dem Untergang des Römischen Reiches nicht verloren; noch heute wird in vielen Staaten eine romanische Sprache gesprochen.

1 *Ausländische Schülerinnen und Schüler können weitere Beispiele aus ihrer Sprache nennen.*

2 *Erklärt den Ausspruch: Englisch ist das Latein des 20. Jahrhunderts.*

Der Pont du Gard. Ein Aquädukt in Südfrankreich. Das Wasser floss durch einen Kanal auf den obersten Brückenbogen. Foto 1985.

Die römische Wasserleitung nach Köln

Wenn die Römer ein Kastell oder Militärlager errichteten, einen Gutshof planten, kleinere Siedlungen gründeten oder Städte bauten, immer musste als Erstes die Frage geklärt werden: Woher bekommt man Wasser in ausreichender Menge? In vielen Fällen reichten offenbar Brunnen oder Zisternen, manchmal brauchte man aber auch Fernwasserleitungen. Die größte Anlage dieser Art nördlich der Alpen ist die römische Wasserleitung aus der Eifel nach Köln mit einer Länge von 94,5 km (s. Karte S. 133); sie wurde im 1. Jahrhundert n. Chr. gebaut. Ergiebige Quellen gab es auch in der Nähe von Köln. Dass die Römer dennoch die Eifelleitung bauten, hatte vor allem zwei Gründe:

- Das kalkhaltige Wasser aus der Eifel war nach römischer Auffassung ein gutes Trinkwasser.
- Die Quellen waren so ergiebig, dass Köln täglich mit etwa 20 Millionen Liter frischem Wasser versorgt werden konnte. Man schätzt, dass so jedem Einwohner pro Tag etwa 1200 Liter Wasser zur Verfügung standen.

Auf der Karte (S. 133) kann man erkennen, dass die Eifelleitung nicht auf kürzestem Weg nach Köln geführt wurde. Das hängt mit den Schwierigkeiten im Gelände zusammen: Zwischen dem Quellgebiet und Köln liegt der Höhenzug der Ville, die einen fast 50 m hohen Sperrriegel bildet. Die römischen Ingenieure lösten dieses Problem, indem sie die Wasserleitung zum Swisttal legten; sie bauten hier eine 11 m hohe und 1400 m lange Brücke, über die die Wasserleitung geführt wurde (vgl. Bild).

Die Wasserleitung aus der Eifel nach Köln ist eine Gefälleleitung. Ein gleichmäßiges Gefälle wird auf jedem Bauabschnitt durch das „Austafeln" erreicht (s. Bild S. 133). Ein Archäologe schreibt dazu:

M Es werden dafür drei T-förmige Tafeln benutzt, deren Querbalken etwa in Brusthöhe angebracht sind. Zwei dieser Tafeln werden auf Holzpfählen aufgestellt … mit einem das geplante Gefälle bildenden Höhenunterschied …

Durch Peilung mit bloßem Auge werden nun die Oberkanten der beiden T verlängert und auf der sich daraus ergebenden Gefällelinie wird die Oberkante des dritten T eingerichtet.

Liegen also alle drei T auf einer optischen Gefällelinie, so kann am Fuß des dritten T ein Holzpfahl eingeschlagen werden, wodurch das Gefälle für einen weiteren Punkt der Trasse abgesteckt ist …

Will man die großen technischen Leistungen der Römer beim Bau einer Fernwasserleitung kennen lernen, sollte man sie an Ort und Stelle besichtigen.

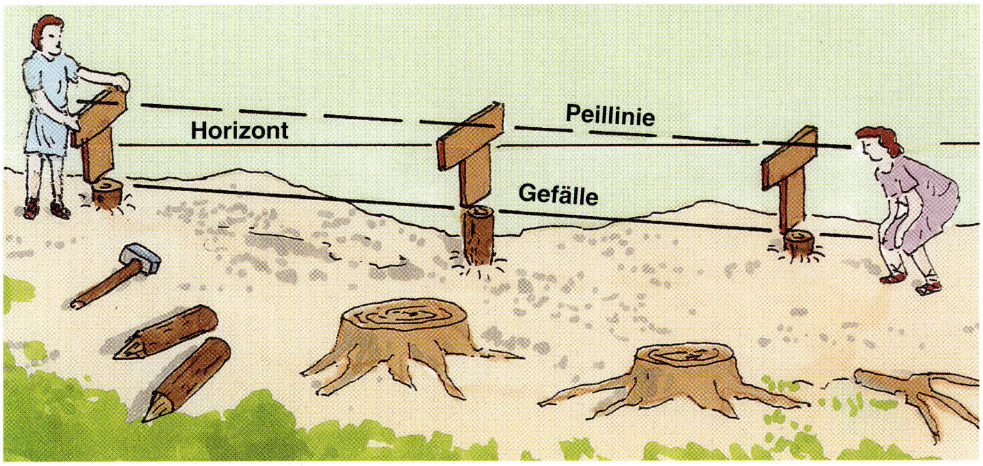

1 Römer bei Vermessungsarbeiten. Rekonstruktion 1989.

1 *Zuvor solltet ihr euch aber gründlich informieren. Viele Hinweise findet ihr bei Klaus Graewe, Der Römerkanal – Wanderweg. Ein archäologischer Wanderführer. Verlag des Eifelvereins. Düren 1988. Seht euch die Beschreibungen und Karten genau an. Überlegt dann gemeinsam, welchen Streckenabschnitt ihr begehen wollt.*

2 *Vorher solltet ihr eine Liste mit Arbeitsfragen erstellen, die ihr gerne beantwortet hättet. Auf viele Fragen könnt ihr sicher selber eine Anwort finden mit Hilfe von Sachbüchern in eurer Schüler- oder Ortsbücherei.*

3 *Mit Hilfe von Text und Bild 1 könnt ihr versuchen selber eine Gefällstrecke abzustecken.*

4 *Eure Untersuchung vor Ort solltet ihr abschließend mit Fotos, Zeichnungen und Texten auf einer Wandzeitung in eurem Klassenzimmer dokumentieren.*

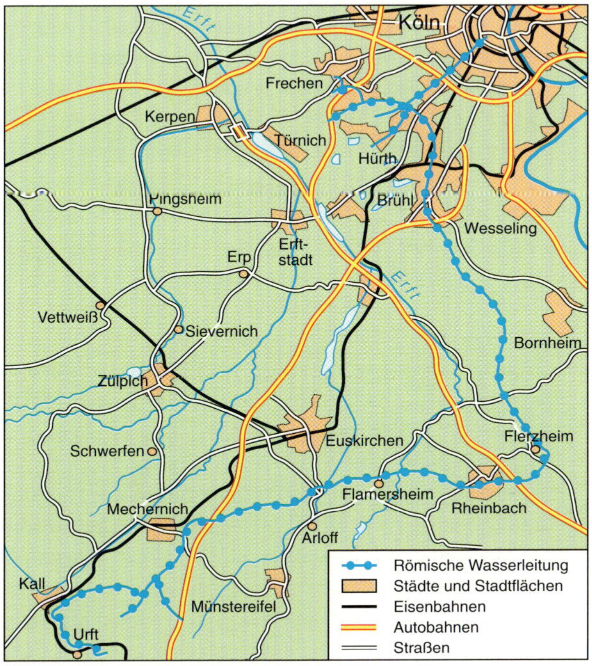

2 Verlauf der Eifel-Wasserleitung nach Köln.

3 Modell einer Aquäduktbrücke. Schülerarbeit 1984.

Modell eines Germanenhauses. Rekonstruktionszeichnung 1995.

Germanische Stämme lebten zwischen Rhein und Weichsel, von der Donau bis nach Schweden. Über ihren Alltag wissen wir nur wenig, da sie selber uns keine schriftlichen Zeugnisse hinterlassen haben. Auf den folgenden Seiten könnt ihr herausfinden,
– wie die Germanen nach Ansicht der Römer lebten,
– welche Aussagen die Archäologie dazu machen kann und
– warum es zu Aufständen germanischer Stämme gegen die römische Herrschaft kam.

Das Leben bei den Germanen – aus der Sicht eines Römers

1 *Beschreibt an Hand des Bildes die Anlage eines germanischen Hauses.*

Der römische Schriftsteller Tacitus (etwa 55–120 n. Chr.) schrieb auf Grund der Berichte römischer Soldaten und Kaufleute über die Germanen:

Q Alle (besitzen) … dasselbe körperliche Aussehen: trotzige, blaue Augen, rotblondes Haar und große Leiber, die freilich nur zum Angriff taugen. Bei mühsamer Arbeit zeigen sie keine entsprechende Ausdauer und Durst und Hitze zu ertragen sind sie gar nicht gewohnt, wohl aber Kälte und Hunger infolge des Wetters und Bodens … Wenn sie nicht auf einem Kriegszug sind, verbringen sie ihre Zeit zum kleineren Teil auf Jagden, zum größeren aber ohne Beschäftigung, dem Essen und Schlafen frönend; gerade die Tapfersten und Kriegerischsten treiben nichts, die Sorge für Hof, Heim und Äcker wird den Frauen und den Alten … überlassen …
Dass die Völkerschaften der Germanen keine Städte bewohnen, ja dass sie nicht einmal in sich geschlossene Siedlungen leiden können, ist hinlänglich bekannt. Sie wohnen ein jeder für sich und zerstreut, wie eine Quelle, ein Feld, ein Gehölz ihnen gerade passt. Ihre Dörfer legen sie nicht in der Art der unsrigen so an, dass die Gebäude aneinander stoßen und eine zusammenhängende Zeile bilden; jeder umgibt sein Haus mit einem Hofraum …
Als Kleidung dient allen ein Umhang, der mit einer Spange oder notfalls mit einem Dorn zusammengehalten wird … Nur sehr Begüterte haben ein besonderes Unterkleid, das … straff anliegt … Die Frauen haben keine andere Kleidung als die Männer; nur hüllen sich die Frauen öfters auch in einem Umhang aus Leinen, den sie durch Rotfärbung beleben …

1 *Findet für die einzelnen Abschnitte von der Quelle, S. 134, eine Überschrift.*
2 *Überlegt, welche Mitteilungen bei Tacitus durch die Archäologen überprüft werden können, welche nicht. Begründet eure Antworten.*

Das Leben bei den Germanen – Ergebnisse der Archäologie

Genauere Kenntnisse über die Lebensweise der Germanen gewinnen wir heute aus den archäologischen Forschungen (vgl. S. 18). Eine Grabung in Bielefeld-Sieker in den Jahren 1981–1986 brachte folgende Ergebnisse:

– Gefunden wurden die Grundrisse von 25 Haupt- und Nebengebäuden, von denen die meisten aus dem 2.–5. Jahrhundert n. Chr. stammen.
– Bei den Hauptgebäuden handelt es sich um Langhäuser mit einer Länge von 30–52 m und einer Breite von 5,70–7 m.
– Die Langhäuser waren unterteilt in einen Wohn- und einen Stallbereich.
– Die Ställe bestanden aus einem ca. 2,50 m breiten Mittelgang, zu dessen beiden Seiten sich die Viehboxen befanden. „Nach der unterschiedlichen Ausdehnung der Ställe – immerhin 15 m bis 27,20 m – ist mit einer Aufstallung von 12–26 Tieren zu rechnen“, heißt es in dem Ausgrabungsbericht.
– Man fand ferner 13 Speicher zur Lagerung des Getreides und
– fünf in den Boden eingetiefte Grubenhäuser, „die wohl zu handwerklichen Arbeiten wie Spinnen und Weben genutzt wurden“.
– Ungefähr 300 m von dieser Siedlung entfernt lag der Friedhof.
– Untersuchungen ergaben, dass die Frauen etwa 26–33 Jahre alt wurden, die Männer 33–40 Jahre. „Die Lebenserwartung“ – so die Archäologen – „war im Vergleich zu heute gering, sodass die Lebensbedingungen vergleichsweise hart gewesen sein müssen.“
– Weitere Funde wie ein römischer Becher mit der Inschrift „Gib mir Wein“, eine römische Goldmünze aus dem 3. Jahrhundert n. Chr. oder römischer Kleiderschmuck belegen nach Ansicht der Ausgräber die Verbindung dieser Siedlung mit dem römischen Land am Rhein.

3 *Beschreibt den Alltag eines germanischen Mannes oder einer germanischen Frau, wobei ihr den Bericht des Tacitus und die archäologischen Ergebnisse berücksichtigt.*

Kleidung der Germanen. Rekonstruktion eines Mantels aus feiner Schafwolle. Er besteht aus einem viereckigen Tuchstück mit angewebten festen Kanten. Länge: 2,36 m, Breite 1,68 m. Nach einem Fund aus dem Thorsberger Moor, 3. Jahrhundert n. Chr. Frauenkleidung aus dem Huldremose (Dänemark).

4 *Besprecht, welche Möglichkeiten es für die Germanen in der Siedlung von Bielefeld-Sieker gegeben hat, römischen Schmuck oder Gebrauchsgegenstände zu erwerben.*

Germanische Frauen

Wenig weiß man über das Leben von Kindern und Frauen bei den Germanen. Tacitus, dem das ausschweifende Leben in Rom missfiel, stellte den Römerinnen und Römern die Ehe bei den Germanen als Vorbild hin:

> **Q** Heimlicher Briefwechsel ist Männern und Frauen gleich unbekannt. Sehr selten ist, und das bei einer so zahlreichen Bevölkerung, der Ehebruch … [hierfür] gibt es nämlich keine Verzeihung; trotz Schönheit, trotz Jugend, trotz Reichtum wird (eine Frau, die Ehebruch begangen hat) keinen Mann mehr finden. Denn dort lächelt niemand über Laster und verführen und sich verführen lassen heißt dort nicht „zeitgemäß“.

5 *Stellt zusammen, was ihr aus den Berichten von Tacitus und den archäologischen Ergebnissen über das Leben von Männern und Frauen bei den Germanen erfahren habt.*

1 Ein „römischer Offizier“ mit Beinschienen und Offiziersmantel. Rekonstruktion. Foto 1985.

2 Tracht und Bewaffnung eines germanischen Kriegers im 3. Jh. n. Chr. Rekonstruktion 1985.

Der Aufstand der Bataver

Über Krieg und Frieden entschieden bei den Germanen allein die freien Männer. Zu einer Abstimmung darüber kam es auch im Jahre 69 n. Chr. bei den Batavern (s. Karte, S. 124), als sie erneut Soldaten für das römische Heer stellen sollten. Der römische Geschichtsschreiber Tacitus (etwa 55–120 n. Chr.) berichtet:

Q ... diesen an sich schon lästigen Vorgang (der Aushebung von Soldaten) machten die damit Beauftragten (Römer) durch ihre Habgier und ihre Ausschreitungen zu einer drückenden Last: sie hoben nämlich alte und schwache Leute aus um sie für Geld wieder freizulassen ... Daraus entstand Erbitterung ... Civilis (der Anführer der Bataver) berief die Häupter des Stammes und die entschlossensten Männer aus dem Volk unter dem Vorwand eines Festmahles in einen heiligen Hain; sowie er sah, dass sie durch das nächtliche Fest in heitere Stimmung geraten waren, begann er vom Ruhm und Glanz des Stammes zu sprechen und zählte dann die Ungerechtigkeiten, Plünderungen und alle anderen Leiden der Knechtschaft auf; nicht mehr als Bundesgenossen wie einst, sondern wie Sklaven würden sie behandelt ... Eine Aushebung stehe bevor, durch welche Kinder von ihren Eltern, Brüder von ihren Brüdern gleichsam auf ewig getrennt würden ...

Die Römer, rief Civilis angeblich zum Schluss, seien geschwächt, ihre Lager könne man leicht erobern und große Beute sei zu erwarten.

Die Rede – so berichtet Tacitus – wurde von den Stammesgenossen mit Beifall aufgenommen. Andere germanische Stämme schlossen sich dem Aufstand an. Die römischen Truppen erlitten anfangs verheerende Niederlagen, bis es Kaiser Vespasian (69–79 n. Chr.) gelang, den Aufstand niederzuwerfen.

1 *Beschreibt die Bewaffnung des germanischen Kriegers und des römischen Offiziers. Welche Unterschiede erscheinen euch wichtig bei einem Kampf?*

2 *Besprecht in einzelnen Gruppen folgende Situation: Bataver diskutieren, ob sie den Aufstand gegen die römischen Truppen wagen sollen. Notiert euch alle Argumente, die für oder gegen einen Aufstand genannt werden und besprecht sie in der Klasse.*

3 *Zwischen dem römischen Statthalter Agricola (s. S. 128) und dem römischen Gesandten bei den Batavern findet eines Tages ein Gespräch statt über die Behandlung der unterworfenen Völker. Notiert euch dazu wichtige Stichworte.*

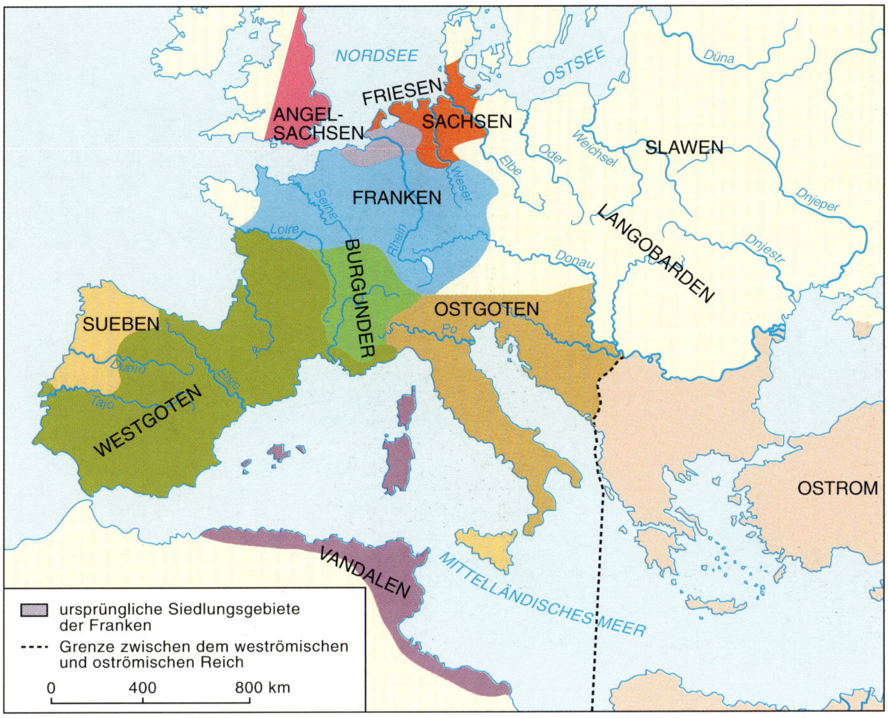

Germanische Reichsbildungen auf dem Boden des weströmischen Reiches, um 500 n. Chr.

Das Römische Reich zerbricht

1 *Nennt mit Hilfe der Karte jene Gebiete des Römischen Reiches, in denen die Germanen neue Reiche errichteten.*

2 *Versucht herauszufinden, welche Stammesnamen sich bis heute erhalten haben und wo diese Namen heute als Landschaftsbezeichnung oder Bezeichnung für die Bevölkerung verwendet werden.*

Zu Beginn des 3. Jahrhunderts n. Chr. verließen germanische Stämme in Nordeuropa ihre Heimat um weiter nach Süden zu ziehen. Möglicherweise begannen sie ihre Wanderung, weil sich das Klima verschlechterte; aber auch Naturkatastrophen wie Überschwemmungen und Missernten könnten die Ursache gewesen sein. Viele lockte sicher auch das milde Klima des Südens und Berichte über die Annehmlichkeiten des römischen Lebens.
Ihre Versuche die römischen Grenzen zu durchbrechen konnten zunächst noch abgewehrt werden. Doch um 260 n. Chr. musste der obergermanisch-rätische Limes (s. Karte S. 124) aufgegeben werden; die Grenze wurde hier an Rhein und Donau zurückverlegt. Auch diese Grenze konnte nicht lange gehalten werden:

„Die Hunnen kommen!“ Diese Nachricht versetzte germanische Stämme in Europa seit 375 n. Chr. in Angst und Schrecken. Die Hunnen waren ein nichtsesshaftes Reitervolk aus der inneren Mongolei. Durch ihr Vordringen lösten sie die große germanische Völkerwanderung aus. Um der Unterwerfung durch die Hunnen zu entgehen drangen germanische Stämme verstärkt auf römisches Reichsgebiet vor.
Kaiser Theodosius I. (379–395 n. Chr.) teilte im Jahre 395 n. Chr. die Herrschaft über das Reich unter seinen Söhnen auf um es wirksamer verteidigen zu können. Neben einem weströmischen Reich gab es jetzt auch das oströmische Reich mit der Hauptstadt Konstantinopel (das heutige Istanbul).
Das weströmische Reich ging jedoch in dem fortgesetzten Ansturm der Germanen unter. Im Jahre 476 n. Chr. setzte der germanische Heerführer Odoaker den letzten weströmischen Kaiser Romulus ab. Auf dem Boden des weströmischen Reiches gründeten germanische Stämme eigene Reiche.

3 *Das Vordringen der Germanen wird heute als „Germanische Völkerwanderung“ bezeichnet. Überlegt, ob diese Bezeichnung aus der Sicht der römischen Bevölkerung angemessen ist. Welche Bezeichnung würdet ihr wählen?*

Römer und Germanen am Limes. Modell im Limes-Museum in Aalen.

Feuer am Limes

In dem Römerlager an der rätisch-alamannischen Grenze kommt plötzlich Unruhe auf. Der Posten auf einem Wachtturm am Limes hatte die Kriegstrompete geblasen:
Einmal lang – dreimal kurz
einmal lang – dreimal kurz – lang – kurz.
„Achtung!", hieß das. „Gefahr! Bei den Alamannen tut sich was!"
Die Wache im nächsten Vorkastell nahm das Signal auf und gab es weiter an das Hauptlager, das der Präfekt Tuditanus befehligte …
Von immer mehr Wachttürmen schmetterte die Warnung ins rätische Land: „Alamannengefahr!"
Im Hof des Hauptkastells ließ Glabrio vierhundert Reiter mit ihren Offizieren und Unteroffizieren antreten. Dann schickte er zwei berittene Spähtrupps über den Limes hinaus ins alamannische Land. Trompeten und Hörner schmetterten weiter. Ob diesmal nicht mehr als nur ein Unfall drohte?
In fieberhafter Eile packten Männer, Frauen, Kinder und Sklaven in der Römersiedlung die wichtigsten Habseligkeiten zusammen. Die Sklaven griffen zu, ohne dass sie mit Peitschenhieben angetrieben wurden. Sie wussten, dass die Alamannen keinen Unterschied zwischen römischen Herren und römischen Knechten machten.
In den großen Gutshöfen wurden schwere Wagen vollgepackt, in den Koppeln Herden zusammengetrieben, aus Läden und Handwerkerstuben Waren und Werkzeuge auf Karren verladen.
Die Alamannen waren gefürchtet, wenn sie als Feinde kamen. Dann kämpften sie mit Todesverachtung und ohne Erbarmen.
Kaum zu fassen, dass sie sich zivilisiert und umgänglich zeigten, wenn sie als Händler oder Schmuggler Geschäfte machten. Da tauschten sie Met, Felle und Bernstein gegen römischen Wein, feine Stoffe, Werkzeuge aus Eisen und Stahl, Schmuck, Glas und Tongefäße. Sie tranken auf die Gesundheit ihrer Geschäftspartner und machten sogar Witze.
Wehe aber, wenn sie plötzlich zu den Waffen griffen! Einige Reiter im Hof des Kastells waren von wütenden Alamannen verwundet worden: drei Männern liefen entstellende Narben über das Gesicht.
In den Augen einiger Legionäre flackerte Angst.

Vom weiteren Schicksal dieses römischen Kastells berichtet Josef Carl Grund. Feuer am Limes. Loewes-Verlag, Bindlach. 3. Auflage, 1986.

Vom Stadtstaat zum Weltreich
Um 500 v. Chr. war Rom noch ein kleiner Bauernstaat; etwa 250 Jahre später beherrschte es fast ganz Italien. Durch weitere Eroberungen in den nächsten Jahrhunderten entstand das römische Weltreich. Regiert und verwaltet wurde die römische Republik, wie sie sich nach dem Sturz des letzten Königs um 500 v. Chr. nannte, vom Senat sowie den Konsuln und weiteren Beamten.

Die römische Gesellschaft
Die Auseinandersetzungen zwischen Patriziern und Plebejern um 490 v. Chr. führten zu einer Verfassungsänderung: Seit dieser Zeit gab es Volkstribunen, die die Interessen der Plebejer vertraten. Auf ihr Betreiben wurden um 450 v. Chr. die Gesetze aufgeschrieben, an die alle Römer in gleicher Weise gebunden waren.
Die römische Republik verdankt ihre Größe und ihren Bestand über viele Jahrhunderte sicherlich auch den römischen Tugenden, wie absoluter Gehorsam, Pflichtgefühl, Tapferkeit, zu denen die Söhne von Kindheit an erzogen wurden. Innerhalb der römischen „familia“ hatte das Familienoberhaupt beinahe unbegrenzte Gewalt. Grabinschriften lassen erkennen, wie hoch das Ansehen der Frauen war, wenngleich sie von politischen Ämtern ausgeschlossen blieben.
Völlig rechtlos waren im Römischen Reich zu allen Zeiten Sklavinnen und Sklaven, die man hauptsächlich auf den zahllosen Kriegszügen erbeutete.

Die Folgen der Eroberung
Mit der wachsenden Größe des Reiches nahmen vor allem seit dem 3. Jahrhundert v. Chr. auch die innenpolitischen Probleme zu. Während Großgrundbesitzer immer reicher wurden, verarmten die kleinen Bauern. Als die Volkstribunen Tiberius und Gaius Gracchus eine Landreform versuchten (133 bzw. 123 v. Chr.), wurden sie ermordet.
Die Umwandlung des Heeres in eine Armee von Berufssoldaten durch Marius (107 v. Chr.) förderte ihren Missbrauch durch ehrgeizige und erfolgreiche Feldherrn. Es kam zu jahrzehntelangen Bürgerkriegen, in denen schließlich Caesar die Alleinherrschaft errang. Nach seiner Ermordung im Jahre 44 v. Chr. setzte sich schließlich Octavian durch, der vom Senat den Titel „Augustus“ verliehen bekam.

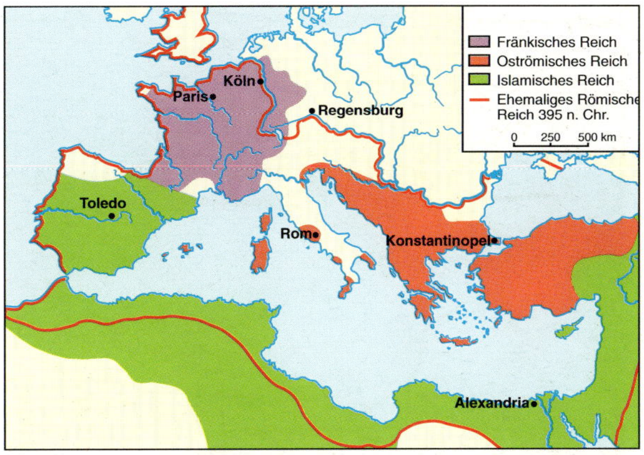

Nachfolgereiche auf dem Boden des Römischen Reiches in der Mitte des 8. Jahrhunderts n. Chr.

Das Leben in den Provinzen
Kaiser Augustus schuf ein Reich, das weitgehend durch natürliche Grenzen wie Flüsse und Gebirge gesichert war. An den übrigen Grenzabschnitten errichteten seine Nachfolger Grenzbefestigungen, den Limes. In den Provinzen lebten Soldaten und Beamte, Händler und Handwerker. Sie alle brachten hierhin die römische Lebensweise, die bald von vielen Einheimischen nachgeahmt wurde. Es kam jedoch auch zu Widerstand gegen die römische Vorherrschaft wie beispielsweise bei den Batavern.
Fast 200 Jahre lang lebten allerdings auch Germanen und Römer meist friedlich miteinander; erst im 3. Jahrhundert n. Chr. wurde der Limes von germanischen Stämmen gewaltsam durchbrochen. Am Ende des 4. Jahrhunderts n. Chr. brach schließlich unter dem Ansturm der germanischen Völker das Römische Reich zusammen. Auf seinem Boden entstanden neue Reiche, die die Geschichte der Mittelmeerwelt in Zukunft bestimmen sollten (vgl. Karte).
Das Römische Reich ging zwar unter, aber sein Erbe lebte weiter fort in der Sprache, in der Schrift, in der Rechtsprechung und in der christlichen Kirche, die sich auf dem Boden des Römischen Reiches ausbreiten konnte.

4. Umweltgeschichte: Umgang mit Wasser

Wir Menschen und das Wasser

Am und im Wasser können sich Menschen vergnügen und gut erholen. Bei großer Hitze löscht frisches, klares Wasser rasch den Durst. Das alles wisst ihr aus eigener Erfahrung. Wasser scheint in Hülle und Fülle vorhanden zu sein. Wir brauchen bloß den Wasserhahn aufzudrehen, dann fließt das Wasser, solange wir wollen. Das täuscht uns manchmal darüber hinweg, dass sauberes Wasser nicht unbegrenzt zur Verfügung steht. Dieses kostbare Gut ist und war zum Überleben in einer gesunden Umwelt unverzichtbar.

In den vorangehenden Kapiteln habt ihr immer wieder etwas über den Umgang der Menschen mit ihrer Umwelt erfahren (vgl. S. 38/39, 76, 102, 118–120).

In diesem Kapitel könnt ihr den Umgang der Menschen mit Wasser zu drei verschiedenen Zeiten untersuchen und vergleichen:

- Zunächst erfahrt ihr, wie sich die Menschen vor ungefähr 2000 Jahren in den Städten des Römischen Reichs mit Wasser versorgten.
- Das zweite Beispiel handelt davon, wie die Menschen gut 1000 Jahre später in einer mittelalterlichen Stadt das Wasser nutzten.
- Im dritten Beispiel geht es um die Wassernutzung zu Beginn der Industrialisierung vor etwa 200 Jahren. Damals wurden massenhaft Bergwerke und Industriebetriebe gegründet, die die Landschaft an Rhein und Ruhr grundlegend veränderten. Dies ging so weit, dass das Aussehen und der Zweck eines Flusses sich völlig wandelten.

Bei der Arbeit an den Beispielen könnt ihr herausfinden,

- woher die Menschen in der jeweiligen Zeit ihr Wasser bekamen und was mit dem gebrauchten Wasser geschah,
- was sie unter sauberem Wasser verstanden und was sie zur Reinhaltung der Gewässer unternahmen.

Dabei könnt ihr untersuchen,

- wer Wasser für welche Zwecke beanspruchte und welche Interessen sich durchsetzten,
- welche Einstellung die Menschen gegenüber dem Rohstoff Wasser hatten.

Schließlich könnt ihr versuchen einzuschätzen, welches Umweltbewusstsein die Menschen zu den verschiedenen Zeiten hatten.

Dieser Vergleich über verschiedene Zeitalter hinweg kann euch anregen über euren eigenen Umgang mit Wasser kritischer nachzudenken.

1 Warnschild in Oberhausen. Foto 1995.

2 Wassernotstand: Trinkwasser muss aus Tanks geholt werden. Foto 1992.

3 Angler am Rhein bei Duisburg. Foto 1986.

– *Tragt zusammen, was Wasser für euch bedeutet.*
– *Betrachtet die Bilder und sprecht über eure Eindrücke.*
– *Sammelt Informationen über aktuelle Umweltprobleme, die mit Wasser zu tun haben.*

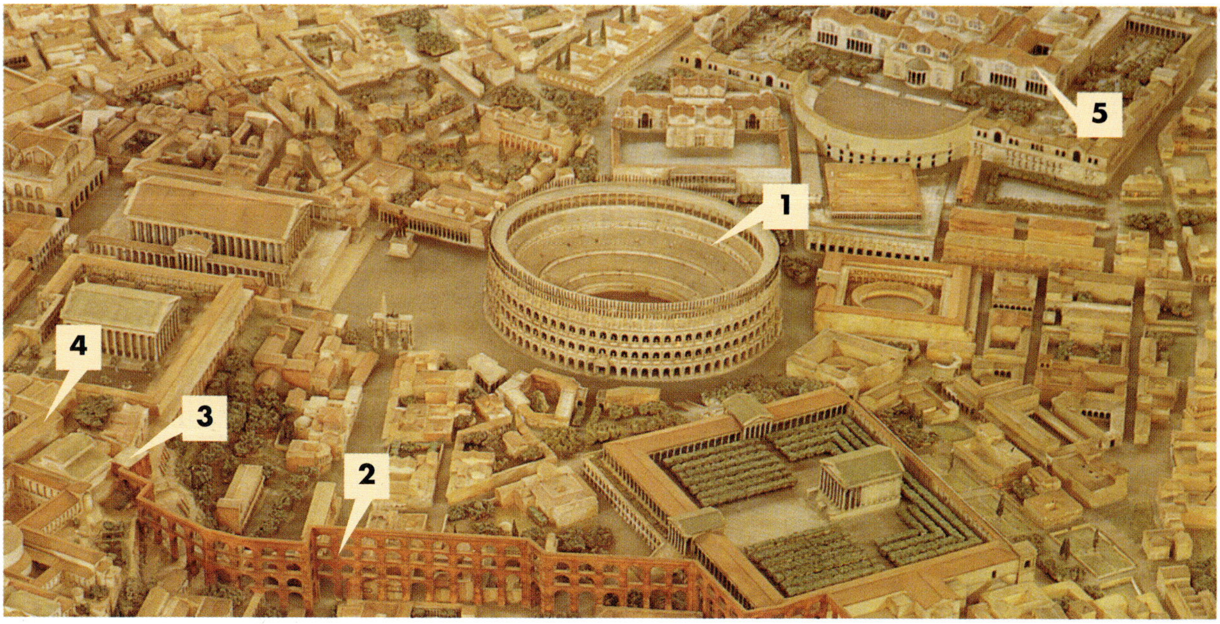

Rom um 300 n. Chr. Vor dem Kolosseum (1) führt eine Wasserleitung über einen Aquädukt (2) zu einem Vorratsbehälter (3) auf einem Hügel, dem Palatin (4). Hinter dem Kolosseum kann man eine Thermenanlage (5) erkennen. Stadtmodell, 1930, Foto 1995.

Rom vor etwa 2000 Jahren – im vorigen Kapitel habt ihr das Leben in dieser unruhigen Millionenstadt mit Arenen, Thermen und Aquädukten kennen gelernt (vgl. S. 118 ff.). Die Menschen in dieser Stadt mussten versorgt werden – vor allem mit Wasser, unserer wichtigsten Lebensgrundlage. Im Folgenden könnt ihr erarbeiten, wie in Rom Wasser beschafft wurde und was mit dem gebrauchten Wasser geschah. Zudem könnt ihr untersuchen, welches Bewusstsein die Römer gegenüber Umweltproblemen bei der Wasserversorgung und der Abwasserbeseitigung hatten.

Wasser für die Städte

1 *Tragt zusammen, wofür heute*
– *in eurem Haushalt,*
– *insgesamt in einer Stadt Wasser benötigt wird.*

In den großen Städten des Römischen Reichs wurde sehr viel Wasser verbraucht. Man schätzt, dass in der Kaiserzeit zum Beispiel in Rom etwa 1 Million Menschen lebten und arbeiteten. Nicht nur für deren Versorgung mit Trinkwasser wurden große Mengen Wasser benötigt. Gerber, Färber, Müller und viele Handwerker brauchten Wasser bei der Ausübung ihrer Tätigkeiten. Hinzu kamen die öffentlichen Badeanstalten, die Thermen, die von den Römern gern und häufig besucht wurden.
Den in der Großstadt lebenden Menschen boten sich vielfältige Unterhaltungsmöglichkeiten an. Im Kolosseum, einem großen Freilichttheater, wurden Seeschlachten aufgeführt, wofür man große Mengen Wasser brauchte. Darüber berichtete der römische Dichter Martial um 90 n. Chr.:

> **Q** … Falls du, Zuschauer, von fernen Küsten hergereist … bist, … dann lass dir, damit dich die Seeschlacht mit ihren Schiffen nicht täusche, gesagt sein: Hier war eben noch Land. Du glaubst es nicht? Dann schau noch weiter zu, während Mars* auf dem Meer sich erschöpft: Es wird nicht lange dauern und du wirst sagen: Hier war eben noch Meer …

2 *Versucht herauszufinden, welche Einstellung Martial gegenüber den Veranstaltungen einnimmt.*

Wasserversorgung auf hohem Standard

Um den hohen Wasserbedarf einer römischen Stadt zu decken wurden seit 312 v. Chr. Fernwasserleitungen aus den Quellgebieten der umliegenden Berge in die Städte gelegt. Dies geschah auch in den römischen Provinzen, wie die 95,4 km lange Wasserleitung aus der Eifel in die Stadt Köln zeigt (vgl. S. 132 f.). Am Rande der Städte wurde das Wasser auf Rohrleitungen für die öffentlichen Brunnen und für die Thermen verteilt. Hier begannen auch die Wasserleitungen zu den Privathäusern der Reicheren. Wer in einem Mietshaus lebte, hatte selbst kein fließendes Wasser. Diese Menschen mussten ihr Wasser aus den öffentlichen Brunnen holen.

Wasser im Überfluss

So konnten durchschnittlich für jeden Römer ungefähr 500–600 Liter Wasser pro Tag herangeschafft werden – das ist ungefähr die dreieinhalbfache Menge dessen, was heute in Deutschland pro Kopf verbraucht wird. In vielen Ländern der Welt müssen sich die Menschen aber mit weniger Wasser begnügen: z. B. in Nigeria 120 Liter pro Tag, in Indien 25 Liter pro Tag und in Madagaskar 5,4 Liter pro Tag.

1 *Erfragt bei den Stadtwerken eures Heimatortes, wie hoch der durchschnittliche tägliche Wasserverbrauch pro Kopf dort ist. Vergleicht mit der Wassermenge, die in Rom zur Verfügung stand.*

2 *Versucht zu beurteilen, welche Einstellung die Römer dem „Rohstoff“ Wasser gegenüber hatten.*

Mögliche Gefahren durch Bleirohre

Im Innern der Städte floss das Wasser vor allem durch Ton- und Bleirohre. Letztere wurden meist dort verwendet, wo ein hoher Wasserdruck auftrat. Der römische Baumeister Vitruv schrieb um 25 n. Chr.:

Q … Leitungen aus Tonröhren haben aber folgende Vorteile: Erstens, wenn irgendein Schaden an der Leitung eintritt, kann jeder ihn ausbessern. Auch ist Wasser aus Tonröhren gesünder als das durch Bleiröhren geleitete, denn das Blei scheint deshalb gesundheitsschädlich zu sein, weil aus ihm Bleiweiß entsteht. Dies soll aber dem menschlichen Körper schädlich sein. Wenn nun das, was aus ihm entsteht, schädlich ist, kann es auch selbst zweifellos der Gesundheit nicht zuträglich sein. Ein Beispiel hierfür können uns die Bleiarbeiter liefern, weil sie eine bleiche Körperfarbe haben …

Öffentlicher Brunnen in einer römischen Straße. Rekonstruktionszeichnung von D. Macauley 1975.

Heutige Wissenschaftler diskutieren darüber, ob die Wasserleitungen aus Blei eine Gefahr für die Gesundheit der römischen Bevölkerung darstellten. Einige sagen, diese Frage lasse sich nicht eindeutig mit Ja oder Nein beantworten. Überall dort, wo die Rohre stark verkalkt waren, sei das Trinkwasser vor einer Bleivergiftung geschützt gewesen. Besonders gefährlich sei es aber da gewesen, wo das Wasser längere Zeit in Bleirohren oder -tanks gestanden hatte. Andere sind der Meinung, dass die Verschmutzung des Trinkwassers aus den öffentlichen Brunnen, z. B. durch Fäkalienreste, viel gefährlicher gewesen sei.

3 *Gebt die Einschätzung des Vitruv mit euren eigenen Worten wieder.*

4 *Bewertet die Einschätzung Vitruvs mit Hilfe des Textes.*

Schemazeichnung der römischen Wasserver- und -entsorgung.

Die Abwasserbeseitigung

Der griechische Geograph Strabon (64 v. Chr. bis 19 n. Chr.) beschrieb, wie das gebrauchte Wasser mit Hilfe von Abwasserkanälen wieder fortgeschafft wurde:

Q1 ... Die Römer ... sorgten ... für unterirdische Kanäle, die den Schmutz der Stadt in den Tiber spülten ... [Diese] aus eng aneinander gefügten Steinen gewölbten Kloaken sind manchmal so weit, dass sie mit Heu beladenen Wagen Durchfahrt bieten können ...

In diese Kloaken hinein floss auch das Abwasser der öffentlichen Toiletten. Gullis nahmen das Wasser auf, das sich in den Straßen sammelte. Regelmäßige Spülungen der Abwasserkanäle mit frischem Wasser sollten diese durchgängig halten.

1 *Beschreibt mit Hilfe von Q1 und der Schemazeichnung, wie Wasserver- und -entsorgung einer römischen Stadt miteinander verknüpft waren.*

2 *Überlegt, welche Probleme sich durch dieses Zusammenwirken ergeben haben könnten.*

Ein Großstädter klagt

Gullis und Kloaken mussten jedoch nicht nur das Abwasser aufnehmen. Der römische Dichter Iuvenal (ca. 58–138 n. Chr., vgl. S. 120) spottete in einer Satire* über die Art der Abfallbeseitigung in Rom:

Q2 ... Nun erwäge noch andere Gefahren, die nachts uns bedrohen ... Da sind die Fenster: Wie oft wirft man altes zerbrochenes Geschirr herunter. Mit einer Wucht, dass Spur und Loch im Pflaster zurückbleibt. Machst du kein Testament, bevor du zum nächtlichen Mahl gehst, giltst du als träg und blind einem jähen Geschick gegenüber. Denn soviel es offene und wachende Fenster an deinem Weg gibt, so viel Wege zum plötzlichen Tod stehen offen! Richte zum Himmel ein ... stilles Gebetlein, dass diesen Fenstern nicht mehr entström' als der Guss einer Wanne [gemeint: Nachttopf] ...

Römische Mietskasernen besaßen normalerweise keine eigenen Latrinen. Wer die öffentlichen Toiletten benutzte, musste dafür bezahlen.

3 *Stellt euch vor, ihr würdet mit Iuvenal nachts durch Rom spazieren gehen. Schildert mit euren Worten eure Beobachtungen.*

4 *Stellt Vermutungen darüber an, welche Folgen diese Art der Abfallbeseitigung gehabt haben könnte. Überlegt auch die Auswirkungen auf die Qualität des Grundwassers.*

5 *Erkundet in eurem Heimatort, ob dort durch nicht fachgerecht beseitigten Abfall Belastungen für das Grundwasser entstanden sind. Ihr könnt dazu z. B. bei einer Umweltschutzorganisation nachfragen.*

Einmündung der Cloaca Maxima in den Tiber. Foto 1995.

Der Stolz auf die römische Technik ...

Frontinus, der um 100 n. Chr. Direktor der Wasserbehörde der Stadt Rom war, äußerte sich über die römische Wassertechnik:

Q1 ... Mit dieser Reihe unentbehrlicher Bauwerke, die so große Mengen Wasser führen, vergleiche, wenn du möchtest, die unnützen Pyramiden oder die unbrauchbaren Bauwerke der Griechen, mögen die Leute auch noch viel von ihnen schwärmen ...

An anderer Stelle berichtete er über die Folgen, die der Ausbau der römischen Wasserversorgung hatte:

Q2 ... Die Ursachen des ungesunden Klimas werden fortgespült, der Anblick der Straßen ist sauber, reiner die Atemluft, beseitigt ist die Atmosphäre, die bei unseren Vorfahren der Stadt immer schlechten Ruf eintrug ...

... und die Wirklichkeit

Der Geschichtswissenschaftler Karl-Wilhelm Weeber beschrieb 1990 die Probleme, die infolge der Einleitung des Brauchwassers in den Tiber auftraten:

M ... Der Tiber dürfte angesichts der hohen Konzentration von Abfällen und Schmutzwasser, das über die Kanäle in ihn gelangte, im Stadtgebiet Roms schon damals eher eine trübe, dreckige Brühe gewesen sein. Unentwegte mochten zwar nach wie vor im Tiber baden, die große Mehrzahl der Schwimmer zog es indes wohl auch aus hygienischen Gründen vor, die verlockenden Badeangebote der großen Thermen zu nutzen. Unangenehm – und unhygienisch wurde es, wenn der Tiber Hochwasser führte. Dann überschwemmten die Fluten des Stroms nicht nur die niedrig gelegenen Stadtgebiete, sondern es bestand auch große Rückstau-Gefahr: Vieles von dem, was zuvor in die Kanalisation gelangt war, wurde dann auf die Straßen zurückgeschwemmt; keine schöne Vorstellung, wenn man sich klarmacht, dass außer Latrinenrückständen auch Tierhäute, Aas und ähnlich eklige Abfälle wieder auftauchten ...

1 *Stellt die Einschätzung des Frontinus dem Text M gegenüber. Erörtert, welches Bewusstsein von Umweltproblemen Frontinus wohl gehabt haben wird.*

2 *Erkundet bei den Stadtwerken eures Heimatortes, wie die Entsorgung der Abwässer heute funktioniert und welche Umweltprobleme es dabei gibt.*

Am städtischen Brunnen. Gemälde aus Regensburg, um 1476.

Etwa 1000 Jahre später, in einer mittelalterlichen Stadt, versorgten sich die Menschen mit Wasser aus dem Brunnen. Daraus konnte Grundwasser geschöpft werden. Manchmal holte man das Wasser auch aus den Flüssen. Nur äußerst selten gab es Wasserleitungen und Abwasserkanäle wie in den römischen Städten. Auf den folgenden Seiten könnt ihr erarbeiten, wie die Menschen zu dieser Zeit mit dem Wasser umgingen und wie sie versuchten es sauber zu erhalten.

Der städtische Brunnen

1 *Beschreibt das Bild und berichtet, warum Menschen zum Brunnen gingen.*

2 *Untersucht, ob euch die Kleidung der Menschen etwas über ihre soziale Stellung verrät.*

Manches alte Lied erzählt vom Brunnen. Auf einem Platz gelegen und gut zugänglich sorgte er für die Versorgung der Menschen mit frischem Trinkwasser. Hier war ein wichtiger Ort der Begegnung: man traf sich zum Wasserholen und erzählte sich die Neuigkeiten. Eigene Wasserleitungen gab es auch in den Häusern der Reichen nicht. Das Wasser wurde aus einer Tiefe von bis zu 10 Metern abgeschöpft oder durch Leitungsbrunnen nach oben gefördert und in Krügen und Eimern nach Hause gebracht. Aus diesen Brunnen schöpften aber auch die Badehäuser. Wenn es brannte, wurde das Löschwasser ebenfalls von dort geholt.

Die Sorge um sauberes Trinkwasser

Im 15. Jahrhundert benutzten bis zu 300 Menschen einen Brunnen. Entsprechend groß war das Interesse an der peinlichen Sauberhaltung der Brunnen. Eine Satzung der Stadt Nürnberg aus dem 14. Jahrhundert schrieb für die Benutzung des Brunnens am Milchmarkt vor:

> **Q** … Es sei auch angeordnet, wer er auch sei, der den Brunnen an dem Milchmarkt verunreinigt oder darin wäscht oder seine Hände darin wäscht oder seine Füße, der soll geben 2 Schilling*; und wer das sieht, der kann demjenigen Geld abnehmen, wenn er es will, und soll das Pfand dem Pfänder [städtischer Bediensteter] geben, der soll ihm dann geben 4 Heller* von dem Pfand …

Der Instandhaltung des Brunnens diente auch das „Fegen", d. h. das Ausschöpfen und Reinigen. Gefegt wurden die Brunnen allerdings seltener als einmal im Jahr.

3 *Beschreibt, wie erreicht werden sollte, dass niemand das Brunnenwasser verunreinigte.*

4 *Beurteilt diese Maßnahmen.*

Mangelndes Hygienebewusstsein

Abfälle und Unrat wurden oft einfach auf die Straße geworfen. Da die Bewohner einer Stadt zur eigenen Versorgung auch Tiere hielten, waren Misthaufen in den Gassen nichts Ungewöhnliches. Bei Regen weichte der Boden auf und man stand fußhoch im Dreck. Sorge bereitete in den Städten die Beseitigung der Fäkalien. Nachbarschaftsstreitigkeiten belegen, dass manch einer sein „Nachtwasser" einfach auf die Straße goss. Abwasserkanäle wie in Rom gab es in der mittelalterlichen Stadt nicht.

Schutz vor schlechter Luft

Dass man die Fäkalien nicht einfach auf die Straße schütten durfte, begründete man in Worms 1498 so:

Q ... Denn im kaiserlichen Recht ist geschrieben, dass solche Unflätigkeit der Kloake und Unsauberkeit der Wege oder Straßen ... bringen oft pestilenzisch* Luft und viel Krankheit dem Menschen. Und zum andern steht geschrieben, dass Unsauberkeit in Städten auf den Gassen und aus Kloaken vergiften die Luft ...

1 *Erarbeitet, vor welcher Krankheitsursache die Quelle warnt, und überlegt, welche Folgerungen aus der Sicht der mittelalterlichen Stadtbewohner daraus zu ziehen wären.*

Bau und Reinigung der Fäkaliengruben

Viele Städte ordneten an, dass für die Fäkalien Gruben gebaut werden mussten. Diese wurden bis zu 10 Meter tief in den Boden gegraben. Für den Bau und für die Reinigung der Latrine, des „heimlichen Gemachs", waren die Eigentümer der Grundstücke verantwortlich.

Zur Säuberung mussten sie „Heimlichkeitsfeger" beauftragen. Deren Arbeit bestand darin, den Grubeninhalt zu leeren und außerhalb der Stadt in einen Fluss zu schütten. Die Gruben wurden jedoch selten geleert, da eine Reinigung auch für wohlhabende Städter recht teuer war.

2 *Fasst zusammen, welche Pflichten in Bezug auf die Latrinengruben ein Grundstückseigentümer hatte.*

3 *Erkundet, wer heutzutage für die Entsorgung zuständig ist.*

Krankheiten durch die Wasserverunreinigung

Latrinen und Brunnen lagen oft sehr nahe beieinander. Das Trinkwasser wurde aus der gleichen Tiefe geholt, in der auch die Latrinen mündeten. Daher bestand die Gefahr einer Versickerung der Fäkalien im Grundwasser. Diese Versickerung bedeutete oft den Anstoß zu einem verhängnisvollen Infektionskreislauf Latrinengrube – Trinkwasserbrunnen – Mensch. Häufige Folge waren schwere Krankheiten. Dieser Zusammenhang war den Menschen des Mittelalters teilweise bekannt, es fehlte aber an wirksamen Kontrollen der Latrinen.

4 *Gestaltet eine Wandzeitung zum Thema „Schutz des Trinkwassers im Mittelalter und heute".*

Spielvorschlag: Für gesundes Brunnenwasser

Das enge Zusammenleben und die hygienischen Bedingungen der mittelalterlichen Städte begünstigten die Ausbreitung von Seuchen. Vor etwa 650 Jahren verängstigte die Pest, eine höchst ansteckende Krankheit, die Menschen. In manchen Gegenden starb jeder Dritte daran.

Stellt euch vor, ihr lebtet zu dieser Zeit in einer Stadt. Es ist eine neuartige, sehr ansteckende Krankheit ausgebrochen. Viele Kranke wurden deswegen schon in einem besonderen Haus am Rande der Stadt, dem Siechenhaus, untergebracht. Die ganze Stadt ist in großer Unruhe. In der nächsten Ratssitzung soll überlegt werden, was denn nun getan werden muss.

Spielt in eurer Klasse diese Sitzung. Sie wird vom Bürgermeister geleitet. Die einzelnen Stadträte sind Menschen aus ganz unterschiedlichen Berufen: Gewürzhändler, Tuchhändler, Bierbrauer, Schmied, Gerber, Bäcker, ein Gastwirt.

Der Bürgermeister berichtet zunächst von der seltsamen Krankheit. Danach trägt der in der Stadt ansässige Arzt vor, was er über den Verlauf der Krankheit und die Ansteckungsgefahren weiß. Die Vorsteherin des Siechenhauses erzählt, dass ihr Haus bald keine Kranken mehr aufnehmen könne. Zu viele Menschen müssen aufgenommen werden, es sind schon viele gestorben.

Nach den Berichten der beiden diskutieren die Ratsmitglieder ganz erregt: die seltsame Krankheit schien vom Brunnen in der Unterstadt auszugehen. Manches Ratsmitglied hat etwas gesehen oder gehort und erzahlt nun: Der Gastwirt hat fremde Händler beherbergt. Der Schmied hat fahrenden Spielleuten das Maultier beschlagen. Der Bäcker hat häufig nachts Geräusche gehört ...

Die Stadträte beraten nun ausführlich die Situation: was soll geschehen? Soll der Brunnen gesperrt werden? Woher sollen die Bewohner der Unterstadt ihr Wasser bekommen? Muss man den Brunnen „fegen" lassen? Wer soll das bezahlen? Soll eine „Brunnenverordnung" erlassen werden?

1 *Verteilt die Rollen in der Klasse.*

2 *Bildet Arbeitsgruppen und überlegt, welche Argumente von den Spielern vorgebracht werden können. Benutzt die Informationen der Doppelseite.*

3 *Führt das Spiel mit verteilten Rollen durch.*

4 *Diskutiert das Ergebnis in der Klasse.*

Bearbeitung einer Tierhaut durch einen Gerber am Flusslauf. Holzschnitt, um 1470.

Klagen über die Verschmutzung des Flusses

1 *Beschreibt die Bilder auf dieser Doppelseite und überlegt, wozu das Wasser im Mittelalter außer zur Trinkwasserversorgung noch gebraucht wurde.*

Im Mittelalter waren verschiedene Handwerkszweige auf die Flüsse angewiesen, die die Städte durchzogen. In vielen Städten gab es Gerbereien, Färbereien und Schlachtereien, die direkt am Ufer lagen. Oft leiteten diese ihre Abfallprodukte, nämlich Säuren, Ätzkalk, geronnenes Blut, Fett, Hautabfälle, Tierkadaver und anderes, in die Flüsse ein. Aber auch Brauereien verwendeten das Wasser der Flüsse. Die Bierbrauer der englischen Stadt Colchester beschwerten sich 1425:

> **Q1** ... Die Verunreinigung des Flusses ist derart, dass sogar die Fische sterben. Bittere Klagen wurden vorgebracht, da zahlreiche Brauer der genannten Stadt das Wasser zur Herstellung von Bier verwendeten. Einzelne Leute, Fellscherer* und Hautgerber, verschmutzen und verunreinigen besagten Fluss, vergiften die Fische und schädigen die guten Leute der genannten Stadt sehr ...

2 *Fasst zusammen, welche Folgen die Ansiedlung der verschiedenen Handwerksbetriebe für das Flusswasser hatte.*

3 *Spielt ein Streitgespräch, in dem Gerber und Bierbrauer ihre unterschiedlichen Interessen an der Wassernutzung vertreten.*

Vorschriften zum Gewässerschutz

Oft trieben Flussläufe Mühlen an. In einzelnen Städten existierten daher Vorschriften, wie die Flussläufe geschützt werden sollten. 1302 führte die Nürnberger Satzung zur Reinhaltung des Fischbachs aus:

> **Q2** ... Es wollen unsere Herren ..., dass man den Fischbach außerhalb und innerhalb der Stadt rein halten soll ... Es soll auch kein Lederer* ... Häute darin halten ... Es soll auch keiner seinen Unflat darein werfen oder gießen oder seine Kleider darin waschen ... [Innerhalb der Stadt] ... müssen die Lederer die Häute wohl so darin halten, dass der Fischbach seinen Gang haben möge, dass es den Mühlen nicht schade ...

Auch das Ablegen von festem Schutt und Sperrmüll in den Fischbach war verboten.

4 *Erklärt die Bestimmungen, die zum Schutz des Fischbachs erlassen wurden.*

5 *Erarbeitet, wie der Schutz des Fischbachs begründet wird. Betrachtet dazu auch Bild S. 149.*

Die Beseitigung der Abwässer

Aus der Stadt Nürnberg sind weitere Bestimmungen überliefert, die die Abwasserbeseitigung regelten. Vorschriften gab es vor allem für die Handwerksbetriebe, von denen eine erhebliche Geruchsbelästigung ausging. Kürschner, Schmiede und Pergamenthersteller benutzten flüssige Chemikalien bei der Pelz- und Metallverarbeitung und bei der Papierherstellung. Diese Abwässer durften sie in den Fluss Pegnitz schütten, wegen des damit verbundenen Gestanks aber nur nachts. Man glaubte nämlich, dass die Flüsse und Bäche sich wegen des fließenden Wassers mit der Zeit selbst reinigen könnten. Ähnliche Bestimmungen wie in Nürnberg galten unter anderem in Passau, Augsburg und Lübeck.

1 *Vergleicht die Bestimmungen zum Schutz der Pegnitz mit denen zum Schutz des Fischbachs (S. 148 Q2).*

2 *Schreibt selbst eine Satzung auf, wie die Abfälle einer mittelalterlichen Stadt beseitigt werden sollen.*

Mühlenwerk an einem Wasserlauf. Gemälde um 1465.

Strafen und Verstöße

Um die Flüsse und Stadtbäche von Müll freizuhalten setzten manche Städte Strafen für Verunreinigungen fest. Aus Rechnungsbüchern des Hamburger Stadtrats weiß man zum Beispiel, dass unerlaubtes Hineinwerfen von Sperrmüll mit einem Bußgeld von drei Mark Silber bestraft wurde. Über Jahre hinweg sind in diesen Rechnungsbüchern hohe Bußgeldzahlungen vermerkt.

3 *Überlegt, was man aus den hohen Bußgeldzahlungen über das Umweltbewusstsein der betroffenen Menschen folgern kann.*

Die Grenzen des Gewässerschutzes

Durch solche Vorschriften sollte die Versorgung einer Stadt mit Wasser gesichert werden. Die Ratsherren wollten erreichen, dass die Mühlen an den Flussläufen ohne Störung arbeiten.

Im 16. Jahrhundert gab es aber viele Wäschereibetriebe in Nürnberg, die gegen das Waschverbot im Fischbach verstießen. Die Stadtverwaltung selbst kassierte Gebühren für die Erlaubnis dort eine Wäscherei zu eröffnen. 1582 klagte der Rat darüber, dass auch viele andere Vorschriften zum Gewässerschutz nicht genügend befolgt würden. Viele Mühlen funktionierten deshalb nicht richtig.

Diese Probleme gab es nicht nur in Nürnberg. Heute meinen Wissenschaftler, der Betrieb der Wäschereien und die Gebühreneinnahmen der Städte seien für wichtiger gehalten worden als der Umweltschutz.

4 *Prüft, wer gegen die städtischen Verordnungen verstieß.*

5 *Diskutiert darüber, ob auch heute manchmal finanzielle Überlegungen für wichtiger gehalten werden als Anstrengungen für den Umweltschutz.*

Panorama der Hüttenwerke in Oberhausen. Fotos 1951.

Wer darf das Wasser für welche Zwecke nutzen? Um diese Frage geht es auf dieser Doppelseite. Sie handelt von den Anfängen der Eisen- und Stahlindustrie im nördlichen Ruhrgebiet. Der Gründer eines Eisenhüttenwerkes musste den Landesherren auf seine Seite bringen um Land und Wasser eines Klosters für den Bau seiner Hütte zu bekommen. Ihr könnt herausfinden, wofür die Klosterfrauen, die Bauern und der Unternehmer Wasser und Boden nutzen wollten. Dabei könnt ihr euch damit auseinander setzen, mit welchen Argumenten sie ihre Interessen begründeten und ob der Unternehmer die Politiker überzeugen konnte.

Ruhrgebiet vor 250 Jahren

Viele Schülerinnen und Schüler in Nordrhein-Westfalen kennen diese Kulisse: Hochöfen und große Stahlwerke. In solchen Hüttenwerken arbeiten bis heute im Ruhrgebiet Tausende von Menschen und produzieren Stahl. Aber das Gebiet zwischen Ruhr und Lippe war nicht immer eine Industrielandschaft.
Vor 250 Jahren sah die Gegend nördlich der Ruhr ganz anders aus. Im Vergleich zu heute wohnten wenige Menschen dort. Sie lebten von der Landwirtschaft und von Handwerksarbeiten wie Weben und Besenbinden. In Sterkrade (heute Oberhausen) befand sich ein Kloster, dem Land und Wasser in der Umgebung gehörte. Die Vorsteherin dieses Klosters, die Äbtissin, hatte einen Teil des Bodens an Bauern verpachtet, die sich selbst versorgten.

Pläne für das erste Stahlwerk im Ruhrgebiet

Im Jahre 1741 entdeckte Freiherr von Wenge auf klösterlichem Gebiet Eisenerz im Boden. Er wollte es abbauen und eine Schmelzhütte errichten. Er benötigte das Wasser des Elpenbaches zum Waschen des Erzes und zum Betreiben eines Wasserrads für die Hütte. Außerdem brauchte er das Holz der umliegenden Wälder für Holzkohle um aus dem Erz Stahl zu gewinnen. Bereits 1741 und ein zweites Mal 1753 erteilte der Kölner Kurfürst als Landesherr Wenge die Konzession für das Bergwerk und die Schmelzhütte.

1 *Informiert euch in einem Lexikon, wieso bei der Stahlherstellung Wasser verbraucht wird und wieviel Wasser dazu nötig ist.*

Streit um die Nutzung von Boden und Wasser

Aber sie hatten nicht mit dem Widerstand des Klosters Sterkrade und der Anwohner des Baches gerechnet. Die Einwände der Äbtissin sind uns überliefert in einem Protokoll vom 27. Juni 1754. Sie erklärte:

Q1 ... 3. Ferner sei anzumerken, dass ... der ... Schaden, der dem Kloster durch Hütte und Hammerwerk ... entsteht, ersetzt werden müsste.
4. Das Wasser, welches zum Betrieb dieses Hüttenwerkes gebraucht wird, entspringt auf Klostergrund und fließt ... allein über des Klosters Grund bis zu dessen Kornmühlen.
5. Durch eine dazwischen liegende Eisenhütte darf dieses Wasser weder aufgehalten noch ... dort zurückgehalten werden. ...
7. ... Wenn nun an diesem Bächlein die Eisenhütte angelegt werden sollte, so können die Forellen nicht mehr in diese Kornmühlenteiche gelangen, sodass das Kloster einen ... Schaden erleidet.
10. Es stellt sich die Frage, ob nicht durch das Waschen des Eisensteins das Wasser trüb und unsauber, ja sogar zum Kochen, Backen, Brauen, Waschen und Bleichen unbrauchbar wird ... Hierdurch würde dem Kloster ein unwiederbringlicher

Schaden, insbesondere ein Verlust des Wassers für Mensch und Vieh entstehen.
11. Es ist auch bekannt, dass zu solchen Eisenhütten viele Fuhren geschehen müssen, teils um Eisenstein und Kohle heranzubringen, teils um das gegossene Eisen und Sonstiges abzuholen und wegzubringen. Viele dieser Fuhren werden über das Gebiet des Klosters gehen, sodass der Boden sowohl für das Plaggenmähen (Abnehmen der Erdkruste zum Düngen) als auch zur Bepflanzung mit Bäumen nicht zu gebrauchen sein wird.

1 *Listet auf, für welche Zwecke das Kloster Sterkrade und die Bauern Wasser und Boden gebrauchten und welche Nachteile sie befürchteten.*

Wer setzt sich durch?

An die Einwendungen der Äbtissin schloss sich ein jahrelanger Rechtsstreit an. Darin trug Wenge am 2. September 1752 folgende Argumente vor:

Q2 … Es geht nicht darum, etwas anzulegen, was Ihrem Gotteshaus oder irgendeinem anderen zum Nachteil gereicht, sondern etwas, was bei einem glücklichen Fortgang der Allgemeinheit Nutzen bringt …

Der Steuereinnehmer unterstützte die Genehmigung des Hüttenwerkes. Er begründete dies damit, dass die Hütte das Zolleinkommen vermehren könnte. Dadurch würde „der gemeine Mann … in Stand gesetzt …, Steuern zu bezahlen". Schließlich wurden die Flächen des Klosters gegen den Willen der Äbtissin enteignet. Die Hütte wurde errichtet.

2 *Stellt nun zusammen, welche Argumente die Befürworter der Eisenhütte haben.*

3 *Spielt ein Streitgespräch zwischen einem Befürworter des Hüttenwerks und der Äbtissin. Die zuhörenden Schülerinnen und Schüler schließen sich im Laufe des Gesprächs der einen oder anderen Partei an. Begründet abschließend eure Entscheidung.*

Was danach kam

Als die Hütte ihren Betrieb aufgenommen hatte, traf die befürchtete Wasserverschmutzung ein. Das Wasser reichte zeitweise nicht mehr zum Betrieb der drei am Bach liegenden Mühlen und der Damm, der das Wasser für das Wasserrad der Hütte stauen sollte, brach zum ersten Mal 1763. Als die Einwohner Sterkrades beim preußischen König wegen des verdorbenen Wassers klagten, bekamen sie von dem Hüttenverwalter 1794 zur Antwort:

Q3 … Es ist doch immer besser, dass Wir durch unsere Hütte in diesem harten Winter vielleicht 40 armen Tagelöhnern täglich Brot zu verschaffen in der Lage sind, als dass sie einige Pfund Forellen auf ihrem Tisch mehr zu verzehren hat …
Die ganze Gemeinde, von Menschen bis zum Vieh, sollte längstens ihren Gaumen daran gewöhnt haben, weil seit Entstehung der Hütte … das Eisenerz immer auf nämliche Art gewaschen worden ist …

Die St.-Anthony-Hütte, so wurde van Wenges Stahlwerk genannt, war das erste schwerindustrielle Unternehmen im nördlichen Ruhrgebiet. Sie gehörte später zur Gutehoffnungshütte.

4 *Formuliert die Antwort des Hüttenverwalters mit eigenen Worten und nehmt Stellung dazu.*

5 *Schreibt einen Bericht für eine Zeitung aus dem Jahre 1794 unter der Überschrift: „St.-Anthony-Hütte – Nutzen und Schaden".*

6 *Erkundet moderne Stahlwerke in eurer Umgebung und sprecht über mögliche Umweltbelastungen.*

Morians Mühle an der Emscher in Duisburg-Hamborn um 1890.
Blick nach Westen. Foto.

Die Ausbreitung von Bergbau und Industrie hat Natur und Umwelt stark verändert. Die Industrie hatte einen hohen Wasserbedarf ; sie musste aber auch das verschmutzte Abwasser am Ende des Produktionsprozesses loswerden. Gleichzeitig musste das Abwasser aus den Haushalten der Großstädte abgeleitet werden.
Die Flüsse boten sich als Auffangbecken an. Ihr könnt im Folgenden erarbeiten, wie und warum die Menschen massiv in das Leben der Flüsse eingriffen und wie sich das Landschaftsbild dadurch veränderte. Dabei könnt ihr herausfinden, welche Folgen diese Eingriffe hatten. Schließlich könnt ihr untersuchen, wie sich das Umweltbewusstsein in jüngster Zeit verändert hat und welche Maßnahmen daraus folgen.

Reisenotizen von 1796

Die Emscher entspringt südlich von Dortmund und fließt von Ost nach West durchs nördliche Ruhrgebiet in den Rhein. Auf 110 km Länge hat sie nur ein geringes Gefälle und führt auch nicht viel Wasser. Die Emscherniederung war ursprünglich eine sumpfige Landschaft mit Erlen, Weiden und Wiesen, wo einst Wildpferde grasten. Bei einer Zählung im Jahre 1800 wurden noch 5000 „Emscherbrücher Dickköpfe“ (so hießen die Pferde) gezählt. Bis 1850 war das Emschergebiet fast unbewohnt. Das Wasser des Flusses betrieb zahlreiche Mühlen.
Wie dieser Fluss 1796 aussah, notiert Professor Borheck in seinen „Historisch-geographischen Notizen“:

Q1 … Über die Emscher geht eine Fähre, wobei an dem jenseitigen Ufer an einem Pfahl die Taxe für den Fährmann angeschrieben ist. Gleich oberhalb der Fähre ist die Emscher so seicht, dass sie selbst von einem jungen Mädchen im Sommer durchwatet werden kann. Sie ist sehr fischreich und enthält unter anderem auch Hechte und Barsche von beträchtlicher Größe …

79 Jahre später

Wie die Emscher 1875 aussah, war im Recklinghäuser Wochenblatt vom 21. 2. 1875 zu lesen:

Q2 … Unser einst so klares Flüsschen scheint in Zukunft … der Essener Berne gleich [zu] werden. So sahen wir zu verschiedenen Malen die Emscher … dunkelschwarz gefärbt und einen wahrhaften Pestilenzgestank verbreitend. Fische, Krebse, Frösche verenden dann in dem … vergifteten Flusse …

Zwischen 1850 und 1900 entwickelte sich das Ruhrgebiet zu dem am schnellsten wachsenden Ballungsraum im Deutschen Reich. Allein der Bergbau hatte bis 1904 im Emschergebiet 170 000 Arbeitskräfte angezogen.
Menschen und Industrie waren auf Wasser angewiesen. Die Abwasser der privaten Haushalte wurden ungereinigt in die Flüsse geleitet. Noch stärker beanspruchte aber die Montanindustrie die Flüsse. Sie hatte einen enormen Bedarf und verbrauchte 90 % des geförderten Wassers.
Hochsalziges Grubenwasser und Kohlenschlamm wurden in die Flüsse geleitet und schädigten Grundwasser und Landwirtschaft. Außerdem leiteten andere Fabriken ihr Abwasser mit Giftstoffen in den Fluss. Die Emscher war so verschmutzt, dass seit 1885 kein Trinkwasser aus ihr mehr gewonnen werden konnte.

1 *Beschreibt, wie sich die alte Emscher verändert hat, und nennt die Ursachen dafür.*

Morians Mühle während der Regulierungsarbeiten um 1910. Blick nach Osten. Foto.

Gefahren aus dem Fluss

Der Bergbau veränderte auch die Landschaft. Dort wo die Kohle unter der Erde abgebaut war, sank der Boden ein. So konnte die Emscher noch weniger fließen als früher. Infolgedessen blieb das Emscherwasser stehen und es entstanden niedrige Sümpfe. Von da aus verbreiteten sich ansteckende Krankheiten und Seuchen wie Malaria. Die Typhussterblichkeit lag im Emschergebiet 1887–1900 doppelt so hoch wie im ganzen Deutschen Reich.
Kreisärzte charakterisierten die Emscher so:

Q1 Sämtliche Bachläufe dieses Industriebezirks sind schwarz durch einen Brei aus Kohlen, Abgängen der Städte und Abflüssen der Äcker, manchmal so dickflüssig, dass ein hineingesteckter Stock darin unbeweglich bleibt. Die Emscher charakterisiert sich … gar nicht mehr als ein natürlicher Fluss, sondern als Jauchekanal.

Flusswasser und Schlamm waren auch für die Berieselung der Äcker nicht mehr zu gebrauchen.

1 *Erklärt den Zusammenhang von Bergbau, Emscherabsenkung und dem Auftreten von Seuchen.*

Baden in der Emscher

Ein Augenzeuge berichtet über seine Badeerlebnisse als Kind um die Jahrhundertwende:

Q2 Der Schwimmsport konnte sich früher schlecht entwickeln, da Schwimmgelegenheiten fehlten. Die Emscher hatte zwar nicht die heute vorhandene tiefschwarze Tintenfärbung … Immerhin: sauber war sie nicht. Trotzdem ließen wir Jungen uns nicht zurückhalten dort … zu baden, wo auf der einen Seite der Emscher ein allmählich abfallender Sandstrand vorhanden war … Allerdings mussten wir in Kauf nehmen, dass wir bei der Heimkehr von unserer Emscherfahrt, über die wir nichts verlauten ließen, mit Bürste und Seife ins Badezimmer geschickt wurden, weil die Mutter unsere verschmutzten Häupter entdeckt hatte.

2 *Berichtet über eigene Badeerlebnisse. Fragt Eltern und Großeltern nach ihren Erfahrungen.*

3 *Ein Bergarbeiter, eine Sekretärin in einem Bergwerk, ein Landwirt, eine Kinderärztin und ein Junge unterhalten sich über den Zustand der Emscher und stellen Forderungen auf.*

Maßnahmen

Endlich, im Jahre 1904, wurden Maßnahmen beschlossen: die Emscher sollte reguliert und in einen reinen Abwasserkanal umgebaut werden. Dazu wurde sie vertieft, verbreitert und begradigt. Fünf Meter höher als der frühere Fluss entstand ein Kanalbett mit Wänden aus Betonplatten. Der Lauf des Flusses verkürzt sich dadurch um 32 km. Freier Zugang zum Ufer war über weite Strecken nicht mehr möglich.
Eine Reinigung der Abwässer erfolgte jedoch kaum. Nur grobe Schmutzstoffe und krankheitsfördernde Schlammablagerungen sollten mechanisch beseitigt werden. So wurde die Emscher zu einem offenen Abwassersammler, in dem nahezu jedes Leben abstarb.

4 *Vergleicht die Abbildungen auf S. 152–154.*

Morians Mühle nach der Regulierung von 1910. Blick nach Osten. Foto.

Kanalisation schafft neue Probleme

1 *Überlegt, was Kinder in eurem Alter an der alten Emscher spielen konnten, was an der neuen.*

Adolf Zimmermann, Redakteur einer Berliner Zeitung, schildert 1912 in einem Reisebericht den Zustand der Emscher an der Mündung in den Rhein:

> **Q1** ... Das Werk ist wohl gelungen, Malaria ... und Typhus sind gebannt, alle Welt von Dortmund bis Oberhausen atmet auf ... Aus namhafter Höhe ... stürzt sich die Emscher in elegantem Bogen in den Rhein hinab. Tiefschwarz ist ihr Wasser, ... kein Tierlein vermag in der Flut von Gift zu leben und pestilenzialische Düfte steigen von ihr auf, Gestänke ... Noch nie hat sich der Gast mit solchem Grausen gewandt wie hier. Er hüstelt und hustet, klemmt sich die Nase zusammen und ruft ein „Pfui Teufel!".

Große Schadstoffmengen flossen aus der Emscher in den Rhein. Seit 1910 beschwerten sich Rheinfischer darüber, dass die unterhalb der Emschermündung gefangenen Fische nicht verkäuflich seien.

> **Q2** ... Fische nahmen infolge der Einleitung einen hässlichen Geschmack an ... Auf der rechten Rheinseite gab es unterhalb der Emschermündung keine Standfische mehr ... und ... auch Wanderfische wurden nur noch auf der linken Rheinseite angetroffen ...

Der schlechte Geschmack war die Folge von Phenol, einem Gift aus der Industrieproduktion. Der Verband der Ruhrtalsperren erklärte dazu:

> **Q3** ... Die Klagen der Fischer sind übertrieben und, wirtschaftlich betrachtet, bedeutungslos ...

2 *Überlegt mit Hilfe des Bildes und des Textes, welche neuen Probleme die Kanalisation der Emscher geschaffen hat.*

3 *Bewertet die Aussagen von Zimmermann, das „Werk" sei gelungen.*

4 *Diskutiert, wessen Interessen sich durchgesetzt haben, welche Wünsche noch nicht erfüllt sind.*

Erst Mitte der 20er Jahre wurde mit dem Bau von biologischen Klärstufen und Anlagen zur Zurückhaltung der Phenole begonnen. Ab 1965 kam es zu umfassenden Schutzmaßnahmen für den Rhein mit dem Bau von drei Mündungskläranlagen, 1976 entstand das Klärwerk Emschermündung im Städtedreieck Duisburg, Oberhausen, Dinslaken. Dort wird das gesamte Wasser der Emscher vor der Einleitung in den Rhein biologisch gereinigt. Es handelt sich um die größte Abwasserreinigungsanlage der Welt.

5 *Erkundet Klärwerke in eurer Umgebung.*

Neue Chancen für die Natur
Seit 1957 kam es zur Stilllegung von Bergwerken und Hochöfen. Die wirtschaftliche Situation verschlechterte sich 1969/70 und machte Tausende von Menschen arbeitslos. Die Industrie hinterließ Brachen, das sind nicht mehr genutzte Flächen mit alten Industrieanlagen. Politiker und große Teile der Bevölkerung im Emscherraum sahen darin eine Gelegenheit einen Teil der Natur wiederherzustellen. Die Grünzüge zwischen den Städten sollten zu einer neuen Landschaft verbunden werden und nicht mehr bebaut werden. Die Lebensqualität der Bevölkerung sollte sich verbessern. Mit diesem Programm des Rückbaus industrialisierter Flächen und Flüsse verbindet sich auch die Hoffnung, dass sich neue Industriebetriebe im Ruhrgebiet ansiedeln und wieder Arbeitsplätze für die Menschen geschaffen werden.

1 *Überlegt, warum Umweltschutzmaßnahmen ergriffen wurden.*

Renaturierter Bach. Foto 1995.

Rückbau heute
Das Projekt „Internationale Bauausstellung" (IBA Emscherpark) soll mit staatlichen Mitteln von 1989 bis 1999 diesen Umbau planen und durchführen. Dazu gehört auch die Reinigung und Renaturierung der Emscher. Sie soll in einen Flusslauf mit vielen Windungen zurückverwandelt werden. Der 70 km lange Stacheldraht rechts und links des Emscherkanals wird überflüssig und die Landschaft kann für Erholung und Freizeit genutzt werden. An ihrem Ufer sollen Bäume und Büsche gepflanzt werden und ein Radweg und andere Sportanlagen sollen entstehen. Die Umgestaltungen werden zwischen 150 und 3000 DM je Meter der Emscher kosten. Einzelheiten berichtet die nrz vom 9. Februar 1995 im Duisburger Lokalteil unter der Überschrift „Die Emscher lockt mit klarem Wasser":

Q … Jetzt soll aus dem offenen Abwasserkanal mit seinem teilweise infernalischen Gestank ein sauberes Gewässer werden. Dazu wird der Schmutzkanal in Rohre verlegt und unterirdisch zum Klärwerk geleitet. Die „neue" Emscher darf oben plätschern … Da die Emscher keinen natürlichen Ursprung mehr hat, [wird] Regenwasser des riesigen Geländes gesammelt und kontrolliert in den neuen Emscherverlauf … eingespeist.

2 *Berichtet über die Planungen bezüglich der Emscher und findet heraus, welche Probleme das neue Konzept nicht löst.*

3 *Berechnet die voraussichtlichen Kosten und überlegt, wer das alles bezahlt. Vergleicht mit dem Verursacherprinzip im Mittelalter (S.149).*

4 *Sammelt Ideen, wie eurer Meinung nach die Emscherzone umgestaltet werden sollte.*

5 *Besorgt euch Informationen über das IBA-Projekt beim Kommunalverband Ruhr (KVR) in Essen oder dem Ministerium für Stadtentwicklung, Wohnen und Verkehr des Landes Nordrhein-Westfalen in Düsseldorf. Prüft, welche Maßnahmen im Rahmen der IBA vorgesehen sind. Sind eure Interessen berücksichtigt?*

Schüler bei einer Gewässeruntersuchung. Foto 1993.

Gewässerqualität früher und heute
Julia sieht bei ihrem Großvater ein Foto aus der Zeit, als dieser noch Kind war: er sitzt in einer Badehose am Rhein und angelt. Dazu erzählt er, dass man früher noch dorthin fischen ging. Selbst das Wasser konnte man trinken.
Julia vermutet, dass das heute nicht mehr geht. Die Wasserqualität hat nachgelassen. Sie überlegt, mit welchen Mitteln man die Veränderung der Wasserqualität wohl messen kann.

Die Erkundung der Wasserqualität
Mit ihren Freunden möchte Julia erkunden, welche Qualität das Wasser des Rheins heute hat. Sie befragen die Chemielehrerin, mit welchen verschiedenen Methoden man die Wasserqualität untersuchen kann. Die Lehrerin stellt ihnen drei einfache Untersuchungen vor, die man auch ohne chemische Kenntnisse durchführen kann:

1. Farbuntersuchung
Die Farbe eines Flusses erzählt etwas darüber, was dem Fluss so passiert. In einem einfachen Versuch kann man sichtbare Verunreinigungen herausbekommen. Dazu werden einige Wasserproben gesammelt und in farblose Trinkgläser gefüllt. In ein weiteres Glas wird destilliertes Wasser gefüllt. Nun werden alle Wasserproben auf ein weißes Blatt Papier gestellt. Die Färbung im Vergleich zur destillierten, also absolut reinen Flüssigkeit kann Folgendes aussagen:

graugelb-grauschwarz	allgemein stark verschmutzt
regenbogenbunt	Öl schwimmt auf dem Wasser
gelblich-rötlich	Eisenteilchen im Wasser
gelbbraun	Humusstoffe im Wasser
grün	viele Algen im Fluss, Fische und andere Pflanzen erhalten nicht genug Sauerstoff

2. Untersuchung des Säuregrades (pH-Wert)
Flüssigkeiten können Säuren sein, andere Flüssigkeiten sind Laugen, d. h. alkalisch. Essig z. B. ist eine Säure, Seifenlauge ist alkalisch. Ob eine Flüssigkeit eine Säure oder eine Lauge ist, kann man ganz leicht mit einem gelben Indikatorpapier feststellen. Dieses kann man in der Apotheke kaufen. Beim Eintauchen in die zu untersuchende Flüssigkeit verfärbt sich das

Papier. Ist eine Flüssigkeit sauer, wird das Papier je nach Säuregrad orange bis tiefrot. Grüne bis blaue Färbung verrät, dass die Flüssigkeit eine Lauge ist. An der Färbung kann man den pH-Wert ablesen. Er gibt an, wie stark sauer oder alkalisch die Flüssigkeit ist:

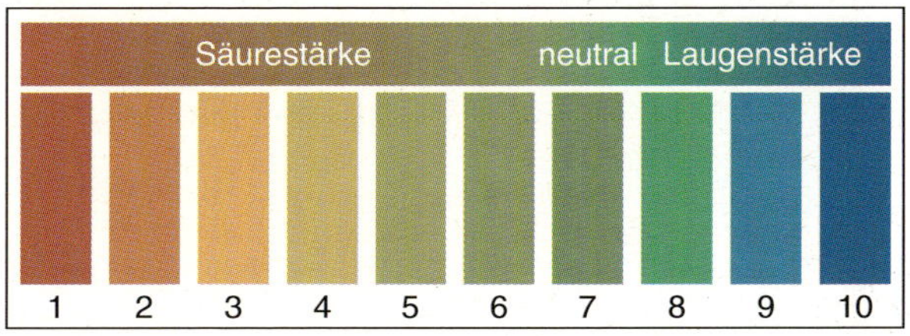

1 **Messskala für den pH-Wert von Flüssigkeiten.**

Der pH-Wert gesunden Wassers sollte zwischen 6 und 7,5 liegen. Wenn das Wasser in der Natur zu sauer oder zu alkalisch ist, wird das Leben in Flüssen und Seen gestört: Wasserpflanzen und Fische sterben. Schon ein pH-Wert unter 4,5 bis 5 kann für Fische tödlich sein. Dann ist das Wasser biologisch tot und auch als Trinkwasser nicht mehr geeignet. Diese Untersuchungen müssen an verschiedenen Stellen des Gewässers durchgeführt werden, z. B. vor und hinter einer Fabrik.

3. Untersuchung des Nitratgehaltes

Nitrat (NO_3) ist ein wichtiger Bestandteil von Kunstdüngern und kommt deshalb in der Nähe landwirtschaftlicher Betriebe im Grundwasser vor. Auch mit den Lebensmitteln nehmen wir es auf. In unserem Körper wird es in andere gesundheitsschädliche Stoffe umgewandelt. Der Nitratgehalt im Trinkwasser darf deshalb zur Zeit nicht mehr als 50mg/l betragen. Die entsprechenden Teststreifen erhält man in der Apotheke. Die Färbung des Teststreifens verrät, wie hoch der Nitratgehalt einer Wasserprobe ist:

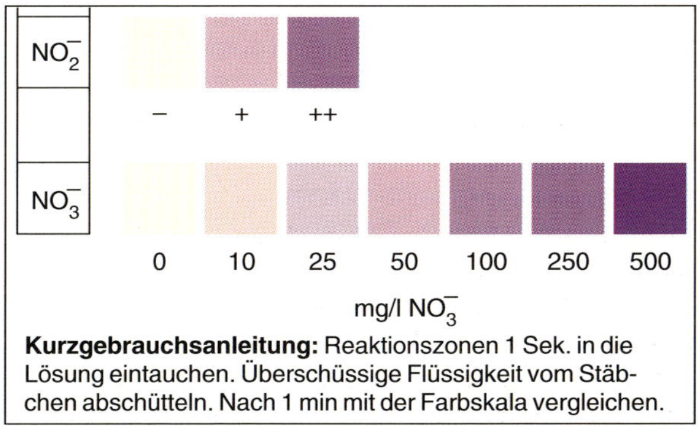

2 **Testanleitung für einen Nitrattest.**

Wir führen eine Gewässeruntersuchung durch

Wenn ihr vorhabt selbst eine solche Erkundung durchzuführen, könnt ihr euch an folgenden Arbeitsschritten orientieren:

Planung der Erkundung

- Legt in eurer Klasse fest, welche Gewässer ihr untersuchen möchtet. Sucht nach Fotos oder Berichten über die Situation der Gewässer in früheren Zeiten.
- Verständigt euch darüber, welche Untersuchungen ihr im Einzelnen durchführen wollt. Bittet eventuell den/die Chemielehrer/-in eurer Schule um Hilfe.
- Entwickelt einen Erkundungsbogen, in dem ihr eure Untersuchungsergebnisse schriftlich festhalten könnt.
- Bildet Gruppen und verteilt die Erkundungsaufträge oder weist jeder Gruppe ein Erkundungsgebiet zu.

Durchführung der Erkundung

- Führt eure Erkundung vor Ort durch und protokolliert die Beobachtungen und Messungen.

Auswertung der Erkundung

- Fasst eure Ergebnisse zusammen.
- Prüft, ob ihr eure Erkundungsergebnisse verallgemeinern könnt.

Dokumentation der Ergebnisse

- Überlegt, wie ihr eure Erkundungsergebnisse darstellen könnt (Wandzeitung, Fotoreportage o. ä.). Fügt die Fotos oder Berichte aus früheren Zeiten hinzu. Wenn ihr mehrere Gewässer untersucht habt, könnt ihr auch eine aktuelle Gewässergütekarte eurer Umgebung erstellen.

Weitere Informationen, z. B. zur Übernahme einer Bachpatenschaft, könnt ihr bekommen bei:

Greenpeace e. V.
Vorsetzen 53
20459 Hamburg

Umweltbundesamt
Bismarckplatz 1
14193 Berlin

Ein Öltanker strandet

Ein amerikanischer Ölkonzern will in dem französischen Küstenort Lornac Vorratstanks anlegen. Der Bürgermeister des Ortes wittert ein großes Geschäft. Die übrigen Einwohner lassen sich bald von dem Plan überzeugen, denn ihnen wird Arbeit und Verdienst in Aussicht gestellt. Der alte Jules Kerjean will das Unternehmen verhindern. Er will sich nicht von seinem Laden und seinem kleinen Hotel trennen, auch dann nicht, wenn das ganze Dorf und seine eigenen Söhne sich gegen ihn stellen. Doch dann läuft ein großer Tanker in Sichtweite des Dorfes auf einen Felsen auf ...

... In der folgenden Nacht schlief wahrscheinlich kaum jemand an der nordwestlichen Küste der Bretagne. Man konnte nicht einfach abschalten und sich einreden: es hilft ja doch nichts, wach zu bleiben, man kann nichts tun. Der Ölgeruch war durchdringender geworden, immer gegenwärtig, und er hinderte die Einwohner von Lornac daran, in dieser Nacht an etwas anderes zu denken als an den massigen Tanker, der zwei Kilometer vor der Küste mit Schlagseite im Wasser lag.

Der Ölteppich erreichte in dieser Nacht die Küste und überzog die weiten Sandstrände, die Buchten, die Felsen, in denen Zehntausende von Vögeln nisteten, in denen Millionen von Meerestieren lebten, mit dieser dicken, zähen Masse.

Der Sturm hatte sich nicht gelegt. Als im Morgengrauen – kaum dass die Umrisse des Tankers sich vom heller werdenden Himmel abhoben – die Leute, die am Ufer wohnten, die Fensterläden öffneten, spürten sie das Öl an ihren Händen, weil der Wind es in feinsten Tröpfchen weit ins Landesinnere trug. Sie hörten, dass die Wellen dumpfer als sonst an die Kaimauern schlugen, als seien sie träger geworden.

Sie sahen noch nichts, sie hatten Licht in den Zimmern, sie hoben sich wie dunkle Schatten in den Fenstern ab, sie warteten unbeweglich, erschrocken, verzweifelt. Sie wussten, dass das Öl die Küste überschwemmt hatte. Die Nacht hatten sie an den Tischen ihrer Wohnzimmer zugebracht, sie hatten schweigend die Meldungen im Radio gehört. Vielleicht hatten sie anfangs noch Hoffnung gehabt, es werde sich doch noch alles zum Guten wenden oder es könne wenigstens das Schlimmste verhindert werden. Aber sie hatten nur erfahren, dass der Tanker „Amoco Cadiz" hieß, dass er über 200 000 Tonnen Öl geladen hatte, dass er im Sturm auseinander zu brechen drohe. Dass man versuchen werde das Schiff in einen Hafen zu schleppen.

Jules, Yves und Gaston verbrachten die Nacht in der Bar unten. Armand war zu Bett gegangen. Er hatte gesagt: „Es hat keinen Sinn, wach zu bleiben. Damit ändert ihr nichts. Im Gegenteil, wenn ihr jetzt ausruht, werdet ihr morgen eher etwas unternehmen können."

Natürlich hatte er Recht. Yves sagte es ihm: „Du hast Recht. Leg dich zu Bett. Wir gehen später auch schlafen. Aber im Augenblick sind wir nicht müde."

Armand war kein Bretone. Für den war das Ganze ein bedauerlicher Unfall. Der konnte in zwei oder drei Tagen abreisen und alles vergessen. Oder sich nach dem Essen zu seinen Gästen setzen und erzählen: „Ihr glaubt nicht, wie das aussieht ..." Was diese Katastrophe für sie bedeutete, konnte er nicht begreifen. Es war ihr Land, ihre Heimat, die in diesen Tagen im Öl ertrank. Der Radiosprecher meldete, der Kapitän das Tankers sei verhaftet worden, die Regierung habe in einer Sondersitzung alle notwendigen Maßnahmen beschlossen um eine Katastrophe abzuwenden. Allerdings erschwere der gegenwärtig herrschende Sturm die Bergung des Tankers, aber man hoffe, dass der Wind bald umschlage ... Tanker [seien] unterwegs um das Öl abzusaugen. Experten [seien] der Ansicht, dass man keine Bindemittel verwenden darf, weil sonst die ganze Flora und Fauna der Bretagne zu Grunde [ginge] ...

[Später,] als der Morgen graute, sagte Yves: „Wir können jetzt hinuntergehen und uns den Strand ansehen." ...

Die Leute säumten den Strand auf der ganzen Länge von fast zwei Kilometern. Yves und Gaston gingen hinunter zum Hafen. Auch dort standen die Menschen dicht gedrängt, schweigend und untätig. Die Katastrophe hatte sie gelähmt. Sie sahen da und dort Vögel in der Brühe untergehen. Die Leute sprachen nicht, sie zeigten nur mit der Hand dorthin, wo wieder einer versank.

Allmählich formte sich in der Menge doch so etwas wie ein gemeinsamer Wille etwas zu unternehmen ...

Was die Bewohner von Lornac unternehmen, könnt ihr nachlesen in: Steiger, Otto: Lornac ist überall. Würzburg 1980.

Blick in die Zukunft: Vision Emscher
Der Schriftsteller Bernd Drescher hat 1982 eine Fantasiegeschichte über die Zukunft der Emscher geschrieben. Darin kommt ein Werbeprospekt der Stadt Essen aus dem Jahr 2000 vor:

Essen – die Stadt des grünen Sumpfes

Um die Jahrtausendwende haben wir gewaltige Leistungen vollbracht! Die künstliche Industrielandschaft mit kilometerlangen Kanälen wurde entlang der Emscher und ihrer Nebenbäche wieder zurückverwandelt in ihren ursprünglichen Zustand.
Wildromantische Grüngebiete und Sümpfe warten auf Sie! Hier können Sie wilde Orchideen finden und Wildpferde grasen sehen. Sie können dem Reiher beim Fischen zusehen und reizvolle Wanderungen und Kajakfahrten unternehmen.

Emscherbruch wiederhergestellt mit Wildpferden, Reihern und Orchideen

Besuchen Sie die Emscher – die neue Attraktion des Ruhrgebiets!

Umgang mit Wasser früher und heute
Über die Nutzung des Wassers waren sich die Menschen selten einig. Heute ist zwar unser technisches Wissen über den Gewässerschutz gestiegen, aber die Konflikte bestehen weiter fort.
Flüsse sind ideale Verkehrswege; gleichzeitig sollen sie Lebensraum für Fische sein. Nach wie vor müssen die Flüsse die Abwässer unserer modernen Industriegesellschaft abtransportieren, andererseits sind Flussauen beliebte Erholungsräume. Das Trinkwasser von Millionen Menschen wird aus Flüssen und Seen gewonnen. Wie stark die Wassernutzung das Leben des Einzelnen berührt, zeigte ein Chemieunfall in Basel im Jahre 1986. Weite Teile des Rheins waren mit Giften verseucht. Ein internationales „Gericht" von Umweltschützern forderte daraufhin: Schluss mit dem „unverantwortlichen, ja kriminellen Umgang mit den natürlichen Grundlagen unseres Lebens … Wir wollen Wasser wieder gefahrlos trinken können, wieder unvergiftete Aale, Lachse und Forellen aus den Flüssen essen können." (1) Sie verlangten, dass alle Abwässereinleitungen in Flüsse verboten werden sollten. Auf der anderen Seite sind im vergangenen Jahrzehnt auch Maßnahmen zum der Schutz der Flüsse ergriffen worden. Seitdem gibt es im Rhein wieder Lachse. Wie die Konflikte zwischen den unterschiedlichen Interessen zu regeln sind, bleibt eine wichtige Aufgabe für Gegenwart und Zukunft.

Umwelt morgen – Wunschbilder für die Zukunft
Wenn ihr zur Lösung von Umweltproblemen beitragen wollt, solltet ihr zunächst Vorstellungen von einer besseren Zukunft entwickeln.
Bildet dazu fünf Gruppen. Entfaltet nun eure ganze Fantasie und entwerft gemeinsam ein Wunschbild: Wie soll die ideale Zukunft aussehen? Welche Ideen zur Sicherung der Lebensgrundlage Wasser habt ihr? Beschreibt eure Fantasien möglichst genau. Dabei ist alles möglich; es gibt keine technischen Grenzen. Geld spielt keine Rolle. Diskutiert danach über die Vorschläge, dabei ist aber abwertende Kritik (wie „du spinnst ja") nicht erlaubt.
Erstellt nun ein gemeinsames Wandgemälde. Es soll eine Skizze eures Fantasielandes der Zukunft sein. Die Ideen, die ihr vorher gefunden habt, sollen dabei erkennbar sein.

5. Europäisches Mittelalter

Stadtplan von Duisburg. Kolorierter Stich, 16. Jahrhundert.

Unser Mittelalter

Mittelalter – da denkt man häufig zunächst an die Ritter, die schwer bewaffnet gegeneinander kämpften oder auf Ritterturnieren um den Sieg stritten. Man denkt vielleicht auch an die Burgen, wie jene am Rhein oder im Münsterland. Vielfach können wir heute nur die Ruinen besichtigen und man fragt sich: Wie konnten Menschen in diesen engen, dunklen Gemäuern, fernab von der nächsten Stadt, ein ganzes Leben verbringen? Wie bekamen sie Wasser auf die Höhenburgen und was taten sie, wenn sie nicht gerade kämpften?

Mittelalter – daran erinnern uns manchmal auch alte Stadtkerne: der Marktplatz mit der Kirche und die Straßennamen, die uns auf längst vergangene Zeiten hinweisen.

Mittelalter – aus dieser Zeit stammen häufig auch unsere Wochenmärkte, Jahrmärkte, das Schützenfest, die Kirmes oder Kirchweih. Und in die Zeit des Mittelalters reichen auch zahlreiche Familiennamen zurück wie Schmied, Weber, Tuchmacher, Becker, Schulze oder Meier.

Mittelalter – das ist schließlich auch die Zeit der großen Kaiser und Könige. Sie hinterließen uns einige der bedeutendsten Kirchen. Ein Bauwerk erinnert heute noch an Kaiser Karl den Großen: das Aachener Münster.

1 Mittelalterliches Gebäude in Soest. Foto 1985.

2 Chorraum der Reinoldikirche in Dortmund. Foto 1987.

– *Informiert euch über die Geschichte eures Heimatortes im Mittelalter. Hinweise findet ihr vielleicht in Prospekten oder Veröffentlichungen eines Vereins, der sich mit der Heimatgeschichte befasst.*
– *Falls möglich, macht Aufnahmen von Kirchen, Gebäuden oder auch Bildern, die aus dem Mittelalter stammen. Schreibt zu jedem Bild eine kurze Erklärung und fertigt dann eine Wandzeitung für euer Klassenzimmer an.*
– *Ausländische Schülerinnen und Schüler können von der Geschichte ihres Heimatortes berichten. Gab es auch dort ein Mittelalter?*

3 Topfhelm aus Deutschland um 1250. Foto.

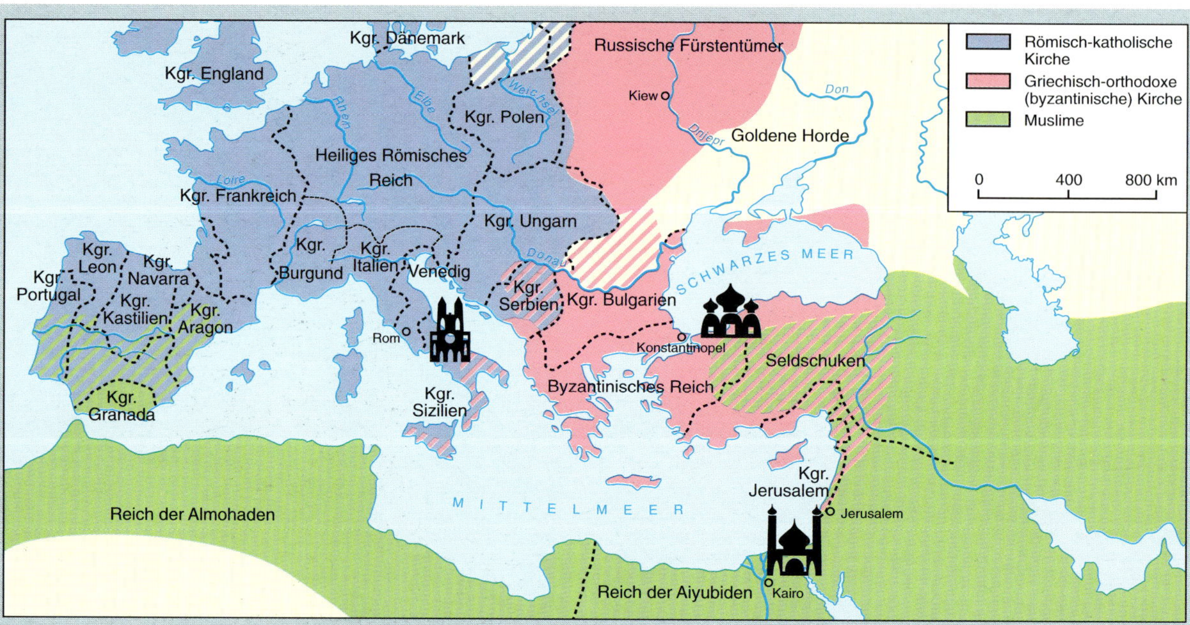

Europa um 1200.

Europa – was war das?

Spricht man heute von Europa, dann meint man vielleicht das Gebiet, das von Portugal und Irland im Westen bis nach Russland, Griechenland und der Türkei im Osten reicht. Manche denken bei „Europa“ auch nur an die „Europäische Union“, zu der im Moment insgesamt 15 Länder gehören.

Eine solche Gemeinschaft von Ländern gab es im Mittelalter nicht. Dennoch fühlten sich die Menschen des mittelalterlichen Europa auf vielfältige Weise miteinander verbunden:

– Sie waren alle Christen: Auf der Karte S. 137 kann man erkennen, dass im 5. Jahrhundert n. Chr. germanische Völker auf dem Boden des Römischen Reiches neue Königreiche gegründet hatten. Alle diese Völker bekannten sich schon bald zum Christentum.

– Kirchensprache war in allen diesen Ländern das Lateinische, die Sprache der Römer. Mit der Sprache überlieferte die Kirche auch die römische Kultur, d. h. die lateinische Schrift, Texte römischer Schriftsteller, römische Rechtsprechung und auch Architektur. Der fränkische Herrscher Karl der Große, der im Jahre 800 zum Kaiser gekrönt wurde, und die deutschen Könige sahen sich als „Kaiser der Römer“ in der Nachfolge der römischen Kaiser.

Europa im frühen Mittelalter – so kann man also sagen – umfasste alle Länder, deren Bewohner sich zum Christentum bekannten und von der römischen Kultur beeinflusst waren. Auch das oströmische Reich (s. S. 137) gehörte so zu Europa. Nicht dazu gehörten weite Teile des heutigen Spanien und Portugal, die von den Arabern erobert worden waren; die Araber waren nämlich Muslime (s. S. 247).

Im Jahre 1054 trennte sich die römische Kirche mit der lateinischen Kirchensprache von der oströmischen Kirche mit der griechischen Kirchensprache. Seit dieser Zeit versteht man unter Europa oft nur noch die Länder der römischen Christenheit.

Die Länder in diesem Europa hatten noch weitere Gemeinsamkeiten:

– sie wurden alle in ähnlicher Weise von Königen oder Fürsten beherrscht,

– überall war die Gesellschaft eingeteilt in drei Stände: Geistliche, Adlige und Bauern,

– in allen Ländern hatten die Frauen weniger Rechte als die Männer,

– es gab vergleichbare Lebensformen, wie jene der Ritter, und ähnliche Baustile wie etwa bei den gotischen Kathedralen.

Das Wort „Mittelalter" gibt es erst seit dem 17. Jahrhundert. Damals begeisterte man sich für die wissenschaftlichen und kulturellen Leistungen der Antike (vgl. Kapitel 3). Vieles davon war jedoch mit dem Zerfall des Römischen Reiches um 500 untergegangen und erst um 1500 wiederentdeckt worden. Doch daran wollte man anknüpfen. Die dazwischen vergangene Zeit erschien den Menschen als kulturloses, finsteres Zeitalter voller Grausamkeit, Unbildung und Aberglauben. So nannte man diese Zeit abschätzig „Mittelalter", ein Zeitalter ohne eigenen Wert zwischen den „besseren" Epochen.
1000 Jahre europäische Geschichte – das war jedoch eine Zeit, die ständig in Veränderung und Entwicklung begriffen war und eigene kulturelle Leistungen hervorbrachte:

Karl der Große. Bronzestatuette um 800.

Um 500

– ist das weströmische Reich zur Beute verschiedener Germanenstämme geworden,
– hat allein die Kirche die germanischen Eroberungszüge weitgehend unbeschadet überstanden. Bischöfe, Äbte und Priester übernehmen in den germanischen Reichen Verwaltungsaufgaben, da sie allein die Schrift beherrschten.

Um 800

– herrscht Karl der Große über ein Reich, aus dem später die Länder Deutschland, Frankreich und Italien hervorgehen sollten. Als „Vater Europas" haben ihn schon Zeitgenossen bezeichnet. Eine Hauptstadt gibt es nicht. Der König übt daher seine Herrschaft im Umherreisen aus.
– Das Reich ist zu dieser Zeit noch wenig erschlossen: Moore, Sümpfe und vor allem undurchdringliches Dickicht herrschen vor. Dazwischen liegen kleine Lichtungen mit armseligen Dörfern und wenigen Bauernhütten. Nur selten trifft man auf eine Stadt, Überreste einer vielleicht ehemals blühenden Römersiedlung.
– Waren werden fast nur im Tausch erworben oder mit Lebensmitteln bezahlt. Geld ist weithin unbekannt.

Um 1500

– gibt es zahlreiche Königreiche, deren Bewohner sich als eigenständige Nationen empfinden mit einer eigenen Sprache und Geschichte, mit eigener Kultur und Lebensweise.
– gibt es fast modern zu nennende Staaten wie etwa Frankreich mit der Hauptstadt Paris. Von hier aus wird das ganze Land zentral verwaltet durch eine gut ausgebildete Beamtenschaft. Im Deutschen Reich waren es die Landesherren, die ihre Herrschaftsgebiete zu modernen, selbstständigen Staaten entwickelten.
– gibt es zahlreiche größere Städte, mit Mauern umgeben, mit prächtigen Häusern und großen Kathedralen. Sie sind Zeichen einer wohlhabenden und selbstbewussten Bürgerschaft.
– sind an die Stelle des Tauschhandels die Geldwirtschaft und die Banken getreten.

In diesem Kapitel könnt ihr erkunden,
– wie unter Karl dem Großen ein mächtiges Reich entstand, aus dem schließlich Frankreich, Deutschland und Italien hervorgingen,
– wie dieses Reich regiert und verwaltet wurde,
– welche unterschiedlichen Rechte und Pflichten die einzelnen Stände im Mittelalter hatten und
– wie die Menschen auf dem Lande und in den Städten lebten.

1 Auf der Briefmarke in lateinischer Sprache: Karl der Große.

2 Karl als Vater Europas: Unter seiner Herrschaft waren die heutigen Partnerstädte Aachen und Reims bedeutende Mittelpunkte in einem Reich.

3 Auf der Briefmarke in französischer Sprache: Karl der Große.

Während die meisten germanischen Reiche auf weströmischen Boden (s. Karte S. 137) nur kurze Zeit bestanden, stieg ein Reich im Laufe der Zeit zu besonderer Macht und Größe auf: das Reich der Franken. Ihrem König Chlodwig (481–511) und seinen Söhnen aus dem Geschlecht der Merowinger gelang es, das fränkische Reich ständig zu erweitern: die Westgoten wurden weitgehend aus Südfrankreich vertrieben, das Reich der Burgunder erobert; ganz Gallien wurde fränkisch.
Geschwächt durch endlose Familienfehden verloren die merowingischen Könige aber immer mehr an Einfluss und Macht. Im Jahre 751 ließ daher Pippin, der oberste Hofbeamte, beim Papst anfragen, wer König sein solle. Als der Papst antwortete, derjenige solle König sein, der auch die Macht habe, ließ sich Pippin noch im selben Jahr von den Adligen zum König wählen. Im Jahre 768 starb Pippin. Nachfolger wurden seine Söhne Karlmann und Karl. Als Karlmann nur drei Jahre später starb, wurde Karl alleiniger Herrscher des ganzen Frankenreichs.
Auf den folgenden Seiten könnt ihr erarbeiten,
– wie Karl weitere Gebiete unterwarf,
– wie das Frankenreich verwaltet und regiert wurde
– und wie es schließlich geteilt wurde und das „Reich der Deutschen“ entstand.

König Karl erobert Sachsen

1 *Beschreibt, wie Karl der Große auf den Briefmarken dargestellt wird.*

2 *Seht euch die Karte auf der nächsten Seite an. Überlegt, warum sowohl die deutsche wie die französische Post eine Briefmarke mit Karl dem Großen herausgegeben haben.*

3 *Stellt mit Hilfe der Karte und eines Atlas fest, welche Gebiete im heutigen Bundesland Nordrhein-Westfalen von Karl erobert wurden.*

König Karl führte viele Kriege und eroberte zahlreiche Gebiete, die er in das Frankenreich eingliederte. Erbitterten Widerstand gegen die Eingliederung in das fränkische Reich leisteten vor allem die Sachsen unter Führung ihres Herrschers Widukind. 18 Feldzüge führte Karl gegen die Sachsen. Immer wenn er mit seinem Heer das Land der Sachsen verlassen hatte, kam es zum erneuten Aufstand. Karl griff zu grausamen Unterdrückungsmaßnahmen. 4500 Sachsen sollen bei Verden an der Aller auf seinen Befehl hingerichtet worden sein. Widukind selbst konnte fliehen. Um den Widerstand endgültig zu brechen wurden die Sachsen gezwungen das Christentum anzunehmen.

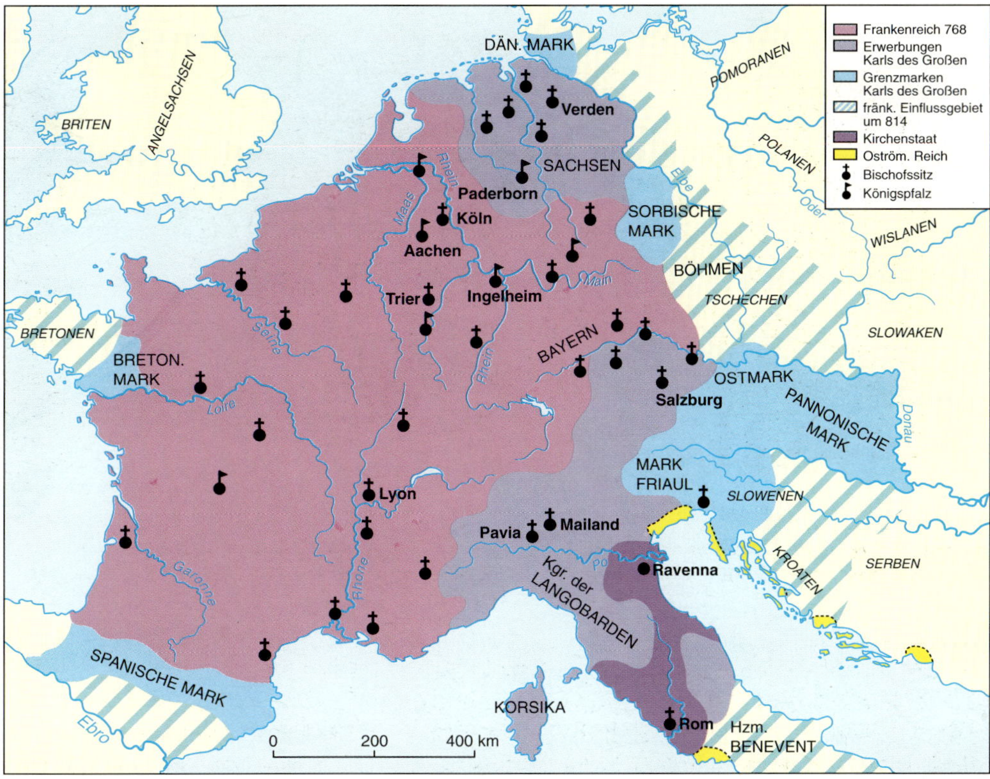

Das Reich Karls des Großen

In einer Anordnung aus dem Jahr 782 bestimmte Karl:

Q 3. Wer mit Gewalt in eine Kirche eindringt und dort raubt oder stiehlt oder die Kirche in Brand steckt, wird mit dem Tode bestraft.
4. Wer die vierzigtägige Fastenzeit vor Ostern nicht einhält um das Christentum verächtlich zu machen und in dieser Zeit Fleisch isst, wird mit dem Tode bestraft …
8. Wer noch ungetauft ist und es unterlässt, zur Taufe zu kommen, weil er Heide bleiben möchte, wird mit dem Tode bestraft …
17. Alle Sachsen sollen den zehnten Teil ihres Besitzes und des Ertrages ihrer Arbeit den Kirchen und Priestern geben …
34. Wir verbieten allen Sachsen öffentliche Versammlungen abzuhalten, außer wenn unsere Boten eine Versammlung einberufen.

Dennoch kam es auch in den folgenden Jahren zu weiteren Aufständen. Erst als Widukind 785 den Kampf aufgab und viele Tausende von sächsischen Familien zwangsweise ins Frankenreich umgesiedelt wurden, erlosch der Widerstand allmählich. Im Jahre 804 kam es zum Friedensschluss, das Gebiet der Sachsen wurde Teil des Frankenreiches.

1 *Untersucht, welche Ziele Karl mit seiner Verordnung hautsächlich verfolgte.*

2 *Spielt folgende Szene: Ein Franke und ein Sachse unterhalten sich über die Verordnung (Q).*

3 *Sprecht darüber, wie ihr das Vorgehen Karls des Großen beurteilen würdet.*

4 *Erklärt aus der Sicht Karls des Großen den Zusammenhang von Unterwerfung und gewaltsamer Christianisierung.*

5 *Mit Hilfe des Postleitzahlenbuches könnt ihr Ortsnamen finden, die an die Zwangsumsiedlung der Sachsen erinnern.*

1 Der König belehnt geistliche und weltliche Fürsten. Die geistlichen erhalten ein Zepter, die weltlichen eine Fahne.

2 Ein Fürst belehnt seinen Untervasallen. Buchmalerei aus dem 14. Jahrhundert.

Die Verwaltung des Reiches

Obwohl Karl der Große ständig unterwegs war um dafür zu sorgen, dass im ganzen Reich (s. S. 165) seine Befehle und Gesetze richtig ausgeführt wurden, konnte er doch nicht selber überall nach dem Rechten sehen. Er errichtete daher etwa 500 Grafschaften (= Verwaltungsbezirke). Die Verwaltung in diesen Gebieten übertrug er Männern seines Vertrauens, die er zu Grafen ernannte. Sie hatten die Aufgabe Steuern einzuziehen, Recht zu sprechen und im Kriegsfall ein Heer aufzustellen.

Ferner zog der König auch Bischöfe und Äbte zur Verwaltung des Reiches heran. Sie alle erhielten für ihre Dienste vom König Land mit den dazugehörigen Menschen auf Lebenszeit geliehen; diese Güter heißen deshalb auch Lehen. Wer sein Lehen vom König erhielt, war sein Kronvasall (s. Q1). Auch die Kronvasallen konnten ihrerseits die Güter wieder weiterverleihen an die Untervasallen.

Über einen derartigen Vorgang unterrichten uns zwei Urkunden aus dem 13. Jahrhundert:

Im Jahre 1283 stellte König Rudolf für den Grafen Heinrich folgende Urkunde aus:

Q1 Rudolf von Gottes Gnaden König der Römer ... Wohlwollend schauen wir auf die Treue und die lobenswerten Verdienste des Grafen Heinrich von Fürstenberg ... Wir übergeben daher ihm und seinen rechtmäßigen Erben die Städte Villingen und Haslach mit allem, was dazugehört, als Lehen auf ewig.

Im Jahre 1292 stellt Heinrichs Sohn eine Urkunde aus:

Q2 Ich, Graf Egon von Fürstenberg, gebe allen kund, die diesen Brief lesen, dass ich Heinz, dem Schenken von Schenkenzell ... das Tal Kirnbach (bei Villingen) als rechtes Lehen gegeben habe mit Leuten, mit Äkkern, Wiesen, Wald, Feld und Wasser, mit dem Gericht und allen Rechten, die dazugehören, so wie mein verstorbener Vater und ich sie bisher besessen haben.

1 *Nennt die Personen, die ein Lehen vergeben oder empfangen.*

2 *Ordnet die beiden Quellen der Darstellung auf den Bildern (1 und 2) zu.*

3 *Stellt fest, was alles als Lehen verliehen und wofür es gegeben wurde.*

Der Vasall gelobte seinem Lehnsherrn Treue und Gefolgschaft in Krieg und Frieden. Umgekehrt versprach auch der Lehnsherr seinem Vasallen Treue und allezeit Schutz und Hilfe. Ein Lehen konnte nicht nur aus Landgütern bestehen. Als Lehen wurden vom König auch Kirchenämter (an Abt, Äbtissin oder Bischof) und hohe Verwaltungsämter vergeben, wie etwa das Grafenamt.

Starb ein Vasall, so fiel das Lehen an den Lehnsherrn zurück. Außerdem konnte ein Lehen sofort zurückgefordert werden, wenn der Vasall seinen Verpflichtungen nicht nachkam.

Ein König ruft einen Herzog innerhalb von sechs Wochen (VI) zum Heeresdienst auf. Der Herzog gibt den Aufruf an seine Krieger weiter. Buchmalerei aus dem Sachsenspiegel, 14. Jahrhundert.

Die Pflicht der Vasallen im Krieg

Um 804 schrieb Karl der Große an den Abt Fulrad von Altaich:

Q Wir teilen dir mit, dass wir in diesem Jahr den großen Reichstag nach Ostsachsen zusammengerufen haben, und zwar nach Stassfurt an der Bode. Deshalb befehlen wir dir, am 17. Juni mit allen deinen wohlbewaffneten und ausgerüsteten Leuten an dem genannten Platz dich einzustellen ..., um von hier aus, wohin dich auch unser Befehl schicken mag, eine militärische Expedition durchzuführen; dass heißt, mit Waffen und Gerät und aller anderen kriegerischen Ausrüstung, mit Proviant und Bekleidung.
Jeder Berittene soll Schild, Lanze, Schwert und Hirschfänger haben, dazu Bogen, Köcher mit Pfeilen, und eure Packwagen sollen Vorräte aller Art mitführen, Spitzhacken und Äxte, Bohrer, Beile, Spaten, eiserne Grabscheite und alle anderen Werkzeuge, die man bei einem Feldzug braucht. Die Lebensmittel müssen vom Reichstag an gerechnet drei Monate reichen. Waffen und Bekleidung ein halbes Jahr. Wir befehlen dir, streng darauf zu achten, dass du in Ruhe und Frieden den genannten Ort erreichst, durch welche Teile unseres Reiches dein Marsch dich auch führen mag.

1 *Zählt alle Ausrüstungsgegenstände auf, die der Abt und seine Krieger mitbringen mussten.*

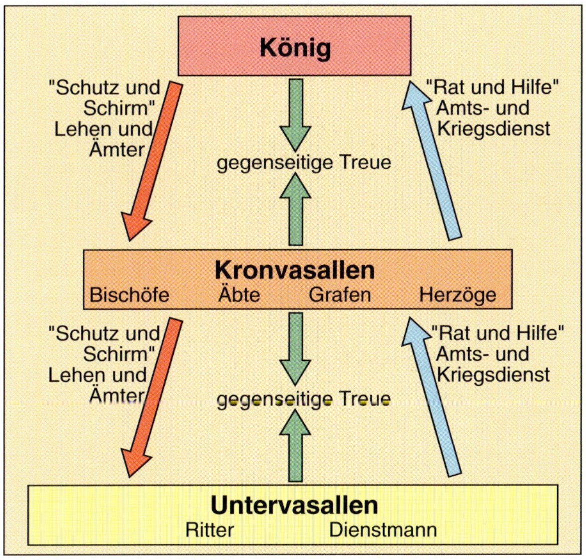

2 Lehnsherr und Lehnsmann.

2 *Überlegt, was Kaiser Karl meinte, wenn er dazu aufforderte, den Ort in Ruhe und Frieden zu erreichen.*

3 *Beschreibt die Vorgänge auf der Abbildung und erzählt, was ein Abt oder Herzog alles tun musste, wenn er zum Heeresdienst gerufen wurde.*

4 *Überlegt nochmals, was es für die Bauern bedeutete, wenn Karl fast jedes Jahr Krieg führte.*

1 Goldmünze mit dem Kopf Kaiser Konstantins des Großen. Die Umschrift lautet: Imp(erator) Constantinus P(ater) P(atriae) Aug(ustus).

2 Silbermünze mit dem Kopf Kaiser Karls des Großen. Die Münzinschrift lautet: Carolus Imp(erator) Aug(ustus) (Imperator = Kaiser).

Karl – Herrscher Europas

1 *Lest auf S. 117 nach, was die Titel „Kaiser" und „Augustus" bedeuteten.*

2 *Vergleicht die Abbildungen auf den beiden Münzen: Welchen Herrschaftsanspruch Karls kann man daraus entnehmen?*

Am Ende des 8. Jahrhunderts war Karl der mächtigste Herrscher in Europa. Sein Reich umfasste weite Teile des ehemaligen weströmischen Reiches (vgl. die Karten S. 105 und S. 165). Er empfing arabische Gesandtschaften, von denen die Franken glaubten, sie seien vom mächtigen Kalifen Harun al Raschid persönlich beauftragt worden (vgl. S. 247). Ebenbürtig fühlte Karl sich auch dem Kaiser des oströmischen Reiches. In einem Gedicht um 800, dessen Verfasser bis heute in der Wissenschaft umstritten ist, hieß es:

Q1 Der König [Karl] übertrifft alle Könige auf der ganzen Welt an Würde und Weihe, ... König Karl, das Haupt der Welt, die Liebe und Zierde des Volkes, die bewundernswerte Spitze Europas, der beste Vater, der Held, der Augustus, aber auch mächtig in der Stadt [Aachen], die als zweites Rom zu neuer Blüte gewaltig emporwächst.

Aachen war nicht wie früher Rom die Hauptstadt eines Reiches. Der König war vielmehr mit seinem Gefolge ständig unterwegs um seine Macht überall im Reich selber zur Geltung zu bringen. Aber gegen Ende des 8. Jahrhunderts, auf dem Höhepunkt seiner Macht, ließ er Aachen zu einer Art Verwaltungsmittelpunkt ausbauen.

Ein unbekannter Dichter dieser Zeit schrieb:

Q2 Fern auf der Burg steht Karl und bezeichnet die einzelnen Plätze und bestimmt für das künftige Rom die ragenden Mauern. Hier sei der Markt, heißt es, und das würdige Haus des Senats, wo sie des Volkes Gesetz und heilige Gebote beraten. Eifrig gehorcht die fleißige Schar; es schneiden die einen Steine für ragende Säulen und bauen die Burg in die Höhe. Andere wälzen voll Eifer hinauf mit Händen die Quadern, krönen mit hohen Kuppeln die Paläste ...

3 *Beschreibt die Machtstellung Karls, wie sie von den Verfassern der Q 1 und 2 gesehen wird.*

4 *Sprecht darüber, wie die Verfasser von Q 1 und Q 2 die Stadt Aachen bezeichnen. Was möchten sie damit zum Ausdruck bringen?*

Karl der Große – Vater Europas

Im Jahre 800 n. Chr. wurde König Karl von Papst Leo III. in Rom zum Kaiser gekrönt. Im fränkischen Reich verstand man die Kaiserkrönung so, dass Karl jetzt für alle sichtbar die Nachfolge der römischen Kaiser angetreten habe und ihm allein daher auch die Oberherrschaft über das ganze christliche Europa zustehe. Schon Zeitgenossen gaben Karl den Beinamen „der Große".

Karl war es gelungen, nach den Unruhen der Völkerwanderung (s. S. 137) ein Reich zu schaffen, in dem unterschiedliche Völker und Stämme lebten. Gemeinsam war allen Untertanen der christliche Glaube, der ihr tägliches Leben bestimmen sollte. In der Nachfolge der römischen Kaiser förderte er Bildung und Wissenschaft. So wurde das Frankenreich zum Fundament für die weitere Geschichte ganz West- und Mitteleuropas. Nicht übersehen kann man aber auch die Schattenseiten seiner Herrschaft wie etwa die grausamen Kriege gegen die Sachsen.

1 Der Frankenkönig Karl, umgeben von seinen Beratern. Mittelalterliche Buchmalerei, 11. Jahrhundert.

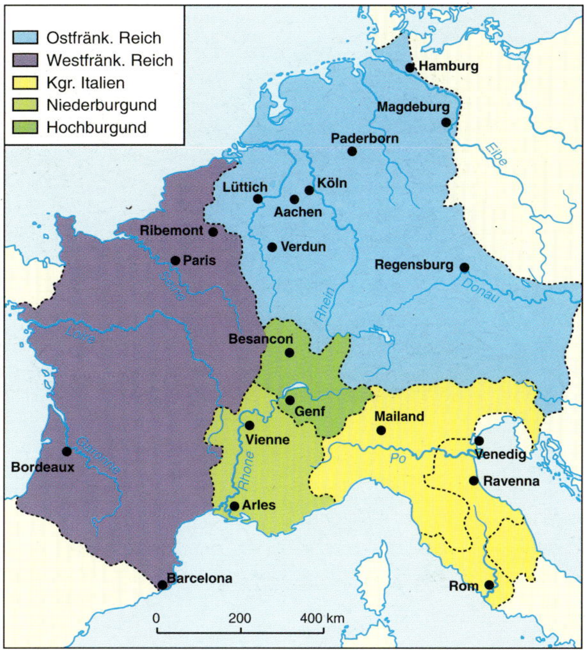

2 Das Frankenreich zerfällt.

Der Zerfall des Frankenreichs

1 *Mit Hilfe der Karte (2) und einem Atlas könnt ihr feststellen, welche europäischen Staaten durch ihre Zugehörigkeit zum Frankenreich einen Teil ihrer Geschichte gemeinsam haben.*

Die letzten Lebensjahre verbrachte der Kaiser vor allem in seiner Lieblingspfalz* Aachen. Hier starb er am 28. Januar 814 im 72. Lebensjahr. Noch am selben Tag wurde er im Dom zu Aachen beigesetzt. Über seinem Grab wurde ein Bogen errichtet mit der Inschrift:

Q Hier unten liegt der Leib Karls, des großen und rechtgläubigen Kaisers, der das Reich der Franken herrlich vergrößerte und siebenundzwanzig Jahre hindurch glücklich regiert hat.

2 *Berichtet über das Reich Karls des Großen, indem ihr diese Inschrift erklärt.*

Nachfolger Karls des Großen wurde sein Sohn Ludwig der Fromme, der das große Reich noch zusammenhielt. Unter seinen Nachfolgern aber wurde das Reich nach schweren Kämpfen mehrmals neu aufgeteilt. Burgund und Italien im Süden wurden selbstständige Königreiche. Im Norden kam es zur Bildung eines west- und eines ostfränkischen Reiches. In beiden Reichen bildete sich ein Zusammengehörigkeitsgefühl der dort lebenden Menschen heraus. So entstanden allmählich die beiden Länder Frankreich und Deutschland.

Der letzte Karolinger im Ostreich starb im Jahr 911. Die Königswürde ging 919 an Heinrich I., den mächtigen Herzog in Sachsen. Während seiner Regierungszeit wird das Ostreich zum ersten Mal als „Reich der Deutschen" bezeichnet. Das Wort „deutsch" kommt vom Althochdeutschen „diutisc", was so viel bedeutet wie „volksmäßig, dem Volk gehörig". Als „diutisc" bezeichnete man auch die germanische Sprache, die im Ostreich gesprochen wurde. Allmählich wurde daraus der Name für die Menschen, die diese Sprache sprachen, die „Deutschen". Nachfolger Heinrichs I. wurde sein Sohn Otto I., der im Jahr 962 vom Papst zum Kaiser gekrönt wurde. Seit dieser Zeit bis 1806 wurde die Kaiserwürde immer nur an deutsche Könige verliehen.

1 Die Herzogtümer zur Zeit Ottos I.

Ein anderer Herrscher: Otto I. (936–973)

1 *Vergleicht die Karte mit der Karte von S. 165. Welche Unterschiede stellt ihr fest?*

Als das karolingische Reich zerfiel und die Macht des Königs abnahm, betrachteten die Kronvasallen (s. S. 166) ihre Lehen immer mehr als ihren Besitz, den sie in der Familie weitervererben konnten. Grafen und hohe Adlige übernahmen so bei den einzelnen Stämmen allmählich die Führung. Sie nannten sich Herzöge. Manche Herzöge regierten in ihren Herzogtümern wie Könige. Nur mit Mühe und nach langwierigen Kämpfen gelang es Otto I., seinen Herrschaftsanspruch in allen Herzogtümern durchzusetzen.
Vielleicht wollte Otto I. ein Gegengewicht gegen die mächtigen Herzöge schaffen, als er verstärkt Unterstützung bei der Kirche suchte. Sie war neben dem Königtum die einzige Institution, die über allen Stämmen stand.
Otto I. übertrug Abteien und Bistümer fast nur noch Geistlichen, die zuvor lange Zeit am Königshof tätig gewesen waren. Sie kannten sich bei den Verwaltungsaufgaben gut aus, standen auch weiterhin mit dem König in Verbindung und waren ihm treu ergeben. Als Gegenleistung erhielten sie große Lehnsgebiete, sogar ganze Grafschaften und Herzogtümer, die sie verwalten sollten. Man bezeichnet heute diese enge Verbindung zwischen dem Königtum und der Kirche als Reichskirchensystem. Geistliche durften nicht heiraten; sie hatten also keine Erben. Starb ein Abt oder Bischof, dann konnte der König ohne weiteres erneut über die Lehen verfügen.

2 *Beschreibt die Darstellung auf dem Bild 1, S. 171. In welcher Haltung werden Kaiser und Bischof gezeigt?*

3 *Überlegt, welche Pflichten der Bischof mit der Belehnung gegenüber dem Kaiser übernahm.*

4 *Sprecht über die Vorteile, aber auch mögliche Probleme, die sich aus dem Reichskirchensystem für das deutsche Königtum ergeben konnten. Denkt dabei auch an den Papst als Oberhaupt der Kirche.*

Brun – Erzbischof von Köln und Herzog von Lothringen

Im Jahre 953 ernannte Otto I. seinen Bruder Brun zum Erzbischof von Köln. Noch im selben Jahr erhielt Brun das Herzogtum Lothringen als Lehen übertragen. Weil er sowohl die geistlichen Aufgaben eines Erzbischofs wie die weltlichen eines Herzogs so erfolgreich wahrnahm, nannte man ihn „Archidux“ (von archiepiscopus – Erzbischof und dux = Herzog).
Für Brun war es selbstverständlich, dass er in gleicher Weise dem Reich wie der Kirche zu dienen habe; dazu gehörte notfalls auch der bewaffnete Kampf. Sein Schüler Ruotger, der eine ausführliche Lebensbeschreibung seines Lehrers verfasste, schrieb:

1 Kaiser Otto II. übergibt dem hl. Adalbert zum Zeichen der Belehnung mit dem Bistum Prag den Bischofsstab.
Darstellung an der Bronzetür am Dom zu Gnesen, gegossen um 1120.

2 Otto I. setzt Papst Johannes XII. ab und Leo VII. ein.
Buchmalerei aus dem 11. Jahrhundert.

Q Aber vielleicht kommen einige ... mit dem Einwand, wieso ein Bischof Politik getrieben und sich mit dem gefährlichen Kriegshandwerk befasst habe, obwohl er doch nur die Sorge für die Seelen übernommen habe.
Denen erteilt, wenn sie nur ein Fünkchen Verstand haben, die Sache selbst ... Antwort. Sie brauchen nur hinzusehen, wie das so große Gut ... des Friedens durch diesen Schützer und Lehrer des gläubigen Volkes weit und breit hinausgetragen worden ist. Dann werden sie aufhören, sich hieran ... zu stoßen.
Auch war es gar nichts Neues oder den Lenkern der heiligen Kirche Gottes (= den Bischöfen) bis dahin Ungewohntes, diese Welt zu regieren. Beispiele dafür sind, wenn man danach sucht, jederzeit zu haben.

1 *Notiert euch Argumente für und gegen die Behauptung Ruotgers, dass ein Bischof auch weltliche Aufgaben übernehmen dürfe.*

Kaiser und Papst im Kampf um den Vorrang

2 *Beschreibt die Vorgänge auf dem Bild 2. Erklärt das Machtverhältnis zwischen dem Papst und Otto I.*

Wie Otto I., so übertrugen auch seine Nachfolger Abteien und Bistümer an Geistliche, auf die sie sich verlassen konnten und die in der Lage waren Krieger für den Wehrdienst auszurüsten oder selber Krieg zu führen. Frömmigkeit oder christlicher Lebenswandel waren demgegenüber weniger wichtig.

Gegen diese Zustände bildete sich innerhalb der Kirche ein immer stärker werdender Widerstand aus. Die Kirche muss frei sein – so lautete die Forderung der Reformer; die Einsetzung (Investitur) von Geistlichen in hohe Ämter durch Laien* sei nicht zulässig. Zu diesen Reformern gehörte auch Papst Gregor VII. (1073–1085). Erreichen würde er sein Ziel aber nur – so die Überzeugung des Papstes – wenn der Vorrang der Kirche gegenüber dem Kaisertum, des Papstes gegenüber dem Kaiser durchgesetzt werden konnte (vgl. S. 223). Die grundsätzliche Frage lautete also: Wer hat die oberste Gewalt im christlichen Abendland: der deutsche König und Kaiser oder der Papst?
Über diese Frage kam es zu einer jahrzehntelangen Auseinandersetzung zwischen Kaisertum und Papsttum. Eine Lösung wurde erst im Wormser Konkordat (= Übereinkunft zwischen Staat und Kirche) im Jahre 1122 gefunden:
Von nun an wurden in Deutschland die Bischöfe frei gewählt vom Domkapitel, der Versammlung der höchsten Geistlichen des Bistums. Dann erfolgte durch den König die Belehnung mit dem Zepter als Zeichen der weltlichen Herrschaft. Anschließend erst erfolgte die Weihe. Vertreter des Papstes übergaben dabei Ring und Stab als Zeichen der kirchlichen Gewalt.
Die jahrzehntelangen Auseinandersetzungen hatten das deutsche Königtum sehr geschwächt. Weltliche und geistliche Fürsten hatten diese Zeit genutzt um ihre eigenen Machtpositionen in ihren Herrschaftsbereichen weiter auszubauen.

Pfennig des Kölner Erzbischofs Philipp von Heinsberg (1157–1191).

Die Landesherrschaft

1 *Betrachtet die Karte auf S. 173 und legt eine Liste der geistlichen und der weltlichen Territorien in Westfalen an.*

Als Otto I. im Jahre 936 zum deutschen König gekrönt wurde, gab es im Deutschen Reich fünf Herzogtümer: Sachsen, Lothringen, Franken, Schwaben und Bayern. Über großen Landbesitz verfügten außerdem der König und die von ihm mit Lehen bedachten geistlichen und weltlichen Kronvasallen (s. S. 166).
Schon um 1200 bot Deutschland mit seinen zahlreichen Herrschaftsgebieten ein ganz anderes Bild. Neben den Herzogtümern gab es viele Grafschaften, Abteien und Bistümer mit weltlichen oder geistlichen Fürsten, die ihre Gebiete fast wie ihr Eigentum betrachteten. Zu ihnen gehörte auch der Erzbischof Philipp auf dem Kölner Erzbischofsthron. Ihm gelang es, die Herzogswürde von Westfalen für die Kölner Erzbischöfe zu erhalten (s. Karte S. 173). Durch zahlreiche Gütererwerbungen im mittleren Westfalen legte er außerdem die Grundlagen für ein ausgedehntes Herrschaftsgebiet der Kölner Erzbischöfe.
Über den Fürsten standen zwar immer noch die deutschen Könige und Kaiser, doch war es ihnen mit der Zeit immer weniger gelungen, diese Fürsten zum Gehorsam zu zwingen. Im Gegenteil: Alle Fürsten erhielten in der Mitte des 13. Jahrhunderts wichtige Königsrechte übertragen. Sie durften selber Münzen prägen (vgl. Abb.), Markt- und Zollgebühren erheben und ihre Gebiete durch Burgen sichern; so übten sie eine fast unumschränkte Landeshoheit aus. Aus Lehnsmännern wurden Landesherren, die in ihren Territorien (von lat. terra = Land) weitgehend unabhängig regieren konnten. Da sie außerdem praktisch die Erblichkeit der Lehen in ihren Familien durchgesetzt hatten (vgl. Q 1, S. 166), konnten sie ihre Macht langfristig und systematisch ausbauen.
Ihr wichtigstes Ziel war der Aufbau einer zentralen Verwaltung mit besoldeten Beamten. Diese Beamten erhielten an Stelle von Lehnsgütern ein festes Gehalt. Sie waren zuständig für die Steuererhebung sowie für die Durchführung und Überwachung der landesherrlichen Gesetze, die für ihr Land einheitlich galten. Es gab ferner ein eigenes Heer und eine eigene Währung. Bei der Festsetzung der Steuern brauchte der Landesherr in vielen Territorien die Zustimmung von Geistlichkeit, Adel und Städten, die man später Landstände nannte. Sie verstanden sich selber als Vertreter des Landes gegenüber dem Landesherrn.
Bis zum 15. Jahrhundert übten die Landesherrn großer Territorien ähnlich wie die Könige eine Art Reiseherrschaft aus (vgl. S. 166). Gleichzeitig aber begannen sich auch Beamtentum, Verwaltung und Hauptstädte in den Ländern herauszubilden. So entwickelten sich die Landesherrschaften allmählich zu modernen selbstständigen Staaten.

Europa im späten Mittelalter

Im Unterschied zum Deutschen Reich oder zu Italien kam es in anderen europäischen Ländern, wie z. B. in Polen, England und Frankreich, zur Bildung von Nationalstaaten. Dem französischen König war es im 12./13. Jahrhundert gelungen, das Lehnsrecht zu ändern: Frei gewordene Lehen konnten die Könige einziehen und neu vergeben. Alle Vasallen, auch die Untervasallen, mussten in erster Linie dem König den Treueid schwören, was die Stellung der Kronvasallen erheblich schwächte. Das königliche Hofgericht in Paris festigte die Stellung des französischen Königs als unumschränkten Gesetzgeber. Spätestens im 15. Jahrhundert war die zentrale Gewalt des französischen Königs in ganz Frankreich anerkannt.

2 *Seht euch die Karte (S. 173) an und besprecht, welche Probleme für Handel und Verkehr auftreten konnten, wenn jeder Landesherr seine eigene Währung, Steuern usw. besaß.*

Westfälische Territorien um 1400.

Christus, über dem Regenbogen, spricht zu den drei Ständen. Holzschnitt, 1492.
Christus über dem Regenbogen spricht

zu der Gruppe rechts von ihm:	Du sollst demütig beten
zu der Gruppe links von ihm:	Du sollst (die anderen) beschützen
zu der unteren Gruppe:	und Du sollst arbeiten.

Im Jahre 1025 schrieb der Bischof von Cambrai, dass es nach Gottes Willen drei Stände gebe: die Geistlichkeit, die Adeligen und die Bauern. Diese Stände standen nicht auf gleicher Stufe. Weit über dem Bauernstand erhoben sich die Geistlichkeit und der Adel.
Den Adel unterschied man zu dieser Zeit in einen Hochadel, zu dem Könige, Herzöge und Grafen zählten, und den niederen Adel: die Ritter. Von den Rittern und Bauern berichten die nächsten Seiten. Ihr könnt dabei herausfinden,
- wie es zur Herausbildung eines Ritterstandes kam,
- wie sich das Verhältnis von den Rittern zu den Bauern entwickelte und
- wie die Menschen auf dem Lande lebten.

Die Reiterkrieger

1 *Beschreibt die auf dem Bild dargestellten Gruppen. Beachtet auch die Merkmale, durch die sie gekennzeichnet sind.*

2 *Erklärt, wie die Stände einander zugeordnet sind. Welche Aussage will der Künstler damit machen?*

Die germanischen Stämme der Völkerwanderungszeit hatten ihre Reiche zu Fuß erobert. Ihre Bewaffnung waren Kurzschwert und Schild. In Zeiten ohne Krieg waren die germanischen Krieger Bauern.
Zu Beginn des 8. Jahrhunderts bedrohte ein gefährlicher Gegner Europa: Die Araber hatten sich nach Mohammeds Tod im Jahre 632 n. Chr. aufgemacht die neue Religion des Islam* zu verbreiten. Dabei eroberten sie Nordafrika, setzten 711 nach Spanien über und zerschlugen das Westgotenreich (vgl. S. 248). Die Angriffe der Araber erfolgten auf schnellen Pferden. Mit ihrer weit reichenden Bogenwaffe waren sie ihren Gegnern stets überlegen.
Die Franken verfolgten mit Sorge das Vordringen der Araber. Das Schicksal des Westgotenreiches bereitete ihnen große Furcht. Sie dachten darüber nach, wie sie sich verteidigen könnten.
732 überschritten die Araber die Pyrenäen und fielen in das Reich der Franken ein. Nun setzten sich die Franken auf neuartige Weise zur Wehr. Ende Oktober 732 wurden die Araber in den Schlachten von Tours und Poitiers von den Franken besiegt. Die Araber unternahmen danach keine weiteren Vorstöße in das Frankenreich mehr (vgl. S. 247).
Die neue Verteidigungsmethode der Franken bestand darin, dass man an die Stelle des Volksaufgebotes aus Fußsoldaten ein Heer stellte, das im Kern aus Reiterkriegern bestand. Zu Hilfe kamen ihnen technische Neuerungen dieser Zeit, nämlich die Einführung des Sattels und des Steigbügels. Zu Beginn des 8. Jahrhunderts wurde, wahrscheinlich von Persien ausgehend, beides in Europa bekannt. Erst diese Vorrichtungen zusammen ermöglichten den Kampf zu Pferde. Der Steigbügel half dem Reiter sein Gleichgewicht zu halten und der Sattel gab Halt beim Einsatz einer Lanze. Außerdem schützten sich die fränkischen Krieger vor Pfeilen und Schwerthieben durch eine Panzerrüstung. Diese neue Ausrüstung und Bewaffnung war teuer. Außerdem setzte die neue, komplizierte Waffentechnik ständige Übung voraus. Deshalb musste der Reiterkrieger ein Berufskrieger sein. Die Franken verfügten nun über ein Heer, das dauernd in Kriegsbereitschaft war.

3 *Nennt Anlass und technische Voraussetzungen für das Heer von Reiterkriegern im Frankenreich.*

Ritter zu Pferd. Buchmalerei aus dem 14. Jahrhundert.

Der Ritterstand entsteht

Da ein Berufskrieger sich nicht um seinen Lebensunterhalt kümmern konnte, musste er vermögend sein. Als Reiterkrieger kamen deshalb zunächst nur Lehnsherren in Frage, die über genügend Land und Leute und damit auch über entsprechende Einkünfte verfügten. Für ihre Dienste als Reiterkrieger erhielten sie vom König noch weiteren Grund und Boden als Lehen*. So waren sie in der Lage selber als Reiter in den Krieg zu ziehen und zusätzlich eine kleinere oder größere Anzahl von Reitern auszurüsten (vgl. S. 167). Diese Lehnsherren waren Angehörige des Geburtsadels. An ihr Lehen war die Pflicht zum Kriegsdienst gebunden.

Um aber ein Reiterheer von ausreichender Größe zusammenzubringen übertrugen Könige und Reichsfürsten Lehen auch an Nichtadlige, zum Teil sogar an unfreie Knechte. Diese waren so mit Land und Vermögen ausgestattet um als Berufskrieger zur Verfügung zu stehen. Seit Beginn des 12. Jahrhunderts wurden diese Nichtadligen Verwalter auf Burgen und waren sogar Heerführer. Ihre besondere Stellung beruhte auf einem Dienst, den sie leisteten. Man nannte sie deshalb Ministeriale* oder Dienstmannen. Diese Dienstmannen versuchten sich durch ihre Lebensweise dem Adel anzugleichen; sie bildeten den Dienstadel.

Durch die gleiche langjährige Ausbildung zum Reiterkrieger, die von der übrigen Bevölkerung abgehobene Lebensweise sowie den gemeinsamen Kriegsdienst verschmolzen Geburtsadel und Dienstadel allmählich zu einem neuen Stand*, dem Ritterstand.

Mit dem Aufstieg des Ritterstandes sank zugleich die Bedeutung der Bauern als Krieger. Damit verschlechterte sich auch die gesamte Stellung und das Ansehen des Bauernstandes in der mittelalterlichen Gesellschaft. Im Laufe des 12. Jahrhundert schloss sich der Ritterstand endgültig nach unten hin ab. Ritter wurde nur noch der, dessen Vater bereits Ritter war.

1 *Berichtet über das Entstehen des neuen Standes.*

Burg Vischering bei Lüdinghausen. Foto 1984.

Das Leben auf der Burg

1 *Erstellt mit Hilfe des Bildes und der Zeichnung auf der nächsten Seite eine Liste der Verteidigungsanlagen von außen nach innen.*

2 *Sprecht über die Aufgabe der einzelnen Anlagen bei einer Belagerung der Burg.*

3 *Überlegt, welche Möglichkeiten es gab, eine Burg zu erobern.*

Es gab ganz verschiedene Arten von Burgen: Die auf Bergkuppen errichteten Burgen heißen Höhenburgen. An den Berghängen entlang des Mittelrheins finden sich vielfach Hangburgen und am Niederrhein und in Westfalen gibt es viele Wasserburgen. Als Wehranlagen setzten sie sich seit dem 12. Jahrhundert immer mehr durch. Ihre Bezeichnung als „Motte" weist auf französischen Einfluss hin. Denn Motte nannte man in Frankreich jene Burgen, die auf einem künstlichen Hügel errichtet wurden. In Frankreich waren sie nur selten von einem Wassergraben umgeben, am Niederrhein und in Westfalen fast immer.

Einen Burgtyp mit besonderer Funktion bilden die Landesburgen. Sie wurden seit dem 14. Jahrhundert von den mächtigen Landesherren, Adeligen wie Kirchenfürsten (s. S. 172/173), errichtet um von hier aus ihre Territorien immer mehr zu erweitern. Zu den eindrucksvollsten Burgen dieser Art gehört die Burg Vischering im Münsterland (s. Bild).

Im 12. Jahrhundert gab es im Deutschen Reich über 19 000 Burgen. Heute gibt es noch etwa 6000.

Im Mittelalter dienten alle Burgen gleichen Zwecken:

- Ausbau der Herrschaft über ein Gebiet,
- Sicherung von Handelswegen an Straßen, Flüssen und Häfen,
- Verteidigung in Kriegszeiten sowie
- Wohnsitz des Burgherren.

4 *Sammelt Bilder von Burgen eures Heimatraumes und vergleicht sie mit der Zeichnung auf S. 177. Was ist anders, was ist gleich, was ist im Laufe der Zeit zerstört worden oder zerfallen?*

Eine mittelalterliche Burg. Rekonstruktionszeichnung.

Über das Leben auf den Burgen erfahren wir etwas aus einer Schilderung des Reichsritters Ulrich von Hutten aus dem Jahre 1518:

Q Die Burg selbst, mag sie auf dem Berg oder im Tal liegen, ist nicht gebaut um schön, sondern um fest zu sein. Sie ist von Wall und Graben umgeben und innen eng, da sie durch die Stallungen für Vieh und Herden versperrt wird. Daneben liegen die dunklen Kammern, angefüllt mit Pech, Schwefel und dem übrigen Zubehör der Waffen und Kriegswerkzeuge. Überall stinkt es, dazu kommen die Hunde mit ihrem Dreck, eine liebliche Angelegenheit, wie sich denken lässt, und ein feiner Duft.
Reiter kommen und gehen, unter ihnen sind Räuber, Diebe und Banditen. Denn fast für alle sind unsere Häuser offen, entweder weil wir nicht wissen, wer ein jeder ist, oder weil wir nicht weiter danach fragen.
Man hört das Blöken der Schafe, das Brüllen der Rinder, das Hundegebell, das Rufen der Arbeiter auf dem Felde, das Knarren und Rattern von Fuhrwerken und Karren.
Ja, wahrhaftig, auch das Heulen der Wölfe wird im Haus vernehmbar, da der Wald so nahe ist.
Der ganze Tag, vom frühen Morgen an, bringt Sorge und Plage, beständige Unruhe und dauernden Betrieb. Die Äcker müssen gepflügt und gegraben werden; man muss eggen, säen, düngen, mähen und dreschen. Es kommen die Ernte und Weinlese. Wenn es dann einmal ein schlechtes Jahr gewesen ist, wie es bei jener Magerkeit häufig geschieht, so tritt furchtbare Not und Bedrängnis ein. Bange Unruhe und tiefe Niedergeschlagenheit ergreifen alle.

1 *Macht an Hand des Bildes einen Rundgang durch die Burg. Erklärt die Burganlage und berichtet vom Leben der Burgbewohner.*

Page beim Tischdienst. Buchmalerei, 13. Jahrhundert.

Ausbildung zum Ritter

In einer Schrift aus dem 14. Jahrhundert heißt es über die Anforderungen an einen Ritter:

Q1 Zu einem vollkommenen Manne gehört, dass er gut reiten, schnell auf- und absitzen, gut traben, rennen und wenden kann. Zum zweiten muss er schwimmen, im Wasser tauchen und sich vom Rücken auf den Bauch und vom Bauch auf den Rücken drehen können. Zum dritten muss er mit Armbrust, Büchse und Bogen schießen können: davon hat er bei Fürsten und Herzögen wohl Nutzen. Zum vierten muss er auf Leitern klettern können, wenn es nötig ist, wie etwa im Kriege, auch an Stangen und Seilen. Zum fünften muss er wohl turnieren können, streiten und stechen und recht und redlich im Zweikampf bestehen. Zum sechsten muss er zu Abwehr und Angriff ringen können, auch weit springen und mit der Linken ebenso gut fechten wie mit der Rechten. Zum siebten muss er bei Tische aufwarten können, tanzen und hofieren, auch Schach spielen verstehen und alles, was ihm zur Zierde gereicht.

1 *Erstellt eine Liste der Fertigkeiten, die von einem Ritter erwartet wurden.*

2 *Sprecht darüber, bei welchen Gelegenheiten der Ritter diese Fertigkeiten brauchte.*

3 *Überlegt, welche Kenntnisse und Fertigkeiten ihr vermisst.*

Page* und Knappe*

Die Erziehung zum Ritter begann mit dem siebten Lebensjahr. Der Junge wurde an den Hof eines anderen Ritters gegeben. Dort lernte er als Page zunächst höfisches Benehmen, d. h. ein Betragen, wie es an einem Adels- oder Königshof üblich war, vor allem das Benehmen bei Tisch.

In einer Anweisung aus dem Jahre 1250 heißt es:

Q2 Man schmatzt und rülpst auch nicht und schneuzt nicht in das Tischtuch. Ein Edelmann isst nicht mit einem anderen zusammen vom gleichen Löffel ... Es ist bäuerliche Sitte, mit angebissenem Brot wieder in die Schüssel einzutunken. Aus der Schüssel trinkt man nicht wie ein Schwein. Wird einem das Trinkgefäß gereicht, soll man sich den Mund abwischen und nicht in den Trunk blasen und nicht zuviel heraustrinken.

4 *Beschreibt, welche zwei Stände in Q2 in ihrem Verhalten unterschieden werde.*

5 *Überlegt, welche Rolle diese Tischsitten für die Stellung des adligen Ritters spielten.*

Zur Ausbildung eines Pagen gehörte ferner, dass er ein guter Jäger wurde, sich ständig im Waffenhandwerk übte und die Turnierregeln kannte. Schreiben und Lesen hingegen galten als „pfäffische Künste", um die sich ein Ritter nicht zu kümmern brauchte. Mit vierzehn Jahren erhielt der angehende Ritter ein Schwert und wurde der Knappe seines Lehrmeisters. Er begleitete seinen Herrn auf die Jagd oder in den Kampf. Er trug ihm Speer und Schild und bediente ihn beim Essen.

Christentum und Ritterschaft

Mit 21 Jahren wurde der Knappe zum Ritter geschlagen. Die Nacht davor verbrachte er mit Gebeten in der Kapelle, bevor ihn andere Knappen in die Messe führten. Hier empfing er nach dem Rittergelübde sein Schwert, das der Priester zuvor gesegnet hatte. Nun trat sein Herr und Lehrmeister vor, schlug ihm mit der flachen Klinge leicht auf den Nacken oder die Schulter: „Im Namen Gottes, des heiligen Michael und des heiligen Georg schlage ich dich zum Ritter; sei tapfer, unverzagt und getreu!" Stolz erhob sich der junge Ritter. Nun gehörte er dazu und durfte als Kämpfer auch an Turnieren teilnehmen.

6 *Lest aus dem letzten Abschnitt heraus, in wessen Auftrag der Ritter tätig sein sollte.*

Mit Beginn des 13. Jahrhunderts wurde die Ritterweihe von einem Priester vorgenommen. Aus dieser Zeit stammt auch das folgende Gebet, das häufig bei der Ritterweihe gesprochen wurde:

Q Heiliger Herr, allmächtiger Vater, ewiger Gott! Alles regelst du allein und ordnest es richtig. Um die Bosheit der Verworfenen zu züchtigen und die Gerechtigkeit zu schützen hast du in heilbringender Anordnung den Gebrauch des Schwertes unter den Menschen auf Erden zugelassen und zum Schutz des Volkes den Kriegsorden einrichten lassen ... Darum gewähre mit himmlischer Milde diesem deinem Diener, der den Nacken soeben unter das Kriegsjoch gebeugt hat, Stärke und Kühnheit zur Verteidigung von Glauben und Recht. Schenke ihm Wachstum in Glauben, Hoffnung und Liebe ... damit er niemanden mit dem Schwert ... zu Unrecht verletze und mit ihm alles Gerechte und Richtige beschütze. Wie er aus geringerem Stande zur neuen Ritterwürde befördert wird, so möge er den alten Menschen ablegen und mit seinen Taten den neuen Menschen anziehen.

1 *Stellt fest, wer nach dieser Quelle die Waffengewalt erlaubt. Diskutiert diese Aussage.*

2 *Sammelt die Aufgaben, die dieses Gebet einem Ritter zuweist.*

3 *Beschreibt die Verbindung von Christentum und Rittertum.*

4 *Erklärt, was der letzte Satz über die Denkweise des mittelalterlichen Menschen aussagt.*

Ritterrüstung mit Plattenpanzer aus dem 15. Jh. Foto.

Wirklichkeit und Ideal

Wirklichkeit und Ideal klafften aber weit auseinander. Viele Berichte erzählen von gewalttätigen, unaufrichtigen, grausamen und ungläubigen Rittern, die ständig Krieg gegen jemand führten, Orte verwüsteten und Kirchen ausplünderten. Auf dem Schlachtfeld verzichteten viele Ritter auf Ritterlichkeit, sobald es ernst wurde. Pferde des Gegners wurden vergiftet oder gar Fallgruben mit spitzen Pfählen gebaut. Auch zu Hause war das Benehmen nicht immer „höfisch und ritterlich“. Selbst die beschriebenen Tischsitten (S. 178) wurden häufig nicht eingehalten. Wenn z. B. Fleisch auf den Tisch kam, was bei den meisten Rittern selten geschah, griffen sie mit schmutzigen Fingern in die Schüsseln.

Der ständige Gebrauch der Waffen entfesselte grausame Instinkte, sodass sich die Kirche und auch die Fürsten genötigt sahen die Ritter einer Ordnung zu unterwerfen. Dies geschah zum einen durch die Erziehung der Ritter und zum anderen durch festgelegte Regeln für das Verhalten und Benehmen von Rittern. Vorteilhaft wirkte sich das Zusammentreffen mit der islamisch-arabischen Kultur sowie mit Rittern aus Frankreich und Italien während der Kreuzzüge (vgl. S. 230 ff.) aus. In Deutschland begann eine höfisch-ritterliche Kultur zu entstehen. Bis dahin waren nur Geistliche als Dichter tätig gewesen. Diese schrieben in der Sprache der Kirche, in Latein. Anfang des 12. Jahrhunderts begannen auch Ritter zu dichten. Neue Forschungsergebnisse gehen davon aus, dass viel mehr Ritter des Schreibens und Lesens kundig waren, als man bisher annahm. Am Anfang war es oft nur der Wunsch, sich aus der Abhängigkeit des geistlichen Schreibers und Vorlesers zu lösen. Später gehörte zum Ritterstand einfach ein gewisses Maß an Bildung selbstverständlich dazu. Die Ritter schrieben in ihrer Volkssprache, d. h. in Deutsch oder Französisch bzw. in Dialekten. In ihren Werken berichteten sie von Kämpfen und Abenteuern und lobten die Tugenden der Ritter. Dazu gehörte auch der Minnedienst, der Dienst für eine meist verheiratete adlige Dame. Die Liebe zu dieser Herrin trugen sie in Liedern zur Laute bei Hofe vor.

1 Eine Rittersfrau unterweist ihre Tochter. Buchmalerei aus der 1. Hälfte des 14. Jahrhunderts.

2 Schreiberin (rechts im Bild) **des Minnesängers Reinmar von Zweter.** Buchmalerei aus dem 14. Jahrhundert.

Die Erziehung der adligen Mädchen

1 *Überlegt welche Voraussetzung die Ritterfrauen erfüllen mussten um die auf den Bildern 1 und 2 gezeigten Tätigkeiten ausüben zu können.*

Die Töchter der Ritter wurden durch eine besondere Erziehung auf ihre zukünftigen Aufgaben vorbereitet. In erster Linie bedeutete das, die Aufgaben als Ehefrau eines Ritters zu erfüllen, sofern nicht, wie bei vielen adligen Mädchen, durch die Eltern ein Leben im Kloster bestimmt wurde.
Kaum einen Unterschied in der Erziehung zwischen Edelknaben und adligen Mädchen gab es in der religiösen und musischen Ausbildung. Das Erziehungsziel war der rechte Glaube, ein gesittetes Wesen und Schönheit in der Erscheinung. Hinzu kamen das fehlerfreie Sprechen ihrer Sprache und die Kenntnis des Französischen. Aber auch der Gesang und das Spielen eines Musikinstrumentes gehörten zur Ausbildung. In dem Erlernen der praktischen Fertigkeiten allerdings begannen die Unterschiede, vom Reiten abgesehen. Die adligen Mädchen erlernten das Schreiben und Lesen sowie vielerlei Handarbeiten wie Spinnen, Nähen und Sticken. Die Aufgaben der zukünftigen Hausfrau mussten beherrscht werden. So musste z. B. alle Kleidung von einer Burgherrin und ihren Mägden selbst genäht werden. Außerdem übernahm eine Rittersfrau viele praktische Aufgaben der Haushaltsführung.
Bis zu ihrem 14. Lebensjahr wurden die Mädchen auf der elterlichen Burg in strenger Abgeschiedenheit erzogen. Um die Chancen auf eine vorteilhafte Heirat mit einem vermögenden Adligen zu erhöhen wurden die Mädchen nicht selten deshalb mit 14 Jahren an einen auswärtigen Hof gebracht, wo sie sich im Gesellschaftsspiel, dem Benehmen bei Hof und im Lesen von ritterlicher Dichtung üben und vervollkommnen sollten.
Das Ziel dieser Erziehung der adligen Mädchen war es, sie in alles einzuweihen, was sie zum Führen eines höfischen Lebens an der Seite eines Adligen können mussten. Etwa vom 16. Lebensjahr an wurde von einem adligen Mädchen erwartet, dass sie alle gesellschaftlichen Pflichten übernehmen konnte.

Allerdings war diese höfische Erziehung auch für eine andere Möglichkeit von Bedeutung. Falls es in einer Familie keine männlichen Erben gab, so konnte das adlige Mädchen Rechte und Pflichten wie ein Mann übernehmen. Die Frau verwaltete ihren Besitz, hielt Gericht und stellte im Kriegsfall Truppen auf.
Über die Erziehung z. B. der bäuerlichen Mädchen ist nicht viel bekannt, da es hierzu kaum Quellen gibt. Die Geringschätzung des Bauernstandes ließ es nicht notwendig erscheinen, hierüber zu schreiben.

Die gesellschaftliche Stellung adliger Frauen
Die ritterliche Dichtung zeichnete ein Frauenideal, das bis in das Spätmittelalter hinein ein Leitbild der adligen Frau blieb. Dies Bild zeichnete sie als tugendsam und lieb. Sie war passiv, außer wenn sie in der Armenpflege tätig war. Es ist anzunehmen, da die Dichter des Mittelalters überwiegend Männer waren, dass dieses Bild der Frau nicht der Wirklichkeit entsprach, sondern ein künstlerisches Produkt ihrer Dichtung war. Die tatsächlichen adligen Frauen waren sicher anders.
Zwar wurden Frauen in die Vormundschaft des Vaters hineingeboren um in die Vormundschaft des Ehegatten zu wechseln und manchmal sogar, nach dem Tod des Mannes, in die Vormundschaft des Sohnes. Dennoch waren ihre Möglichkeiten, eigene Entscheidungen zu treffen und auch politisch aktiv zu sein, vielfältiger, als es auf den ersten Blick scheint. Als Herrin eines Hofes waren adlige Frauen durchaus in der Lage zu befehlen und Herrschaft auszuüben. Ihre Autorität* wurde von Untergebenen, Frauen wie Männern, uneingeschränkt anerkannt. Insbesondere ihr Vorrecht auf Bildung gab der Frau eine besondere Rolle in der ritterlichen Gesellschaft. Sie wurde von den Minnesängern besungen und verehrt, sie förderte Dichter und sie prägte, bis hin zur Mode, die sich verfeinernde Kultur des Ritterstandes im Hochmittelalter.
Gebildete Frauen griffen sogar in öffentlich geführte Auseinandersetzungen ein, wie z. B. 1399 Christine de Pisan mit ihrer Kritik an dem sogenannten Rosenroman:

Q Viele Schriftsteller setzen die Frauen herab. Sie sagen, viele Frauen seien hinterhältig und verschlagen, falsch und wenig wert. Andere sagen, viele seien verlogen, wechselhaft, unbeständig und leichtsinnig.
In den Evangelien* und in der Apostelgeschichte sind keine solchen Schlechtigkeiten bezeugt, sondern viel Gutes: große Tüchtigkeit, Klugheit, Vernunft und Standhaftigkeit, vollkommene Liebe und fester Glaube.
Nach seinem Tode war Jesus von allen verlassen, außer von den Frauen. Und große Ehre erwies Gottvater der Frau, die er zu seiner Gemahlin und Mutter machte. Niemals hat Gott jemanden, abgesehen von Jesus, von ähnlicher Würde erschaffen. Aus diesen gerechten und wahren Beweisen schließe ich, dass alle vernünftigen Männer die Frauen loben, lieben und nicht herabsetzen sollen. Jeder Mann muss der Frau gegenüber zärtlich sein. Sie ist die Mutter eines jeden Mannes.

Minneszene. Buchmalerei aus der Manessischen Handschrift, Anfang 14. Jahrhundert.

1 *Tragt die Begründungen zusammen, warum nach diesem Text die Männer die Frauen nicht herabsetzen sollen.*

Buchmalerei um 1480.

1 *Beschreibt das Bild: Welche Personen sind zu sehen? Welcher Tätigkeit gehen sie nach? Beachtet bei der Beschreibung auch die Grundfragen (vgl. S. 67).*
2 *Versucht eine Erzählung: Ein Bauer steht im Dorf und sieht den Adeligen zu. Welche Gedanken mögen ihm durch den Kopf gegangen sein? Überlegt auch, was die Adligen über die Bauern gesagt haben mögen.*

In einem Buch, das um 1000 n. Chr. in England geschrieben wurde, steht folgendes Gespräch:

Q *Lehrer:* Nun, Pflüger, wie verrichtest du deine Arbeit?
Bauer: O Herr, meine Arbeit ist sehr schwer. Ich stehe auf, wenn es tagt, treibe die Ochsen auf das Feld und spanne sie vor den Pflug. Sei der Winter auch noch so streng, ich wage es nicht, im Haus zu bleiben, aus Furcht vor meinem Herrn. Jeden Tag muss ich einen vollen Morgen Land pflügen, nachdem ich die Ochsen eingespannt und die Pflugschar angehängt habe …
Lehrer: Was tust du sonst noch den Tag über?
Bauer: Freilich ist das nicht alles. Ich muss die Krippen der Ochsen mit Heu füllen, ihnen Wasser geben und den Dung fortschaffen.
Lehrer: Ja, ja, das ist sehr schwere Arbeit!
Bauer: Ganz recht, es ist sehr schwere Arbeit und ich muss sie tun, denn ich bin nicht frei.

3 *Stellt Vermutungen darüber an, was der Bauer in der Quelle meint, wenn er sagt, er sei nicht frei.*

Ein mittelalterliches Dorf. Rekonstruktionszeichnung 1994.

Das Leben der Bauern

1 *Beschreibt die Anlage des Dorfes.*

2 *Erzählt, was ihr vom Leben der Bauern heute wisst.*

3 *Ausländische Schülerinnen und Schüler können von dem dörflichen Leben ihres Heimatlandes berichten.*

Im Mittelalter lebten die meisten Menschen von der Landwirtschaft: am Anfang fast alle, am Ende des Mittelalters – um 1500 – immer noch über 80 Prozent. So groß ist der Anteil der Landbevölkerung heute z. B. in Pakistan oder in der Türkei.

Zur Zeit Karls des Großen (um 800) besaßen in großen Teilen des Frankenreiches noch viele Bauern eigenes Land, das sie bearbeiteten und von dessen Erträgen sie lebten. 200 Jahre später gehörte das Land nicht mehr den Bauern, sondern adligen* Herren. Für diese Herren mussten die Bauern jetzt arbeiten. Sie durften nicht einmal mehr ihren Hof verlassen um z. B. in ein anderes Dorf zu ziehen. Denn wie das Land, so gehörten jetzt auch sie selbst ihrem Herrn. Aus einstmals freien Bauern waren Unfreie geworden.

Über sie schrieb Bischof Adalbero von Laon 1016:

Q1 Wer könnte die Sorgen zählen, von denen die unfreien Bauern während ihrer langen Wege und ihrer harten Arbeit bedrückt werden? Geld, Kleidung, Nahrung: die unfreien Bauern liefern alles an jedermann. Kein Adliger könnte ohne sie bestehen. Der Herr, der vorgibt seine Bauern zu ernähren, wird in Wahrheit von ihnen ernährt.

Der Adlige Hugo von Trimberg meinte etwa 300 Jahre später:

Q2 Ich kam in ein Dorf geritten ... Da kam ein Bauer auf mich zu und sprach ...: „Liebster Herr, wie kommt es denn, dass es Euch Herren viel besser geht als uns armen Bauern? Sind denn die einen unfrei, während die anderen frei sind?"
„Ja", sagte ich. Das machte ihn zornig und er sagte: „Wir sind doch alle von einer Mutter geboren."
Da kam ein Rudel Bauern aus der Schenke ... Sie baten mich alle ihnen zu erklären, warum der edel, jener unedel, der frei, jener unfrei sei.

4 *Stellt Vermutungen an, was Hugo von Trimberg ihnen geantwortet haben könnte.*

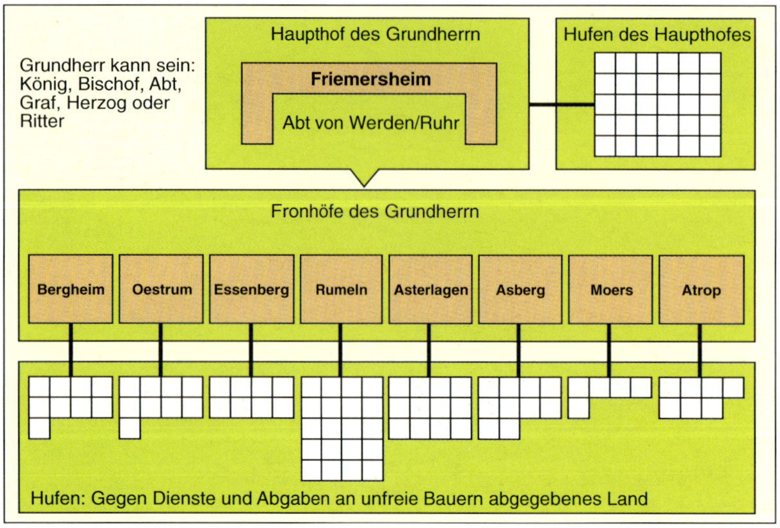

Der Fronhofsverband Friemersheim um 900.

Die Grundherrschaft

Karl der Große berichtete auf einer Reichsversammlung im Jahre 811:

Q1 Die armen Bauern klagen: ... wenn jemand sein Grundstück einem Bischof, Abt, Grafen, ... nicht geben will, dann lassen diese ihn immer wieder ins Feld ziehen, bis er schließlich verarmt ist und ihnen wohl oder übel sein Grundstück übereignet oder verkauft. Die anderen aber, die ihr Eigentum schon übereignet haben, bleiben ohne Belästigung durch irgendjemanden auf ihrem Hof sitzen.

In einer Urkunde des Bistums Freising aus dem Jahre 957 heißt es:

Q2 Die Namen der zinspflichtigen Männer und Frauen sind: Hilta mit ihren zwei Söhnen Ruprecht und Erchenprecht und ihren Töchtern Regenlint und Erchenfrit, ferner Hiltas Schwester Salowa mit den zwei Brüdern Uogo und Markuin und den zwei Söhnen Adelmar und Aschuin.

Die genannten Männer und Frauen waren ehemals frei, aus eigenem Antrieb haben sie sich dem Joch der Knechtschaft unter Abraham, dem Bischof der Freisinger Kirche, unterworfen, und zwar deshalb, weil die Grundstücke, die sie besaßen, zu ihrem Lebensunterhalt nicht hinreichten.

Aus einem Bericht des Klosters Muri im Aargau 1040:

Q3 In Wohlen lebte einst ein sehr mächtiger Mann namens Guntram; obwohl er hier und an anderen Orten viele Besitzungen hatte, war er dennoch gierig auf das Eigentum seiner Nachbarn. Einige Freie nun, die in diesem Dorf wohnten, übergaben ihm in der Meinung, er sei gütig und milde, ihr Land gegen den üblichen Zins mit der Bedingung, dass sie unter seinem Schutz und Schirm sicher sein könnten ... Jener begann zunächst, sie um einen Dienst zu bitten, dann aber machte er von seiner unbeschränkten Machtfülle Gebrauch und befahl ihnen, ihm Dienst zu leisten, und zwar in seiner Landwirtschaft beim Schneiden und Einbringen des Heues, und er bedrückte sie bei jeder Gelegenheit, wo es ihm passte ... Die Bauern, unfähig sich zu wehren, taten unter Zwang, was er befahl.

1 *Erklärt mit Hilfe von Q 1–3, wie aus freien Bauern unfreie werden konnten.*

2 *Sprecht mit Hilfe des Schaubildes und Q 1–3 über die Folgen für den Grundherrn und den Bauern, der sich in die Abhängigkeit begab. Beachtet auch Q 1, S. 183.*

3 *Spielt folgende Szene: Zwei freie Bauern unterhalten sich darüber, ob sie sich in die Abhängigkeit eines Grundherrn begeben sollen.*

Es gab viele Bauern, die ihr Eigentum an Bischöfe, Äbte, Grafen, Ritter usw. übergaben; diese wurden dadurch Grundherren* der Bauern. Als Grundherren verfügten sie über den Grund und Boden; ferner übten sie die Herrschaft über die abhängigen Bauern aus, die diesen Boden bewirtschafteten. Der Grundherr konnte sie, zusammen mit dem Land, jederzeit verschenken oder verkaufen. Zur Grundherrschaft gehörte ferner die Gerichtsbarkeit des Grundherrn (vgl. S. 188).

Im Mittelpunkt der häufig ganz zerstreut liegenden Güter eines Grundherrn stand der Fronhof*. Hier lebte und wirtschaftete der vom Grundherr eingesetzte Verwalter. Das übrige Land wurde an die abhängigen Bauern ausgegeben.

Bauern bei der Fronarbeit. Buchmalerei aus dem 15. Jahrhundert.

Als Gegenleistung mussten sie sich verpflichten einen bestimmten Anteil der Erträge an den Grundherrn abzuliefern; hinzu kamen außerdem bestimmte Dienste wie Mithilfe bei der Ernte auf den Gütern des Fronhofs, beim Wege- und Brückenbau usw. Der Bauer erhielt dafür vom Grundherrn Schutz und Sicherheit.

Abgaben und Dienste

1 *Seht euch das Bild genau an. Versucht euch in eine dieser Personen hineinzuversetzen. Sprecht darüber, was ihr als Aufseher oder Bauer auf dem Bild gerade denkt oder empfindet.*

Den Umfang der Abgaben und Frondienste* kann man einem Bericht des Klosters Prüm in der Eifel aus dem Jahre 893 entnehmen. Zu diesem Kloster gehörten auch dreißig hörige* Bauern in Rommersheim. Einer dieser Bauern war Widrad.
Von ihm schreibt der Abt des Klosters:

Q Widrad gibt an das Kloster jedes Jahr 1 Eber, 1 Pfund Garn, drei Hühner, 18 Eier. Er fährt 5 Wagenladungen von seinem Mist auf unsere Äcker, bringt 5 Bündel Baumrinde für die Beleuchtung und fährt 12 Wagenladungen Holz zum Kloster. Dieses Holz dient im Winter zum Heizen. Ferner liefert Widrad dem Kloster jährlich 50 Latten und 100 Schindeln für Dachreparaturen. Sein Brot bäckt Widrad in unserem Backhaus und das Bier braut er in unserem Brauhaus. Hierfür zahlt er an das Kloster eine Gebühr.
Eine Woche in jedem Jahr verrichtet er den Hirtendienst bei unserer Schweineherde im Wald. Er bestellt drei Morgen Land, das ganze Jahr hindurch, jede Woche drei Tage. Das bedeutet: Er muss bei der Einzäunung unserer Äcker und Weiden helfen, zur rechten Zeit pflügen, säen, ernten und die Ernte in die Scheune bringen.
Bis zum Dezember, wenn das Getreide gedroschen wird, muss er es zusammen mit anderen Hörigen bewachen, damit es nicht von Brandstiftern angezündet wird. Wachdienst muss ebenfalls geleistet werden, wenn der Herr Abt kommt, um ihn vor nächtlicher Gefahr zu beschützen.
Wenn Widrad 15 Nächte den Wachdienst verrichtet, das Heu geerntet und auf unseren Äckern gepflügt hat, erhält er in einem guten Erntejahr Brot, Bier und Fleisch; in anderen Jahren erhält er nichts. Die Frau Widrads muss leinene Tücher aus reinem Flachs anfertigen, 8 Ellen lang und 2 Ellen breit. Sie fertigt daraus Hosen für die Mönche an.

2 *Einen Überblick über Abgaben und Dienste eines hörigen Bauern erhaltet ihr, wenn ihr folgende Tabelle zeichnet:*

Jährliche Abgaben	*Frondienste*	*Weitere Belastungen*
...	...	...

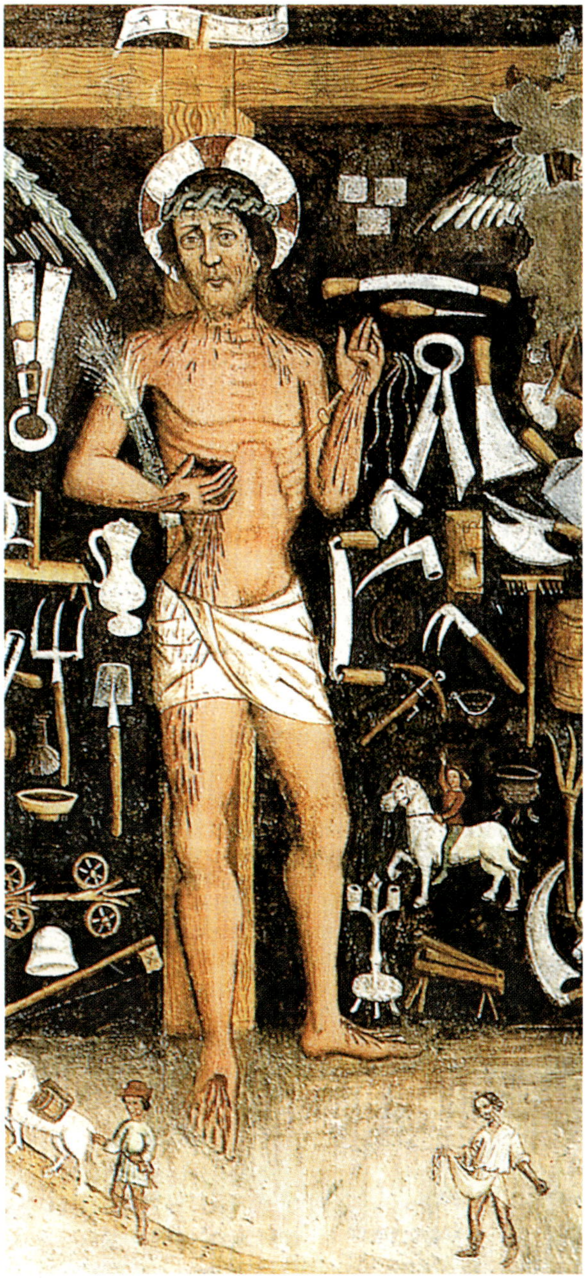

Der „Feiertags-Christus". Fresko von 1465 an der Außenseite der Kirche von Saak in Kärnten. Die abgebildeten Werkzeuge und Tätigkeiten geben an, welche Arbeiten an Sonn- oder Feiertagen verboten waren.

Die bäuerliche Familie

Im Jahre 789 erließ Karl der Große ein Verbot, auf das in den folgenden Jahrhunderten von der Kirche wiederholt hingewiesen wurde:

Q Wir bestimmen auch ..., dass an Sonntagen keine Knechtsdienste betrieben werden ..., dass die Männer keine Landarbeit leisten, nicht den Weinberg bebauen noch auf den Feldern pflügen, mähen, Heu schneiden oder Zäune errichten, noch in den Wäldern roden oder Bäume fällen, noch in Steinbrüchen arbeiten, Häuser errichten oder im Garten arbeiten ...
Ebenso sollen die Frauen am Sonntag keine Textilarbeit leisten noch Kleider zuschneiden, nähen oder stricken, noch Wolle rupfen, Flachs dreschen, öffentlich Kleider waschen oder Schafe scheren.

1 *Nennt die von Karl d. Gr. angeführten Tätigkeiten und vergleicht sie mit den Darstellungen auf den Bildern der nächsten Seite. Welche Arbeiten werden hier von den Bäuerinnen ausgeführt?*

2 *Seht euch das Bild auf dieser Seite an und benennt einzelne Werkzeuge. Welche Arbeiten konnten damit verrichtet werden?*

3 *Erklärt jetzt mit Hilfe der Quelle die Darstellung auf dem Bild. Welche weiteren Arbeiten waren an Sonn- und Feiertagen verboten?*

Die Bilder der gegenüberliegenden Seite stammen aus dem 16. Jahrhundert. Wissenschaftlerinnen und Wissenschaftler sind aber der Ansicht, dass diese Darstellungen wohl auch für die vorhergehenden Jahrhunderte zutreffen. Eine strenge Arbeitsteilung zwischen Bäuerinnen und Bauern scheint es in Wirklichkeit nicht gegeben zu haben. Besonderen Belastungen scheinen die Bäuerinnen ausgesetzt gewesen zu sein. In einem 1985 erschienenen Buch über die Bauern im Mittelalter heißt es:

M Neben der Hilfe bei der Heu- und Getreideernte verrichten sie eine Fülle von Tätigkeiten in Haus, Garten und Feld, wie Dreschen des Korns, Versorgung des Groß- und Kleinviehs, Weiterverarbeitung der Milch zu Butter und Käse und Schlachten von Haustieren ... Zu den üblichen Arbeiten der Frau im bäuerlichen Haushalt gehörten die Betreuung des Herdfeuers, die Zubereitung der Speisen und die Anlage von Vorräten ... Typisch weibliche Tätigkeiten waren die Verarbeitung von Hanf und Flachs und das Spinnen und Weben von Leinen ... Für den Zusammenhalt der bäuerlichen Hausgemeinschaft und für das Funktionieren der Bauernwirtschaft überhaupt übte die Bäuerin also eine unersetzbare Funktion aus. Einen Bauernhaushalt ohne Frau zu führen war schlechterdings nicht möglich. Harte entsagungsvolle Arbeit vom Morgen bis zum Abend bestimmte den Alltag der Bäuerin.

Obwohl die Bäuerin in besonderem Maße mithalf die anfallenden Arbeiten zu bewältigen, war sie ihrem Mann rechtlich nicht gleichgestellt. So heißt es in einem Rechtssatz von 1424: „ain frow mus tun, was ain mann will."

1 *Schülerinnen und Schüler, deren Eltern einen Bauernhof haben, können von den Arbeiten und einer möglichen Arbeitsteilung dort berichten.*

Geburt und Kindheit

In dem Rechtsbuch des Klosters Weißenau im Schwarzwald aus dem Jahre 1344 heißt es:

Q Der Propst (= Vorsteher) des Klosters soll jedem Bauern des Klosters, der 18 oder 20 Jahre alt ist, bei Strafe ... gebieten eine Frau zu nehmen. Der Probst soll jeder Frau des Klosters, die 14 Jahre alt ist, bei Strafe ... gebieten einen Mann zu nehmen.

Die frühen Heiraten führten zu zahlreichen Geburten. Kinderkankheiten, der Schmutz in den Bauernhäusern und die fehlende Hygiene ließen viele Kinder im Säuglings- oder Kleinkindalter sterben; von 12–14 Neugeborenen blieben in der Regel nur 3-5 Kinder am Leben. Sobald sie dazu in der Lage waren, mussten sie im Haushalt, Garten oder Stall mithelfen um möglichst bald mit allen anfallenden Arbeiten vertraut zu werden.

Die Arbeitszeit war abhängig von der Jahreszeit. Wenn es hell wurde, stand man auf, im Sommer zwischen 4 und 5 Uhr. Die Mahlzeiten bestanden aus Brot, Haferbrei, Weizenbrei oder aus gekochtem Gemüse (vgl. S. 189). Gearbeitet wurde bis zum Anbruch der Dunkelheit. Sobald es dunkel wurde, ging man schlafen, denn eine Beleuchtung gab es kaum. Eine willkommene Gelegenheit der täglichen schweren Arbeit zu entgehen boten allein die Familienfeste und die kirchlichen Feiertage.

2 *Überlegt, welches Interesse der Probst an einer möglichst frühen Verheiratung der zum Kloster gehörenden Bäuerinnen und Bauern besaß.*

1 **Heuernte.** Monatsbild Juli von Simon Bening (1483–1561).

2 **Bäuerliches Leben.** 16. Jahrhundert.

Dorfgericht unter der Linde. Aus einer Schweizer Bildchronik von 1513.

Das Gericht des Grundherrn

Das Kloster Ettenheimmünster besaß den Fronhof Münchweier. In der Hofordnung dieses Fronhofes hieß es um 1100:

> **Q** Der Abt oder der Bevollmächtigte des Klosters richten über das Zertreten, Abweiden und Überschreiten der Saaten, Weinberge und Wiesen, das Stehlen der Feldfrüchte und das Überpflügen der Äcker, und über Schuldner …
> Über alles, was immer dort zu richten ist, richtet der Bevollmächtigte des Abtes und der Mönche. Ausgenommen sind drei Fälle: über Diebe, über die, die dem Abt … selbst in irgendeiner Sache ungehorsam sind, … und über die, die sich frech erdreisten gegen das Recht zu handeln …
> Die Bußen aber, die der Vogt …, der diese drei Fälle aburteilen muss, vom Diebstahl oder vom Frevel erhebt, fallen zu zwei Teilen an den Abt, zu einem Teil an den Vogt …
> Der Hof hat das Gefängnisrecht, was „Stock" heißt. Wenn der Dieb gefangen worden ist, muss er mit allem, was bei ihm gefunden worden ist, dem Fronhof übergeben werden … Andere, die schuldig scheinen, werden im Hof bewacht, bis ihr Fall entschieden ist.
> Die Angeklagten und Diebe werden aber derart bewacht: Die Bauern … müssen die Gefangenen tagsüber statt eines Frontages, nachtsüber statt zweier Frontage bewachen.

Rechte und Pflichten der abhängigen Bauern wurden seit dem 11. Jahrhundert in sog. Hofrechten festgehalten. Geringfügige Übertretungen konnten von jedem Grundherrn bestraft werden. Er berief dazu mehrmals im Jahr eine Gerichtsversammlung ein. Gewählte oder ernannte Bauern, die Schöffen, fällten das Urteil, das der Gerichtsherr vollziehen ließ. Vergehen wie schwerer Diebstahl, Raub, Mord und Todschlag, die mit dem Abschlagen einer Hand oder auch dem Tod bestraft wurden, unterstanden der Blutgerichtsbarkeit der Herzöge und Grafen. Bischöfe und Äbte durften an der Blutgerichtsbarkeit nicht mitwirken. Sie übertrugen daher schwere Vergehen einem Vogt (von latein. advocatus = Beistand), meist einem Adligen, zur Aburteilung. Während die Hofgerichte für Streitfälle der Bauern eines Grundherrn zuständig waren, kamen vor das Dorfgericht alle Angelegenheiten, die das Dorf insgesamt betrafen.

1 *Stellt fest, über welche Vergehen der klösterliche Gerichtsherr urteilen darf, über welche der Vogt.*

Seit dem 13./14. Jahrhundert entstanden zahlreiche Weistümer (Gesetzessammlungen von mündlich überlieferten Gewohnheitsrechten), die das Zusammenleben aller Dorfbewohner regelten. Das Dorfgericht, das häufig unter der Dorflinde zusammentrat, wurde vom Schultheiß* geleitet. Das war ein besonders angesehener Bauer aus dem Dorf, der von den Dorfbewohnern gewählt wurde.

2 *Beschreibt die Gerichtsszene auf dem Bild. Überlegt euch mit Hilfe der Quelle einen Streitfall. Spielt eine Gerichtsszene.*

Die Bauernmahlzeit. Gemälde von Louis Le Nain, 1642. Die Mahlzeit besteht nur aus Brot und Wein, obwohl die Bauern nicht in äußerster Armut dargestellt sind.

Schwarzer Brei

Das Essen der Bauern im Mittelalter bestand in der Regel aus Roggenbrot, Hafer- oder Weizenbrei, gekochten Erbsen und Linsen. Zu trinken gab es Wasser, Molke (Käsewasser), verdünnten Wein oder Bier. Fleisch gab es nur an Festtagen.

Wenn ihr wissen wollt, wie der Brei, den es fast jeden Tag gab, geschmeckt hat, dann kocht doch einmal den Schwarzen Brei:

Zutaten: 1,5 Liter Wasser
etwas Salz
1 Pfund Weizen
evtl. noch 2 Esslöffel Milch und
2 Esslöffel Schweineschmalz

Das Mehl wird aus dem vollen Weizenkorn hergestellt. Die Weizenkörner werden auf einem Backblech im Backofen gebräunt; dann werden sie z. B. in einer Kaffeemühle geschrotet; sie müssen aber noch kernig sein.

Zubereitung: Wasser in einem Topf erwärmen, Salz zugeben, dann das Mehl langsam einstreuen und mit dem Schneebesen umrühren; auf kleiner Flamme eine gute Stunde langsam kochen lassen. Wenn der Brei zu dick erscheint, etwas Wasser dazugeben. Immer wieder umrühren, damit nichts anbrennt.

Man kann an den fertigen Brei ein paar Esslöffel Milch geben, damit er etwas milder schmeckt.

Zum Schluss wird das Schmalz erhitzt und dazugegeben, wobei der Brei gerührt wird. Man kann auch mit dem Esslöffel ein paar Vertiefungen machen, damit das Schmalz hineinläuft.

„Guten Appetit!“

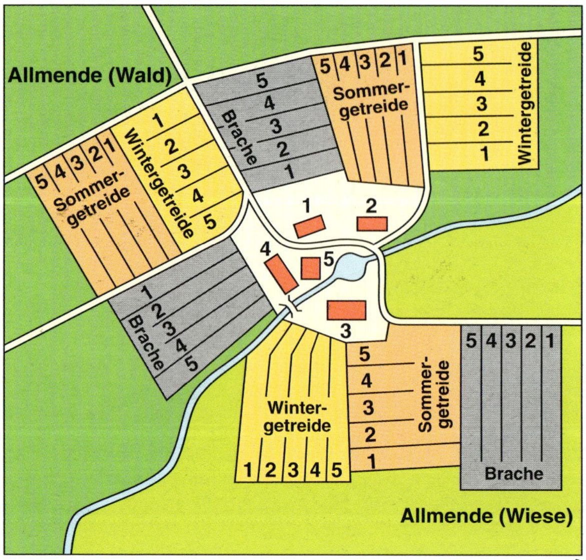

1 Die Flur einer bäuerlichen Dorfsiedlung im Mittelalter.

A	Feld 1	Feld 2
1. Jahr	Getreide	Brache
2. Jahr	Brache	Getreide
3. Jahr	Getreide	Brache

B	Feld 1	Feld 2	Feld 3
1. Jahr	Winter-Getreide	Sommer-Getreide	Brache
2. Jahr	Sommer-Getreide	Brache	Winter-Getreide
3. Jahr	Brache	Winter-Getreide	Sommer-Getreide

2 Die Zwei- und Dreifelderwirtschaft.

Die Dreifelderwirtschaft

Jahrhundertelang bearbeiteten die Bauern ihre Äcker immer auf die gleiche Art: Sie teilten ihr Land in zwei gleich große Teile. Die eine Hälfte wurde von ihnen beackert, die andere ließen sie brach (= ungebrochen) liegen, damit der Boden sich erholen konnte (= Zweifelderwirtschaft, vgl. Schaubild 2A).

Die Ernteerträge waren häufig sehr gering und reichten dann zur Ernährung der Bevölkerung kaum aus. Seit dem 12./13. Jahrhundert setzte sich in ganz Europa eine neue Art der Bodennutzung durch: die Dreifelderwirtschaft. Die Bauern teilten ihre Ackerfläche jetzt in drei gleich große Teile:

- Ein Feld bestellte man mit Wintergetreide (Weizen, Roggen oder Gerste),
- das zweite mit Sommergetreide (Hafer, Gerste) und Hülsenfrüchten (Erbsen, Bohnen, Linsen).
- Das dritte Feld blieb brach liegen. Es diente als Viehweide.

Die Dreifelderwirtschaft brachte den Bauern große Vorteile:

- Die Getreideerträge fielen wesentlich höher aus.
- Die Arbeiten des Pflügens, Säens und Erntens konnten gleichmäßiger über das ganze Jahr verteilt werden.
- Zwei verschiedene Saaten boten größere Sicherheit gegenüber Unwettern und den damit verbundenen Ernteausfällen.
- Die Felder, die in drei Jahren insgesamt etwa 20 Monate lang brach lagen, konnten sich gut erholen. Da sie als Viehweide dienten, wurden sie gleichzeitig gedüngt; zusätzlich brachten die Bauern hierhin ihren Stallmist.

In vielen Dörfern ergaben sich durch die Dreifelderwirtschaft aber auch Probleme: Mancher Bauer konnte z. B. nur über den Nachbaracker sein eigenes Feld erreichen. Stand auf dem Nachbaracker Wintergetreide, dann konnte er im Frühjahr nicht mit seinem Pflug darübergehen um seinen Acker für die Einsaat des Sommergetreides umzupflügen.

Man teilte deshalb das Ackerland des ganzen Dorfes in mindestens drei gleich große Teile, auch Gewanne genannt. Die Bauern erhielten in jedem Gewann ihren Acker (Bild 1). Während in einem Gewann nur Sommergetreide, im zweiten nur Wintergetreide angebaut wurde, blieb das dritte brach liegen.

Die Dorfgemeinschaft oder der Dorfvorsteher setzten fest, wann gesät oder geerntet wurde. Jeder musste sich an diese Ordnung halten. Es herrschte Flurzwang.

1 *Beschreibt mit Hilfe der Schaubilder die Veränderungen von der Zwei- zur Dreifelderwirtschaft.*

2 *Nennt Felder auf Bild 1, die nur über ein Nachbarfeld erreicht werden können.*

3 *Erklärt die Vorteile der Dreifelderwirtschaft gegenüber der Zweifelderwirtschaft.*

1 Pflügender Bauer. Buchmalerei aus der Salzburger Benediktinerabtei St. Peter, 809.

2 Pflügender Bauer. Malerei aus dem 14. Jahrhundert.

Neue Arbeitsgeräte und Techniken

1 *Vergleicht die Bilder 1 und 2 miteinander. Welche Unterschiede stellt ihr fest? Welche Vorteile bietet der Pflug auf Bild 2 gegenüber jenem auf Bild 1?*

Seit dem frühen Mittelalter löste der Räderpflug mit eiserner Pflugschar allmählich den Hakenpflug ab, der den Boden nur aufreißen konnte. Mit dem neuen Pflug konnte der Boden stärker aufgelockert werden und die im Boden befindlichen Nährstoffe gelangten leichter nach oben.

Für die Pferde wurde im 8. Jahrhundert eine ganz neue Art des Anschirrens entdeckt. Das Kummet, ein gepolsterter versteifter Halsring, übertrug die Zuglast auf die Schulterblätter der Pferde und erhöhte so die Zugkraft auf das Vier- bis Fünffache. Zu einem verstärkten Einsatz von Pferden in der Landwirtschaft kam es erst im 12. Jahrhundert mit der Züchtung der schweren Landpferderasse.

An die Stelle der Sichel trat seit dem 11. Jahrhundert die Sense. Jahrtausendelang hatte die kleine Bogensichel als Erntegerät gedient. Der Verlust an Körnern war bei dieser Methode sehr gering. Hatte man mit der Sichel nur die Ähren abgeschnitten, so kam es mit der Sense jetzt zum Halmschnitt. Die Getreidehalme wurden dabei tief unten abgeschnitten, übrig blieben nur kurze Stoppeln. So brachte die Sense zwei Vorteile: die Arbeit ging rascher voran und der Halmschnitt brachte ausreichend Winterfutter für die Stalltiere. Dafür nahm man den größeren Körnerverlust in Kauf.

Einfacher und ergiebiger wurde auch das Dreschen durch den Einsatz von Dreschflegeln. Der Dreschflegel, der das zuvor übliche Ausschlagen mit dem Stock oder das Ausstampfen oder Austreten durch Tiere oder Menschen überflüssig machte, war in Mitteleuropa bis zum vorigen Jahrhundert in Gebrauch. Erst dann wurde er von der Dreschmaschine abgelöst.

Wind- oder Wassermühlen lösten die handgetriebenen Mühlen ab. Größere Mengen Getreide konnten jetzt in kürzester Zeit gemahlen werden.

In der Karolingerzeit war der Ernteertrag höchstens doppelt so hoch wie die Aussaat. Im 13. Jahrhundert erreichten hingegen die Gerste das Achtfache, Roggen das Siebenfache, Hülsenfrüchte das Sechsfache, Weizen das Fünffache und Hafer das Vierfache der Aussaat. Diese höheren Erträge begünstigten die rasche Bevölkerungsentwicklung, die in manchen Gebieten zur Landverknappung führte. Viele Bauern rodeten deshalb Land und machten es urbar, andere wanderten aus, wieder andere gingen in eine der zahlreichen Städte, die in dieser Zeit gegründet wurden und ihr rasches Wachstum der Landflucht der Bauern verdankten (vgl. S. 196).

Bilder aus dem Buch: Die Torstraße – Häuser erzählen Geschichte, gezeichnet von Heinz-Joachim Draeger, 1977.

Alltag in der Torstraße 1476.

Einkaufsbummel in der Torstraße 1926.

1 *Beschreibt die Bilder und nennt die wichtigsten Veränderungen.*
2 *Sprecht darüber, zu welcher Zeit ihr am liebsten in der Torstraße gewohnt hättet. Begründet eure Antwort.*

Verkehrschaos in der Torstraße 1966.

Eine Fußgängerzone heute.

3 *Fertigt eine große Wandzeitung für euer Klassenzimmer an. Besorgt euch dazu beim Bürgermeister- oder Verkehrsamt Prospekte mit Bildern eurer (Kreis-)Stadt vom Mittelalter bis heute. Ihr könnt auch eigene Fotos verwenden.*

4 *Sprecht über die wichtigsten Veränderungen in eurer Stadt seit dem Mittelalter.*

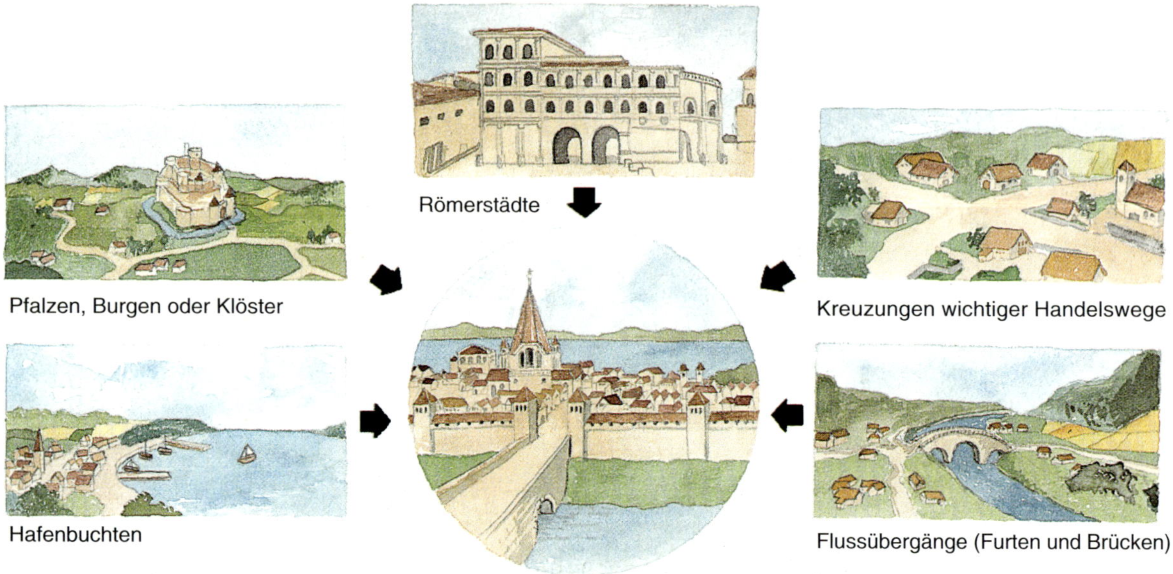

Voraussetzungen für Stadtentwicklung.

Auf den folgenden Seiten könnt ihr erkunden,
- wie es zur Gründung von Städten kam,
- warum es immer wieder zu Auseinandersetzungen um die Herrschaft in der Stadt kam und
- wie die verschiedenen Bevölkerungsgruppen in den Städten lebten.

Städte entwickeln sich

Über die Entstehung der Stadt Brügge im heutigen Belgien heißt es in einem Bericht aus dem 9. Jahrhundert:

Q Vor dem Burgtor, an der Brücke, sammelten sich allmählich Gewerbetreibende um für die zu arbeiteten, die in der Burg wohnten. Außer Kaufleuten, die alles Mögliche feilboten, gab es Schank- und Gastwirte. Sie machten es sich zur Aufgabe, diejenigen, die beim Grafen zu tun hatten, zu beköstigen und zu beherbergen. Mit der Zeit begannen die Zuzügler Häuser zu bauen und sich wohnlich einzurichten; dort fanden alle Aufnahme, die nicht in der Burg selbst wohnen konnten. Die Siedlung wuchs, sodass in kurzer Zeit ein großer Ort entstand.

So wie hier bei Brügge entstanden auch an anderen Orten weitere Städte.

In einem 1976 erschienenen Buch über das Leben im Mittelalter heißt es:

M Die ältesten Städte auf deutschem Boden sind römischen Ursprungs. Dort, wo die Römer an Rhein und Donau ihre Kastelle und Niederlassungen angelegt hatten, wuchsen auch die ältesten stadtartigen Siedlungen. Soldaten und Kaufleute wohnten in diesen Niederlassungen.
In den Zeiten der Völkerwanderung wurden sie zerstört und geplündert. In der Zeit der fränkischen Könige aber, also im 8. und 9. Jahrhundert, ließen sich hier Grafen und die Bischöfe nieder. Sie fanden in Kriegszeiten Schutz hinter den starken alten römischen Mauern.
Solche einigermaßen sicheren Plätze waren auch den Kaufleuten sehr willkommen. Sie schlossen sich zusammen in Niederlassungen, nahe genug an der Burg des Grafen oder Bischofs um sicheren Schutz zu haben.

Bevorzugt wurden von den Kaufleuten auch Niederlassungen an wichtigen Handelsstraßen, an Flussübergängen und Hafenbuchten, denn hier bestanden meist schon kleine Siedlungen.

1 *Informiert euch, wie und wann eure (Kreis-) Stadt entstanden ist.*

Soest. Stich aus dem Jahr 1588.

Eine mittelalterliche Stadt – Mauern, Markt und Rathaus

1 *Betrachtet das Bild der Stadt Soest. Verfolgt in Gedanken den Weg des Fuhrwerkes. Wann weiß der Bauer genau, dass er in der Stadt ist und nicht mehr auf dem Lande?*

In einer Erzählung aus dem Jahr 1973 heißt es:

M Noch ehe der Tag angebrochen ist, macht sich der Bauer auf den Weg zur Stadt. Heute nimmt er zum ersten Mal seinen Sohn mit. Dieser trägt einen Korb mit Eiern. Über die Schulter hat er sich zwei Hühner gehängt. Der Vater hat in seinem schweren Tragkorb einige Maß Mehl, Butter und noch ein paar Felle.
Das Dorf liegt über vier Stunden Fußmarsch von der Stadt entfernt.
Endlich, als die Sonne aufgeht, sehen sie die Türme der Stadt vor sich. Der Sohn ist ganz aufgeregt. ‚Vater! So viele Türme und Dächer habe ich noch nie gesehen. Jetzt weiß ich, was eine Stadt ist! Wo viele Menschen wohnen, das ist eine Stadt.'
‚Nein', entgegnet der Vater, ‚das stimmt nicht ganz. Nicht die Zahl der Menschen ist entscheidend. Der Ort muss eine Mauer, sein eigenes Gericht und sein eigenes Rathaus haben. Dann kann er sich Stadt nennen. Außerdem hat jede Stadt einen Markt. Er befindet sich in der Nähe der großen Stadtkirche und des Rathauses. Wir sind bald dort.'
Von allen Seiten haben sich inzwischen Bauern hinzugesellt. Mit vielen anderen stehen sie vor dem Stadttor. Ein Stadtknecht hält sie an. Er durchsucht den schweren Tragkorb. Dann dürfen sie passieren ohne eine Abgabe zahlen zu müssen, denn sie tragen nur die für die Stadt wichtigen Lebensmittel mit sich. Für andere Waren muss man nämlich Torzoll bezahlen. Schnell haben sich die beiden durch das Gedränge der Wagen und Menschen hindurchgeschlängelt. Sie laufen durch enge Gassen und gelangen endlich auf den Hauptmarkt. Hier wird alles angeboten, was die Bürger gebrauchen können: Fleisch und Gewürze, Fisch und Gemüse, aber auch Kleider, Töpfe und andere Handwerkserzeugnisse.

2 *Als der Sohn spät abends mit seinem Vater nach Hause zurückgekehrt ist, möchte er noch erzählen, was er alles gesehen hat. „Wir waren noch weit entfernt, da sahen wir bereits die großen Kirchtürme und die Stadtmauer. Sie ist …" Erzählt diese Geschichte weiter. Beachtet dabei auch genau die Darstellung auf dem Bild.*

3 *Nennt die wichtigsten Merkmale, durch die sich eine Stadt von einem Dorf unterscheidet.*

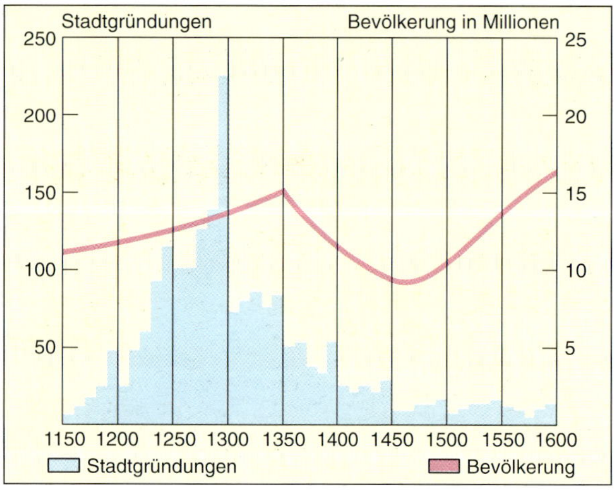

Stadtgründungen und Bevölkerungsentwicklung in Mitteleuropa von 1150 bis 1600.

Städte werden gegründet

1 *Stellt an Hand der Grafik fest, zu welchen Zeiten besonders viele Städte gegründet wurden. Gibt es nach der Grafik einen Zusammenhang zwischen der Bevölkerungsentwicklung und der Zahl der Städtegründungen?*

Vor allem in der Zeit zwischen dem 12. und 14. Jahrhundert gründeten viele Landesherren planmäßig Städte.

Von starken Mauern umgeben glichen sie festen Burgen, in denen die Bürger geborgen waren („Burg", „Bürger", „bergen"). Mit jeder neuen Stadt festigte der Landesherr seine Herrschaft (vgl. S. 172). Gleichzeitig war die Stadt auch eine wichtige Einnahmequelle für ihn: Zumindest von allen auswärtigen Händlern und Kaufleuten, die zu den Markttagen kamen, wurden Zölle und Marktgebühren erhoben.
Vorteile von der Stadt hatten aber auch:

- die Kaufleute. In der Zeit der Kreuzzüge (vgl. S. 230) hatte der Handel zwischen italienischen Städten, islamischen Staaten und Byzanz stark zugenommen. Von Italien brachten die Fernhandelskaufleute die Waren nach Deutschland in die aufblühenden Städte, wo sie sie mit Gewinn verkauften.
- die Handwerker. Sie konnten sich mehr spezialisieren und ihre Produkte auf dem Markt und durch Händler auch nach auswärts verkaufen.
- Leibeigene* und Bauernsöhne, für die kein Platz mehr auf dem Hof war.

2 *Nennt mit Hilfe des Textes mehrere Gründe für die rasche Zunahme der Stadtgründungen, wie sie die Grafik zeigt.*

Kampf der Städte um ihre Unabhängigkeit

Wie die Bauern auf dem Land einem Grundherrn unterstanden (vgl. S. 184), so unterstanden anfangs auch die Stadtbewohner ihrem Stadtherrn. In seinem Namen übte der Burggraf oder Vogt die Herrschaft in der Stadt aus. Die Bürger hatten keine Möglichkeit an den Entscheidungen mitzuwirken, die ihre Stadt betrafen. Vor allem die Kaufleute, die es zu Wohlstand gebracht hatten, wollten sich schon bald nicht mehr von ihrem Stadtherrn bevormunden lassen. Voller Stolz nannten sie sich in vielen Städten selber Patrizier*, ebenbürtig den Adligen.
In einigen Städten gelang es ihnen, dem Stadtherrn ein Recht nach dem anderen abzukaufen und selber die Verwaltung der Stadt zu übernehmen. In anderen Städten kam es zu langjährigen Kämpfen zwischen Bürgerschaft und Stadtherrn. Der Widerstand begann in den mächtigen Bischofsstädten am Rhein. Die Bürger vertrieben den bischöflichen Stadtherrn und baten den König um die Bestätigung ihrer Rechte und Freiheiten, wie z. B. in Köln.
Hier in der alten Römerstadt kam es zum ersten Mal im Jahre 1074 zum Aufstand gegen den Erzbischof als Stadtherrn. Er musste fliehen, kehrte aber nach drei Tagen zurück und bestrafte die Aufständischen. 600 Kaufleute flohen aus der Stadt. Es dauerte noch gut 200 Jahre, bis die Stadt ihre volle Unabhängigkeit erlangte. Im Jahre 1288 wurde der Erzbischof gezwungen seinen Amtssitz zu verlegen. Köln war jetzt eine freie Stadt, die nur noch den König oder Kaiser über sich hatte, dem sie eine Reichssteuer zahlte.

3 *Informiert euch, ob es auch in eurer (Kreis-) Stadt zu Auseinandersetzungen mit dem Stadtherrn kam. Wo könnt ihr Informationen darüber bekommen?*

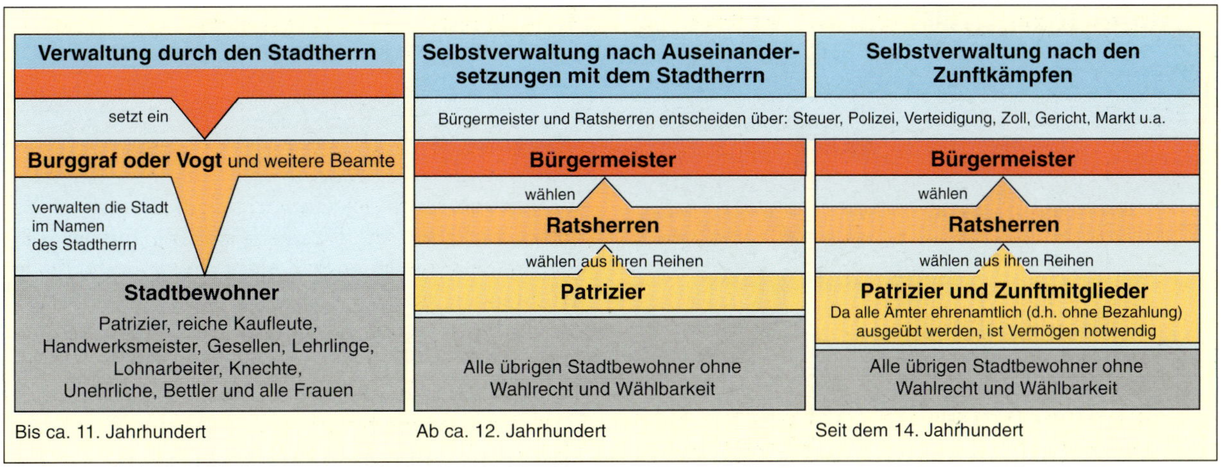

Die Entstehung der städtischen Selbstverwaltung.

Der Kampf um das Stadtregiment

Es waren vor allem die kleinen Kaufleute und die in Zünften (vgl. S. 202) organisierten Handwerker, die mit ihrem Steueraufkommen den Bau des prächtigen Rathauses und der Kirchen, des Spitals und der hohen Mauern ermöglichten. Wenn es in der Stadt brannte, organisierten sie die Löscharbeiten; im Kriegsfall trugen sie die Hauptlast bei der Verteidigung der Stadt. Vom Stadtregiment aber blieben sie ausgeschlossen.

Hiergegen wehrten sich die Bürger seit dem 14. Jahrhundert immer mehr. Der folgende Bericht steht in einer Chronik, die etwa 100 Jahre nach den Ereignissen von einem unbekannten Augsburger verfasst wurde; er stützte sich dabei auf ältere Chroniken und mündliche Überlieferung.

Q Am Sonntagabend, dem 23. Oktober 1368, versammelten sich in Augsburg die Zünfte unter Leitung des Hans Weiß, dem Kellermeister der Weberzunft, wohlbewaffnet am Perlachturm. Sie schlossen alle Stadttore und besetzten alle Straßen und Plätze der Stadt. Sie ließen mitteilen, die Gemeinde solle in Ruhe den Zusammentritt des Rates am folgenden Tag abwarten. Sturmglocken riefen in der Frühe des 23. Oktobers die Ratsherren zu einer außerordentlichen Ratssitzung zusammen. Schweigend eilten die Ratsherren durch die Reihen der bewaffneten Handwerker dem Rathaus zu. Dann besetzten Wachen der Zünfte die Rathauspforten und schlossen so die Falle.

Sechs ehrenwerte Zunftmeister traten vor den Rat, und Hans Weiß forderte in schlichten Worten die Teilnahme der Zünfte an der städtischen Regierung. Nach stundenlangen Debatten gaben die Ratsherren schließlich nach.

Der auf dem Perlachplatz harrenden Menge verkündete man die alsbaldige Einführung der Zunftverfassung. Der Rat übergab als Unterpfand seines Wortes die Hoheitszeichen der Stadtregierung: die Türschlüssel und die Schlüssel zur Sturmglocke und zum Ratsarchiv, das Stadtsiegel und das Stadtrechtsbuch. Dann schworen „Reich und Arm", Ratsherren und Handwerker, eine „zünftliche Regierung" einzuführen.

1 *Spielt folgende Szene: Hans Weiß und die übrigen fünf Zunftmeister begründen vor dem Rat ihre Forderungen. Überlegt euch, was die Ratsherren zunächst geantwortet haben könnten.*

Wie in Augsburg, so forderten auch in anderen Städten die Bürger ein Mitspracherecht am Stadtregiment. Der Erfolg war recht unterschiedlich. In einigen Städten lösten die Zünfte das bisherige Stadtregiment völlig ab, in anderen behaupteten die reichen Fernhandelskaufleute noch länger ihre Macht. Häufig kam es aber auch zu einer Einigung zwischen beiden Gruppen, indem Kaufleute und Zunftmitglieder die Ratsherren wählen konnten.

2 *Wiederholt mit Hilfe der Grafik die Entstehung der städtischen Selbstverwaltung.*

Ein Patrizier mit seiner Familie. Gemälde von Jean Bourdichon (etwa 1457–1521).

Die Stadtbewohner: frei, aber nicht gleich

Die Frankfurter Kleider- und Hochzeitsordnung aus der Zeit um 1450 bestimmte:

Q Jede Frau muss nach ihrem Stand* gekleidet sein, wie es der Rat verordnet hat ... Frauen aber, von deren Einkünften ihre Ehemänner oder Väter leben und die selbst im Handel tätig sind, dürfen die Kleider füttern und verbrämen, aber nicht mit Zobel- oder Marderfell, und die Verbrämung darf nicht über drei Finger breit sein ... Frauen von Handwerkern und ihresgleiches aus niederem Stand ... dürfen zwar auch die Kleider füttern und mit einer Verbrämung säumen, aber nicht mit Zobel, Marder, Hermelin oder Buntpelz. Die Verbrämung am Oberkleide darf nicht breiter als ein Finger sein ...
Jeder aus besserem Stand darf zwei Tage lang und jeder aus minderem Stand nur einen Tag lang die Hochzeitsfeier begehen. ...

1 *Beschreibt das Bild und vergleicht es mit der Darstellung auf S. 202.*

2 *Sprecht darüber, welche Rolle auf dem Bild dieser Seite der Frau des Patriziers zugewiesen wird.*

3 *Überlegt, aus welchen Gründen die Frankfurter Kleider- und Hochzeitsordnung erlassen worden sein könnte.*

4 *Erklärt den Satz: Die Stadtbewohner: frei, aber nicht gleich.*

Wie auf dem Land, so standen auch die Bewohner der mittelalterlichen Stadt keineswegs alle auf der gleichen gesellschaftlichen Stufe; sie gehörten verschiedenen Ständen an. Die Zugehörigkeit zu einem Stand wurde bestimmt durch Herkunft, Vermögen oder Beruf. Sichtbar wurden die unterschiedlichen Rangstufen in der Kleiderordnung, die der Rat erließ.
Zum ersten Stand gehörten die Patrizier, die reichen Fernhandelskaufleute und Adligen, die in die Stadt gezogen waren. Ihre prächtigen Häuser standen um den Marktplatz im Zentrum der Stadt.
In den anschließenden Straßenzügen wohnten Handwerker und Krämer, die Mitglieder eines Gewerbes, häufig zusammen in derselben Straße. Sie bildeten die Mittelschicht. Unter ihnen gab es wohlhabende wie z. B. die Goldschmiede und auch ärmere wie etwa die Leineweber.
Nicht zu den Bürgern zählten die Juden sowie die Angehörigen der Unterschicht. Dazu gehörten Mägde, Gesellen, Lehrlinge, Bettler, Krüppel, Arme sowie die „unehrlichen" Berufe, wie z. B. Henker und Totengräber. Mit den „unehrlichen" Leuten wurde jeglicher Kontakt vermieden.

Die Juden

Zu den Bewohnern der meisten Städte im mittelalterlichen Deutschland zählten auch Jüdinnen und Juden. Sie waren schon zu Zeiten des Römischen Reiches in die Römerstädte am Rhein gelangt (vgl. Kapitel 6.3). Während des frühen Mittelalters und bis ins 11. Jahrhundert lebten sie in den Städten meist friedlich mit ihren christlichen Nachbarn zusammen.
Juden gab es außer in Europa auch in Nordafrika und im Orient. Durch ihre Verbindungen und ihren Handel sorgten sie für den Austausch von Ideen und Waren mit fernen Ländern, und auch als Wissenschaftler und Ärzte waren sie berühmt und bei den christlichen Herrschern geschätzt (vgl. S. 267). Rechtsstreit untereinander konnten sie selbst austragen; im Rechtsstreit mit Christen war ihr oberster Schutzherr und Richter der Kaiser oder König, später auch die Bischöfe oder Fürsten. Für diesen Schutz zahlten sie eine besondere Judensteuer.

Juden und Christen

Das Verhältnis zwischen Juden und Christen verschlechterte sich zur Zeit der Kreuzzüge (vgl. S. 230 und S. 268). In den Augen der Christen waren Juden „Ungläubige“, und wenn die Kirche dazu aufrief, die Muslime als „Ungläubige“ aus Jerusalem zu vertreiben, warum sollte man dann die Juden in der eigenen Heimatstadt dulden? Noch im 10. Jahrhundert kam es zu ersten blutigen Verfolgungen von Juden. Sie wiederholten sich in unregelmäßigen Abständen. Juden, die den Ausschreitungen mit dem Leben entkamen, oder fremde Juden siedelten sich oft nach Verlauf einiger Jahrzehnte wieder an (über Auslöser, Gründe und Verlauf einer Judenverfolgung könnt ihr auf S. 268/269 weiterarbeiten).

Juden im Getto

In den Städten wohnten die Juden zumeist in bestimmten Gassen – nicht anders als andere Gewerbetreibende auch (vgl. S. 198). Die Trennung der Juden von der christlichen Bevölkerung wurde seit dem 12. Jahrhundert jedoch immer schärfer, je mehr sich ihr Verhältnis verschlechterte. Im mittelalterlichen Köln beispielsweise – wie auch in anderen deutschen Städten – mussten die Juden bald zwangsweise in einem eigenen Viertel leben. Solche Judenviertel werden heute auch Getto* genannt. Es befand sich in Köln unmittelbar neben dem Rathaus. Abends wurde das Judenviertel verschlossen, sodass die Bewohner nur tagsüber hinaus konnten. Außerhalb des Judenviertels mussten auch Juden seit dem 12. Jahrhundert bestimmte Kleidervorschriften einhalten (vgl. S. 198). Jeder konnte sie beispielsweise an ihrer vorgeschriebenen Hutform oder einer bestimmten Markierung auf ihrer Oberbekleidung als Juden erkennen.

Die eigenen Viertel bedeuteten einen gewissen Schutz für die Bewohner und trugen zur Stärkung der jüdischen Gemeinde bei. Juden konnten hier ihre inneren Angelegenheiten selbst regeln.

Neben der Synagoge – dem jüdischen Gebetshaus – gab es im Kölner Judenviertel noch eine Frauensynagoge, eine Herberge für durchreisende Juden, ein Haus für Hochzeiten und Feste, eine Backstube zum Backen ungesäuerten Brotes (vgl. S. 264) und die in Resten noch heute erhaltene „Mikwe“, das rituelle Reinigungsbad. Als die Juden im Jahre 1425 aus Köln vertrieben worden waren, wurde das Gebäude der Synagoge zur Ratskapelle umgestaltet, einem Teil des historischen Rathauses.

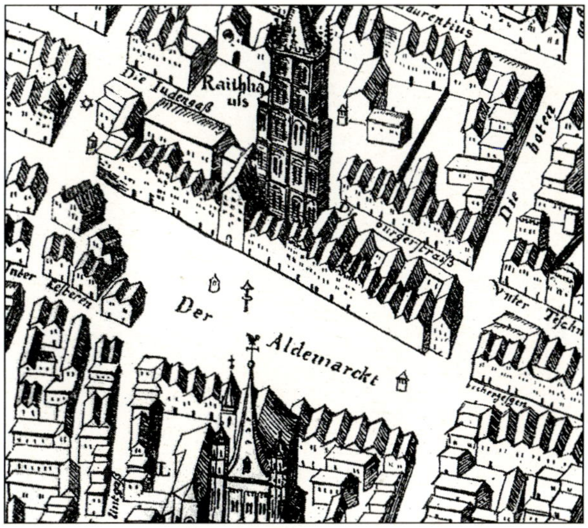

Ausschnitt aus einem Stadtplan von Köln. 16. Jahrhundert.

Juden im Geldgewerbe

Seit dem 12. Jahrhundert wurden Juden von den Christen allmählich auch aus dem Handel und aus fast allen Gewerbezweigen ausgeschlossen. So blieb ihnen meist nur der Geldverleih gegen Zinsen als Broterwerb übrig. Juden wie Christen war das Verleihen von Geld gegen Zinsen eigentlich verboten.

Die Zinsnahme war nur mit Zustimmung der Obrigkeit möglich. Die Schutzherren der Juden – der Kaiser, die Bischöfe oder die Fürsten – erlaubten den Juden die Zinsnahme auf Grund eigener Interessen. So bestimmte Kaiser Friedrich III. im Jahre 1470:

> **Q** Wo der Christ 10 Schock nimmt, soll der Jude 20 im Jahr nehmen dürfen, weil, wenn er so wenig nähme wie der Christ, er nicht leben könnte, da er zuerst Uns gegenüber seinen Pflichten nachkommen muss …

Kredite von Juden waren für viele Menschen im Mittelalter die einzige Möglichkeit an dringend benötigtes Bargeld zu kommen. Auch die Schutzherren der Juden nutzten sie. Es kam vor, dass die Juden um die Ansiedlung in einer Stadt gebeten wurden, aus der sie gerade erst vertrieben worden waren, weil es dort an Kreditgebern mangelte.

1 *Ermittelt an Hand von Text und Quelle, warum der Kaiser ein Interesse hatte, dass die Juden Zinsen verlangten.*

2 *Stellt an Hand der Quelle fest, ob Juden die Einzigen waren, die Zinsen nahmen.*

1 Eine Geburt. Darstellung auf einer Altartafel von 1481.

2 Eine Kaufmannsfamilie. Holzschnitt, 16. Jahrhundert.

Frau und Familie

1 *Stellt mit Hilfe der Bilder dieser Doppelseite Vermutungen an, wie das Leben von Frauen in einer mittelalterlichen Stadt ausgesehen haben könnte.*

In den Aufzeichnungen des Basler Bürgers Konrad Iselin heißt es:

> **Q** 1401 nahm ich am Tag der hl. Lucia und Jodok (13.12.) Agnes zur Frau. Wir bekamen innerhalb der ersten zwei Jahre einen Sohn, Johannes, und eine Tochter, Elsine. 1405 starb meine Frau am Allerheiligentag (1.11.).
> 1406 nahm ich am 3. Tag nach St. Barbara (14.6.) Clara zur Frau. 1408 wurde meine Tochter Gretel geboren ... 1410 wurde meine Tochter Agnes geboren ... 1411 starb meine Frau Clara am 5. Tag nach St. Lucia (18.12.), als sie einen Sohn namens Johannes geboren hatte ...
> 1412 nahm ich am Aschermittwoch (17.2.) Else zur Frau. Sie gebar mir eine Tochter gleichen Namens. Das Kind wurde 18 Wochen alt und starb am Karfreitag 1413 (21.4.). 1414 wurde mein Sohn Johannes am Agnestag (21.1.) geboren ... 1418 wurde meine Tochter Agnes am Tag Mariä Himmelfahrt (15.8.) geboren ... 1418 starb meine Tochter Gretel am Sonntag vor Michaelis (25.9.). 1424 starb meine Frau Else – Gott hab sie selig – am 5. Tag nach St. Georg (27.4.).
> 1425 nahm ich am fünften Tag von St. Martin (8.11) Gretel die Ältere zur Frau; sie war 23 Jahre lang Witwe gewesen.

1 *Stellt fest, wie viele Kinder Konrad Iselin hatte. Wie viele Kinder wurden älter, als ihr jetzt seid?*
2 *Sprecht darüber, was der frühe Tod der Ehefrauen für die Kinder bedeutete.*
3 *Überlegt, warum so viele Ehefrauen und Mütter schon nach wenigen Ehejahren starben.*
4 *Informiert euch, z. B. bei euren Eltern, über heutige Vorsorgemaßnahmen für Mutter und Kind während der Schwangerschaft und nach der Geburt.*

Kinder wurden zu Hause geboren. Zehn, aber auch vierzehn oder sechzehn Kinder im Verlauf einer Ehe waren keine Seltenheit. Mangelnde Hygiene und für uns heute harmlose Kinderkrankheiten führten dazu, dass in der Regel die Hälfte oder mehr aller Kinder starben, bevor sie das 14. Lebensjahr erreicht hatten. Bis zum Alter von sechs Jahren trugen Jungen und Mädchen die gleiche Kleidung, spielten zusammen und wuchsen zusammen auf. Erst dann entschied es sich, ob Jungen und Mädchen auch eine Schule besuchten und eine Ausbildung erhielten. Häufig ließen die Eltern aber die Mädchen im Haus; sie lernten von der Mutter Nähen, Kochen, Weben und Spinnen um sich auf ihre künftige Rolle als Haus- und Ehefrau vorzubereiten.

5 *Sprecht über den Satz: Für Mädchen ist eine gründliche Berufsausbildung nicht so wichtig wie für Jungen.*

Eine Stadtbürgerin bei der Hausarbeit. Szenenfoto aus dem Film „Stadt im Wandel“, 1985.

Er verdient – sie führt das Haus: Männer- und Frauenrollen im Mittelalter

Im Mittelalter gab es zahlreiche „Hausbücher“; in ihnen wurden die Aufgabenbereiche von Männern und Frauen genauer beschrieben.

In einem Hausbuch aus dem Jahre 1393 lässt der unbekannte Verfasser einen über 60-jährigen Ehemann zu seiner 15-jährigen Ehefrau sagen:

> **Q** … Pflegt euren Ehemann sorgsam und bitte, haltet ihn in sauberer Wäsche, denn das ist Eure Aufgabe. Und weil die Sorge für die Geschäfte draußen Männersache ist, muss der Ehemann … hierhin und dorthin reisen, bei Regen, Wind, Schnee und Hagel, einmal durchnässt, dann wieder ausgedörrt, einmal in Schweiß gebadet, dann wieder frierend, schlecht verpflegt, schlecht untergebracht, schlecht gewärmt und schlecht gebettet.
>
> Und alles macht ihm nichts aus, denn ihn tröstet die Hoffnung auf die Fürsorge seiner Frau, wenn er zurückkommt, und auf die Gemütlichkeit, … die sie ihm bereitet: die Schuhe beim warmen Feuer ausziehen, die Füße waschen lassen, frische Schuhe und Strümpfe anziehen, gutes Essen und Trinken vorgesetzt bekommen, schön bedient und versorgt werden.

1 *Beschreibt die Rollenverteilung von Männern und Frauen, wie sie hier geschildert wird.*

2 *Vergleicht diesen Text mit den Darstellungen zur Rolle der Frau im Alten Ägypten (S. 62/63), in Athen (S. 96ff.) und Rom (S. 110/111 und 122/123). Welche Unterschiede bzw. Gemeinsamkeiten stellt ihr fest?*

Die meisten Frauen heirateten im Alter zwischen 18 und 22 Jahren; manche waren auch jünger. Die Hausfrau hatte selbstständig für den manchmal recht großen Haushalt zu sorgen; neben Eltern, Großeltern und Kindern konnten dazu auch die unverheirateten Verwandten sowie Knechte und Mägde zählen. Überarbeitet und von den vielen Schwangerschaften erschöpft überlebten viele Frauen die Geburt eines Kindes nicht. So kam es vor, dass viele Männer dreimal und mehr heirateten und die Kinder nacheinander bei verschiedenen „Stiefmüttern“ aufwuchsen.

3 *Ausländische Mitschülerinnen und Mitschüler können über das Familienleben in ihrem Heimatland erzählen. Welche Aufgaben übernimmt die Mutter, welche der Vater? Gibt es Großfamilien? Wieviel Wert wird auf die Schulbildung für Mädchen gelegt?*

Bäuerliches Ehepaar beim Schuster. Holzschnitt, 16. Jahrhundert.

Handwerker und Zünfte*

1 *Beschreibt das Bild. Es gibt euch einen Einblick in den Tagesablauf einer Familie.*

2 *Diskutiert, welche Probleme sich für das Familienleben ergeben können bei gleichzeitiger Berufstätigkeit der Eltern.*

3 *Ausländische Schülerinnen und Schüler können erzählen, welche Ansichten es dazu in ihrem Heimatland gibt.*

Ein Lehrvertrag aus dem Jahre 1404:

Q Ich, Johann Toynburch, Bürger zu Köln, tue kund allen Leuten: Meinen ehelichen Sohn Tönis habe ich zu dem Goldschmied Adolf Bruwer, einem kunstfertigen Mann, in die Lehre gegeben. Tönis möchte aus eigenem Antrieb das Handwerk der Goldschmiede in Köln erlernen und dem Goldschmied Adolf Bruwer treulich dienen, acht Jahre lang.

Meister Adolf soll meinem Sohn die Kost geben. Ich, Johann, soll den Tönis die ganzen acht Jahre lang anständig kleiden. Und geschähe es, dass Tönis im ersten Jahr stürbe, so soll mir Meister Adolf acht Gulden von den sechzehn wiedergeben, die ich ihm zuvor gegeben habe.

Würde ich, Tönis, meinem Meister Adolf in diesen Jahren entlaufen und beginnen auf eigene Rechnung das Handwerk zu betreiben, muss ich dem Meister Adolf 42 Gulden Strafe zahlen.

4 *Schreibt stichwortartig die wichtigsten Bestimmungen dieses Vertrages auf.*

5 *Erkundigt euch, welche Rechte und Pflichten ein Ausbildungsvertrag heute enthält.*

6 *Vergleicht beide Verträge miteinander. Welche Unterschiede stellt ihr fest?*

Die Handwerker stellten den größten Teil der Stadtbevölkerung. Zur Verteidigung gemeinsamer Interessen schlossen die Handwerksmeister sich seit dem 12. Jahrhundert zu Zünften zusammen. Jedes Handwerk hatte seine eigene Zunft. Jede Zunft

- erließ feste Regeln zur Ausbildung;
- setzte die Zahl der Lehrlinge und Gesellen für jeden Betrieb fest;
- überwachte die Qualität der Produkte und die Einhaltung der vorgeschriebenen Preise;
- schrieb den Mitgliedern genau vor, wieviel Ware sie produzieren durften;
- schlichtete Streitigkeiten der Zunftmitglieder untereinander.

Die Vorschriften waren für alle verbindlich. „Schaumeister" überwachten die Zunftgenossen. Pfuschern, d. h. Handwerkern, die nicht Mitglied waren, „legten sie das Handwerk". Minderwertige Erzeugnisse wurden eingezogen und die Hersteller bestraft. Die enge Verbundenheit der Zunftmitglieder zeigte sich auch im alltäglichen Leben. An den großen Stadt- und Kirchenfesten nahm man gemeinsam teil. Kranke und arme Mitglieder wurden unterstützt und gemeinsam sorgte man auch für Witwen und Waisen verstorbener Zunftgenossen.

Die Ehefrau führt für ihren Mann, der Geldwechsler ist, die Bücher. Gemälde von Marinus von Roymerswaele, 1538.

Auch an der Verteidigung der Stadt waren die Zünfte beteiligt. Jede Zunft hatte ein bestimmtes Stück der Stadtmauer zu verteidigen oder eines der Stadttore, wie z. B. das Färber- oder Schmiedtor.

7 *Erklärt folgende Behauptung: Die Zunftmitglieder wollten nicht Reichtum, sondern Sicherheit.*

8 *Sucht auf der Straßenkarte eurer (Kreis-)Stadt Straßennamen, die an mittelalterliches Handwerk erinnern. Wo liegen diese Straßen?*

Frauen in Handwerk und Handel

Neben den Handwerksmeistern gab es selbstständige Meisterinnen wie Fleischerinnen, Bäckerinnen, Fassbinderinnen oder Gerberinnen. Fast immer handelte es sich dabei um Witwen, die nach dem Tod ihres Mannes die Werkstatt leiteten. Von den Zünften erhielten diese Frauen meist den Auftrag einen erfahrenen Gesellen einzustellen, der der Zunft angehörte.
Eigene Zünfte für Frauen waren die Ausnahme wie beispielsweise die Zunft der Goldspinnerinnen in Köln. Doch auch hier saßen im Zunftvorstand neben den zwei Meisterinnen auch zwei Meister; sie sollten „das Handwerk regieren", wie es in einer Schrift aus dem Jahre 1397 heißt.
Eine wichtige Rolle spielten Frauen im Handel. So handelten Kölner Kauffrauen im 15. Jahrhundert mit Baumwolle, Tuchen, Wein oder Gewürzen. Neben 16 Kaufleuten, die Zucker einführten, gab es auch eine Kauffrau, die allein fast 25 % des Zuckerhandels kontrollierte. Von 120 Kaufleuten, die Gewürzhandel betrieben, waren 11 Frauen.
Eine heutige Wissenschaftlerin schreibt:

M In erstaunlichem Umfang waren Frauen am Groß- und Fernhandel beteiligt. Möglich war dies nur, weil die Frau seit dem 13. Jahrhundert als voll geschäftsfähig galt. Sie konnte eigenständig Geschäfte tätigen, Prozesse führen, über ihr Eigentum testamentarisch verfügen und haftete bei Schulden oder Konkurs. Frauen führten die Bücher, vertraten den Mann in Zeiten der Abwesenheit oder wenn dieser durch städtische Ämter belastet war. Sie besuchten Märkte und Messen, unternahmen Handelsreisen. Sie handelten mit Wein genauso wie mit Tuchen oder Metallwaren. … Ende des 15. Jahrhunderts gehörte beispielsweise eine Frau zu den bedeutendsten Stahlimporteuren Kölns (ihr Mann war zu gleicher Zeit Bürgermeister) …
Freilich sind dies Einzelfälle.

3 *Seht euch das Bild an. Über welche Kenntnisse und Fertigkeiten musste die Frau verfügen um die gezeigte Tätigkeit ausüben zu können?*

Markt in einer mittelalterlichen Stadt. Rekonstruktion nach schriftlichen und archäologischen Quellen von Jörg Müller, Biel 1992.

Auf dem Markt

1 *Beschreibt den Markttag auf dem Bild.*

An festgelegten Tagen – häufig an drei Tagen – der Woche war Markt. An diesen Tagen strömten die Menschen aus der ganzen Umgebung in die Stadt, kamen Bauern mit ihren Wagen oder zu Fuß, brachten Händler ihre Waren aus fernen Ländern herbei. Am Stadttor herrschte großes Gedränge; alle Wagen wurden von den Torhütern erst gründlich kontrolliert, bevor sie in die Stadt durften.
Pünktlich um sieben Uhr in der Früh wurde die Marktfahne aufgezogen. Metzger, Bäcker, Bauern, Händler und Handwerker boten ihre Waren feil. Laut ging es zu auf dem Markt und den anschließenden Gassen und Straßen.
Ein heutiger Wissenschaftler schreibt:

M ... Alle Augenblicke Glockengeläute und fromme Gesänge, dazwischen das Brüllen und Grunzen des Viehs, das Grölen und Randalieren der Nichtstuer in den Wirtshäusern, das Hämmern, Hobeln und Klopfen der Tätigen in den offenen Werkstätten, das Rattern der Wagen und Stampfen der Zugtiere und dazu der Lärm der zahllosen Ausrufer, die in einer Zeit des allgemeinen Analphabetentums das Plakat und die Neonröhren ersetzen mussten: „Gemalte Puppen, Lebkuchen, heiße Speckkuchen! – Zen ... [= Zähne] außprechen. Her an, her an, her an, welcher do hat einen posen ... [= bösen] Zahn."

2 *Vergleicht an Hand des Textes und des Bildes einen Markt im Mittelalter mit einem heutigen Wochenmarkt.*

3 *Vergleicht auch das Gemüse-Angebot auf Bild 1, S. 205 mit dem Angebot heute. Informiert euch, woher die Waren auf unseren Wochenmärkten stammen.*

4 *Sprecht darüber, welche Umweltprobleme entstehen, wenn die Nahrungsmittel heute aus weit entfernten Gegenden oder sogar anderen Kontinenten herbeigeschafft werden.*

1 Gemüseangebot im Mittelalter. Ausschnitt aus einem Gemälde aus dem 16. Jahrhundert.

2 Öffentliche Bestrafung eines Bäckers, der zu kleine Brote gebacken hat. Darstellung auf einer Postkarte, um 1900.

Die Marktordnung

Kauf und Verkauf wurden durch die Marktordnung geregelt. Zuwiderhandlungen konnten hart bestraft werden. So heißt es in einer Marktordnung aus dem Jahre 1256:

Q …

10 Wir verordnen, dass kein Kauf außerhalb des öffentlichen Marktes stattfindet. Dies gilt für Leute, die Waren in die Stadt … bringen. Wer gegen diese Anordnung verstößt, muss der Stadt 6 Schilling und dem Richter 60 Pfennig bezahlen. Wenn einer kein Geld besitzt, wird ihm die Hand abgeschlagen werden.

11 Wir verordnen, dass zwei gute Würst, die die vorgeschriebene Größe besitzen, für einen Pfennig verkauft werden, sie dürfen aber nur aus reinem Schweinefleisch gemacht sein. Zuwiderhandelnde müssen 1 Pfund [= 240 Pfennig] zahlen und werden ein Jahr lang von ihrem Handwerk ausgeschlossen.

Betrügerische Bäcker wurden häufig in einen Käfig gesperrt und so lange immer wieder unter Wasser getaucht, bis sie fast zu ersticken drohten (siehe Bild 2). „Streithähne", Falschspieler, zänkische Frauen kamen an den Pranger oder Schandpfahl. Ihre Hände und Füße wurden in die dafür vorgesehenen Löcher gesteckt. So waren sie fast unbeweglich stundenlang dem Gespött der Vorbeigehenden ausgesetzt. Sie wurden gestoßen, geschlagen, unaufhörlich gekitzelt oder es wurden ihnen Mund, Ohren und Haare mit Kot und Unrat aller Art vollgeschmiert.

1 *Sprecht gemeinsam darüber, welchen Sinn nach eurer Meinung eine Strafe haben sollte.*

2 *Überlegt, welche Strafe eurer Meinung nach für die genannten Vergehen sinnvoll wären.*

Die überschwemmte Landstraße.
Gemälde von Jan Brueghel dem Älteren. 1614.

Händler und Kaufleute

1 *Beschreibt ganz genau, was ihr auf dem Bild erkennen könnt.*

2 *Schreibt mit Hilfe des Bildes eine kleine Geschichte: „Bauern und Händler auf dem Weg zum Markt".*

Die Bewohner der mittelalterlichen Städte mussten ständig mit frischen Lebensmitteln versorgt werden: Getreide, Obst, Gemüse, Fleisch und Wolle – alles lieferten die Bauern der Umgebung.
Neben den Dingen des täglichen Bedarfs wurden auf den Märkten aber auch zahlreiche Luxusartikel angeboten: Aus dem Orient kamen Gewürze wie Pfeffer, Zimt, Nelken oder Muskatnüsse. Seit dem 13. Jahrhundert bringen die Schiffe auch Orangen, Feigen, Parfüme, ferner Damast aus Damaskus, Musselin aus Mossul oder Gaze aus Gaza (vgl. S. 251). Kostbare Tuche kommen aus Flandern, Bernsteinschmuck von der Ostsee und Pelze aus Russland.
Der Transport dieser Waren bereitete große Schwierigkeiten. Schiffsunglücke waren nicht selten. Die „Fernverkehrsstraßen" waren meist in schlechtem Zustand (siehe Bild). Häufig handelte es sich um holprige, unbefestigte Wege, die bei Regen oder im Winter kaum befahrbar waren. Die von mehreren Pferden gezogenen Lastkarren blieben bisweilen mit Achsenbruch liegen, stürzten um oder versanken im Morast. Im Fernhandel ließ man daher nach Möglichkeit die Waren auf großen Schiffen transportieren; das war zudem erheblich billiger und ging schneller. Die großen Handelsschiffe (Koggen) konnten etwa 120–200 Tonnen an Waren befördern, ein Fuhrwerk nur etwa 2 Tonnen.

Von Lübeck nach Danzig

	Ladung	Reisezeit	Personal
Kogge	bis 200 t	4 Tage	25 Seeleute
Fuhrwerk	etwa 2 t	14 Tage	2 Mann

3 *Berechnet mit Hilfe der Karte (S. 207), wie lange ein Fuhrwerk von Köln nach Hamburg gebraucht hätte. – Sprecht über die Risiken bei den verschiedenen Transportmitteln. – Für welche Transportmöglichkeit hättet ihr euch entschieden?*

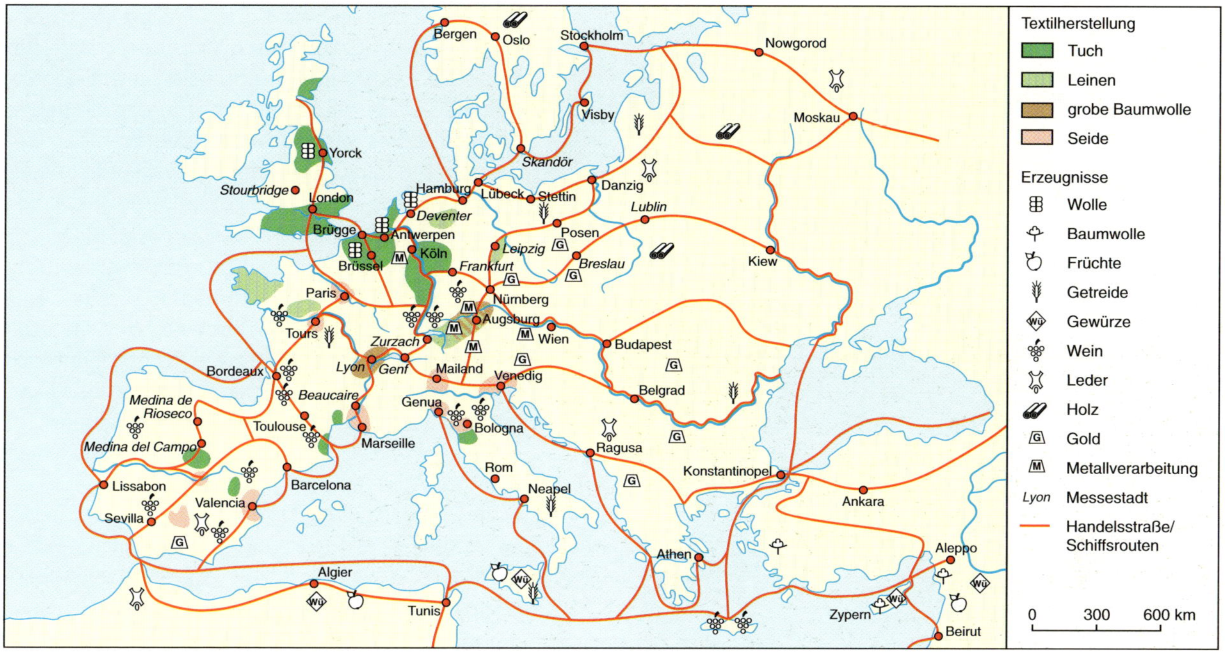

Handelswege und Handelsware im Spätmittelalter.

Handel braucht Sicherheit

In einer Wormser Chronik heißt es zum Jahr 1254:

Q Damals stand es in Deutschland, vornehmlich am Rhein so, dass, wer der Stärkste war, der schob den anderen in den Sack, wie er konnte und mochte. Die Ritter und die Edelleute … mordeten, wen sie konnten, verlegten und versperrten die Straßen und Pässe und stellten denen nach, die ihres Gewerbes halber über Land ziehen mussten. Daneben hatten etliche Herrschaften neue Zölle am Rhein aufgerichtet …
Weil sonst keine Hilfe zu erwarten war, verbanden sich sechzig am Rhein gelegene Städte nach dem Beispiel von Worms, Mainz und Oppenheim und wollten einander in Nöten beistehen. Darunter waren Aachen, Wesel, Köln, Bonn, Speyer, … Sie vereinigten ihre Kriegsrüstungen und stellten die Zölle ab, die auf dem Rhein erhoben wurden, rissen die Raubschlösser ein und schleiften sie und vertrieben die Mörder und Straßenräuber aus dem Land …

1 *Erklärt mit Hilfe der Quelle, warum sich die Städte miteinander verbündeten. Überlegt dabei auch: Wer leidet unter den Überfällen und der Erhebung weiterer Zölle besonders? Welche Gruppe ist im Rat der Städte vertreten, die die Bündnismaßnahmen beschließen?*

Gefährlicher als die natürlichen Hindernisse waren Wegelagerer und Raubritter. Ständig mussten die Kaufleute damit rechnen, durch Raubüberfälle ihr Hab und Gut, wenn nicht sogar das Leben zu verlieren. So schlossen sich schon im 12. Jahrhundert Kaufleute aus verschiedenen Städten zu Fahrtgenossenschaften zusammen. Diese Genossenschaften trugen den Namen „Hanse“ (= Schar).
In großen Geleitzügen, von Söldnern gegen Überfälle und Plünderungen geschützt, wurden die Waren jetzt zu ihren Bestimmungsorten gebracht.
Im 13. Jahrhundert, als die königliche Zentralgewalt sehr geschwächt war, kleinere Herren überall neue Zollstellen errichteten (vgl. S. 172) und die Überfälle immer mehr zunahmen, schlossen sich viele Städte zu Städtebünden zusammen um ihren Fernhandel zu schützen.

2 *Überlegt, warum die Städte selbst den Schutz des Fernhandels übernahmen.*

Kölner Dom. Foto 1985.

Die gotische Kirche – Zeugnis städtischen Selbstbewusstseins

Mittelpunkt jeder Stadt war nicht der Markt mit den schönen Patrizierhäusern, nicht das neuerbaute Rathaus, sondern die Kirche.

Die romanischen Kirchen, wie man sie seit dem 11. Jahrhundert gebaut hatte, waren zumeist von Klöstern, Bischöfen, dem Kaiser oder Fürsten errichtet worden. Das ändert sich im 13. Jahrhundert. Jetzt ist es die Bürgerschaft der einzelnen Städte: Patrizier, Zünfte und die Armen – sie alle helfen durch Spenden und eigene Tätigkeit mit beim Bau der Kirche. Jahrhundertelang dauerte es manchmal, bis eine Kirche fertig war. Die Kirchen, die jetzt zum Lobe Gottes gebaut werden, sehen ganz anders aus als vorher.

In einer erfundenen Geschichte heißt es dazu:

M Es war an einem trüben Herbstabend des Jahres 1180, da zog durch das Gereonstor der Stadt Köln ein fremder Wanderbursche. Er erkundigte sich nach der Zunftherberge der Bauleute, und bald saß er am Tisch und erzählte:

„Daheim bin ich in der Stadt Gmünd im Schwäbischen. Dort habe ich das Steinmetzhandwerk ehrlich gelernt und bin dann auf Wanderschaft gegangen. Zuerst bin ich über die Alpen gewandert bis in die Heilige Stadt Rom. Aber da war keine Ruhe und kein Frieden. Dort hörte ich davon, dass man in Frankreich auf eine neue Art baut, und das wollte ich sehen. Meine römischen Freunde spotteten wohl über diesen barbarischen Baustil ...

So wanderte ich zurück und zog rheinabwärts. Dann wandte ich mich nach Westen bis zur großen Stadt Paris. Da bauen sie gerade dem heiligen Denis eine Kirche, wie ich sie in noch keinem Land gesehen habe. Sie hat fast keine Wände, man meint, es gäbe nur Fenster. Diese reichen vom Boden bis zum Dach, sind lang und schmal und haben dort einen spitzen Abschluss. Die Glasmaler haben dort goldene Zeiten! Und im Kircheninnern steigen schlanke Säulen empor, dass man meint, man wäre in einem deutschen Wald mit hohen Tannen. Das Dach ist nicht flach, von den Säulen streben Rippen in die Höhe, die sich hoch oben zu einem Schlussstein vereinigen. Alles drängt in die Höhe, hinauf zu Gott, unserem Ziel."

Da meinte einer der Umsitzenden: „Wie kann man eine Kirche bauen ohne Wände, aber mit vielen Fenstern und einem Dach? Der nächste Sturm wird das ganze Bauwerk umblasen!" Der Fremde erklärte: „Daran haben die Baumeister wohl gedacht. Nicht mehr die Wände tragen das schwere Dach; das besorgen die vielen Säulen. Damit diese Säulen sich nicht nach außen biegen, bringt man außen schwere Stützpfeiler an." – Er langte nach seinem Ranzen und zog eine kurze Pergamentrolle her. Darauf sah man Zeichnungen von Gotteshäusern mit schlanken Säulen, hohen Fenstern und Bogenrippen an der Decke.

Ganz allmählich setzte sich diese Art des Bauens auch in Deutschland durch. Die Italiener bezeichneten diesen Baustil als „gotisch", was so viel wie „barbarisch" oder „fremd" hieß. Bis zum Beginn des 16. Jahrhunderts wurden jetzt überall gotische Kirchen errichtet.

1 Mittelschiff des Kölner Doms.

2 Glasfenster des Kölner Doms.

3 Gotische Fenster.

4 Spitzbogen.

5 Maßwerk.

1 *Nennt mit Hilfe des Textes und der Bilder jene Merkmale, die für eine gotische Kirche typisch sind.*

2 *Wenn es in eurem Heimat- oder Schulort eine gotische Kirche gibt, dann besichtigt sie ganz genau und beantwortet folgende Fragen: Wie alt ist die Kirche? Gibt es Kirchenfenster mit Beschreibungen aus der biblischen Geschichte? Beschreibt eines dieser Kirchenfenster ganz genau.*

3 *Ausländische Schülerinnen und Schüler können berichten, wie die Kirchen, Moscheen oder Synagogen in ihrem Heimatland aussehen.*

Der Bleisiegelfälscher

Martin, ein junger Geselle, hat das Loden-Handwerk erlernt. Jetzt sucht er Arbeit. Auf seinem Weg nach Nördlingen nimmt ihn ein Fuhrmann auf einem Fuhrwerk mit.

Eine knappe Stunde später rollt das Fuhrwerk langsam in das Vorwerk des Baldinger Tores ein. Aufmerksam lenkte der Fuhrmann das Gespann durch die schmale Lücke im Schanzwall. Dann polterte der Wagen über das grob gefügte Pflaster des Vorhofes. Auf der Zugbrücke vor dem Torturm zog der Fuhrmann die Zügel an.

Am Prellstein vor dem Torgewölbe lehnte ein Wachknecht. Die eiserne Sturmhaube ins Genick geschoben und den Hellebardenschaft locker in der Armbeuge hatte er dem Fuhrwerk gelangweilt entgegengeblickt. Jetzt drehte er den Kopf und brüllte: „Kundschaft!" Es dauerte noch einige Zeit, bis der Torwächter aus der Wachstube trat. Er war ein langer, dürrer Mensch, der sich im Gehen das Wams zuknöpfte. Dann legte er die Hände auf den Rücken und stolzierte stumm einmal um den Wagen. Der Fuhrmann lächelte spöttisch. Der Torwächter blieb stehen und klatschte mit der flachen Hand auf die Plane. Mit erhobenen Augenbrauen sah er den Fuhrmann an.

„Hä?", machte der.

„Was geladen?", stieß der Torwächter hervor. Es klang wie „Wasladn".

„Wolle."

„Bekommt wer?"

„Widmann", nuschelte der Fuhrmann.

„Wer? – Macht gefälligst das Maul auf!"

„Der Handels-herr Ge-org Wide-mann!", brüllte der Fuhrmann.

„Für den Herrn Handelsherrn Widemann? Gut, gut. – Ja, also dann – passiert! – Nein! Halt!" Eilig stakste der Torwächter um den Wagen und baute sich neben dem Handpferd auf.

„Was' mit dir?", schnauzte er zu Martin hoch.

„Wie meint Ihr das, bitte sehr?", fragte Martin sanft.

„Name! Stand! Alles!"

„Ich möcht mir hier Arbeit suchen. Ich bin Lodwebergeselle."

„Brief!"

Martin öffnete seine Tasche. „Hier, mein Gesellenbrief. Den meintet Ihr doch wohl, oder?"

Der Torwächter warf ihm einen finsteren Blick zu. Mit spitzen Fingern blätterte er das Heftchen auf und begann, die letzte Eintragung sorgfältig zu studieren. Leise lesen schien er nicht zu können, und so erfuhr der Fuhrmann mehr über Martin:

„Wir Geschworene, Vor- und andere Meister des Handwerks der Lodweber allhier in des Heiligen Reichs Stadt Dinkelsbühl bescheinigen hiermit und tun kund, dass gegenwärtiger Lodwebergesell, namens Martin Wagner, von Dinkelsbühl gebürtig, so achtzehn Jahre alt und von Statur ..."

Jetzt folgte eine Personenbeschreibung Martins, kurz und ungenau. Aber der Torwächter ließ sich Zeit und blickte immer wieder zu ihm hoch, als müsse er sich auf das Genaueste vergewissern. Endlich las er weiter.

„... bei uns allhier ein Jahr in Arbeit gestanden und sich in solcher Zeit über getreu, fleißig, still, friedsam und ehrlich, wie einem jeglichem Handwerksgesellen gebührt, verhalten hat, welches wir also attestieren und deshalben unseren sämtlichen Mitmeistern diesen Gesellen nach Handwerks Gebrauch überall zu fördern, geziemend ersuchen wollen.

Dinkelsbühl, 3. April 1613. Unterzeichnete."

Martin streckte die Hand aus, zog sie aber wieder zurück: Der Torwächter begann die vorletzte Eintragung zu studieren. Was die Frankfurter Lodweberzunft von Martin hielt, bekam der Fuhrmann jedoch nicht mehr zu hören. Denn der Torwart las zuerst die Ortsangaben.

„Frankfurt am Main", wiederholte er erschüttert. „Da, wo die Zünfte rebellieren ..."

„Ich darf Euch verbessern", sagte Martin freundlich. „Die Zünfte dort rebellieren nicht, sondern kämpfen! Sie wollen mit ins Stadtregiment. Darum kämpfen sie. Im Übrigen: Als ich anno elf dort war, haben sie grad erst angefangen mit dem Kampf."

„Völlig gleichgültig!" Plötzlich zappelte der Torwächter vor Aufregung. „Frankfurt!", stieß er hervor. „Aus Frankfurt! – runter vom Gaul! Wie siehst du überhaupt aus? Los! Wams zu! Schuhe an! Hut auf! Anständige Stadt hier! Hier wird nicht rebelliert. Die Tasche her!"

Wie es Martin in Nördlingen erging, könnt ihr nachlesen in dem Buch von Dietlof Reiche. Der Bleisiegelfälscher. Verlag Anrich 1977.

Jahr	Stadt	Einwohner (ca.)	zur Unterschicht gehörig (ca.)
1362	Esslingen	7000	2590
1415	Schwäb. Hall	4500	1125
1420	Frankfurt	10000	7000
1440	Strassburg	18000	5220
1444	Basel	10000	2700
1460	Lübeck	22000	11440
1475	Augsburg	18000	11880
1500	Rostock	14000	8400

1 Einwohnerzahl und Anteil der Unterschichten in mittelalterlichen Städten.

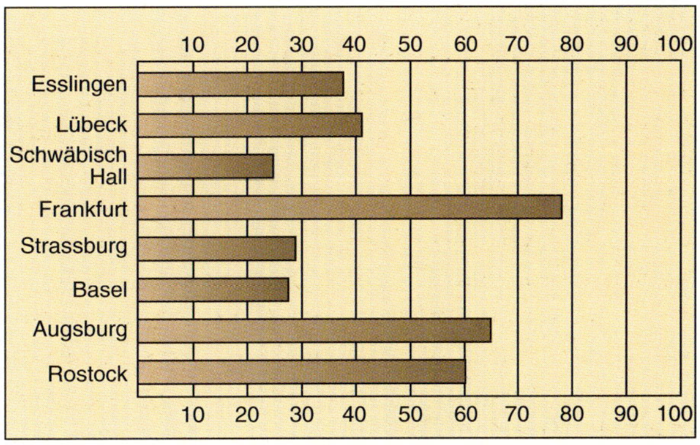

2 Anteil der Unterschichten in mittelalterlichen Städten in Prozent.

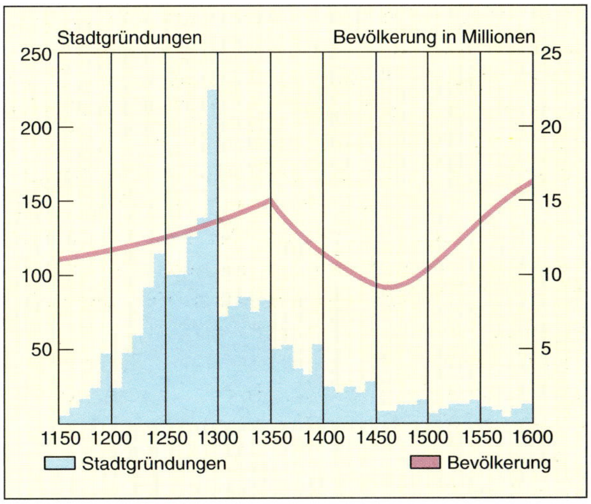

3 Bevölkerungsentwicklung in Mitteleuropa von 1150 bis 1600.

Auf verschiedenen Seiten dieses Geschichtsbuches findet ihr Statistiken und Grafiken. Eine Statistik enthält zahlenmäßige Ergebnisse in Tabellenform. Ein Beispiel: Die Statistik 1 zeigt, wie viele Einwohner mittelalterliche Städte in einem bestimmten Jahr hatten und wie viele davon zur Unterschicht gehörten.
Um die Zahlen der Statistik anschaulicher zu zeigen kann man eine zeichnerische Darstellung, eine Grafik, anlegen. Hier ermöglicht euch das Balkendiagramm zu vergleichen, wie groß der Anteil der Unterschichten war.
Bei der Übertragung der Zahlen aus Statistik 1 in die Grafik 2 nimmt man folgende Berechnung vor: Von 7000 Einwohnern Esslingens im Jahre 1362 gehörten etwa 2590 der Unterschicht an, von 100 Einwohnern waren dies etwa 37. Das zeigt der obere Balken in Diagramm 2. Berechnet man alle Angaben aus der Statistik in dieser Weise, dann ergibt sich eine Darstellung wie in Grafik 2.
Statistik und Grafik zeigen also in diesem Beispiel einen Zustand zu einem ganz bestimmten Zeitpunkt, aber die Grafik ist wesentlich anschaulicher.
Schaut man sich Statistik und Grafik genauer an, dann ergeben sich folgende Fragen: Wie kommt es, dass in einigen Städten die Zahl der zur Unterschicht gehörenden Einwohner sehr hoch, in anderen vergleichsweise gering ist? – Gab es Möglichkeiten, für die zur Unterschicht gehörenden Menschen zu sorgen? – Welche Einwohner bildeten innerhalb der Unterschicht die größte Gruppe? – Auf diese und weitere Fragen geben Statistik und Grafik keine Antwort, dazu braucht man weitere Informationen.
Statistik und Grafik können aber nicht nur einen Zustand, sondern auch eine Entwicklung aufzeigen.

Ein Beispiel hierfür ist Grafik 3 (vgl. S. 209). Fragen, die sich aus dieser Grafik ergeben, könnten sein:

— *Warum nimmt die Bevölkerung um 1348 plötzlich stark ab? Warum dauerte es solange, bis sie wieder zunimmt und die frühere Höhe wieder erreicht?*

— *Versucht selber, eine Statistik und Grafik zu erstellen. Ein Beispiel: Dauer eures Schulweges. Angenommen in eurer Klasse wären 30 Schülerinnen und Schüler, davon brauchen 6 Schülerinnen und Schüler 45 Minuten, 4 brauchen jeweils nur 10 Minuten usw. Sammelt zunächst die Angaben aller Schülerinnen und Schüler und übertragt sie dann in eine Grafik.*

Das Telefonbuchspiel

Wenn ihr ein Telefonbuch aufschlagt, dann findet ihr darin vielleicht Namen wie Kaiser, König, Prinz, Fürst, Graf, Bischof usw. Sind alle diese Menschen Nachkommen von Adligen des Mittelalters? Das ist kaum möglich. Tatsächlich gehen diese Namen auch nicht auf echte Kaiser, Könige usw. zurück.

Im Mittelalter war es gerade in den größeren Städten Brauch geworden, wichtige Kirchenfeste in Volksschauspielen darzustellen, so z. B. die Leidensgeschichte Christi, das Weihnachtsfest, Dreikönige usw. Die Spiele wurden auf den großen Marktplätzen aufgeführt. Häufig traten dabei mehrere hundert Spieler auf. Die Rolle, die sie dabei übernahmen, führte dann zum Familiennamen.

Die meisten deutschen Familiennamen gehen aber auf tatsächliche Berufe zurück. Wer also Bauer oder Wagner heißt, hatte einen Vorfahren im 13. oder 14. Jahrhundert, der tatsächlich Bauer oder Wagner war. Die Menschen legten sich zu dieser Zeit zu ihrem Rufnamen einen Familiennamen zu. In kleineren Siedlungen hatte der Rufname vollkommen ausgereicht, um die Einzelnen auseinander zu halten, in den immer größer werdenden Städten aber war das nicht mehr möglich. Welche Namen sind nun heute die häufigsten?

Um das Spiel spielen zu können muss jeder Schüler oder wenigstens jeder zweite Schüler ein Telefonbuch mitgebracht haben. Man kann das Spiel mitein-

ander oder gegeneinander spielen (je nachdem wie eure Vermutungen ausfallen). Weichen sie stark voneinander ab, empfiehlt sich ein Wettspiel (Ermittlung des Siegers), sonst kann man gemeinsam an der Lösung arbeiten.

Während man diese Frage liest, fallen einem schon ein paar Namen ein, die man für die häufigsten hält. Diese Vermutung kann man mit Hilfe des Telefonbuchs überprüfen.

Zunächst soll also geraten werden, welche fünf Familiennamen an eurem Ort vermutlich die häufigsten sind und in welcher Rangfolge diese fünf Namen wohl stehen. Am besten haltet ihr diese Vermutung an der Tafel fest um sie dann besser überprüfen zu können.

Anschließend sollen dann die tatsächlichen Spitzenreiter im Telefonbuch ausgezählt werden. Dabei solltet ihr euch vor dem Auszählen überlegen, wie ihr die Auszählung organisieren könntet, damit nicht jeder das ganze Telefonbuch durchsehen muss.

Ihr könnt das Spiel noch weiterspielen, indem ihr den Befund an eurem Ort mit den häufigsten Familiennamen in der Bundesrepublik vergleicht. Die Bilder zeigen einige der verbreitetsten Namen, durchweg altes Handwerk und Gewerbe.

- Seht euer Telefonbuch durch auf weitere Gewerbe- und Handwerkernamen (z.B. Maurer, Schieferdecker, Schlosser usw.). Vervollständigt eure Liste mit der Rangfolge der häufigsten Namen.
- Stellt mit Hilfe eures Telefonbuches fest, welche weiteren Standesbezeichnungen außer Kaiser, König usw. darin für euren Wohnort enthalten sind.

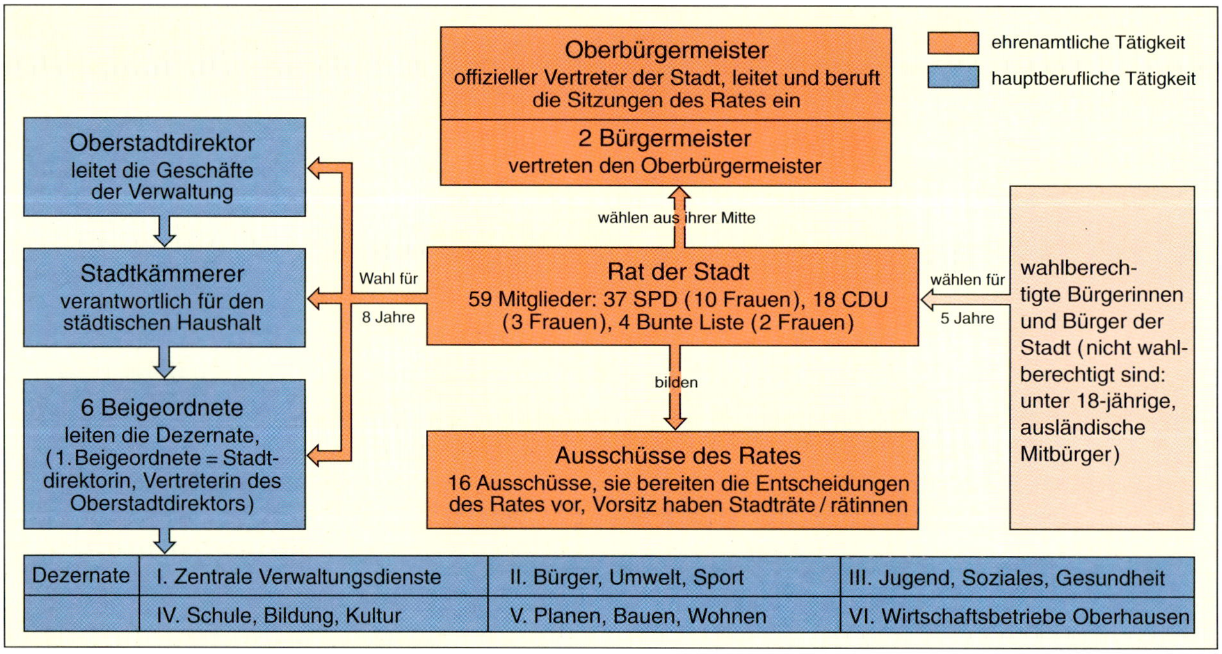

1 Die Selbstverwaltung der Stadt Oberhausen (Stand 1995). Nach der neuen Gemeindeordnung des Landes NRW wird es ab der Kommunalwahl 1999 keinen Oberstadtdirektor mehr geben, sondern nur noch einen hauptamtlichen Oberbürgermeister.

2 Wappen der Stadt Soest im Mittelalter

3 Zeichen der Stadt Soest heute.

1 *Erkundigt euch, wie das Wappen eurer Gemeinde oder eurer Stadt aussieht, aus welcher Zeit es stammt und welche Bedeutung es ursprünglich hatte.*

2 *Seht auf Grafik S. 197 nach, wie eine Stadt im Mittelalter regiert wurde. Wie wird sie heute verwaltet (vgl. Grafik)?*

3 *Im Mittelalter konnte nur ein Teil der Stadtbevölkerung die Räte wählen. Welche Bevölkerungsgruppe ist heute von den Gemeinde- und Stadtratswahlen ausgeschlossen? Wieviel Einwohner eurer Gemeinde, eurer Stadt sind von diesem Ausschluss betroffen? Informiert euch darüber im Rathaus eurer Stadt oder Gemeinde.*

4 *Es gibt Vorschläge, auch Menschen aus anderen Staaten, die schon einige Zeit in Deutschland wohnen, an diesen Wahlen teilnehmen zu lassen. Wie denkt ihr darüber?*

5 *Seht euch die Grafik an. Welche Ausschüsse gibt es in eurem Stadtrat? Mit welchen Themen befassen sich die Stadträte im Moment besonders?*

6 *Informiert euch, welche Parteien und Wählergruppen in eurem Stadtrat vertreten sind. Wie viele Frauen und Männer gehören dem Stadtrat an? Wie war das während des Mittelalters?*

7 *Versucht eine Sitzung des Stadtrats zu spielen. Ihr könnt euch dazu Themen wählen, die euch besonders interessieren z. B. Gestaltung eures Schulhofes, Freizeitangebote usw. oder z. B. die Anlage eines neuen Fußballplatzes; die Anwohner fürchten die davon ausgehende Lärmbelästigung. Stellt fest, was alles berücksichtigt werden muss: z. B. die Kosten, was kann deshalb dieses Jahr nicht berücksichtigt werden, die Dringlichkeit (ist ein Kindergarten nicht dieses Jahr wichtiger?) usw. Wie wird schließlich die Entscheidung gefällt?*

Vom Frankenreich zum Deutschen Reich
Unter Karl dem Großen (768–814) erreichte das fränkische Reich seine größte Ausdehnung. Die Verwaltung übertrug Karl den Grafen, die für ihre Dienste mit Lehen ausgetattet wurden. Als nach dem Tode Karls das Reich zerfiel und die königliche Macht geschwächt war, setzten die Adeligen es durch, dass sie die vom König erhaltenen Lehen in ihren Familien weitervererben konnten. Schon Otto der Große belehnte daher lieber Bischöfe und Äbte, da sie keine Erben hatten. Im Investiturstreit stellten sich aber zahlreiche Bischöfe und Äbte auf Seiten des Papstes; erneut war so die Stellung des deutschen Königtums geschwächt. Diese Zeit nutzten die deutschen Fürsten zum Ausbau ihrer Territorien mit einer zentralen Verwaltung und besoldeten Beamten. Aus Lehensmännern wurden Landesherren, deren Territorien sich zu selbstständigen, modernen Staaten innerhalb des Reiches entwickelten.

Der Ritterstand
Der Ritterstand, ursprünglich hervorgegangen aus den Reiterkriegern im 8. Jahrhundert (Ritter = Reiter), entwickelte schon bald ein Gemeinschaftsbewusstsein, das dann allmählich zum Standesbewusstsein wurde. Dieser neue Ritterstand, der sich im 12. Jahrhundert nach unten abschloss – Ritter konnte ab dieser Zeit nur noch der werden, dessen Vater ebenfalls Ritter war – besaß eigene Vorstellungen darüber, wie ritterliches Leben auszusehen hatte. Den Idealen, Nächstenliebe, Schutz von Armen und Schwachen, Witwen und Waisen, Gerechtigkeit und Minnedienst, sollte sich jeder Ritter verpflichtet fühlen. Wirklichkeit und Ideal klafften indessen häufig auseinander.
Äußeres Zeichen ihrer hervorgehobenen Stellung war die Ritterburg, zugleich Herrschaftssitz und Wohnsitz. Hier spielte sich der Alltag des Ritters und seiner Familie ab. Starb der Ritter, so konnte seine Frau seine Rechte und Pflichten übernehmen und auch selber den Besitz verwalten.

Die Bauern
Um 800, zur Zeit Karls des Großen, hatte es noch viele freie Bauern gegeben; nur 200 Jahre später hatte sich die Lage geändert. Die meisten Bauern waren jetzt einem oder mehreren Herren zu Abgaben und Diensten verpflichtet. Ihr Alltag bestand aus schwerer Landarbeit, bei einfachsten Wohnverhältnissen und eintöniger Ernährung. Das schwere Leben der Bauern wurde von ihren Frauen geteilt, die neben der Erziehung der Kinder vielfältige Aufgaben zu übernehmen hatten. Rechtlich unterstanden sie dem Mann, der sie sogar schlagen durfte.
Technische Neuerungen und die Einführung der Dreifelderwirtschaft seit dem 11. Jahrhundert brachten eine erhebliche Steigerung der Ernteerträge. Die Bevölkerung nahm noch zu, Ackerland wurde langsam knapp. Neues Ackerland musste gewonnen werden. Viele Bauern wanderten auf der Suche nach Land nach Osten, andere gingen in die Städte, die jetzt in rascher Folge gegründet wurden.

Die mittelalterliche Stadt
Außer den alten Römer- und Bischofsstädten gab es im frühen Mittelalter noch einige weitere Städte; sie entstanden dort, wo sich auf Grund einer geschützten oder günstigen Lage schon ein Markt gebildet hatte. Seit der Mitte des 11. Jahrhunderts wurden in immer größer werdender Zahl Städte von einem Stadtherrn gegründet, zur Sicherung seiner Herrschaft in einem bestimmten Territorium und als wichtige zusätzliche Einnahmequelle.
Die Rechte des Stadtherrn wurden seit dem 12. Jahrhundert fast überall von den reichen und mächtigen Kaufleuten übernommen. Sie wählten aus ihren Reihen den Rat der Stadt und stellten den Bürgermeister. Seit dem 14. Jahrhundert erkämpften sich die Zünfte ein Mitspracherecht.
Ebenso wie die Männer übernahmen auch viele Frauen in den Zünften wichtige Aufgaben. Von der politischen Mitwirkung aber blieben sie ebenso ausgeschlossen wie die Angehörigen der Unterschichten und die Juden, die in Notzeiten die Rolle des „Sündenbocks“ zugeschoben bekamen und grausam verfolgt wurden.
Eine bedeutende Wirtschaftsmacht war die Hanse, die in zahlreichen europäischen Städten Handelsniederlassungen unterhielt.

Das Leben der Menschen im Mittelalter wurde nicht nur dadurch bestimmt, ob sie Frauen oder Männer waren, welchem Stand sie angehörten und welchen Beruf sie ausübten, sondern sehr stark auch durch ihre Religion. – Wie die drei großen Religionen Christentum, Islam und Judentum das Alltagsleben der Menschen prägten und welche Bedeutung diese Religionen für die Geschichte Europas hatten, darüber berichtet das nächste Kapitel.

6. Christentum – Islam – Judentum

1 Katholische Kinder bei der Erstkommunion in Deutschland. Foto 1987.

2 Muslimischer Junge in der Türkei in Festkleidung am Tag seiner Beschneidung. Foto 1981.

In der Bundesrepublik Deutschland bekannten sich 1994 etwa 60 Millionen Menschen zum Christentum, ungefähr 45 000 zum Judentum und 2,3 Millionen zum Islam. Etwa jeder zehnte Schüler in Nordrhein-Westfalen ist islamischen Glaubens.
Manchen Jugendlichen bedeutet das religiöse Leben sehr viel. Sie nehmen bewusst teil an wichtigen religiösen Festen und Feiertagen – wie auf den Bildern dieser Doppelseite. Anderen hingegen bedeutet Religion wenig oder gar nichts; sie hat ihrer Meinung nach für ihr Leben keine Bedeutung.
Dennoch ist es wichtig, sich mit jenen Weltreligionen zu beschäftigen, die auch in der Geschichte Deutschlands und Europas eine wichtige Rolle gespielt haben. In diesem Kapitel geht es daher um Christentum, Islam und Judentum.
Christen, Muslime und Juden haben in ihrem Glauben viele Gemeinsamkeiten. Sie

- glauben an den einen Gott, der keine anderen Götter neben sich hat,
- berufen sich auf den Patriarchen Abraham,
- sind überzeugt, dass sie sich nach Gottes Willen und dem Zeugnis seiner Propheten bemühen sollten um Gerechtigkeit, Wahrhaftigkeit, Liebe unter den Menschen und den Frieden.

Doch Frieden hat es zwischen diesen drei Weltreligionen nur selten gegeben. Jahrhundertelang wurden die jüdischen Gemeinden von Christen grausam verfolgt. Juden wurden noch im 20. Jahrhundert in Europa zu Opfern eines Völkermordes. Und auch zwischen Islam und Christentum gab es immer wieder Vorurteile, Verdächtigungen bis hin zu offenen Feindschaften und Kriegen. Noch heute rufen Begriffe wie „Kreuzzug“ und „Heiliger Krieg“ Ängste und Ablehnungen hervor.
In Achtung vor und Frieden mit dem anderen kann man nur leben, wenn man um „seine Geschichte“ weiß. Ihr könnt deshalb auf den folgenden Seiten erarbeiten:

- was Christen, Muslime und Juden glauben,
- welche Rolle Christentum, Islam und Judentum in der europäischen Geschichte gespielt haben: in der Wissenschaft und Kunst, in der Politik und beim Zusammenleben der Menschen und
- wie diese Religionen den Alltag ihrer Gläubigen bestimmen.

4000 3000 2000 1500 1000 500 Chr. Geb. 570 1000 1500 1900 2000

3 **Jüdischer Junge bei der Bar Mizwah in Israel.** Foto 1992.

4 **Evangelische Jugendliche bei der Konfirmation in Deutschland.** Foto 1980.

– *Notiert euch stichwortartig, was euch einfällt bei den Begriffen: Christen – Muslime – Juden; beachtet dazu auch die Bilder dieser Doppelseite. Sprecht anschließend über eure Aufzeichnungen.*

– *Berichtet, was ihr in eurem Religionsunterricht über die anderen Religionen erfahren habt. Schreibt auch auf, was ihr gerne noch genauer wissen möchtet.*

6.1 Christentum als Kultur und politische Kraft

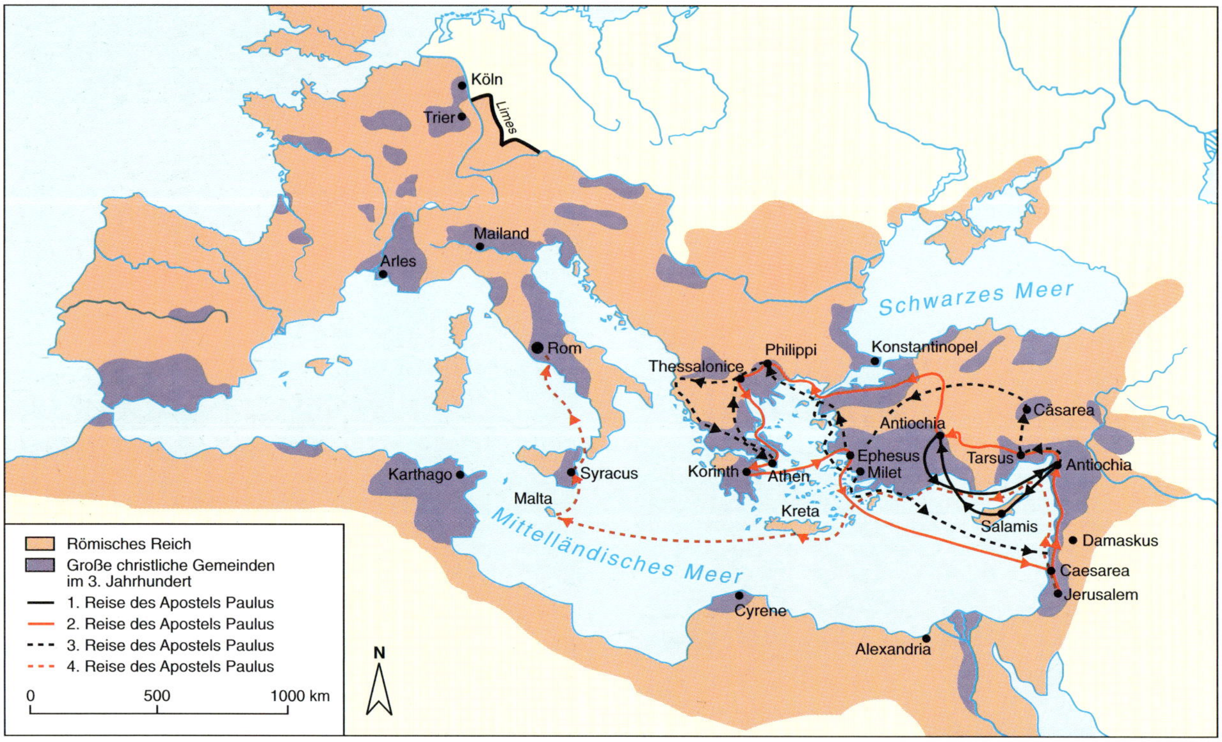

1 **Die Ausbreitung des Christentums bis zum 3. Jahrhundert.**

2 **Jesus ruft den Zöllner Matthäus in seine Nachfolge.**
Buchmalerei aus dem 11. Jahrhundert.

Im Zentrum des christlichen Glaubens stehen Friedfertigkeit und Nächstenliebe. Wer seinen Nächsten liebe wie sich selbst, dem sei ewiges Heil verheißen. Das war vor 2000 Jahren ein revolutionärer Gedanke und ist bis heute für gläubige Christen eine Herausforderung. Immer wieder kam es jedoch im Lauf der Geschichte auch zu Gewaltanwendungen im Namen des christlichen Glaubens.

In diesem Teilkapitel über das Christentum könnt ihr erkunden,

- auf welchen Grundlagen der christliche Glaube beruht und wie er sich im gesamten Römischen Reich ausbreitete,
- wie das Christentum zur Staatsreligion im Römischen Reich wurde,
- wie sich mit dem Klosterleben eine besondere Lebensform herausbildete und welchen Einfluss sie auf die Kultur hatte,
- wie es immer wieder zum Wechsel von Friedfertigkeit und Gewalt im Namen des Christentums kam und
- wie es zur Spaltung der Christenheit durch die Reformation kam.

Jesus und die ersten Christen

1 *Erklärt die Inschrift (s. Bild). Wie sieht der Apostel Paulus das Verhältnis von Christen und Juden?*

Gedenkstein für die Opfer des Nationalsozialismus in Merchingen (Neckar-Odenwald-Kreis). Als Inschrift auf dem Gedenkstein eine Mahnung des Apostels Paulus an die römischen Christen gegenüber den Juden nicht überheblich zu sein.

In die Regierungszeit des Kaisers Augustus (s. S. 117) fällt die Geburt Jesu, der später in Judäa begann seine Auslegung des jüdischen Glaubens zu lehren. Seine „frohe Botschaft" an seine Zuhörer war, dass das „Reich Gottes" nahe sei. Er ermahnte die Juden keine Sünde zu begehen und gegen jeden Nächstenliebe zu üben. Jesus gewann schnell Anhänger. Einige sahen in ihm den von Gott gesandten Messias, der die Juden von der Fremdherrschaft befreien sollte. Andere Juden jedoch sahen darin eine Gotteslästerung. Das oberste Glaubensgericht der Priesterschaft verurteilte Jesus schließlich zum Tode; der römische Statthalter Pilatus als oberster Richter der Provinz übernahm das Urteil und ließ Jesus kreuzigen.

Jesu Anhänger verkündeten daraufhin, dass Jesus nicht tot, sondern auferstanden sei. Er sei der Messias gewesen, griechisch Christus genannt, Gottes Sohn, und er sei zu Gott zurückgekehrt. Er werde wiederkehren und dann werde die Zeit des Gottesreiches anbrechen. Er habe schuldlos den Tod erlitten, damit die Sünden der Menschen vergeben werden, damit alle, die an ihn glauben – die Christen – nach ihrem Tode auferstehen und das ewige Leben erlangen.

Jesu Lehren wurden in den Evangelien* des Neuen Testaments aufgeschrieben. Zusammen mit dem Alten Testament sind sie als Bibel die heilige Schrift aller Christen. Die Christengemeinde in Judäa wuchs schnell und auch unter den römischen Bürgern fand der neue Glaube bald viele Anhänger. Das hatte mehrere Gründe:

In der römischen Religion gab es eine Vielzahl von Göttinnen und Göttern. Sie hatten jeweils ganz unterschiedliche Aufgaben. Einige waren zuständig für den Schutz der Straßen und Quellen, andere für Aussaat und Ernte, für Ehe und Geburt, für Krieg oder Frieden. Als Gottheiten galten außerdem schon zu Lebzeiten die römischen Kaiser. Aber kein römischer Gott, keine römische Göttin konnte den Menschen eine befriedigende Antwort geben auf Fragen, die sie damals stark bewegten: Woher kommt der Mensch und wohin geht er? Gibt es ein Weiterleben nach dem Tode? Gibt es nach dem Tod Gerechtigkeit, eine Erlösung von den Qualen, Ängsten und Bedrohungen des irdischen Lebens? Wonach die Menschen damals suchten, das brachte ihnen das Christentum, nämlich den Glauben an das ewige Leben im Jenseits. Diesen Glauben verkündeten die Anhänger Jesu nicht nur in Judäa, sondern an vielen Orten im Römischen Reich. Vor allem der Apostel Paulus unternahm dazu mehrere große Reisen (s. Karte S. 218). So entstanden überall kleine christliche Gemeinden.

Über sie schrieb Tertullian (etwa 150–225), ein heidnischer Rechtsanwalt, der Christ wurde:

> **Q1** Jeder Einzelne steuert eine kleine Gabe bei an einem bestimmten Tag im Monat oder wann er will … Denn niemand wird dazu gezwungen, sondern jeder gibt freiwillig seinen Beitrag … [Sie werden verwendet] zum Unterhalt und Begräbnis von Armen, von elternlosen Kindern ohne Vermögen, für Alte und Arbeitsunfähige, ebenso für Schiffbrüchige und … in den Bergwerken … „Siehe", sagen die Heiden, „wie sie sich untereinander lieben" … und „wie einer für den anderen zu sterben bereit ist."

Aus derselben Zeit stammt eine Beobachtung des heidnischen Philosophen Aristides:

> **Q2** Die Sklaven und Sklavinnen und deren Kinder bereden sie aus Liebe Christen zu werden. Und sind sie es geworden, so nennen sie dieselben ohne Unterschied Brüder.

2 *Beschreibt mit Hilfe der Karte die Reisen des Paulus. Welche heutigen Länder hat er besucht?*

3 *Eine Sklavin, die zum ersten Mal an einer Feier der christlichen Gemeinde teilnahm, berichtet davon ihrem Mann oder ihren Freundinnen. Wovon war sie vielleicht besonders beeindruckt?*

Frauen und Männer beim gemeinsamen Mahl. Einige Wissenschaftler nehmen an, dass es sich um die Darstellung einer christlichen Abendmahl-Feier handelt. Priscilla-Katakombe, Rom, 3. Jahrhundert.

Die frühen christlichen Gemeinden

In den ersten Jahrzehnten nach dem Kreuzestod Christi bildeten sich an vielen Orten kleine christliche Gemeinden. Anfangs hatten sie noch keine Gemeindeorganisation, wie sie heute üblich ist. Die Gemeindemitglieder übernahmen einfach die Aufgaben, die ihren Fähigkeiten entsprachen. Sie verkündeten den Glauben, pflegten Kranke oder unterstützten die Armen und Waisenkinder. Alle Tätigkeiten galten als gleichwertig, eine Rangordnung gab es nicht.

Alle Aufgaben konnten zudem von Männern und Frauen in gleicher Weise ausgeübt werden. So zeigen viele Berichte im Neuen Testament, dass Frauen und Männer den christlichen Glauben verkündeten; häufig handelte es sich um Ehepaare. In seinem Brief an die Römer (Röm. 16,1 ff.) nennt der Apostel Paulus Frauen und Männer, die sich um diese Verkündigung verdient gemacht haben. Sein Dank gilt dabei auch Junian. In der frühen Kirche war unbestritten, dass es sich hierbei um eine Frau gehandelt haben müsse. So schrieb am Ende des 4. Jahrhunderts der christliche Gelehrte Johannes Chrysostomus:

> **Q** Es ist schon etwas Großes, ein Apostel zu sein; aber erst unter den Aposteln hervorragend zu sein, bedenke, was das für ein Lob ist! Hervorragend waren sie auf Grund ihrer Arbeit und ihrer rechtschaffenden Taten. Wie groß muss doch die Weisheit dieser Frau [Junia] gewesen sein, dass sie sogar für würdig gehalten wurde den Aposteltitel zu tragen.

Erst im frühen Mittelalter hat sich die Ansicht durchgesetzt, es müsse sich hier um einen Mann namens Junias gehandelt haben, obwohl es diese Namensform in der ganzen Antike sonst nicht gibt. Es gibt – so sieht man es heute – keinerlei Hinweise darauf, dass man Frauen in der Missionstätigkeit eine untergeordnete Rolle zugewiesen hätte. Andere Frauen werden im Neuen Testament als Leiterin einer Hausgemeinde genannt oder als Prophetinnen. Erst am Ende des ersten Jahrhunderts gibt es in den Gemeinden auch Bischöfe. Sie verwalteten anfangs das Geld, das in den Gemeinden für die Armen gesammelt wurde. Im zweiten Jahrhundert stehen sie an der Spitze der Gemeinde und sind für die Leitung allein verantwortlich.

Unter Berufung auf Paulus, der in einem Brief an die Korinther (1. Kor, 14,34) schrieb, dass Frauen in der Gemeinde zu schweigen hätten, gab es schon früh Widerstände gegen die Tätigkeit von Frauen im Gottesdienst. Im 3. Jahrhundert wurde Frauen jegliche priesterliche Tätigkeit untersagt. Man übertrug ihnen dafür soziale Tätigkeiten wie Krankenpflege oder die Betreuung von Waisenkindern.

1 *Sprecht darüber, wie ihr über Frauen als Pfarrerinnen oder Bischöfinnen denkt.*

2 *Ausländische Schülerinnen und Schüler können berichten, was man in ihrem Heimatland davon halten würde, wenn Frauen in ihrer Religionsgemeinschaft Ämter übernehmen würden.*

Christen werden verfolgt

1 *Sprecht darüber, was der Verfertiger der Kritzelei gegenüber dem Christen Alexamenos empfunden haben mag.*
2 *Überlegt auch, welche Gefühle Alexamenos gehabt haben könnte, als er die Kritzelei entdeckte.*
3 *Versucht miteinander zu besprechen, wodurch ihr in euren Gefühlen verletzt werden könntet.*

Tertullian (vgl. S. 219) schrieb im Jahre 197 an die römischen Statthalter über die Situation der Christen:

Q Täglich werden wir umlauert, täglich verraten, sehr häufig mitten in unseren Versammlungen und Zusammenkünften überfallen ... „Ihr erweist den Göttern keine Ehren", werft ihr uns vor, „und für die Kaiser bringt ihr keine Opfer dar." ... Daher werden wir der Religions- und Majestätsverletzung angeklagt. Das ist das Schwerste, vielmehr: das ist es überhaupt, was man uns vorwirft ...
Wir wenden uns für das Wohl des Kaisers an den ewigen Gott, den wahren Gott ... und ebenso für den Bestand des Reiches überhaupt ... Niemandem schaden, niemanden betrüben wir ... Unsere Gegner schreien laut nach dem Blut Unschuldiger, wobei sie freilich ihren Hass zum Teil mit dem sinnlosen Vorwand begründen, dass nach ihrer Überzeugung an jeder Katastrophe des Staates ... die Christen die Schuld trügen. Wenn der Tiber die Mauern überflutet, wenn der Nil die Felder nicht überflutet, wenn der Himmel sich nicht rührt, wenn die Erde sich bewegt, wenn eine Hungersnot, eine Seuche wütet, gleich schreit man: „Die Christen vor den Löwen!" So viele vor einen einzigen? ...

4 *Nennt alle Urteile über die Christen, die in dieser Quelle vorkommen.*
5 *Unterscheidet zwischen Aussagen, die als Vorurteile bezeichnet werden können, und jenen, die aus der Sicht eines nichtchristlichen Römers auch verständlich sind.*
6 *Überlegt, warum man die Christen für alle Katastrophen verantwortlich machte. Sprecht auch über Vorurteile gegenüber Bevölkerungsgruppen heute.*

Das Spottkruzifix. Es zeigt einen Gekreuzigten in Rückenansicht mit Eselskopf. – Links steht ein Mensch mit ärmellosem Gewand. – Die griechische Inschrift lautet: Alexamenos betet zu seinem Gott. Rom, 3. Jahrhundert.

Die Christen waren im Römischen Reich zunächst nur eine kleine Minderheit. Sie gingen ihren Berufen nach, zahlten pünktlich ihre Steuern und beteten auf ihren Zusammenkünften für das Wohl des Kaisers und seiner Beamten. Sie lehnten aber die Verehrung des Kaisers als Gott ab. Das führte bald zu allerlei Verdächtigungen, denn wer die Verehrung des Kaisers als Gott ablehnte, musste ein Gegner des Römischen Reiches sein. Wer das Opfer vor der Statue des Kaisers ablehnte, wurde mit dem Tode bestraft. Die Christen verehrten die um ihres Glaubens willen Hingerichteten jedoch als Märtyrer und Heilige und überlieferten ihre Leidensgeschichten.
Besonders hart traf es römische Soldaten, die Christen wurden. Ihr neuer Glaube forderte Friedfertigkeit. So lehnten sie oft die Fortsetzung ihres Militärdienstes ab und wurden deshalb hingerichtet. Ein Beispiel dafür ist der in Xanten verehrte Märtyrer Viktor (vgl. S. 129), der Legende nach ein zum Christentum übergetretener Legionär.
Eine erste große Christenverfolgung fand unter Kaiser Nero im Jahre 64 n. Chr. statt. Dabei wurden wahrscheinlich auch die Apostel Petrus und Paulus getötet. Immer wieder kam es in den folgenden Jahrhunderten zu Christenverfolgungen. Tausende wurden dabei gefoltert, hingerichtet oder von wilden Tieren in den Arenen zerfleischt (vgl. S. 113 und 119).
7 *Sammelt in den Zeitungen Berichte über Verfolgungen von Bevölkerungsgruppen heute. Fertigt daraus eine Wandzeitung an.*

Prozession der Märtyrer* zu Christus am Jüngsten Gericht. In den Händen tragen sie Kronen als Zeichen des Sieges. Mosaik aus dem 5./6. Jahrhundert in der Kirche San Appollinare Nuovo in Ravenna.

Kaiser und Kirche arbeiten zusammen

Immer wieder wurden die Christen verfolgt, doch ihre Zahl nahm im Römischen Reich immer weiter zu. Die Kaiser förderten vor allem unter ihren Soldaten den eigenen Kult; sie ließen sich beispielsweise als Sonnengott verehren. Zu einer Wende kam es unter Kaiser Konstantin (306–337 n. Chr.). Eusebios (um 260–339 n. Chr.), Bischof und Vertrauter Konstantins, berichtet, dass Konstantin mit seinem Mitkaiser Licinius 313 in Mailand folgendes Gesetz erließ:

Q Wir haben beschlossen den Christen und allen Menschen in unserem Reich das freie Recht zu geben, derjenigen Religion zu folgen, für die sie sich entschieden haben. Es geschah dies in der Absicht, dass jede Gottheit und jede himmlische Macht, die es je gibt, uns und allen, die unter unserer Herrschaft leben, gnädig sein möge. Jedem Menschen ist es also erlaubt, die Religion der Christen zu bekennen, und zwar frei und ohne irgendeine Belästigung. Wir haben dies angeordnet, damit es nicht den Anschein hat, als ob irgendein Kult oder irgendeine Religion durch uns benachteiligt würde.

Kaiser Konstantin duldete das Christentum nicht nur, er förderte es auch. Auf seinen Befehl hin wurden in vielen Städten große Kirchen gebaut.

Die Kirche unterstützte nun die Kaiser auch politisch. Nachdem eine Bischofsversammlung zuvor Christen den Militärdienst erlaubt hatte, belegte eine Versammlung in Arles 314 Wehrdienstverweigerung mit Strafe. 321 wurde der Sonntag christlicher Feiertag. Vorher hatten noch einige Christen an der Feier des jüdischen Schabbat festgehalten (vgl. S. 262). Der Sonntag war nicht nur der Tag der Auferstehung Jesu, er war auch der zum heidnischen Kaiserkult gehörende Feiertag des Sonnengottes. Die Geburt Jesu, deren Datum nicht überliefert ist, feierten die Christen nun zum bisherigen „Geburtsfest" des Sonnengottes am 21. Dezember, seit 354 am 25. Dezember.

1 *Beschreibt das Bild und überlegt, weshalb die Märtyrer als Sieger dargestellt werden.*

2 *Erklärt die Bedeutung des Gesetzes (Q) für die Christen.*

3 *Christinnen und Christen diskutieren unter Kaiser Konstantin über die Veränderungen in der Kirche. Notiert Stichpunkte (vgl. S. 137 und 221).*

Von der verfolgten zur verfolgenden Kirche

Wie Kaiser Konstantin förderten auch fast alle seine Nachfolger das Christentum. Die alte römische Götterverehrung wurde immer mehr zurückgedrängt.

Im Jahre 384 bat Symmachus, ein angesehener Römer, den Kaiser, die altrömische Siegesgöttin Victoria wieder im Senat aufstellen zu lassen:

Q1 Erhabener Kaiser, beachte mein Alter und lass mir die Zeremonien meiner Ahnen; es wird Euch nicht gereuen. Ich möchte auf meine Weise leben – in Freiheit. Der Kult der angestammten Götter hat den Erdkreis meinen Gesetzen unterworfen. Die dargebrachten Opfer haben Hannibal verjagt. Für die angestammten Götter bitten wir um Frieden; denn alle Menschen meinen bei ihren verschiedenen religiösen Überzeugungen ein und dasselbe. Wir blicken zu denselben Sternen empor, ein Himmel steht über uns, ein Erdkreis trägt uns. Was wiegt es da, mit welchem Bemühen ein jeder die Wahrheit sucht? Nicht nur auf einem Wege kann man zum großen Geheimnis gelangen.

Die Bitte wurde abgelehnt und nur sieben Jahre später erließ Kaiser Theodosius (379–395) folgende Bekanntmachung:

Q2 Niemand ... darf an irgendeinem Orte, in irgendeiner Stadt den vernunftlosen Götterbildern ein unschuldiges Opfertier schlachten ...

Wenn jemand es wagt, ein Tier zu opfern und mit Opfermehl zu bestreuen oder rauchende Eingeweide zu befragen, der soll wie ein Verbrecher vor Gericht gebracht werden.

Wenn einer Götterbilder ... mit Darbringung von Weihrauch verehrt, ... der soll Einbuße erleiden an dem Haus oder Besitztum, in dem er seinen Götzendienst verrichtet hat.

Im Jahr 393 erfolgte eine weitere Anordnung:

Q3 Alle, die sich mit dem unheiligen Irrtum oder Verbrechen des heidnischen Götzendienstes beflecken, also alle Heiden, sollen weder zum Kriegsdienst zugelassen werden noch mit der Ehre eines Beamten oder Richters ausgezeichnet werden.

1 *Nennt Unterschiede zwischen den Erlassen der Kaiser Konstantin und Theodosius.*

2 *Überlegt, welche Folgen die Erlasse für Nichtchristen hatten.*

3 *Schildert in einem kurzen Bericht die Entwicklung des Christentums im Römischen Reich seit den Zeiten der ersten Gemeinden.*

4 *Informiert euch, was das Grundgesetz für die Bundesrepublik Deutschland über die Religionsausübung sagt.*

Kaisertum und Papsttum

Nachdem das Christentum im 4. Jahrhundert Staatsreligion geworden war, nahm die Zahl der christlichen Gemeinden schnell zu. An der Spitze einer Gemeinde stand der Bischof. Sein Gemeindebereich deckte sich mit dem Verwaltungsbezirk seiner Stadt. Eine besondere Stellung unter den Bischöfen nahm der Bischof von Rom ein. Er galt als Nachfolger des Apostels Petrus, der wahrscheinlich in Rom während der ersten Christenverfolgung hingerichtet worden war. Seit dem 5. Jahrhundert nannte man den Bischof von Rom Papst. Rom blieb unter den Päpsten Mittelpunkt der christlichen Kirche im Westen des ehemaligen Römischen Reiches, während der Mittelpunkt der kaiserlichen Herrschaft sich schließlich nach Konstantinopel verschob.

Über das Verhältnis von Staat und Kirche schrieb Papst Gelasius im Jahre 494 an den oströmischen Kaiser Anastasios:

Q4 Zwei sind es, durch die diese Welt regiert wird: die geheiligte Autorität der Bischöfe und die kaiserliche Gewalt. Von diesen beiden ist die Aufgabe der Bischöfe schwerer, da sie auch für die Könige vor Gottes Gericht Rechenschaft ablegen müssen. Du weißt: Wohl überragst du an Würde das ganze Menschengeschlecht; dennoch musst du dich denen beugen, die über die göttlichen Dinge gesetzt sind.

5 *Überlegt, welche Probleme sich aus diesem Anspruch des Papstes für das Verhältnis zwischen Staat und Kirche ergeben können (vgl. auch S. 171).*

Im Osten des Reiches blieb der Kaiser jedoch uneingeschränkter Herrscher auch über die Kirche. Zusammen mit den Patriarchen von Konstantinopel, die sich dem Papst nicht unterordneten, sahen sie sich als Bewahrer der christlichen Lehre. Während in der westlichen, katholischen Kirche Latein als Kirchensprache gesprochen wurde, blieb die oströmische Kirche beim Griechischen, der dort verbreitetsten Volkssprache. Wir nennen sie heute die griechisch-orthodoxe Kirche (von griech. = rechtgläubig).

Die germanischen Reiche, die bei der Auflösung des Römischen Reiches entstanden waren, wurden immer wieder von Kriegen erschüttert. Gerade deshalb fragten sich weiterhin viele Christinnen und Christen, wie sie ein friedfertiges und gottgefälliges Leben führen könnten. Eine Möglichkeit dazu bot ihnen das Leben als Nonne oder Mönch im Kloster. Auf den folgenden Doppelseiten könnt ihr erarbeiten, wie der Alltag in einem Kloster aussah und welche kulturelle Bedeutung die Arbeit der Nonnen und Mönche für die mittelalterliche Welt hatte.

1 Nonne als Lehrerin. Foto 1987.

2 Mönch als Drechsler. Foto 1984.

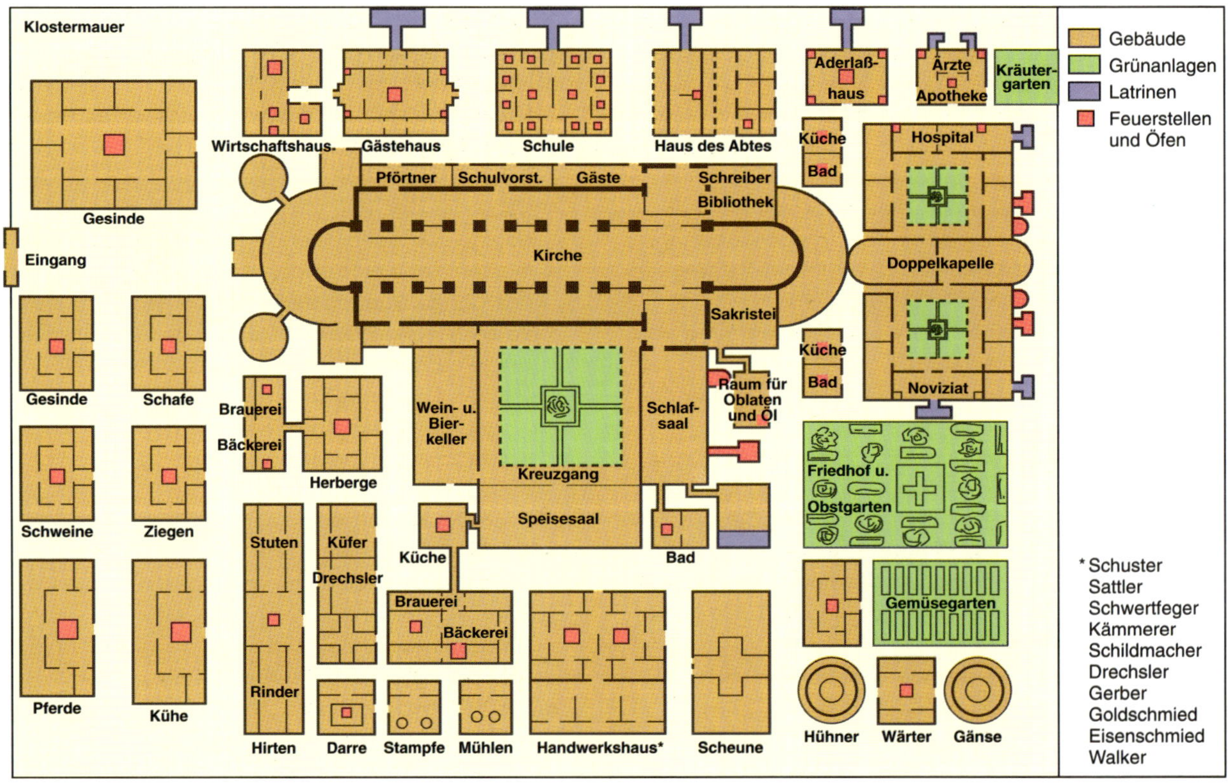

3 Klosterplan von St. Gallen. Die Abbildung ist eine moderne Umgestaltung des Originals von 820.

Ein mittelalterliches Kloster

1 *Aus dem Klosterplan von St. Gallen könnt ihr die Berufe und Tätigkeiten der Mönche erkennen. Tragt in eine Liste ein:*

Gebäude und Gebäudeteile	Berufe	Tätigkeit
...	...	...

2 *Sprecht darüber, welche Aufgaben des mittelalterlichen Klosters heute von der Stadt oder dem Bundesland übernommen werden.*

3 *Berichtet, was ihr über Klöster, die Tätigkeiten von Nonnen und Mönchen heutzutage wisst. Beachtet dazu auch die Bilder 1-3 der Vorseite.*

Im 3. Jahrhundert zogen sich, zuerst in Ägypten, einzelne Christen in die Einsamkeit zurück um als Eremiten (= Einsiedler) ihr Leben ganz Gott zu weihen. Nur ein Jahrhundert später kam es, ebenfalls in Ägypten, zur Gründung von Klöstern, in denen Mönche in einer Gemeinschaft Gott dienen wollten. Die Mönche lebten, von der Außenwelt durch Mauern abgeschirmt, nach festen Regeln unter der Leitung eines Abtes. Gebet und Arbeit bestimmten den Tagesablauf. Diese Lebensform wurde zum Vorbild für Benedikt von Nursia in Italien, der ebenfalls einige Jahre als Eremit lebte, bevor er 529 auf dem Monte Cassino ein Kloster gründete.
Nicht viel später wurde auch seine Schwester Scholastika Äbtissin eines Frauenklosters in der Nähe des Monte Cassino.

Frauen und Männer, die in ein Kloster eintreten wollten, mussten drei Gelübde ablegen: Sie verpflichteten sich arm, d. h. ohne eigenen Besitz, zu leben. Ferner gelobten sie ehelos zu bleiben und dem Abt unbedingt zu gehorchen.
In den 73 Kapiteln seiner Klosterregel gab Benedikt klare Anweisungen für das Leben im Kloster:

Q 33. Vom Eigentum
Keiner wage es, ohne Erlaubnis des Abtes etwas wegzunehmen oder zu empfangen oder etwas zu eigen zu besitzen, durchaus nichts, weder Buch noch Tafel, noch Griffel, nein, überhaupt nichts. Alles sei allen gemeinsam ...
48. Von der täglichen Handarbeit
Müßiggang ist ein Feind der Seele. Deshalb sollen sich die Brüder beschäftigen: zu bestimmten Zeiten mit Handarbeit, zu bestimmten anderen Stunden mit heiliger Lesung. Wenn die Ortsverhältnisse oder die Armut fordern, dass sie das Einbringen der Ernte selbst besorgen, sollen sie deswegen nicht missmutig werden. Sie sind nämlich erst wahre Mönche, wenn sie von der Arbeit ihrer Hände leben ...
66. Von der Anlage des Klosters
Wenn möglich, ist das Kloster so anzulegen, dass alles Notwendige, nämlich Wasser, Mühle, Garten und die verschiedenen Werkstätten sich innerhalb der Klostermauern befinden. So brauchen die Mönche nicht draußen umherzulaufen, was für ihre Seelen durchaus nicht zuträglich ist.

4 *Beschreibt mit Hilfe von Text und Tabelle den Tagesablauf in einem Kloster.*

5 *„Bete und arbeite", diese Forderung bestimmt das tägliche Leben im Kloster. Erklärt, wie diese Forderung auch im Klosterplan sichtbar wird.*

Tagesablauf in einem Benediktinerkloster heute

4.40 Uhr	Wecken
5.00–6.00	Nachtgebet und Morgenlob
6.00–7.00	Bibellesung und Besinnung der Mönche in ihren Zimmern
7.00–7.30	jeder Mönch kann für sich das Frühstück einnehmen
7.30–11.00	kurzes gemeinsames Morgengebet; Beginn der Arbeit
11.15–12.00	gemeinsamer Gottesdienst
12.20	kurzes gemeinsames Mittagsgebet
12.30–13.00	gemeinsames Mittagessen
13.00–14.00	Ruhepause
14.00–18.00	Arbeit
18.00–18.30	feierlicher Gottesdienst am Ende des Arbeitstages
18.40–19.00	gemeinsames Abendessen
19.00–19.40	Zeit zur eigenen Verfügung
19.45	Abendgebet
20.00–4.40	strenges Stillschweigen im Kloster. Die Mönche sind auf ihren Zimmern.

1 Mönche bauen ein Kloster. Gemälde 1450.

2 Mönche spalten bei Rodungsarbeiten einen Baum. Buchmalerei aus dem 12. Jahrhundert.

3 Mönche bei der Ernte. Buchmalerei aus dem 12. Jh.

Besuch in einem mittelalterlichen Kloster

In der Abgeschiedenheit der Klöster wollten Männer und Frauen Gott allein dienen. Doch ihr Wirken ging weit über die Klostermauern hinaus.

In einer erfundenen Geschichte wird erzählt, wie der bayerische Herzog im Jahre 756 das erst 10 Jahre zuvor gegründete Kloster Tegernsee besucht:

M Das Bild der Landschaft hat sich in wenigen Jahren völlig verändert. Früher traf man in diesen endlosen Wald- und Sumpfgebieten nur alle paar Stunden auf ein ärmliches Dorf mit niederen, strohgedeckten Hütten. Wenige verunkrautete Äcker fristeten mühsam am Rand der Lichtung ihr Dasein. Holprige Waldpfade verbanden die wenigen Siedlungen.

Jetzt zieht sich eine breite, ausgeholzte Fläche am östlichen Ufer des Sees dahin. Auf den Feldern treiben Mönche die Ochsengespanne, Bauern, die dem Kloster zinspflichtig sind, fällen im nahen Wald die Bäume, andere roden Bäume aus und eine Schar von Jungen verbrennt das Astwerk in großen Haufen zu Asche …

Der Abt des Klosters führt seine Gäste durch das Klostergebiet: „Wir haben den Ackerbau wesentlich verbessert", erklärt der Abt seinen Gästen. „Vor uns kannte man in dieser Gegend nur Spelt, Hafer und Roggen. Unsere Bruderabtei Bobbio in (Nord-)Italien schickte uns vor einigen Jahren mehrere Säcke Sämereien über den Brennerpass. Nicht nur der Weizenanbau ist seitdem ansehnlich gewachsen, auch die Zucht von Edelobst haben wir eingeführt."

Der Mönch klagt über das rauhe Klima, an das sich die empfindlicheren Arten gewöhnen müssten. „Unsere Brüder in Sankt Gallen oder in der Reichenauer Klause im Bodensee haben eine bessere Lage. Sie haben sogar den Weinbau der Römerzeit fortgeführt. Dafür haben wir dem Volke die Kunst der Entwässerung gezeigt, wie sie in Italien alte Tradition ist. Die ehemals sauren, sumpfigen Weiden entlang dem See sind heute schon gute Wiesen. Wir brauchen das Heu für unser Edelvieh, das uns die Brüder aus Sankt Gallen zugesandt haben."

Der Abt weist auf einen langgestreckten, hölzernen Bau, aus dem Sägen, Hobeln und Hämmern erschallen. „Das ist die Schreinerei", sagt er, „ich habe angeordnet, dass ihre Erzeugnisse zusammen mit anderen Klosterarbeiten im Speisesaal

1 Mönch in der Schreibstube. Buchmalerei um 1150.

2 In der Klosterschule. Buchmalerei aus dem 12. Jahrhundert.

3 Nonne beim Studieren. Holzschnitt um 1550.

ausgelegt werden." Der Herzog wendet sich den langen, roh gezimmerten Tischen der Mönche zu, auf denen die Schaustücke bereitliegen.
Neben höfischen Kleidern, die eines Königs würdig sind, prunken gestickte Messgewänder mit Gold- und Silberborten; da gibt es wunderbar weich gegerbte Schaftstiefel aus der Klosterschusterei, Zaumzeug aus Holz, Eisen und Kupfer, von den Brüdern Werkzeugmachern, Schreinern und Schmieden verfertigt. Wagenräder, Fässer, Truhen mit eingesetzten Bildern, mit Einlagen aus farbigem Holz, aus Metall und Elfenbein, getriebene, ziselierte und gegossene Waffen, Schilde, Helme, und vor allem Kelche, Weihegeräte und Schmuck entlocken dem Herzog und seinen Mannen laute Rufe der Bewunderung.
„Wer sind die Künstler, die solche Dinge schaffen?", fragt der Herzog erstaunt. „Unsere Mönche kommen aus Franken", antwortet der Abt, „aus Angelsachsen und Italien. Hier im Orden Sankt Benedikts lebt vieles fort, was schon vergessen schien."
Anschließend führt der Abt seinen Gast in die Schreibstube: „Wir erziehen unsere Schreiber zu größter Sorgfalt", bemerkt der Abt, „ein Buchstabe muss wie der andere sein." Ein fleißiger Schreiber liefert von Sonnenaufgang bis Sonnenuntergang nicht mehr als zwei Seiten. Ein besonders kunstvoll gefertigtes Buch stellt manchmal die Lebensarbeit eines Mönches dar. Man bezahlt es mit einem kleinen Bauerngut."
Zum Schluss besuchte der Herzog noch die Klosterschule. Junge Männer, die sich auf ihr Leben im Kloster vorbereiteten, erhielten hier ihre Ausbildung im Lesen, Rechnen und Schreiben. Einige von ihnen würden später am Hof des Königs, bei einem Grafen oder Fürsten als Lehrer oder Schreiber tätig sein.

1 *Schreibt einen kurzen Bericht über die Gründung und Entwicklung des Klosters Tegernsee in den ersten zehn Jahren.*

2 *Verfasst gemeinsam einen Brief an ein Kloster in der Nähe eures Ortes. Erkundigt euch nach dem Gründungsjahr der Klosteranlage, den Aufgaben des Klosters heute usw.*

3 *Erklärt folgende Behauptung: Mittelalterliche Klöster waren wirtschaftliche, kulturelle und religiöse Zentren, die das Leben der Menschen stark beeinflussten. Beachtet dabei auch die Bilder auf dieser Doppelseite.*

Die romanische Klosterkirche Knechtsteden zwischen Neuss und Köln.
Foto 1993.

Christliche Baukunst in Europa

Das Jahr „1000" wurde von vielen Menschen in Europa mit Angst erwartet, denn dann – so glaubten sie – käme das Ende der Welt. Der Benediktinermönch Rodulf Glaber (um 990 bis etwa 1047) berichtet in seiner „Geschichte des Jahres 1000" wie „die Erde ihr altes Kleid abwarf um sich mit einem neuen weißen Gewand der Kirchen zu schmücken", nachdem dieses Jahr ohne Katastrophen vorbeigegangen war. Tausende von romanischen Kirchen entstanden jetzt in ganz Europa, erbaut im Auftrag von Kaisern und Königen, Fürsten und Grafen. Auch die Äbte großer Klöster ließen viele Kirchen errichten.

„Romanisch", d. h. aus Rom stammend, nannte man diese Bauweise, weil hierfür die frühchristlichen Kirchen im Römischen Reich das Vorbild waren (vgl. S. 222).

Romanische Kirchen erkennt man an ihren dicken, schweren Mauern und den kleinen Rundbogenfenstern in den Seitenwänden. Zusammen mit den Türmen wirken sie deshalb oft wie wehrhafte Gottesburgen.

Jede Kirche sollte schon durch ihre äußere Erscheinungsweise die Gläubigen auf Gott hinweisen. Deshalb haben viele romanische Kirchen folgende Merkmale:

- Betritt man eine romanische Kirche durch das große Eingangsportal im Westen, so gelangt man zunächst in das lange Mittelschiff. Es ist Sinnbild für den Kreuzesstamm, an dem Christus starb.
- Rechts und links vom Mittelschiff befinden sich die niedrigen Seitenschiffe. Mittelschiff und Seitenschiffe sind ein Zeichen für die Dreifaltigkeit Gottes.
- Mittelschiff und das Querschiff vor dem Altarraum bilden das Kreuz.
- Das Ende des Mittelschiffes bildet die Apsis, ein Halbrund. Die Apsis ist das obere Ende des Kreuzesstammes, die Stelle, an der das Haupt Christi lag. An dieser heiligen Stelle steht deshalb der Altar.
- Der Altar steht fast immer im Osten. Im Osten geht die Sonne auf. Im Osten lag auch das Grab, aus dem Christus auferstand. Am frühen Morgen scheint die Sonne durch die Kirchenfenster der Apsis auf den Priester, der die Gläubigen im Namen Gottes segnet.

Die Kirchenwände waren mit Darstellungen aus dem Leben Jesu und der Heiligen bemalt. Im Laufe der Jahrhunderte sind diese Malereien verschwunden, sodass romanische Kirchen heutzutage bisweilen recht düster wirken.

1 *Erklärt an Hand des Textes die romanischen Bauelemente auf den Bildern dieser Doppelseite.*

1 Innenraum der Klosterkirche in Knechtsteden.
Foto 1993.

2 Rundbogenfenster

Rundbogen Portal

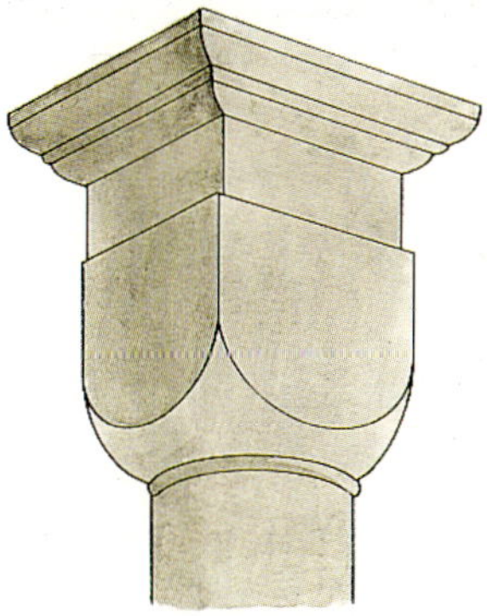

Würfelkapitell*

1 *Seht auf den Seiten 208–209 nach und stellt fest, welche Unterschiede es zwischen einer romanischen und einer gotischen Kirche gibt. Erstellt dazu eine Liste:*

romanische Kirche	gotische Kirche
erbaut zwischen die Fenster sind	... ...

Im Jahre 1095 rief Papst Urban II. (1088–1099) dazu auf, den Christen des Ostens gegen die Muslime Hilfe zu leisten. Auf den folgenden Seiten könnt ihr herausarbeiten,
- aus welchen unterschiedlichen Gründen Menschen aus verschiedenen Ständen und Gegenden Europas diesem Aufruf folgten,
- wie aus der Hilfsaktion ein grausamer Eroberungszug nach Jerusalem wurde,
- wie diese Kreuzzüge auf die Muslime wirkten und
- dass sich gleichzeitig auch Menschen für die Gewaltlosigkeit aussprachen.

Aufruf zum 1. Kreuzzug
Um die Mitte des 7. Jahrhunderts war Palästina von den Arabern erobert worden. Dennoch konnten Christen weiterhin ungestört Pilgerfahrten zu den heiligen Städten der Christenheit wie Jerusalem, Bethlehem oder Nazareth unternehmen. Von den Kalifen wurden diese Pilgerfahrten sogar gefördert, brachten sie doch Geld ins Land.
Diese Situation änderte sich beinahe schlagartig im 11. Jahrhundert, als die Seldschuken, ein türkisches Reitervolk aus Mittelasien, Palästina und Kleinasien eroberten und Konstantinopel bedrohten. Der oströmische Kaiser richtete im Jahre 1095 einen Hilferuf an Papst Urban II. (1088–1099). Ein erster Aufruf Urbans zur Hilfeleistung blieb ohne Echo.
Im November 1095 fand in Clermont in Frankreich eine Kirchenversammlung statt. Zum Abschluss hielt Papst Urban eine Rede, die in vier Fassungen überliefert ist – alle wurden jedoch erst Jahre später aufgeschrieben. Sicher ist, dass der Papst wieder zur Hilfe für den oströmischen Kaiser aufrief. Doch diesmal blieb sein Aufruf nicht ungehört: Ein neuer Gedanke trat in den Mittelpunkt – Jerusalem, die Stadt, in der Jesus von Nazareth gestorben war, sollte von den Muslimen „befreit" werden.
Nach dem Bericht des Mönchs Robert von Reims, der die Predigt 12 Jahre später niederschrieb, sagte der Papst:

Q1 … Aus dem Land Jerusalem und der Stadt Konstantinopel kam schlimme Nachricht … Ein fremdes Volk, ein ganz gottfernes Volk … hat die Länder der dortigen Christen besetzt, durch Mord, Raub und Brand entvölkert und die Gefangenen … elend umgebracht … Ihr überaus tapferen Ritter …, denkt an die Tatkraft eurer Vorfahren … Dieses Land, in dem ihr wohnt, ist … von euch beängstigend dicht bevölkert. Es … liefert seinen Bauern kaum die bloße Nahrung … Tretet den Weg zum heiligen Grab an, nehmt das Land dort dem gottlosen Volke, macht es euch untertan … Jerusalem ist der Mittelpunkt der Erde, das fruchtbarste aller Länder …

Nach der Erinnerung des Abt Fulcher von Chartres sagte der Papst:

Q2 … Nicht ich, sondern der Herr bittet und ermahnt euch …, die Armen wie die Reichen, dass ihr euch beeilt dieses gemeine Gezücht aus den von euern Brüdern bewohnten Gebieten zu verjagen … Wenn diejenigen, die dort hinunterziehen, ihr Leben verlieren, auf der Fahrt, zu Lande oder zu Wasser oder in der Schlacht gegen die Heiden, so werden ihnen in jener Stunde ihre Sünden vergeben werden …

Der Aufruf zum Kampf gegen die Heiden und zur „Befreiung" von Jerusalem – Kreuzzug genannt – wurde von Predigern weitergetragen. Am 1. Kreuzzug nahmen kaum Deutsche teil, weil – so schrieb ein Zeitgenosse – Staat und Kirche hier zu sehr zerstritten waren (vgl. S. 171). Dem Aufruf zum 2. Kreuzzug (1145–1149) folgten viele Deutsche. In den Würzburger Annalen zum Jahre 1147 heißt es:

Q3 Verschieden aber waren ihre Absichten: Die einen nämlich, gierig nach Neuigkeiten, gingen um neue Länder zu sehen. Andere, gezwungen durch Armut … waren bereit nicht nur gegen die Feinde des christlichen Kreuzes, sondern auch gegen die Freunde des christlichen Namens zu kämpfen, wo immer es ihnen günstig erschien, um ihre Armut zu lindern. Ferner gab es Leute, die von Schulden bedrückt wurden, wieder andere waren bestrebt, die ihrem Herrn geschuldeten Dienste loszuwerden oder sie erwarteten sogar für ihre Verfehlungen die verdienten Strafen … Es fanden sich kaum welche …, die von heiliger oder heilsamer Absicht geleitet wurden …

1 *Vergleicht die Berichte in Q1 und Q2 miteinander. Mit welchen Hinweisen sollten die Zuhörer dazu gebracht werden, am Kreuzzug teilzunehmen?*
2 *Stellt aus Q3 Gründe für die Beteiligung an den Kreuzzügen zusammen.*
3 *Ermittelt, ob es in Q1 und Q2 um Hilfeleistung für Konstantinopel oder um die „Befreiung" Jerusalems geht.*

Die Eroberung Jerusalems

1 *Stellt mit Hilfe der Karte fest, durch welche heutigen Staaten die Teilnehmer des 1. Kreuzzuges gekommen sind.*

Im Sommer des Jahres 1096 brach ein kampftüchtiges Ritterheer zum Kreuzzug auf. Ein Kreuz aus rotem Stoff war auf den Mänteln der Ritter und ihrer Ehefrauen, soweit sie am Kreuzzug teilnahmen, zu sehen. Am 7. Juni 1099 erreichten die Reste des völlig erschöpften Heeres die Stadt Jerusalem. Fast fünf Wochen dauerte der Kampf vor den Mauern. Dann konnten die Ritter in die Stadt eindringen.
Wilhelm von Tyrus, ein christlicher Geschichtsschreiber, schilderte fast 100 Jahre später die Eroberung Jerusalems durch die Kreuzritter:

Q1 … Alle Feinde, die sie finden konnten, streckten sie mit der Schärfe des Schwertes nieder ohne auf Alter oder Rang Rücksicht zu nehmen. Und es lagen überall so viele Erschlagene und solche Haufen abgehauener Köpfe umher, dass man keinen anderen Weg … mehr finden konnte als über die Körper der Toten …
Der übrige Teil des Heeres zerstreute sich in der Stadt, zog diejenigen, die sich in engen und verborgenen Gassen versteckt hatten um dem Tod zu entrinnen wie das Vieh hervor und stieß sie nieder. Andere taten sich in Scharen zusammen und gingen in die Häuser, wo sie die Familienväter mit Frauen und Kindern und dem ganzen Gesinde herausrissen und entweder mit den Schwertern durchbohrten oder von den Dächern herabstürzten, dass sie den Hals brachen …

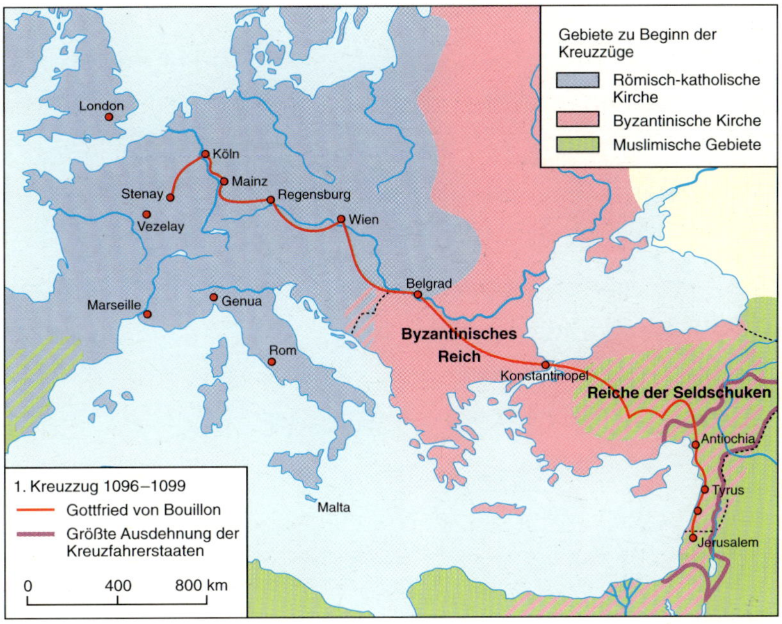

Die Kreuzzüge.

… Als endlich die Ordnung in der Stadt hergestellt war, legten sie die Waffen nieder …, zogen reine Kleider an und gingen dann … zerknirschten Herzens, unter Seufzen und Weinen, mit bloßen Füßen an den ehrwürdigen Orten umher, die der Erlöser durch seine Gegenwart heiligen und verherrlichen wollte, und küssten sie in größter Andacht …

Der arabische Geschichtsschreiber Ibn al-Atir (1160–1233) berichtete, dass die Kreuzfahrer nach der Eroberung Jerusalems eine Woche lang die muslimischen Bewohner mordeten. Über die Aussagen einiger Flüchtlinge, die nach Bagdad entkamen, schrieb er:

Q2 In der Kanzlei des Kalifen gaben sie einen Bericht, der die Augen mit Tränen füllte und die Herzen betrübte. Am Freitag kamen sie in die Hauptmoschee und flehten um Hilfe; sie waren in Tränen und rührten zu Tränen bei der Erzählung, was die Muslime in dieser erhabenen heiligen Stadt erlitten hatten: die Männer getötet, Frauen und Kinder gefangen, alle Habe geplündert …

2 *Ein Kreuzfahrer schreibt einen kurzen Bericht über die Eroberung Jerusalems. Überlegt, was er berichten wird.*

3 *Ein Bewohner Jerusalems, ein Muslim, berichtet seinen Angehörigen das gleiche Ereignis. – Schreibt dazu eine kurze Erzählung.*

4 *Prüft, ob sich die Kreuzfahrer bei ihrem Vorgehen auf die Rede des Papstes berufen konnten (vgl. Q1 und 2, S. 230).*

5 *Diskutiert und beurteilt das Vorgehen der Kreuzfahrer aus eurer Sicht.*

Rückseite eines Wagens bei einer christlichen Prozession auf Sizilien. Dargestellt ist der Kampf zwischen Christen und Muslimen. Foto eines noch heute benutzten Wagens.

Frauen und Männer im Heiligen Land

Dem 1. Kreuzzug folgten bis zum Jahre 1270 noch sechs weitere. Auch Frauen nahmen daran teil. Der muslimische Geschichtsschreiber Imad ad-Din (1125–1201) berichtete:

Q1 Es kam auch eine sehr angesehene Frau großen Reichtums übers Meer; sie war eine Herrscherin in ihrem Land und in ihrer Begleitung waren fünfhundert Ritter mit ihren Pferden, Schildknappen, Pagen und Dienern, für die sie alle notwendigen Ausgaben übernommen hatte und die sie reichlich mit ihrem Geld versah.
Sie ritten los, wenn sie losritt, griffen an, wenn sie angriff, stürmten vor, wenn sie vorstürmte, und ihre Scharen hielten stand, wenn sie standhielt. Es gibt wirklich weibliche Ritter unter den Franken, mit Rüstungen und Helmen, gekleidet wie Männer, die ins dichte Schlachtgetümmel ritten, wie verständige Männer handelten, obwohl sie gebrechliche Frauen waren; alles hielten sie für ein frommes Werk, glaubten sich so die Seligkeit zu sichern …

1 *Spielt ein Gespräch unter muslimischen Kriegern über die Kreuzfahrerin. Sprecht auch darüber, wie die Frau ihren Kriegsdienst begründet haben könnte.*

Über eine Millionen Frauen und Männer – so schätzt man heute – haben an den Kreuzzügen teilgenommen. Viele sind den Strapazen unterwegs zum Opfer gefallen, andere wurden in den Kämpfen getötet; manche Kreuzfahrer blieben auf Dauer im Heiligen Land. Über sie schrieb Abt Fulcher von Chartres:

Q2 Wir, die wir Abendländer waren, sind Orientalen geworden; dieser, der Römer oder Franke war, ist hier Galiläer oder Bewohner Palästinas geworden; jener, der in Reims oder Chartres wohnte, betrachtet sich als Bürger von Tyrus oder Antiochia. Wir haben schon unsere Geburtsorte vergessen … Manche von uns besitzen in diesem Land Häuser und Diener …, ein anderer hat eine Frau geheiratet …, eine Syrierin oder Armenierin …; der eine bebaut Weingärten, der andere Felder … Die verschiedensten Mundarten sind jetzt der einen wie der anderen Nation gemeinsam und das Vertrauen nähert die entferntesten Rassen an.

2 *Erklärt, wie es nach Fulcher zur Annäherung und dem friedlichen Zusammenleben von Menschen aus verschiedenen Nationen kam.*

3 *Betrachtet das Bild. Wie denkt ihr darüber, wenn auch heute noch die Erinnerung an die Kreuzzüge auf diese Weise wachgehalten wird?*

Kreuzfahrerburg Krak des Chevaliers in Syrien. Luftaufnahme 1963.

Kampf um die Kreuzfahrerstaaten

1 *Seht euch das Bild genau an und beschreibt die Empfindung, die ein Muslim gehabt haben könnte beim Anblick der Kreuzfahrerburg. Versucht auch die Gefühle von Kreuzfahrern zu beschreiben, die von der Burg herunter auf die muslimischen Ortschaften blickten.*

Viele Kreuzfahrer entschlossen sich im Heiligen Land zu bleiben. Sie nahmen Häuser und Grundstücke in Besitz und heirateten Frauen aus ihrer neuen Heimat (vgl. Q2, S. 232). Zum Schutz gegen die Muslime und zur Pflege der Kranken schlossen sich andere Kreuzfahrer in verschiedenen Orden* zusammen, den Templern, Johannitern und Deutschherren. Die Kreuzfahrer gründeten im Heiligen Land eigene Staaten, die Kreuzfahrerstaaten, die sie mit starken Burgen sicherten (vgl. Foto).
Die Kreuzfahrerstaaten blieben aber ein Angriffsziel für die Muslime. Unter ihrem Sultan Saladin konnten sie die meisten Gebiete zurückerobern. Im Jahre 1187 gelang Saladin auch die Besetzung Jerusalems. Dabei sollen so viele Christen in Gefangenschaft geraten sein, dass der Preis für einen christlichen Sklaven nicht höher war als für ein paar Sandalen. Allen Christen – so berichten muslimische Geschichtsschreiber – gab Saladin die Möglichkeit sich frei zu kaufen; wer kein Geld hatte, geriet in die Sklaverei. Witwen und Waisen der gefallenen Kreuzritter soll er unterstützt haben.

Der muslimische Geschichtsschreiber Imad ad-Din (vgl. S. 231) berichtet:

> **Q** Manche Christen zahlten neben dem Lösegeld noch einen Tribut und blieben in Jerusalem in aller Ruhe ansässig. Es wurden ... vier Priester zum Dienst in der Grabeskirche bestimmt, die von der Steuer befreit wurden ... Tausende von Christen blieben in der Stadt und ihrer Umgebung und gingen friedlichen Beschäftigungen nach.

2 *Vergleicht die Haltung des Sultans mit dem Vorgehen der Kreuzritter nach der Eroberung Jerusalems.*

Im Jahre 1291 wurde die Hafenstadt Akkon, die letzte christliche Festung im Heiligen Land, von den Muslimen erobert.
Jene Ritter, die von den Kreuzzügen heimkehrten, brachten Porzellan, kostbare Stoffe wie Damast und Musselin oder unbekannte Gewürze mit. Da immer mehr Menschen nach diesen Gütern verlangten, nahm der Fernhandel beträchtlich zu (vgl. S. 206).
Kaum interessiert waren die Kreuzfahrer hingegen an Erkenntnissen islamischer Gelehrter (vgl. S. 251). Wissenschaftliche Bücher der Muslime, beispielsweise über Mathematik, Medizin, Geographie oder Chemie, fanden ihren Weg nicht über die Kreuzfahrer, sondern über Cordoba in das christliche Europa.

Franziskus predigt vor dem Sultan; in der linken Hand die Bibel. Fresko in der Kreuzesbasilika in Florenz, 14. Jahrhundert.

Zur selben Zeit, da immer wieder Kreuzfahrerheere zu Kampf und Eroberung aufbrachen, predigte ein einfacher Mönch, Franziskus von Assisi, den Verzicht auf Gewalt und jeglichen Besitz.
Ihr könnt auf dieser Doppelseite erarbeiten,
- wie der Aufruf zur Gewaltlosigkeit und Armut viele Menschen beeindruckte und
- wie allmählich die Kritik zunahm an der Kirche, an Bischöfen und Äbten, die als Heerführer in den Krieg zogen (vgl. S. 167 und 170 f.) oder in großem Reichtum lebten.

Ein merkwürdiger Kreuzfahrer

1 *Beschreibt das Bild: Wie wird Franziskus dargestellt? Wie seine Zuhörer? Welchen Eindruck soll das Bild auf den Betrachter ausüben?*

Im Jahre 1219 belagerte ein Kreuzfahrerheer die Stadt Damiette im Niltal in Ägypten. Dabei ereignete sich eine merkwürdige Begebenheit, die der Geschichtsschreiber Jakob von Vitry, ein Augenzeuge, so schildert:

> **Q1** Als das Heer der Christen vor Damiette im Land Ägypten angekommen war, machte sich Bruder Franz, gerüstet mit dem Schild des Glaubens ... unerschrocken zum Sultan von Ägypten auf. Als die Sarazenen ihn unterwegs aufgriffen, sagte er: „Ich bin Christ, führt mich zu eurem Herrn." Als sie ihn dorthin geführt hatten, wurde der Sultan beim Anblick dieses Mannes Gottes zur Milde gestimmt und hörte mehrere Tage lang sehr aufmerksam den Predigten zu, die er ihm und den Seinen über Christus hielt."

Der Sultan ließ Franz „als einen Mann, der allen anderen ganz unähnlich" war, anschließend voller Hochachtung ins christliche Lager zurückführen. Bruder Franz wollte gewaltlos wirken, nur durch Worte und die Art seiner Lebensführung überzeugen. Als die Kreuzfahrer Damiette eroberten und ein schreckliches Blutbad anrichteten, verließ er daher das Heer und kehrte nach Italien zurück.

Franz war im Jahre 1182 als Sohn eines reichen Tuchhändlers in Assisi, einer kleinen Stadt in Mittelitalien, geboren worden. Seine Eltern erfüllten ihm jeden Wunsch. Franz war ein lebenslustiger junger Mann, der gerne und häufig zusammen mit seinen Freunden feierte.

Im Alter von 24 Jahren aber trat eine radikale Umkehr ein. Sein bisheriges Leben erschien ihm sinnlos. Er beschloss, von nun an ein Leben in völliger Armut zu führen. Schon bald schlossen sich ihm gleichgesinnte Männer an.

Franziskus verfasste für seine neue Gemeinschaft eine Ordensregel, in der es u. a. heißt:

> **Q2** Streng verbiete ich den Brüdern insgesamt, in irgendeiner Form Münzen oder Geld anzunehmen. Und alle Brüder sollen wollige Kleider tragen und mit dem Segen Gottes können sie diese mit grobem Stoff und anderen Lappen flicken. Denn es sagt der Herr im Evangelium: „Die, die kostbare Kleider tragen, üppig leben und sich weichlich kleiden, sind an den Höfen der Könige." Die Brüder sollen nichts als Eigentum erwerben, weder ein Haus noch eine Niederlassung noch irgendeine andere Sache. Und wie Pilger und Fremdlinge, die in dieser Welt in Armut und Demut dem Herrn dienen, mögen sie voll Vertrauen um Almosen betteln und sollen sich dabei nicht schämen, weil der Herr sich um unsretwillen in dieser Welt arm gemacht hat.

Kritik an der Kirche

1 *Spielt folgende Situation: Zwischen Franziskus und dem Abt eines reichen Klosters (vgl. S. 224–227) kommt es zu einem Gespräch: Was könnte Franziskus zum Abt sagen, was könnte dieser antworten?*

Fleiß und Ausdauer der Mönche (vgl. S. 226) hatten manchen Klöstern reichen Gewinn beschert. Hinzu kamen zahlreiche Schenkungen von Königen (s. S. 170) und Fürsten, aber auch einfacher Adliger und zu Wohlstand gelangter Bürger. Um der Gefahr zu entgehen, die dem klösterlichen Leben durch den Reichtum drohte, machte der Franziskanerorden radikal ernst mit dem Gelübde der Armut. Zu absoluter Armut verpflichteten sich ebenso die Dominikaner. Ihr Orden wurde ebenfalls im 13. Jahrhundert durch den spanischen Adligen Dominikus gegründet. Da auch immer mehr Frauen vom Armutsideal begeistert waren, kam es bei beiden Orden auch zu zahlreichen Gründungen von Frauenklöstern in ganz Europa.

Für die rasche Ausbreitung dieser Orden gibt es mehrere Gründe:

- Die Mönche und Nonnen führten ein vorbildhaftes Leben in Armut.
- Ihre Hauptaufgabe sahen sie in der Seelsorge und in der Predigt. Durch ihre einfache Ausdrucksweise, die jeder verstand, sprachen sie viele Menschen an.
- Sie lebten nicht auf dem Lande wie die Benediktiner, sondern gingen zu den Menschen in den Städten (vgl. das Bild).

Viele Menschen verglichen das einfache Leben dieser Mönche und Nonnen mit dem Reichtum und Luxus mancher Äbte, Äbtissinnen und Bischöfe. Sollte man auf solche Geistliche, die sich ganz dem weltlichen Vergnügen zugewandt hatten, noch hören? Erste Zweifel an der Kirche und ihren Vertretern wurden laut. Manche Christen forderten schon zu dieser Zeit eine Reform der Kirche. Erst zu Beginn des 16. Jahrhunderts aber wurden diese Forderungen in der Reformation verwirklicht.

2 *Beschreibt die Vorgänge auf dem Bild. Überlegt, was der Dominikanermönch gerade sagen könnte. Wie reagieren seine Zuhörerinnen und Zuhörer? Betrachtet dazu auch die Bildszene im Vordergrund.*

Predigt des Dominikanermönches Johannes von Capestrano (1386–1456). Das Verbrennen des kostbaren Kopfschmucks zeigt an, dass die Frau dem Luxus entsagt und ihren bisherigen Lebenswandel ändern will. Gemälde 15. Jahrhundert.

In den Jahrzehnten vor der Reformation war das Lebensgefühl der Menschen von Sorge um ihr Seelenheil geprägt. In ihrer Not erwarteten die Menschen Trost und Hilfe von der Kirche. Doch viele Priester und Bischöfe vernachlässigten zu dieser Zeit ihre Pflichten und kümmerten sich mehr um ihr eigenes Wohlergehen. So wurde der Ruf nach einer Reform der Kirche immer lauter. Mit seiner Kritik an den Missbräuchen in der Katholischen Kirche löste der Mönch Martin Luther 1517 die größte Veränderung des Christentums seit der Zeit Konstantins (vgl. S. 222) aus.
In diesem Abschnitt könnt ihr erarbeiten, wie Luther die christliche Kirche erneuern wollte und welche langfristigen Folgen Luthers Kritik für die Christenheit hatte.

Martin Luther wurde am 10. November 1483 in Eisleben geboren. Er besuchte die Lateinschule in Magdeburg und Eisenach und begann auf Wunsch des Vaters ein Studium der Rechtswissenschaft. Mit 22 Jahren fasste er während eines Gewitters den Entschluss Mönch zu werden. Er trat in das Augustinerkloster ein und studierte Theologie. 1512 wurde er Professor an der Universität Wittenberg.

Martin Luther (1483–1546).
Kupferstich von Lukas Cranach d. Ä., 1520.

In zahlreichen Schriften entwickelte Luther eine neue Lehre des Christentums. Er übersetzte die Bibel in ein verständliches Deutsch. Luther schuf auch eine neue Ordnung für die Gottesdienste. Seine Lehren und sein Wirken führten zur Entstehung der Evangelischen Kirche. 1525 heiratete Luther die ehemalige Nonne Katharina von Bora. 1546 starb Luther hoch verehrt von den einen als Reformator, bekämpft und verfolgt von den anderen als Spalter der Kirche.

Die Reformation beginnt

Am 31. Oktober 1517 veröffentlichte ein junger Professor der Theologie, der Augustinermönch Martin Luther, in Wittenberg eine Schrift gegen den Missbrauch des Ablasses* durch die Katholische Kirche. Mit seiner Schrift wollte der Mönch einen Missbrauch in der Kirche abstellen. Die Bischöfe antworteten aber nicht auf Luthers Schrift, sondern forderten ihn auf seine Aussagen bedingungslos zurückzunehmen. Durch den Buchdruck wurden Luthers Forderungen schnell in ganz Deutschland verbreitet. Viele Menschen fanden seine neue Lehre sympathisch und zeigten Unmut über die zahlreichen Missstände in der Kirche.
Der Papst sandte einen Kardinal, der Luther verhören sollte. Ihm erklärte Luther 1518:

> **Q1** Zuerst bezeuge ich, Bruder Martin Luther, Augustinermönch, dass ich die heilige römische Kirche in allen meinen Reden und Taten verehre und ihr folge. Da ich weder gehört noch überwunden worden bin, protestiere ich heute: Ich bin mir nicht bewusst etwas gesagt zu haben, was gegen die Heilige Schrift, die Kirchenväter oder die rechte Vernunft ist…

1 *Gebt mit euren Worten wieder, was Luther in dem Verhör antwortete und ob er sich von der katholischen Kirche lossagen wollte.*

Vor dem Reichstag in Worms

Da Luther sich weigerte seine Lehre zurückzunehmen, verhängte der Papst 1521 über Luther den Bann. Damit war Luther aus der Kirche ausgestoßen. Luthers Landesherr, der Kurfürst Friedrich, erreichte, dass Luther von Kaiser Karl V. zum Verhör vor den Reichstag in Worms geladen wurde. Die Reise Luthers zum Reichstag wurde zum Triumphzug, überall winkten und jubelten die Menschen ihm zu.
Vor dem Reichstag in Worms wurde Luther in Anwesenheit des Kaisers Karl V. gefragt, ob er seine Schriften widerrufe. Luther bat um einen Tag Bedenkzeit und antwortete dann am 18. April 1521:

> **Q2** Wenn Eure Majestät denn eine einfache Antwort verlangen, so werde ich sie geben: Wenn ich nicht durch die Zeugnisse der Schrift oder einen klaren Grund widerlegt werde, so bin ich durch die von mir angeführten Worte der Heiligen Schrift überzeugt. Allein dem Papst oder den Konzilien glaube ich nicht, es steht fest, dass sie häufig geirrt und sich auch selbst widersprochen haben. Und da mein Gewissen in Gott gefangen ist, kann und will ich nichts widerrufen, weil es gefährlich und unmöglich ist, etwas gegen das Gewissen zu tun. Gott helfe mir. Amen.

Die neue Lehre

Auf einem Flugblatt wurden die neue Lehre Luthers und die Meinung der alten, römischen Kirche verglichen:

Luther	Die römische Kirche
– Allein der Glaube und die Gnade Gottes ist für das Seelenheil wichtig, gute Werke (Fasten, Beten, Arme unterstützen) nutzen ohne den Glauben nichts.	– Mit guten Werken (Fasten, Beten, Arme unterstützen) kann man sich den Himmel verdienen.
– Kein Christ kann gezwungen werden etwas zu glauben, was nicht in der Bibel steht; allein das Evangelium* ist entscheidend.	– Der Papst und die Kirche bestimmen, was der richtige Glaube ist. Nur der Papst und die Konzilien können die Bibel richtig auslegen.
– Der Papst und die Konzilien können irren, weil sie Menschen sind.	– Der Papst und die Konzilien können nicht irren, weil sie Gottes Stellvertreter auf Erden sind.
– Es gibt keinen Unterschied von Priestern und Laien*: „Das alles kommt daher, dass wir eine Taufe, ein Evangelium und ein Glaubensbekenntnis haben … demnach werden wir allesamt durch die Taufe zu Priestern geweiht."	– Es gibt einen großen Unterschied zwischen Priestern und Laien. Nur wer durch den Papst oder den Bischof geweiht ist, darf Priester sein.
– Die Sprache im Gottesdienst soll Deutsch sein.	– Die Sprache im Gottesdienst ist Latein.

1 *Erklärt, warum Luther vor dem Reichstag nicht widerruft.*

2 *Stellt fest, was gegenüber der bisherigen Lehre der katholischen Kirche neu in Luthers Antwort ist (vgl. Kasten).*

Luther übersetzt die Bibel

Unmittelbar nach dem Reichstag sprach der Kaiser über Luther die Reichsacht aus und ordnete zugleich an seine Schriften zu vernichten (Wormser Edikt). Durch die Verhängung der Reichsacht über ihn war Luther „vogelfrei" geworden, wer ihn tötete, hatte keine Strafe zu befürchten.

Kurfürst* Friedrich ließ Luther auf der Rückreise nach Wittenberg zum Schein entführen. Er wollte dadurch sein Leben vor dem Papst und dem Kaiser schützen. Als „Junker Jörg" lebte Luther mehrere Monate unerkannt auf der Wartburg.

Hier übersetzte er das Neue Testament* ins Deutsche – und zwar so, dass es jeder verstehen konnte. Luther schuf mit der Bibelübersetzung die Grundlage für eine einheitliche deutsche Schriftsprache.

Ausbreitung der Reformation

In vielen Kirchen wurden die bisherigen Priester verjagt, oft kam es zu handgreiflichen Auseinandersetzungen in den Gottesdiensten. Die Bibelübersetzung und die von Luther neu gedichteten Kirchenlieder machten den neuen Glauben allgemein verständlich. Laienprediger zogen durch die Orte und predigten das Wort Gottes.

Frauen treten für den neuen Glauben ein

Überall dort, wo die Anhänger Luthers den neuen Glauben predigten, waren Frauen unter den Zuhörern. Frauen besuchten auch gegen den Willen ihrer Männer reformatorische* Predigten und Gottesdienste. Einige Frauen wurden aktiv und traten öffentlich für die neue Lehre ein. Wo dies geschah, ging der alte Rat der Stadt oft streng gegen diese Frauen vor. So wurden Frauen bestraft, die trotz eines Verbotes Schriften Luthers verkauften.

Andere Frauen traten durch ihre Eheschließung mit katholischen Priestern und Mönchen öffentlich für den neuen Glauben ein. Dies war damals ein aufsehenerregender Schritt, da die katholische Kirche Priestern und Mönchen die Ehe verbietet. In den Urkunden über die Priesterehen werden die Priester mit vollem Namen genannt, der Name der Frauen fast nie oder nur ihr Vorname.

3 *Überlegt, was es bedeutet, dass in den Heiratsurkunden der Priester der Name der Frauen nicht oder nur der Vorname erwähnt wird.*

Taufgottesdienst in einer calvinistischen Kirche in Lyon. Gemälde 1564.

Die Reformation in der Schweiz

1 *Beschreibt den Innenraum der calvinistischen Kirche und vergleicht ihn mit eurer Heimatkirche.*

Auch außerhalb Deutschlands gab es Reformatoren, die Luther in der Grundauffassung vom Glauben nahe standen. Einer von ihnen war Johann Calvin (1506–1564). In Genf führte Calvin eine strenge Kirchenordnung ein, die der Rat der Stadt überwachte.

Q1 Wir, Bürgermeister, großer und kleiner Rat mit der gesamten Bürgerschaft ... haben bedacht, dass es vor allem Not tut, die Lehre des heiligen Evangeliums* unseres Herrn rein zu bewahren und die christliche Kirche durch eine gute Ordnung und Satzung so, wie es sich gehört, im Stande zu halten.

Diese Kirchenordnung wurde von einem Sittengericht überwacht, das aus Pfarrern und Bürgern bestand. Die Strenge der Kirchenordnung Calvins zeigen die folgenden Beispiele:

- Verboten waren Wirtshausbesuche und Tanzveranstaltungen. Sogar die Kleidung der Frauen war vorgeschrieben.
- Der Arzt Michael Servet war mit der Kirchenordnung Calvins nicht einverstanden und trat öffentlich dagegen auf. Calvin klagte ihn als Irrlehrer an und ließ ihn 1553 in Genf verbrennen.

Im Unterschied zu den Lutheranern wählten die calvinistischen Gemeinden ihre Pfarrer selber. Die oberste Kirchenleitung bestand aus gewählten Kirchenältesten.

Viele junge Männer aus ganz Europa studierten in Genf die neue Kirchenordnung und die neue Lehre Calvins. Sie verbreiteten seine Gedanken in ihren Heimatländern. Dort gründeten sie neue Gemeinden, die „Reformierte Gemeinden“ genannt wurden.

Zwei Lehrmeinungen Calvins prägten das Gemeindeleben der reformierten Gemeinden: die Lehre von der Vorherbestimmung und das Widerstandsrecht gegenüber einer unchristlichen Obrigkeit.

Q2 Als Zuvorbestimmung bezeichnen wir den ewigen göttlichen Beschluss ..., was mit jedem Mensch werden sollte. Denn es werden nicht alle für eine gleiche Lage geschaffen, sondern es wird den einen ewiges Leben, den anderen ewige Verdammnis zuvor zugeordnet. Je nachdem nun ein Mensch für dieses oder jenes Ziel geschaffen ward, sagen wir, dass er zum Leben oder zum Tode vorherbestimmt ist ... Dieser Ratschluss gründet sich auf die Auserwählten, auf Gottes freie Gnade, nicht auf irgendein menschliches Verdienst ...

2 *Vergleicht diese Lehre mit den Ansichten Luthers und der römischen Kirche (S.237).*

Q3 Wo Volksbehörden eingesetzt sind um die Willkür der Könige zu mäßigen ..., da verbiete ich diesen Männern nicht ... der wilden Ungebundenheit der Könige pflichtgemäß entgegenzutreten ...; ich behaupte geradezu: wenn sie Königen, die maßlos wüten und das niedrige Volk quälen, durch die Finger sehen, so ist ... ihr absichtliches Übersehen schändliche Treulosigkeit. Denn sie verraten ja in schlimmem Betrug die Freiheit des Volkes, zu deren Hütern sie ... durch Gottes Anordnung eingesetzt sind.

3 *Erklärt mit euren Worten Calvins Widerstandslehre.*

Die Entstehung von Landeskirchen

Der Streit um den richtigen Glauben wurde bald zum Streit um die Vorherrschaft zwischen Kaiser und Fürsten. Die deutschen Fürsten, die den neuen Glauben angenommen hatten, übernahmen in ihrem Gebiet die von Nonnen und Mönchen verlassenen Klöster und deren Grundbesitz. Luther forderte die Landesherren auf sich um die evangelischen Gemeinden in ihrem Gebiet zu kümmern. An seinen Landesherrn, Kurfürst Friedrich den Weisen, schrieb er 1525:

> **Q** Die Pfarreien liegen überall elend; da gibt niemand, da bezahlt niemand. So achtet der gemeine Mann weder Predigt noch Pfarrer. Wenn hier nicht eine tapfere Ordnung und staatliche Erhaltung der Pfarrer und Predigtstühle vorgenommen wird, gibt es in kurzer Zeit weder Pfarrhöfe noch Schulen … und so wird das Wort Gottes zu Grunde gehen.

Nach Luthers Ansicht sollte der Landesherr auch Landesbischof sein. Seit dieser Zeit gibt es evangelische Landeskirchen. Ziele der kirchlichen Erneuerung in den neuen Landeskirchen waren die Neugestaltung des Gottesdienstes, die Versorgung der Pfarreien mit ausgebildeten Pfarrern und die Verbesserung des Schulwesens und eine Erneuerung der Armenversorgung.

4 *Erklärt, warum Luther die Fürsten (Landesherren) auffordert sich um die Pfarreien zu kümmern.*

Die Anerkennung der Reformation

Auf dem Reichstag von Augsburg 1530 versuchte der Kaiser Karl V. den Glaubensstreit zu entscheiden

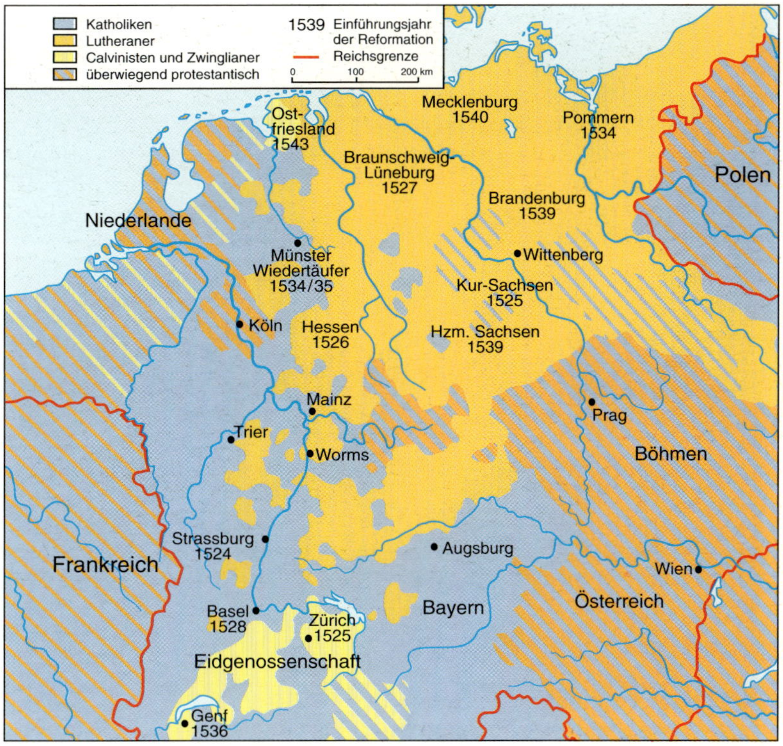

Die Konfessionen in Deutschland und Mitteleuropa 1555.

und verlangte energisch die Rückkehr der evangelischen Fürsten zum katholischen Glauben. Diese lehnten das Ansinnen ab. Nach längeren, auch militärischen Auseinandersetzungen kam es auf dem Augsburger Reichstag von 1555 zu einem Kompromiss im Glaubensstreit:

- Die Gleichberechtigung der katholischen und lutherischen Konfession* wurde anerkannt. Die Reichsstände* (Fürsten, Grafen und Städte) konnten wählen, ob sie den katholischen oder den lutherischen Glauben annehmen wollten.
- Die Untertanen mussten den Glauben ihres Landesherrn annehmen oder auswandern.

5 *Besprecht, welche Schwierigkeiten für die einzelnen Menschen durch die Regelung von 1555 entstehen konnten.*

6 *Informiert euch darüber, welche Konfession in eurem Heimatort überwiegt. Prüft in einem Buch über eure Stadtgeschichte nach, welche Konfession im Jahr 1555 vorherrschte und vergleicht.*

Zunächst lebten Katholiken und Prostestanten einigermaßen friedlich nebeneinander. Zu Beginn des 17. Jahrhunderts kam es zu langen Religionskriegen, in denen es weniger um den rechten Glauben, als um die Frage ging, ob der katholische Kaiser oder die protestantischen Landesfürsten die Politik in den Ländern des Deutschen Reiches bestimmen sollten.

6.2 Islam als Kultur und politische Kraft

Im Innenhof der Haram-Moschee* in Mekka: Die Kaaba*, das bedeutendste Heiligtum des Islam. Foto 1980.

Die Vorstellungen, die sich Nichtmuslime heute in Deutschland vom Islam und den Muslimen machen, haben verschiedene Seiten.

Wir alle kennen muslimische Mitschülerinnen und Mitschüler – meist aus der Türkei. Das Verhältnis zu ihnen ist ganz individuell, herzlich oder kühl, je nach dem. Trotz individueller Freundschaft mit Musliminnen und Muslimen: Über das Zusammenleben der Muslime in Deutschland wissen Nichtmuslime meist nur sehr wenig, darüber gibt es bei vielen nur vage Vorurteile.

Aus den Medien sind außerdem Bilder wie das oben abgebildete bekannt: Große Mengen friedlicher Menschen in fremdartiger Kleidung, die schwere Mühen und Entbehrungen auf sich nehmen um den strengen Vorschriften ihrer Religion gerecht zu werden. Bedrohlich und erschreckend dagegen wirken Nachrichten über Muslime, die im Namen des Islam einen „Heiligen Krieg" führen und dafür bereit sind Blut zu vergießen und Menschenleben zu opfern – ähnlich wie die Christen auf den Kreuzzügen des Mittelalters (vgl. S. 230ff.).

„Ich bezeuge, es gibt keinen Gott außer dem einen Gott (Allah*), und ich bezeuge, Mohammed ist der Gesandte Gottes." So lautet das Glaubensbekenntnis des Islams. Es gehört zu den Gebeten der Mekka-Pilgerer und auch zu den täglichen Gebeten der Muslime überall auf der Welt. Islam bedeutet: Auf Gott ausgerichtet sein. Wer sein Leben auf Gott ausrichtet, ist ein Muslim.

Ihr könnt in diesem Kapitel untersuchen, wie der Islam das Alltagsleben der Muslime bestimmt und wie sich der Islam als Weltreligion und Weltmacht ausgebreitet hat.

Anschließend könnt ihr erarbeiten, wie Muslime, Juden und Christen im mittelalterlichen Spanien lebten und welche Rolle die Muslime und ihre Kultur für das damalige Europa spielten.

Am Ende könnt ihr erkunden, wie der Islam das Leben der Muslime in Deutschland prägt.

Die Verbreitung des Islams in der Welt, ausgenommen sind die USA und Australien (1990).

Islam heute

1 *Beschreibt an Hand der Karte, in welchen Regionen der Welt die meisten islamischen Staaten liegen.*

2 *Fragt muslimische Mitschülerinnen und Mitschüler, welche Rolle der Islam im Alltagsleben der Länder spielt, aus denen ihre Eltern stammen.*

3 *Sammelt aktuelle Meldungen aus Zeitungen, Rundfunk und Fernsehen über Muslime und Islam heute.*

Nach dem Christentum mit etwa 1,7 Mrd. Gläubigen ist der Islam mit etwa 950 Millionen Anhängern die zweitgrößte Religionsgemeinschaft auf der Erde. Die Zahl der Muslime ist in den letzten Jahren sehr schnell gewachsen, vor allem in den Ländern Afrikas, des Vorderen Orients und Asiens. Einer von ihnen ist der junge Algerier Maoud. Er ist arbeitslos. Eine deutsche Zeitschrift berichtete 1992 über ihn. In dem Bericht heißt es u. a.:

> **M** … Über den Propheten weiß Maoud aus den Freitagsgebeten in der Moschee, dass er für die Außenseiter der Gesellschaft besondere Zuneigung empfand, Raffgier und Geiz hasste, Nachbarschaftshilfe und soziale Sicherheit beschwor …

4 *Beschreibt, welche Hoffnungen und Erwartungen Maoud mit der Lehre des Islams verbindet.*

5 *Stellt auf Grundlage von M Vermutungen darüber an, weshalb gerade in Afrika und Asien so viele Menschen Muslime werden.*

Muslime beim Freitagsgebet auf dem Tempelberg in Jerusalem. Foto 1988.

Der Koran und die fünf Grundpflichten

1 *Fragt muslimische Mitschülerinnen und Mitschüler, wie man als Muslim in der Moschee betet und welche Bedeutung der Freitag im Islam hat.*

Alle Muslime sollen fünf Grundpflichten erfüllen:
Die **erste Grundpflicht** ist das Bekenntnis zum Glauben an Allah und den Propheten (s. S. 240).
Die **zweite Grundpflicht** ist das tägliche Gebet. Fünfmal am Tag soll es gesprochen werden, vor Sonnenaufgang, am Mittag, nachmittags, zur Zeit des Sonnenuntergangs und vor dem Schlafen.
Die **dritte Grundpflicht** ist die Einhaltung des Fastenmonats Ramadan. Dazu war in einer deutschen Zeitung am 1. Februar 1995 zu lesen:

> **M** Für muslimische Gläubige beginnt am heutigen Mittwoch der Fastenmonat Ramadan. ... Das Essener Zentrum für Türkeistudien hat an die deutsche Bevölkerung appelliert, „besonderes Verständnis für ihre muslimischen Nachbarn und ihre islamische Tradition des Ramadan zu zeigen". Das Fasten und der möglichst allabendliche Besuch der Moschee sind ein Zeichen der Ergebenheit in Gottes Allmacht und der Bereitschaft nachzuempfinden, was es bedeutet, nicht im Wohlstand zu leben. ... Der Koran legt jedem erwachsenen Muslim nahe, von Sonnenauf- bis -untergang weder zu essen, noch zu trinken, nicht zu rauchen ...

Als **vierte Grundpflicht** müssen Muslime eine Abgabe für die Armen leisten.
Die **fünfte Grundpflicht** ist eine Wallfahrt nach Mekka (s. S. 240), sofern ein Muslim sie sich finanziell leisten kann.
Alle diese Pflichten sind aus dem Koran* abgeleitet. Dieses Buch ist für Muslime heilige Schrift und göttliches Gesetz. Muslime glauben, dass die Aussagen des Korans von Gott stammen. Der Engel Gabriel habe sie dem Propheten Mohammed verkündet, und zwar in arabischer Sprache.

2 *Überlegt, was für Probleme für gläubige Muslime in Deutschland entstehen, wenn sie ihre Gebete vorschriftsmäßig ausführen wollen. Führt dazu Rollenspiele durch zwischen*
- *einem muslimischen Arbeiter und einem Vorarbeiter in einer Fabrik,*
- *einer muslimischen Verkäuferin und einer Kundin in einem Supermarkt*
- *und einem muslimischen Angestellten und seinen Kolleginnen und Kollegen in einem Büro.*

3 *Sprecht mit muslimischen Mitschülerinnen und Mitschülern über die Möglichkeiten ihre Glaubenspflichten in der Schule zu erfüllen.*

4 *Vergleicht die muslimischen Grundpflichten mit ähnlichen Geboten des Christentums. Befragt dazu auch euren Religionslehrer.*

5 *Befragt muslimische Mitschülerinnen und Mitschüler über ihre Arabisch-Kenntnisse.*

1 **Muslim bei der rituellen Reinigung vor dem Moscheebesuch auf dem Tempelberg in Jerusalem. Im Hintergrund die Al-Aksa-Moschee.** Foto 1995.

Der Koran und das Alltagsleben

Nach Mohammeds Tod im Jahre 632 n. Chr. sammelten muslimische Gelehrte Erzählungen über den Lebensweg des Propheten sowie Reden und Sprüche von ihm selbst. Sie wurden zusammengefasst und in der „Sunna"* aufgeschrieben. Aus Koran und Sunna leiten auch heute noch die Muslime die Regeln ab, nach denen sie ihr Leben führen. Dazu gehört beispielsweise, dass Alkoholgenuss, Glücksspiel oder das Essen von Schweinefleisch verboten sind. Auch die streng islamische Rechtsprechung (Scharia*) beruft sich auf diese beiden Quellen. Danach kann z. B. Ehebruch oder Gotteslästerung mit dem Tode bestraft werden. Einem Dieb kann für sein Vergehen eine Hand abgeschlagen werden. Dieses strenge islamische Recht gilt heute im Iran, im Jemen, in Mauretanien, Pakistan, Saudi-Arabien und im Sudan.

1 *Fasst zusammen, welche Informationen über den Islam die Bilder auf diesen Seiten vermitteln.*

2 *Sprecht mit muslimischen Schülerinnen und Schülern darüber, wie sie es beurteilen, dass in manchen Staaten die Religion so starken Einfluss auf Staat und Recht hat.*

3 *Fragt muslimische Mitschüler, zu welchem Zweck es bei Moscheen Reinigungsbecken (vgl. Abb. 1) gibt.*

2 **Fünfmal täglich ruft der Muezzin* vom Minarett* zum Gebet; hier eine moderne Moschee in Izmir in der Türkei.** Foto 1988.

Der Erzengel Gabriel verkündet Mohammed, dass er der letzte Prophet des einen Gottes sei. Buchmalerei, 16. Jahrhundert.

Mohammed, der letzte Prophet des einen Gottes

1 *Beschreibt, wie der Maler des Bildes die besondere Bedeutung Mohammeds hervorhebt.*

Mohammed wurde 570 n. Chr. in der alten arabischen Handelsstadt Mekka geboren. Seine Eltern starben, als er noch ein Kind war. Er wuchs deshalb unter dem Schutz seines Onkels Abu Talib auf. Der war ein angesehener Mann im Stamme der Koraisch. Dieser Stamm beherrschte damals Mekka. Dort gab es ein berühmtes Heiligtum, die Kaaba* (s. S. 240). Jedes Jahr wurde dieses Heiligtum von vielen Beduinen*-Stämmen besucht. Diese Pilgerreise, im Arabischen Hadsch genannt, erfolgte immer während der sogenannten drei heiligen Monate. In dieser Zeit herrschte Frieden unter allen Stämmen. Die Beduinen opferten in dieser Zeit ihren mehr als 300 Göttern, deren Abbilder in der Kaaba aufgestellt waren. Außerdem wurden in dieser Zeit große Märkte abgehalten.
Durch diese Märkte und die Verwaltung des Heiligtums waren die Kaufleute unter den Koraisch wohlhabend geworden. Auch Mohammed wurde zum Kaufmann und Karawanenführer ausgebildet. Auf seinen Handelsreisen traf er auch Juden und Christen. Dabei lernte er deren Glauben an einen einzigen Gott kennen. Diese Vorstellung von einem einzigen Gott beschäftigte Mohammed sehr. Darüber berichtet der arabische Schriftsteller Ibn Ishâk (704–768 n. Chr.), der die erste Lebensgeschichte Mohammeds geschrieben hat:

> **Q** Jedes Jahr zog sich (Mohammed) ... in die Einsamkeit zurück um zu beten und die Armen zu speisen, die zu ihm kamen ... Auch ... in jenem Jahr, in dem Er (Gott) ihn sandte, zog Mohammed ... nach dem Berg Hira um sich in der Einsamkeit dem Gebet zu widmen. Und in jener Nacht, in der Gott ihn durch die Sendung auszeichnete, ... kam Gabriel zu ihm.

2 *Fasst zusammen, welche wichtigen Glaubensmerkmale aus Mohammeds Lehre ihr bisher kennen gelernt habt (S. 6, 7 und die Quelle auf dieser Seite).*

Mohammed war etwa 40 Jahre alt, als er diese Vision* hatte. Gabriel habe ihm, so berichtete er später, aufgetragen, dass er als letzter Prophet Allahs den Glauben an den einzigen Gott predigen solle. Anfangs folgten seinen Worten nur einige Familienmitglieder und befreundete Kaufleute. Seine Lehre, dass vor Gott alle Menschen gleich seien, fand vor allem bei den Sklaven und Besitzlosen Mekkas Anklang. Die wohlhabenden Kaufleute Mekkas aber lehnten Mohammeds Lehren scharf ab. Sie fürchteten um ihre Einnahmen während der Hadsch, falls sich die Ein-Gott-Lehre durchsetzen würde.

2 *Schreibt auf, welche verschiedenen Einwohner Mekkas Mohammeds Lehren folgten. Worin unterschieden sie sich und was verband sie?*

3 *Fasst zusammen, weshalb die meisten wohlhabenden Kaufleute Mohammed ablehnten.*

4 *Arme und Sklaven in Mekka unterhalten sich über Mohammed und seine Lehre. Auch reiche Kaufleute sprechen darüber.*
Notiert euch stichwortartig, was sie gesagt und wie sie ihre Meinungen begründet haben könnten, und spielt dazu eine Szene.

Verfolgung und Auswanderung

1 *Beschreibt das Bild und vergleicht es mit anderen Darstellungen Mohammeds, z. B. auf S. 244.*

Solange Mohammed unter dem Schutz seines Onkels Abu Talibs stand, konnten die reichen Kaufleute Mekkas ihm nichts anhaben. Andere Muslime aber, vor allem die Armen und die Sklaven, wurden von den reichen Kaufleuten hart bedrängt. Dazu wieder ein Bericht Ibn Ishâks:

Q1 Besonders aber stürzten sich die Koraisch auf die Schwachen unter ihnen, die nicht den Schutz einer Sippe genossen. ... Bilal war als Sklave geboren und gehörte jemandem aus der Sippe der Dschumah ... Omaija, einer der führenden Männer der Dschumah, brachte Bilal oft in der größten Mittagshitze hinaus in das breite Tal von Mekka, warf ihn auf den Rücken, ließ ihm einen mächtigen Stein auf die Brust legen und sprach: „Du bleibst so liegen, bis du stirbst, wenn du nicht Mohammed abschwörst..." „Einer! Einer!", rief Bilal und bekannte sich trotz seiner Bedrängnis zum einzigen Gott.

Bilal wurde dadurch gerettet, dass ein Freund und Anhänger Mohammeds ihn seinem Besitzer abkaufte. Das war Abu Bakr, der später Mohammeds Nachfolger als Anführer der Muslime wurde. Wie schon andere Sklaven zuvor entließ er auch Bilal in die Freiheit. Als Abu Talib starb, geriet auch Mohammed in Gefahr. Der Prophet begann nach einem Stamm zu suchen, der ihm und seinen Anhängern Asyl* gewährte.

In dieser Situation wandten sich die Einwohner der Oasenstadt Jathrib (s. Karte S. 247) an ihn. Dort hatten sich sehr unterschiedliche Stammesgruppen angesiedelt. Neben arabischen Beduinenstämmen gab es auch jüdische Stämme und Sippen. Ständig gab es zwischen ihnen Auseinandersetzungen. In Mohammed sahen sie einen geeigneten Vermittler. Deshalb nahmen sie ihn und seine Anhänger bei sich auf. In einem Bündnisvertrag sind die Abmachungen zwischen den Einwohnern Jathribs und Mohammed und seinen Anhängern aufgeschrieben. Ob dieses Dokument vor der Auswanderung verfasst wurde oder erst später, ist nicht eindeutig geklärt.

Darin wird z. B. festgelegt, dass sich die muslimischen Stämme aus Jathrib und die Muslime der Koraischiten aus Mekka zu einer Gemeinde, der Umma*, zusammenschließen. Sie verpflichten sich gegenseitig, gegen alle Feinde dieser Umma gemeinsam vorzugehen. Den jüdischen Stämmen wird erlaubt ihre Religion auszuüben. Alle Streitigkeiten unter den Muslimen sollen Mohammed zur Entscheidung vorgetragen werden. 622 n. Chr. erfolgte die „Hidschra", die Auswanderung der Muslime nach Jathrib. Seitdem heißt diese Stadt Medina*. Für Muslime ist dies das Gründungsdatum der ersten muslimischen Umma und der Beginn ihrer Zeitrechnung. Ibn Ishâk berichtet dazu u. a.:

Mohammed predigt seinen ersten Anhängern. Türkische Miniatur, 14. Jahrhundert.

Q2 Nachdem sich der Prophet mit seinen ausgewanderten Brüdern in Medina eingerichtet hatte, verfestigte sich der Islam bei ihnen. Das Gebet war eingesetzt, die Armensteuer und das Fasten zur Pflicht gemacht, die gesetzlichen Strafen festgelegt und das Erlaubte und Verbotene vorgeschrieben.

2 *Fasst nach Q2 zusammen, welche Lebensbereiche durch den Islam in Medina geregelt worden waren.*

3 *Rechnet aus, in welchem Jahr islamischer Zeitrechnung ihr dieses Kapitel bearbeitet.*

Die „Schlacht von Badr", 624 n. Chr. Ausschnitt aus einer türkischen Miniatur.

Muslime kämpfen für ihren Glauben

1 *Beschreibt die Kampfesweise und Ausrüstung der Krieger. Vergleicht sie mit den Rittern des Mittelalters (vgl. S. 175 und 179).*

Die „Schlacht von Badr" (s. Bild) zwischen Muslimen und Mekkanern fand kurz nach Gründung der muslimischen Gemeinde statt. Sie war ein Beutezug der Muslime – der erste einer Reihe von Überfällen auf Karawanen der reichen Kaufleute aus Mekka. Mohammed sah die „gottlosen" Mekkaner als Hauptfeinde des Islams an. Im Zusammenhang mit diesem Überfall soll folgender Koran-Vers entstanden sein:

Q Und wisst: Wenn ihr etwas erbeutet, so gehört (je) ein Fünftel davon Gott und dem Gesandten, und den Verwandten, den Bedürftigen, den Reisenden, so ihr an Gott glaubt und an das, was Wir (Allah) auf unseren Diener (Mohammed) hinabgesandt haben, am Tage, da die Scharen aufeinander trafen.

2 *Fasst zusammen, wer dem Koran-Vers zufolge alles von den Beutezügen der Muslime profitierte.*

3 *Überlegt, wer nach islamischem Glauben den Koran verfasst hat (vgl. S. 242). Wie konnten demnach die Muslime ihre Beutezüge rechtfertigen?*

Nach jahrelangen Kämpfen gegen die Koraischiten zogen 630 n. Chr. die Muslime als Sieger in Mekka ein. Mohammed übte an seinen ehemaligen Gegnern keine Rache. Die Mekkaner wurden mit der Zeit alle Muslime. Immer mehr arabische Stämme schlossen sich der islamischen Umma an oder wurden unterworfen. Getötet werden sollten nur diejenigen Menschen, die weiterhin der Vielgötterei anhingen. Juden und Christen aber galten als „Leute des Buches"*, deshalb und weil sie ebenfalls an einen einzigen Gott glaubten, durften sie ihre Religion behalten und mussten lediglich eine besondere Steuer zahlen. Wer zum Islam übertrat, musste keine Steuern zahlen außer der Abgabe für die Armen.

Die Bemühungen um den Glauben und seine Verbreitung werden im Arabischen Dschihad* genannt: Dieser Begriff wird heute auf verschiedene Weise gedeutet. Sich intensiv mit dem Koran auseinanderzusetzen gilt z. B. als „großer Dschihad". Über weitere Bedeutungen des Dschihad schrieb 1992 in einer deutschen Zeitschrift der arabische Wissenschaftler Sadik J. Al-Azm:

M Der Kampf gegen die eigenen sündhaften Bestrebungen fällt unter den Dschihad des Herzens. Die Mahnungen zum Guten und zur Vermeidung des Bösen heißen Dschihad der Zunge. Dass man sich vor abscheulichen Handlungen hütet, heißt Dschihad der Hand. Und der Krieg gegen Götzendiener und Ungläubige heißt Dschihad des Schwertes.

4 *Fasst zusammen, welche verschiedenen Bedeutungen es für den Begriff Dschihad gibt. Verfolgt in den Medien, welche islamischen Gruppen sich heute zum „Dschihad des Schwertes" bekennen.*

5 *Überlegt, ob es außer der Steuerersparnis noch andere Gründe für Christen gegeben haben könnte zum Islam überzutreten.*

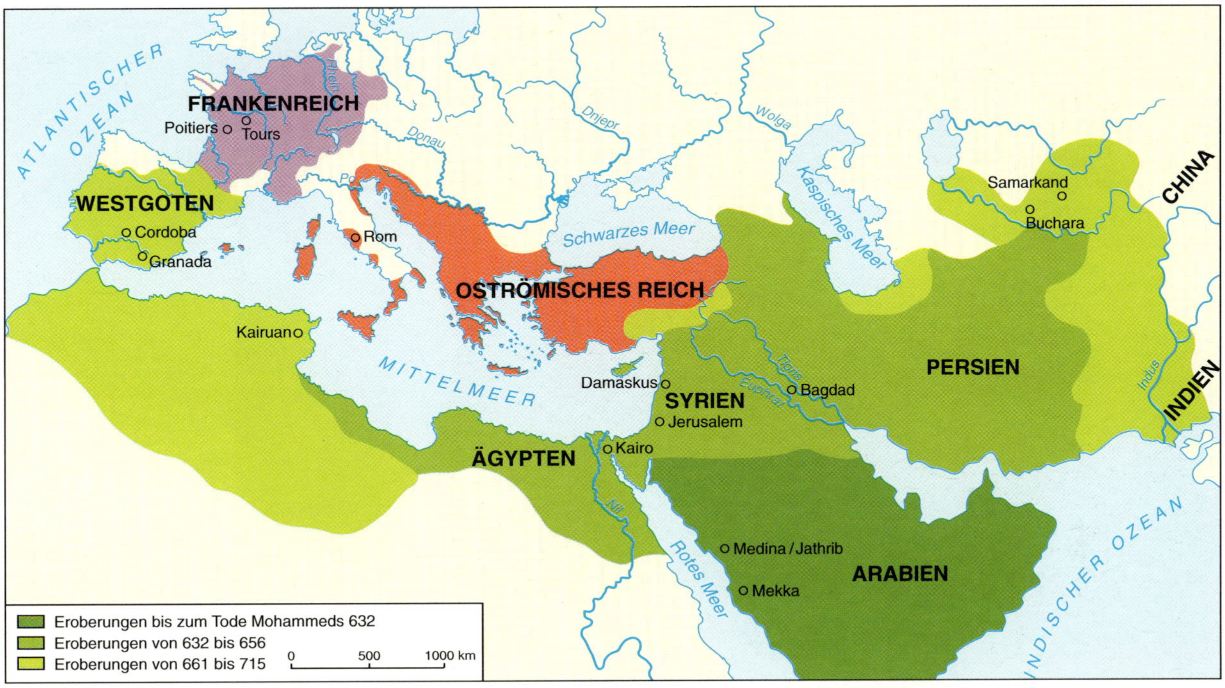

Die Ausbreitung des Islams bis zum 8. Jahrhundert.

Die Herrschaft der Kalifen

Die Nachfolger Mohammeds als Führer der Muslime nannten sich Kalifen*. Nach dem Tode Mohammeds (632 n. Chr.) war der Islam in Arabien die herrschende Macht und Religion. 100 Jahre später reichte das islamische Reich von den Grenzen Indiens und Chinas bis nach Spanien. Weite, vormals oft von verfeindeten Herrschern regierte Gebiete waren unterworfen, darunter die Ursprungsgebiete des Juden- und des Christentums mit der Stadt Jerusalem.

Die Eroberungszüge waren als Dschihad des Schwertes geführt worden. Überall durften jedoch Juden und Christen ihren Glauben behalten. Sie hatten nach Auffassung der Muslime zwar die Lehren früherer Propheten wie Abraham, Mose und Jesus verfälscht, doch seien sie Anhänger des einen Gottes und „Leute des Buches" geblieben. Ihr Glaube finde im Islam seine Vollendung. Dieser Gedanke setzte sich auch bei vielen Christen durch. Nicht nur finanzielle Vorteile (vgl. S. 246) bekehrten viele Christen zum Islam. Seine Glaubensregeln waren für viele einleuchtender als die des inzwischen in verschiedene Glaubensrichtungen zersplitterten Christentums.

1 *Beschreibt an Hand der Karte die Ausdehnung des islamischen Weltreiches.*

Unter den Kalifen war das islamische Reich ungeheuer groß geworden. Um es regieren zu können mussten die Kalifen auch Beamte und Soldaten aus anderen, zum Islam übergetretenen Völkern in den Dienst nehmen. Heerführer dieser Völker wurden zur Kontrolle einzelner Teile des Reiches eingesetzt. Sie erhielten den Titel Sultan* oder Emir. Manche wurden zu selbstständigen Herrschern. So löste sich das islamische Reich wieder in verschiedene Teilreiche auf.

Im 9. Jahrhundert ließ der Kalif al Mansur die Stadt Bagdad als neuen Sitz der Kalifen bauen. Um 800 war der Kalif Harun al Raschid der mächtigste Herrscher der Welt. Doch an Europa hatten die Muslime wenig Interesse. Mit der Einnahme Spaniens waren die Eroberungen im Westen beendet. Eine Schlacht im Jahr 732, welche die Franken als großen Sieg betrachteten (vgl. S. 174), wurde in der islamischen Welt nicht bemerkt. Über freundschaftliche Kontakte zu einem Frankenkönig oder Kaiser Karl (vgl. S. 168) ist dort trotz guter Überlieferung nichts bekannt.

2 *Vergleicht diese Behandlung von Juden und Christen mit derBehandlung der Muslime durch die Christen während der Kreuzzüge (vgl. S. 231).*

Blick in das Innere der großen Mesquita-Moschee von Cordoba in Spanien.
780 n. Chr. wurde mit dem Bau begonnen. Zweihundert Jahre später war die Moschee fertig gestellt. Sie war eine der größten der Welt. Foto 1986.

Muslimische Herrschaft in Europa
Mit der Eroberung Spaniens erreichte der Islam seine weiteste Ausdehnung nach Westen; erstmals betraten Muslime europäischen Boden. Doch mit dieser Ausdehnung lockerte sich auch schon bald der innere Zusammenhalt des riesigen Weltreiches. In der Stadt Cordoba errichteten die spanischen Muslime im Jahr 756 ein Emirat, das 929 zum Kalifat aufstieg. So gab es zeitweilig drei Kalifate nebeneinander: in Cordoba, Damaskus und in Bagdad. Keines von ihnen konnte noch einen Herrschaftsanspruch über die gesamte muslimische Welt durchsetzen.
Trotz dieser Spaltungen: Bei den Muslimen blühten in vielen Städten und Regionen Kultur und Wissenschaft. Ihre Leistungen überragten bei weitem alles, was im christlichen Europa des Mittelalters bekannt war.
Auf den folgenden Seiten könnt ihr zunächst am Beispiel des Kalifats von Cordoba untersuchen, welche kulturellen Leistungen in der islamischen Welt erbracht wurden. Anschließend könnt ihr verfolgen, wie muslimische Wissenschaft im Mittelalter auf die europäischen Christen wirkte.

Islamische Eroberung und Reconquista
Im Jahre 711 n. Chr. setzte der maurische* Offizier Tarik bei der Meerenge von Gibraltar* mit 7000 muslimischen Kriegern ins heutige Spanien über. Der germanische Stamm der Westgoten hatte dort nach dem Untergang des Römischen Reiches ein Reich erobert und ausgebaut. Tarik besiegte das Heer der Westgoten und besetzte mit seinen Truppen Toledo, die Hauptstadt des Westgotenreiches. Roderich, der König der Westgoten, wurde bei diesen Kämpfen getötet. Bis 715 n. Chr. waren alle wichtigen Städte Spaniens erobert. Manche Gebiete erwarben muslimische Befehlshaber auch durch Kauf von den ehemaligen Besitzern. Nur im Nordwesten Spaniens konnte sich eine kleine christliche Herrschaft behaupten. Vereinzelte Raubzüge der Muslime wurden von den Franken abgewehrt (s. S. 174 und 247).
Die neuen Herren trafen in Spanien auf christliche Westgoten und Romanen* sowie Juden, die auch dort ihren Glauben behalten durften. Islamische, jüdische und christliche Gebetshäuser existierten in Al Andalus* nebeneinander.
500 Jahre lang lebten Muslime, Christen und Juden weitgehend friedlich miteinander. Anfang des

13. Jahrhunderts jedoch begann von Norden her allmählich die „Reconquista", die „Rückeroberung" des Landes durch christliche Fürsten. Dieser Kampf wurde mit Unterstützung des Papstes als Kreuzzug geführt: Kurz nachdem er zum Kreuzzug ins Heilige Land aufgerufen hatte (vgl. S. 230), forderte Papst Urban II. spanische Ritter auf auch die nordspanische Stadt Tarragona von den Muslimen zu befreien. Christliche Wallfahrer aus ganz Europa, die Santiago de Compostela besucht hatten, unterstützten die spanischen Christen.
Beide Seiten hatten Erfolge und Misserfolge; immer wieder kehrte auch für einige Jahre Frieden ein. Erst langsam gewannen die Christen die Oberhand: 1236 wurde Cordoba eingenommen, 1248 Sevilla. Abgeschlossen war die „Rückeroberung" und die Vertreibung der Muslime aber erst mit der Einnahme von Granada 1492. In den nun christlichen Gebieten durften keine Muslime mehr, sondern nur noch Christen leben. Auch alle Juden wurden 1492 aus Spanien vertrieben.

1 *Vergleicht diese christliche „Rückeroberung" mit dem, was ihr über den Dschihad (vgl. S. 246) erfahren habt.*
2 *Diskutiert, was der Begriff „Rückeroberung" aussagt.*

Islamische Kultur – Beispiel Baukunst

Hauptstadt des muslimischen Reiches in Al Andalus wurde Cordoba. Dort entstand 929 ein eigenständiges Kalifat. Im 10. Jahrhundert lebten in dieser Stadt etwa 800 000 Menschen in 113 000 Häusern und über 60 000 Villen und Palästen. Neben ungezählten Buchläden gab es 70 öffentliche Büchereien, 700

Der Löwenhof der Alhambra* bei Granada in Spanien. Der Palast wurde im 13. und 14. Jahrhundert von maurischen* Herrschern erbaut. Die Wasserkanäle in den Plattenwegen führen zu weiteren Springbrunnenanlagen.

Bäder standen den Bewohnern zur Verfügung. Das Straßennetz war teilweise gepflastert und nachts beleuchtet.
Die Baukunst der muslimischen Baumeister war zu dieser Zeit ohne Beispiel – nicht nur im christlichen Europa. Die damals sehr „moderne" Mesquita-Moschee (vgl. Abb. S. 248) erregte auch in der islamischen Welt große Bewunderung und wurde beispielsweise mit einem Palmenwald verglichen.

3 *Schlagt im Kapitel 5 nach, seit wann Städte im christlichen Europa Bedeutung gewannen. Vergleicht die Größe von Cordoba mit den Angaben zu deutschen Städten auf S. 211.*
4 *Beschreibt das Bild auf S. 248 und versucht den Vergleich mit einem Palmenwald zu erklären. Denkt an die Heimat der arabischen Muslime.*
5 *Schaut auf einer Spanienkarte im Atlas nach, was aus dem arabischen Namen Al Andalus geworden ist.*
6 *Schreibt auf, welche technischen, handwerklichen und künstlerischen Kenntnisse und Fertigkeiten beherrscht werden mussten um den Palast auf der Abbildung oben errichten zu können.*

Der arabische Astronom Taqui-ad Din mit seinen Gehilfen in seinem Observatorium. Türkische Buchmalerei, 16. Jahrhundert.

Islamische Kultur – Beispiel Wissenschaft

1 *Beschreibt die einzelnen Geräte und Tätigkeiten auf der Abbildung. Was wird erforscht und zu welchen Zwecken könnten diese Forschungen dienen?*

Muslime, Juden und Christen lebten in Spanien meist friedlich zusammen und Wissenschaftler aller drei Religionen tauschten ihre Kenntnisse untereinander aus. Sie sammelten mathematische, astronomische medizinische, religiöse und philosophische Werke in indischer, hebräischer, griechischer, lateinischer und arabischer Sprache. Von den Kalifen wird berichtet, dass sie von ihren Feldzügen Bücher aus aller Welt mitbringen ließen – Bücher über alle damals bekannten Wissenschaften und Techniken. Auch kauften sie wissenschaftliche Werke. So blieben auch Erkenntnisse aus den antiken Kulturen bewahrt, die im christlich beherrschten Teil Europas längst verloren waren.

Dieses Wissen wurde an den arabischen Hochschulen gelehrt und weitergegeben. Die meisten dieser Wissenschaften und Techniken wurden von den Muslimen weiterentwickelt. Viele Ergebnisse mathematischer, chemischer, physikalischer und anderer Studien wurden von Handwerkern und Baumeistern genutzt, etwa von Waffen- oder Goldschmieden, Schiffs- und Festungsbaumeistern, in der Stoffbearbeitung oder von Apothekern. Die Verbreitung der Bücher wurde durch die Technik der Papierherstellung erleichtert. Muslime hatten sie in Samarkand kennen gelernt (s. Karte S. 247).

Arabische Ziffern

In Indien hatten die Muslime ein neues Zahlensystem erlernt: das Dezimalsystem.

Alle Zahlen werden dazu in Ziffern von 1 bis 9 geschrieben; für volle Zehner, Hunderter und Tausender und so weiter tritt die Ziffer Null ein, der eine Ziffer von 1 bis 9 um eine Stelle vorangestellt wird. Diese von den Muslimen „indische Ziffern" genannten Ziffern erleichterten nicht nur die alltäglichen Rechenaufgaben für Händler und Kaufleute, sie ermöglichten auch die kompliziertesten Berechnungen in Wissenschaft und Technik.

Als die Europäer diese Rechenmethode kennen lernten, nannten sie die neuen Ziffern „arabische Ziffern".

2 *Schreibt die Rechenaufgabe 58:27=x in römischen Zahlen auf und versucht sie schriftlich (ohne Taschenrechner) zu lösen. Befragt dazu euren Mathematiklehrer.*

Astronomie oder Zauberei?

Im Sommer des Jahres 997 hielt sich Gerbert von Aurillac als Gast am Hof Kaiser Ottos III. in Magdeburg auf. Eines Nachts peilte er durch sein Sehrohr den Polarstern an und richtete sein „oralogium“ darauf aus. Das war ein in Deutschland noch nie zuvor gesehenes Gerät, mit dem er den Lauf der Sterne vorausberechnen oder die Stunden der nächtlichen Gebete ablesen konnte (vgl. Abb. S. 250). Vielleicht wollte Gerbert in einer schlaflosen Sommernacht bloß feststellen, wie spät es war – jedenfalls hinterließ er einen bleibenden Eindruck: 200 Jahre später erinnerte man sich in Deutschland immer noch an den „Zauberer Gerbert“. Voller Aberglauben nahmen hier viele Christinnen und Christen noch 1213 an, dass Gerbert um seiner Künste willen sein Seelenheil verkauft haben musste. Astronomie und Astrologie* waren für sie das Gleiche.

Gerbert von Aurillac stammte aus Südfrankreich. Von dort war es nicht weit nach Spanien. Der junge, hochbegabte Gerbert wurde Geistlicher. Er erhielt einen Teil seiner Ausbildung in der katalanischen Stadt Vich. Sie lag im christlichen Teil Spaniens, wo muslimische Wissenschaften – wie die Astronomie – bereits bekannt waren. Damit war Gerbert ein Ausnahmefall. Was er in Spanien gelernt hatte, machte ihn nach seiner Rückkehr nach Frankreich zum größten christlichen Gelehrten seiner Zeit. Auch wenn viele Christen im Mittelalter hinter solchen Fertigkeiten Zauberei vermuteten – Gerbert machte auf Grund seines Wissens Karriere: Er blieb nicht nur Wissenschaftler, sondern gewann das Vertrauen Kaiser Ottos II. (vgl. S. 171). Er wurde erst Abt, dann Lehrer und Vertrauter des jungen Kaisers Otto III., anschließend Erzbischof von Ravenna. Im Jahr 999 erreichte er den Höhepunkt seiner Karriere: Mit dem Namen Silvester II. wurde er Papst. Bis zum Oberhaupt der Christenheit war er nicht zuletzt dank seiner Kenntnis muslimischer Wissenschaft aufgestiegen.

Zauberei war zwar zu dieser Zeit ein Vorwurf, der sehr gefährlich werden konnte. Doch Gerbert war klug genug gewesen mächtige Freunde zu gewinnen.

1 *Spielt ein Streitgespräch: Ein Muslim hat eine Mondfinsternis vorausberechnet. Als sie eintritt, wird er von Christen als Zauberer angesehen.*

2 *Betrachtet die Abbildung und überlegt, wie man zu den dafür erforderlichen Kenntnissen gelangen konnte und wie Christen darauf reagiert hätten.*

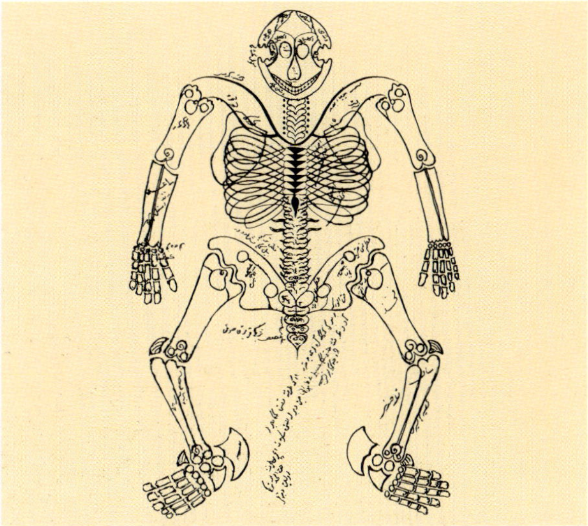

Anatomische* Zeichnung eines arabischen Mediziners aus dem 15. Jahrhundert. In die Skizze sind Hinweise über Verletzungen, die Bedeutung einzelner Gliedmaßen und Behandlungshinweise hineingeschrieben.

Kultureller Austausch

Als die Christen in den Kämpfen der Reconquista allmählich die Oberhand gewannen, gingen muslimische Kultur und Wissenschaft nicht verloren. Auch bei den Christen hatte das Interesse an der Wissenschaft zugenommen, zumal die spanischen Christen sich von ihrem Nutzen bei ihren muslimischen Nachbarn überzeugen konnten. In den christlichen Reichen Spaniens hatte das Studium der Wissenschaften begonnen. Viele wissenschaftliche Werke wurden nun aus dem Arabischen ins Lateinische übersetzt und so für das christliche Europa lesbar.

Nicht nur aus der lateinischen und aus der griechischen, sondern auch aus der arabischen Sprache stammen viele unserer Wörter. Manche von ihnen stammen ursprünglich aus Indien und Persien und sind in arabischer Übersetzung über Spanien nach Europa gelangt.

> Admiral, Algebra, Alkali, Alkohol, Benzin, Chemie, Damast, Drogerie, Gitarre, Kaffee, Kali, Kattun, Konditorei, Muskat, Natron, Orange, Reis, Tarif, Zenit, Ziffer, Zucker

3 *Erklärt diese Begriffe mit Hilfe eines Lexikons.*

4 *Überprüft an Hand von S. 129, wann und warum Latein „Weltsprache“ wurde.*

Studentinnen und Studenten im großen Hörsaal der Universität Constantine, Algerien. Foto 1991.

Im Mittelalter war der Islam dem Christentum in vielerlei Hinsicht überlegen. Heute fühlen sich die meisten Europäer gegenüber der islamischen Welt überlegen. Ein Beispiel für dieses Überlegenheitsgefühl ist das Verhältnis zwischen Mann und Frau. Viele Europäer glauben, dass dieses Verhältnis in Europa besser sei als in islamischen Ländern. Auf dieser Doppelseite könnt ihr untersuchen, wie der Islam und unterschiedliche Traditionen in islamischen Ländern das Verhältnis zwischen Mann und Frau bestimmen. Und ihr könnt euch informieren, wie dieses Verhältnis heute in islamischen Ländern beurteilt wird.

Männer und Frauen im Koran

1 *Beschreibt das Bild und zieht daraus Schlüsse über die Rollen von Männern und Frauen im Islam.*

2 *Sprecht mit muslimischen Mitschülerinnen und Mitschülern darüber, welche Bedeutung Bekleidungsvorschriften für sie haben.*

3 *Schreibt auf, zu welchen kirchlichen Anlässen Christen sich besonders kleiden. Beschreibt diese Kleidung.*

Vor Mohammeds Auftreten waren Frauen in Arabien weder wirtschaftlich abgesichert noch rechtlich geschützt. Bei der Eheschließung ging die Frau wie bei einem Kauf als Sache in den Besitz des Mannes über. Zur Ehre eines Mannes gehörte es, Söhne zu haben. Unerwünschte Töchter wurden häufig getötet. Der Koran und die Sunna brachten viele Verbesserungen für die Lage der Frauen und Mädchen. Zur islamischen Ehe gehört ein Vertrag, der Rechte, Pflichten und Besitzverhältnisse der Eheleute genau festlegt.

Im Koran gibt es viele Aussagen über das Verhältnis von Frauen und Männern. Allein die 4. Sure mit der Überschrift „Die Frauen" hat 175 Verse. Im 34. Vers heißt es u. a.:

Q1 Die Männer haben Vollmacht und Verantwortung gegenüber den Frauen, weil Gott die einen vor den anderen bevorzugt hat und weil sie von ihrem Vermögen (für die Frauen) ausgeben. Die rechtschaffenden Frauen sind demütig ergeben .... Ermahnt diejenigen, von denen ihr Widerspenstigkeit befürchtet, und entfernt euch von ihnen in den Schlafgemächern und schlagt sie. Wenn sie euch gehorchen, dann wendet nichts weiteres gegen sie an.

Auch in der Sunna finden sich viele Aussagen Mohammeds über das Verhältnis von Männern und Frauen, z. B. die beiden folgenden:

Q2 ...Unter den Gläubigen zeigen diejenigen den vollkommensten Glauben, die den besten Charakter besitzen. Und die besten von euch sind diejenigen, die ihre Frauen am besten behandeln....

Q3 ...Wie kann jemand von euch seine Frau schlagen, wie man einen Sklaven schlägt, und dann ohne sich zu schämen kommen und sie umarmen?...

Zum Vergleich: Im Neuen Testament der christlichen Bibel heißt es:

Q4 Ihr Frauen, ordnet euch euren Männern unter wie dem Herrn. Denn der Mann ist das Haupt der Frau, wie auch Christus das Haupt der Gemeinde ist ... Aber wie nun die Gemeinde sich Christus unterordnet, so sollen sich auch die Frauen ihren Männern unterordnen in allen Dingen.

4 *Stellt Gemeinsamkeiten und Unterschiede von Q 1–3 fest. Befragt dazu auch muslimische Mitschülerinnen und Mitschüler.*

5 *Lest Q 4 und vergleicht damit das Verhältnis von Frauen und Männern bei uns heute.*

6 *Überlegt, was es für Muslime bedeutet, wenn die Rollen von Frauen und Männern und Regeln für die Ehe in Koran und Sunna festgelegt sind.*

Ehe und Familie im Islam heute

1 *Beschreibt das Plakat und fasst seine Aussage in einem Satz zusammen.*

Über die Eheschließung ist im Koran, 4. Sure, Vers 3, zu lesen:

> **Q1** Und wenn ihr fürchtet, gegenüber den Waisen nicht gerecht zu sein, dann heiratet, was euch an Frauen beliebt, zwei, drei oder vier. Wenn ihr aber fürchtet, sie nicht gleich zu behandeln, dann nur eine.

Koransachverständige sagen, dass diese Sure in der Zeit entstanden sei, als in den Kämpfen der Muslime gegen die Koraischiten viele Männer getötet worden waren. Viele Frauen waren zu Witwen geworden und ihre Kinder waren als Waisen unversorgt. Deswegen habe Allah dem Propheten diese Sure verkündet. Das Korangebot über die Anzahl der Ehefrauen hat auch heute noch Gültigkeit. Die überwiegende Zahl der Muslime jedoch lebt in der Einehe. Auch zur Mädchentötung nimmt der Koran Stellung; Sure 16, Verse 58, 59:

> **Q2** Wenn einer von ihnen [den ungläubigen Koraischiten] von der Geburt eines Mädchens benachrichtigt wird, bleibt sein Gesicht finster ... Er verbirgt sich vor den Leuten wegen der schlimmen Nachricht. Soll er es nun trotz der Schmach behalten oder im Boden verscharren. Übel ist, wie sie da urteilen.

Über die Rolle der Frauen in Ehe und Gesellschaft gibt es in der islamischen Welt auch heute noch sehr unterschiedliche Auffassungen. In der „Islamischen Republik Iran" schrieb 1971 der Wissenschaftler Ali Schariati ein Buch über Mohammeds Tochter Fatima. Deren Brüder waren gestorben; sie heiratete später Abu Talibs Sohn Ali, der auch einer der Kalifen war. In diesem Buch heißt es u. a.:

> **M1** ... diese Religion befreit die Frauen. Sie bedeutet die Anerkennung der Stellung der Frau ... Gott hat nun Fatima ausersehen. In ihrer Person nimmt nun die Tochter als Erbin der ruhmreichen Tradition ihrer Familie, Bewahrerin der hohen Werte ihres Geschlechts und Fortführerin des väterlichen Auftrages die Stellung des Sohnes ein. (Das geschieht) in einer Gesellschaft, in der man glaubte, dass nur das Grab die Schande der Geburt einer Tochter bedecken würde ...

In Algerien versuchen Muslime einen islamischen Gottesstaat durchzusetzen.

Ägyptisches Plakat, das für Familienplanung wirbt. Der Text lautet: Kleine Familie, besseres Leben. 1985.

Zu diesem Vorhaben sagte 1991 die Frauenrechtlerin Salima Khalfi:

> **M2** ... schlimmer noch als die blutigen Überfälle [von islamischen Terroristen] ist die permanente [andauernde] Gewalt: der Bruder, der meinen Freund zusammenschlägt, mein Bankkonto überwacht ... der Vater, der meinen Schulweg mit der Uhr bemisst, der Unbekannte, der mich anpöbelt, weil ich nach 18 Uhr noch auf der Straße bin, der Beamte, der mich im Wahllokal fragt, was ich hier zu suchen hätte ... Kommt die islamische Republik, werden wir Frauen gegen sie kämpfen, notfalls mit Waffen.

2 *Überlegt, was es für die Stellung der Frauen im Iran heute bedeutet, wenn der iranische Wissenschaftler in M 1die Stellung Fatimas als „Stellung des Sohnes" umschreibt.*

3 *Vergleicht die Ansichten von Ali Schariati und Salima Khalfi zur Rolle der Frauen.*

4 *Fasst zusammen, welche Veränderungen Mohammed, der Koran und die Sunna für die arabischen bzw. muslimischen Frauen brachte.*

5 *Begründet eure Meinung über diese Stellung der muslimischen Frauen.*

1 Moschee der türkisch-islamischen Gemeinde in Werl. Foto 1992.

2 Der Hodscha* einer türkischen Gemeinde im Ruhrgebiet mit der Mädchenklasse der Koranschule. Foto 1983.

Spurensuche: Islam und Muslime in Deutschland
Als Zeitzeugen für eure Spurensuche könnt ihr einmal eure muslimischen Mitschülerinnen und Mitschüler befragen. Darüber hinaus gibt es die Möglichkeit, muslimische Organisationen ausfindig zu machen, die euch beraten können. Den größten Anteil der Muslime in der Bundesrepublik, auch in Nordrhein-Westfalen, stellen türkische Mitbürger. Ihr könnt also im Telefonbuch nach türkischen oder nach islamischen Organisationen suchen; etwa nach einem Islamischen Zentrum oder einem Türkischen Zentrum, nach einem Islamischen oder Türkischen Verein. Erkundigt euch nun,

- ob es in eurer Gemeinde eine Moschee gibt,
- ob ihr sie mit eurer Klasse besichtigen dürft und ob euch dabei ein Fachmann führen könnte.

Im Gespräch mit einen fachkundigen Vertreter der muslimischen Gemeinde könnt ihr dann weitere Fragen klären, beispielsweise:

- Wer finanziert den Bau einer Moschee?
- Gehen am Freitag alle Muslime gemeinsam in die Moschee, bzw. in den gleichen Raum? Oder gibt es für Frauen und Männer, Mädchen und Jungen unterschiedliche Gebetsräume?
- Wieso ist gerade der Freitag der besondere Gebetstag im Islam?
- Gibt es bei den neu erbauten Moscheen auch den Brauch, dass der Muezzin vom Minarett zum Gebet ruft (vgl. S. 243)?
- Wie reagieren deutsche Anwohner, wenn sie erfahren, dass in ihrem Viertel eine Moschee gebaut werden soll?
- Erkundigt euch, ob es auch in eurer Gemeinde oder bei der nächsten Moschee einen Laden (vgl. Abb. S. 255) gibt und ob ihr dort einkaufen könnt.
- Vergleicht diesen Laden mit den Geschäften, in denen ihr normalerweise einkauft.

Orte mit einer größeren Moschee haben häufig einen Laden bei der Moschee. Mitglieder des Moscheevereins können dort auch außerhalb der normalen Geschäftszeiten einkaufen. Foto 1992.

Manche eurer muslimischen Mitschülerinnen und Mitschüler gehen zusätzlich zum normalen Unterricht auch noch in eine Koranschule.

- Fragt sie, was dort unterrichtet wird.
- Informiert euch, ob dieser Unterricht Vorschrift für junge Muslime ist und wer über diesen Unterrichtsbesuch entscheidet.
- Informiert euch über Kommunion- (katholisch) oder Konfirmandenunterricht (evangelisch). Vergleicht mit dem Koranunterricht und mit dem Religionsunterricht in der Schule.

Für Christen ist der Sonntag der Gottesdienstag. Er ist zugleich gesetzlicher Feiertag, an dem die meisten Menschen nicht zur Arbeit gehen müssen.

- Fragt nach, ob muslimische Arbeitnehmer Probleme haben, am Freitag die Moschee zu besuchen.
- Fragt auch danach, ob Muslime an ihrem Arbeitsplatz oder in ihrer Wohngegend wegen ihres Glaubens Probleme bekommen haben.

In dem Buch, „Wo gehören wir hin" (1988), wird am Beispiel von zwei Mädchen über die Probleme türkischer Kinder in der Bundesrepublik berichtet. Über die Erziehung sagt das Mädchen Ayse u. a.:

M1 Sie (die Mädchen) gehen zur Schule und müssen gleich danach wieder nach Hause. Sie dürfen nichts zu ihrem Vergnügen tun, keinen Sport treiben, nicht mit irgendeinem Jungen allein zum Tanzen gehen, bevor sie geheiratet haben.

Ein Zeitungsbericht gab 1992 die Meinungen türkischer Jungen über die Rolle der Mädchen wieder. Da heißt es z. B.:

M2 Eyup hält sich streng an den Koran, weil er so erzogen worden ist. Er will nicht nur, dass seine Schwester zu Hause bleibt, sondern fordert dies auch von seiner künftigen Frau.

- Schreibt zunächst eure Meinungen zu diesen Äußerungen auf. Begründet sie und vergleicht eure Meinung und ihre Begründung mit dem Ergebnis von Arbeitsauftrag 5, S. 253.

6.3 Judentum als Kultur und gesellschaftliche Kraft

Juden in Israel und in aller Welt.

„Und der Herr wird euch zerstreuen unter die Völker ..."

Juden leben auf der ganzen Welt, nicht nur in Israel und im Vorderen Orient, auch in Ägypten und Afrika, in Europa und Amerika, sogar in Indien und China. Aber gibt es unter euren Bekannten Juden? Gibt es in eurer Stadt eine jüdische Gemeinde, eine Synagoge oder eine Schule? – Wahrscheinlich nicht. Vermutlich sind die meisten von euch in ihrem Leben noch nie einer Jüdin oder einem Juden begegnet. Über Juden habt ihr bisher allenfalls in den Medien etwas erfahren, einige Aspekte der jüdischen Religion vielleicht im christlichen Religionsunterricht kennen gelernt.

Jüdisches Leben und jüdische Geschichte sind von großer Bedeutung. Christentum und Islam gehen auf das Judentum zurück, jüdische Kultur hat immer wieder die Kultur der Völker beeinflusst, unter denen die Juden als Minderheit verstreut lebten. Dieses Leben unter fremden Völkern bezeichnet man altgriechisch als „Diaspora", was Zerstreuung bedeutet. Heute gibt es ungefähr 14 Millionen Juden in der Welt, von denen nur etwa 4,5 Millionen in Israel leben.

Auch in Deutschland haben zu Beginn des 20. Jahrhunderts hunderttausende Juden gelebt. In fast allen Städten gab es jüdische Gemeinden, Synagogen, Schulen. Deutschland war die Heimat dieser Juden, schon bevor es Deutschland gab. Doch zwischen 1933 und 1945 – unter der Herrschaft der Nationalsozialisten* – wurden fast alle Juden aus Deutschland und auch aus den meisten Ländern Europas vertrieben oder ermordet. Deshalb ist es für euch nicht leicht, heute in Deutschland Juden zu finden und von ihnen etwas über ihr Leben und ihre Geschichte zu erfahren.

Wie es im 20. Jahrhundert zu diesem schrecklichen Völkermord kommen konnte, werdet ihr ausführlich im neunten oder zehnten Schuljahr behandeln. In diesem Teilkapitel geht es zunächst um etwas anderes: Hier könnt ihr erarbeiten,

- wie Juden vor vielen Jahrhunderten nach Deutschland gekommen sind,
- wie sich ihr Leben als Minderheit in Deutschland während des Mittelalters entwickelt hat,
- wie sich ihr Verhältnis zu ihren christlichen Nachbarn veränderte und
- welche Bedeutung ihre Religion und ihre Kultur für die übrigen Deutschen hatte.

Die Ermordung der europäischen Juden im 20. Jahrhundert war nicht die zwangsläufige Folge dieser Vorgeschichte. Aber dazu kam es auch nicht aus heiterem Himmel. Juden wurden im Lauf der Geschichte immer wieder missachtet und waren Opfer von Übergriffen. Doch auch in Deutschland wachsen die jüdischen Gemeinden in den letzten Jahren wieder. Deshalb könnt ihr auf den folgenden Doppelseiten zunächst untersuchen,

- wie Juden heute in Deutschland leben und
- auf welche Ursprünge ihr Glaube zurückgeht und wie er ihr Leben prägt.

Am Ende des Teilkapitels könnt ihr dann überlegen, wie aus Sicht von Jüdinnen und Juden ihr Leben in Deutschland aussehen sollte und welchen Beitrag die übrigen Deutschen dazu leisten könnten.

1 **Jüdisches Gemeindezentrum in Frankfurt am Main.** Foto 1994.

2 **Fotos und Anzeigen aus deutschen jüdischen Gemeindezeitungen.** 1995.

Juden in Deutschland – gestern und heute

Zu den erklärten Zielen der Nationalsozialisten gehörte es, die Geschichte der jüdischen Gemeinden in ihrem Machtbereich zu beenden. Sie sprachen von der „Endlösung der Judenfrage" und meinten damit die Vernichtung der Juden in Europa.
1933 lebten 500 000 Juden in Deutschland. 1945 waren es nur noch 15 000. Nach Schätzungen war 300 000 die Rettung vor den Nazis durch Auswanderung geglückt. Die anderen – etwa 200 000 – waren verschleppt und zusammen mit Juden aus ganz Europa in den Vernichtungslagern* umgebracht worden. Insgesamt wurden so etwa sechs Millionen Juden umgebracht. Die Mehrheit der Überlebenden wanderte nach dem Zweiten Weltkrieg aus Deutschland aus und zog nach Israel, Nord- und Südamerika. Trotz dieser Massenvernichtung ist die Geschichte der Juden in Deutschland nicht abgeschlossen. Nach 1945 bildeten sich wieder 51 Gemeinden in Deutschland. Heute leben ungefähr 45 000 Juden in Deutschland. Es gibt über 60 jüdische Gemeinden.

1 *Betrachtet die Fotos und Anzeigen und sammelt Unterschiede zu euch bekannten Anzeigen.*

2 *Notiert unbekannte Wörter und Ausdrücke und erklärt sie mit Hilfe von Lexika und Nachschlagewerken.*

3 *Ermittelt, ob es in eurem Wohnort oder in der näheren Umgebung eine jüdische Gemeinde gibt.*

„Wer ein Haus baut, will bleiben"

„Wer ein Haus baut, will bleiben." Mit diesen Worten eröffnete der Architekt Samuel Korn 1986 das Jüdische Gemeindezentrum in Frankfurt am Main. Es war seit dem Ende des Krieges der erste große Neubau einer jüdischen Gemeinde in Deutschland. Die meisten der Juden trugen sich nach 1945 mit der Absicht Deutschland bald wieder zu verlassen. Man nannte dies „auf gepackten Koffer sitzen". Die Errichtung eines Gemeindezentrums in Frankfurt mit Kindergarten, Grundschule, Jugendzentrum und Restaurant war also ein Signal, dass Juden wieder in Deutschland leben wollten und auch hier eine Zukunft für ihre Kinder sahen.

4 *Am Frankfurter Gemeindezentrum kann man die Gesetzestafeln erkennen. Sie sind zerbrochen und haben keine Schrift. Was wollte der Architekt wohl damit ausdrücken?*

5 *Sucht auf dem Foto nach einem weiteren jüdischen Symbol, das ihr kennt.*

Jüdische Schule mit Kindergarten in Düsseldorf. Foto 1995.

Jüdische Schulen in Deutschland

Ein Lehrer einer jüdischen Schule in Deutschland erzählt 1995 von seinem Dienstbeginn:

M Es ist Montagmorgen. Mit der Schultasche in der Hand gehe ich an den Polizisten vorbei, die das Gebäude rund um die Uhr bewachen und wie gewöhnlich vor dem Eingang stehen. Die Eingangstür zur Sicherheitsschleuse ist verschlossen. Über mir wachen Videokameras. Der Sicherheitsbeamte erkennt mich und die Tür aus dickem Panzerglas öffnet sich. Warten, bis die Tür sich schließt – jetzt erst geht die zweite Tür auf und der Schulalltag kann beginnen. Lehrerinnen und Lehrer, Schülerinnen und Schüler müssen Tag für Tag diese Schleuse passieren. Aber man gewöhnt sich schnell daran.

1 *Vergleicht die Situation beim Betreten der jüdischen Schule mit der Situation beim Betreten eurer Schule.*

2 *Sammelt Vermutungen darüber, warum jüdische Einrichtungen in Deutschland heute besonders bewacht werden müssen.*

Mitte der fünfziger Jahre begannen größere jüdische Gemeinden in Deutschland mit dem Aufbau von Kindergärten. Die 1966 eröffnete Isaak Emil Lichtigfeld-Schule in Frankfurt war die erste Schule einer jüdischen Nachkriegsgemeinde in Deutschland. Heute gibt es in Deutschland vier jüdische Schulen: in Berlin, Düsseldorf, Frankfurt und München. In anderen Gemeinden wie zum Beispiel Köln oder Dortmund wird nachmittags jüdischer Religionsunterricht angeboten. 1933 gab es in Deutschland etwa 200 jüdische Schulen mit mehr als 20 000 Schülern.

In der jüdischen Schule lernen die Schüler neben den üblichen Fächern Hebräisch, jüdische Religion und Geschichte. Es gibt Projektwochen mit Themen wie koschere* Küche, israelische Tänze oder das Bemalen der Schule mit biblischen Motiven. Jüdische Feiertage werden gemeinsam gefeiert. Kontakte zu öffentlichen Schulen werden gepflegt und helfen sich besser kennen zu lernen und Vorurteile abzubauen.

Nur in Berlin gibt es ein jüdisches Gymnasium und eine Realschule. Die anderen Schulen enden nach der 4. Klasse, in Frankfurt nach der 6. Klasse. Nach Abschluss der jüdischen Schule besuchen die Kinder dann öffentliche Schulen.

3 *Erkundigt euch nach nichtstaatlichen Schulen in eurem Heimatort und findet heraus, warum sie nicht vom Staat betrieben werden. Versucht auch herauszufinden, warum Schülerinnen und Schüler gerade diese Schule besuchen.*

4 *Stellt Vermutungen darüber an, warum eigene Schulen für die jüdischen Gemeinden wichtig sind.*

David, ein sechzehnjähriger Berliner Schüler, schildert seinen Unterrichtsalltag:

M … Wenn ich Jom Kippur [hoher jüdischer Feiertag] zu Hause bleibe, bin ich der Einzige in der Klasse, der das tut. Ich komm' dann am nächsten Tag und sag', ich war leider gestern nicht in der Schule, weil Jom Kippur war. Alle schauen mich blöd an und ich muss wieder erklären, den Lehrern, den Schülern; immer wieder rechtfertigen und erläutern, warum, wieso usw. Ich will das nicht. Ich will auch so leben wie die anderen.
[…] Ich werde deshalb trotzdem immer Jude bleiben. Und es ist mir sogar angenehm, einer Minderheit anzugehören. Man ist auch ein klein wenig etwas Besonderes. Aber im Grunde genommen bin ich so wie jeder andere, wie ein Christ, ein Moslem oder Hindu. Wir haben auch einen Moslem in der Klasse. An dem ist nichts anders, außer sein Name. Der spielt genauso gut oder schlecht Fußball wie die anderen, macht seine Prüfungen und bohrt in der Nase …

5 *Fasst mit eigenen Worten zusammen, welche Rolle das Judentum für David spielt.*

Die Synagoge: Ort der Versammlung und des Gebets

Die Synagoge ist das Haus der Versammlung für die jüdische Gemeinde. Fast alle Synagogen in deutschen Städten wurden während der Nazi-Zeit zerstört.
Seit 1945 wurden 26 neue Synagogen gebaut. Der Synagogenbereich umfasst meist neben dem Gebetssaal Gemeinderäume für Versammlungen und Feste, außerdem Unterrichtsräume, denn das Judentum versteht sich als eine Religion des ständigen Lernens. Für viele Juden in Deutschland ist die Synagoge über ihre Bedeutung als Ort des Gebetes und der Lehre hinaus zum Zentrum der jüdischen Gemeinschaft geworden. Dennoch ist die Mehrheit der Synagogen nur an hohen Feiertagen wirklich gut besucht.
An Feiertagen gilt zum Beispiel unter anderem ein strenges Fahrverbot, das heißt, man darf nur zu Fuß gehen, und auch das nur eine bestimmte Strecke. In Zeiten, als es noch viele Synagogen gab, war es für die Juden einfach, dieses Gebot einzuhalten. Heute ist es kaum noch möglich, da die meisten Juden weit entfernt von einer Synagoge wohnen. Es bleibt ihnen also nur, entweder das Fahrverbot zu missachten oder auf den Synagogenbesuch zu verzichten. In den jüdischen Gemeinden empfinden gerade viele Jugendliche den regelmäßigen Synagogenbesuch als lästige Pflicht.

1 *Fasst mit eigenen Worten zusammen, warum es für Juden schwer ist, in der Diaspora ihren Glaubensregeln entsprechend zu leben.*

2 *Findet heraus, ob es in der Nähe eures Schulortes eine Synagoge gibt und erkundigt euch nach Möglichkeiten diese Synagoge zu besuchen.*

3 *Vergleicht die Einstellung der jüdischen Jugendlichen mit eurer eigenen Haltung zum Gottesdienst.*

4 *Versetzt euch in die Situation der Jugendlichen und spielt eine Diskussion mit ihren Eltern nach, die zum Synagogenbesuch aufbrechen wollen.*

Russische Juden in Deutschland

Rund 30 000 Juden sind von 1990 bis 1995 aus den Ländern der ehemaligen Sowjetunion nach Deutschland gekommen. Davon haben sich 12 000 den deutschen jüdischen Gemeinden angeschlossen. Nicht zuletzt durch diesen Zuwachs gibt es in den jüdischen Gemeinden auch wieder viele jüngere Gemeindemitglieder.
„Ich habe die fünfte Zeile. Ich bin Jude," hieß es für sie in Russland. Die fünfte Zeile ihrer Pässe hat sie in ihrer ehemaligen Heimat zu Menschen zweiter Klasse gemacht. Darin stand bei „Nationalität": Jude.

Die Synagoge in Düsseldorf. Foto 1995.

Der 14-jährige Denis berichtet 1994:

M 1 Hallo, ich heiße Denis und bin russischer Jude. Ich kam vor zwei Jahren nach Deutschland und kam in die jüdische Schule, Klasse 5a. Als ich aus Russland auswanderte, fühlte ich mich nicht jüdisch. In Charkow [Ukraine] konnten wir vor zwei, drei Jahren nicht frei auf der Straße gehen. Und hier, wenn ich auf der Straße gehe, dann fühle ich mich wohler. Naja, auch nicht ganz frei, wie ich es mir wünsche ...

Marina ist 13 Jahre alt und lebt mit ihren Eltern und ihrem Bruder Boris in einem Hotel, da die Familie noch keine Wohnung gefunden hat:

M 2 Zu Hause in Russland in der Schulklasse gab es sechs Juden. Dass ich dazu gehörte, habe ich erst gemerkt, als einmal ein Mädchen aus meiner Klasse angefangen hat mich auf den Kopf zu schlagen. Als ich mich wehrte, haben die anderen Kinder mich festgehalten und Judovia [Jude] zu mir gesagt. Das Mädchen hat mir immer wieder auf den Kopf geschlagen und alle haben gerufen: Judovia, Judovia, Judovia.

5 *Fasst zusammen, welche Schwierigkeiten für russische Juden in ihrer Heimat aus M1 und M2 hervorgehen.*

שמע ישראל יהוה אלהינו יהוה אחד:
ואהבת את יהוה אלהיך בכל־לבבך
ובכל־נפשך ובכל־מאדך: והיו הדברים
האלה אשר אנכי מצוך היום על־לבבך:
ושננתם לבניך ודברת בם בשבתך
בביתך ובלכתך בדרך ובשכבך ובקומך:

„Sche'ma Israel…". Gebetstext in hebräischer Schrift.

„Sche'ma Israel …": „Höre Israel …"

Der oben abgebildete Ausschnitt aus dem „Höre Israel" in hebräischer Schrift lautet in deutscher Übertragung:

> **Q** Höre Israel, der Herr ist unser Gott, der Ewige ist einzig! Liebe den Ewigen, deinen Gott, mit deinem ganzen Herzen, mit deiner ganzen Seele und mit deiner ganzen Kraft. Es sollen die Worte, die ich dir heute gebiete, dir im Herzen bleiben. Du sollst sie deinen Kindern einschärfen und davon reden, wenn du in deinem Haus weilst, wenn du unterwegs bist, wenn du dich niederlegst und wenn du aufstehst.

Der Text ist das Glaubensbekenntnis der Juden. Es wird gewöhnlich mit geschlossenen bzw. verdeckten Augen gesprochen zum Zweck der besseren Konzentration. Es darf außer in Hebräisch auch in der Landessprache gesagt werden und ist zentraler Bestandteil des Morgen-, Abend- und Nachtgebets. Aus diesem ersten Abschnitt des Glaubensbekenntnisses lassen sich bereits die Grundzüge des jüdischen Glaubens ableiten:

- Glaube an einen Gott (Monotheismus) und Anerkennung seiner Einzigkeit und Absolutheit.
- Gott zu lieben mit ganzem Herzen. Diese Liebe drückt der Gläubige im Gebet aus.

1 *Weist die genannten Grundzüge des jüdischen Glaubens durch Zitate aus dem Glaubensbekenntnis nach und vergleicht sie mit Christentum und Islam.*

Glaube an einen Gott

Im Mittelpunkt der jüdischen Religion steht der Glaube an einen Gott. Als Schöpfer und Erhalter der Welt hat er sich dem Volk Israel in besonderer Weise zugewandt. Er hat mit den Stammvätern Abraham, Isaak, Jakob und mit Moses als Stellvertreter für das Volk einen Bund geschlossen. Daran erinnern die Gebete und Geschichten der religiösen Schriften: „Ich nehme euch als mein Volk an und werde euer Gott sein." Das Judentum wird von jedem einzelnen Juden gleichermaßen getragen. Jeder hat seine Verantwortung vor Gott und zeigt durch sein Verhalten im täglichen Leben seine Einstellung zu ihm. Es gibt keine Vermittler zwischen Gott und den Menschen, der ihn von seiner Verantwortung entbindet oder von seinen Sünden freispricht, wenn er die Gesetze oder Vorschriften nicht einhält.

2 *Vergleicht die jüdische Lehre von der unmittelbaren Verantwortung des Gläubigen vor Gott mit dem, was ihr schon über Christen und Muslime wisst und notiert die Unterschiede.*

Die Tora

Der Begriff „Tora", zu Deutsch „Lehre", „Unterweisung", hat zwei Bedeutungen: Erstens bezeichnet die Tora die dem Juden auferlegten Gesetze. Zweitens sind damit die fünf Bücher Mose gemeint, also die hebräische Bibel, die im Christentum ein Teil des Alten Testamentes sind (vgl. auch S. 219). Die Tora gilt als die von Gott geoffenbarte heilige Schrift, als wichtigstes schriftliches Zeugnis des jüdischen Glaubens. Den Inhalt muss jeder Jude und jede Jüdin genau kennen und um das Lernen zu erleichtern gibt es viele „Eselsbrücken": Die Tora umfasst 248 Gebote (dies entspricht nach jüdischer Überlieferung der Anzahl der Körperorgane des Menschen) und 365 Verbote (das ist nach jüdischer Überlieferung die Zahl der Sehnen in unserem Körper). Zur Einhaltung dieser Gebote ist jeder Jude und jede Jüdin verpflichtet.

Die Vorlesung aus der Tora ist ein wichtiger Bestandteil des Gottesdienstes. Für den Gebrauch im Gottesdienst hat sie ein Toraschreiber auf eine Pergamentrolle geschrieben. Sie wird auf zwei verzierte Stäbe aufgerollt. Die Torarollen werden in einem besonderen Schrein in der Synagoge aufbewahrt. Jede Woche wird ein neuer Abschnitt aus der Tora gelesen, sodass im Laufe eines Jahres der gesamte Text gehört wird.

1 Ordinierung (Amtseinführung) der ersten Rabbinerin in Israel. Foto 1994.

2 Torarollen im Schrein der neuen Synagoge in Essen. Foto 1994.

Der Talmud
Neben der Tora ist der Talmud das wichtigste Buch im Judentum. Es entstand in über Jahrhunderte dauernder mündlicher und schriftlicher Überlieferung. Lange Zeit diente der Talmud den Juden als Nachschlagewerk für alle Gebiete des Wissens, von der Medizin über Geschichte, Landwirtschaft bis hin zur Religion. Auch heute noch ist der Talmud verbindlich in allen Fragen der jüdischen Religionsgesetze: wie die jüdischen Festtage gefeiert werden und wie die Bräuche einzuhalten sind. Im Talmud stehen auch Geschichten, Gleichnisse und Moralregeln.

1 *Vergleicht den Umgang mit der Tora und dem Talmud mit dem Umgang der Christen und Muslime mit ihren heiligen Schriften.*

Die jüdische Religion hält Regeln für fast jede Alltagssituation bereit. Sie gibt Anleitungen für das Feiern von Festtagen, welche Speisen man wann essen darf, wie sie zubereitet werden. Für den frommen Juden, der sich an die Gesetze der Tora gebunden fühlt, regelt sie praktisch alles von der Geburt bis zum Tod. Doch nicht alle Juden halten sich an diese Ge- und Verbote. Viele fühlen sich als Juden, leben aber nicht religiös. Das Judentum macht jedoch keinen Unterschied zwischen religiösen Juden und nichtreligiösen. Es wäre die Aufgabe der Rabbiner*, nichtreligiöse Juden zur Religion zurückzuführen.

Verschiedene Rechte, verschiedene Pflichten
Jude ist jedes Kind einer jüdischen Mutter. Man kann auch durch einen Übertritt in die jüdische Glaubensgemeinschaft aufgenommen werden. Juden versuchen aber nicht, Andersgläubige zum Judentum zu bekehren. Ein Übertritt zum Judentum wird sehr schwierig gemacht. Er bedarf einer langen Zeit des Lernens der jüdischen Religionsgesetze.
Die Religion der Mutter entscheidet die Religion des Kindes. Die Frau spielt im Judentum jedoch keine übergeordnete Rolle. Im Allgemeinen berücksichtigt die Tora die Rechte der Frau weniger als die des Mannes. Sie betont vielmehr die Verschiedenheit der Rechte und Pflichten von Mann und Frau.
In der Synagoge sitzen Männer und Frauen getrennt. Der orthodoxe* Ritus gestattet Frauen nicht aus der Tora zu lesen oder aktiv am Gottesdienst teilzunehmen. Im Mittelpunkt des Gottesdienstes wirkt der Mann, während die Frau den Rahmen für das religiöse Familienleben setzt.
Im Laufe der Jahrhunderte hat sich die Stellung der Frau im Judentum gewandelt, auch wenn sich die religiösen Gesetze nicht geändert haben. Inzwischen gibt es auch weibliche Rabbiner (vgl. Abb. 1) und es ist durchaus üblich, dass auch Mädchen aus der Tora vorlesen. In Deutschland ist dies bisher nur selten der Fall.

2 *Vergleicht die Stellung der Frau im Judentum mit ihrer Stellung in Christentum und Islam.*

Schabbat in einer jüdischen Familie. Foto 1993.

Schabbat – der höchste jüdische Feiertag

Im zweiten Buch Mose (20,8) heißt es:

> **Q** Sechs Tage kannst du arbeiten und all deine Werke verrichten; aber der siebente Tag ist Feiertag dem Ewigen deinem Gott. Da sollst du keinerlei Werk verrichten, du und deine Tochter, dein Knecht und deine Magd und dein Vieh, und dein Fremder, der in deinen Toren.
> Denn sechs Tage hat der Ewige gemacht den Himmel und die Erde, das Meer und alles, was darin ist, und geruhet am siebten Tag; deswegen hat gesegnet der Ewige den Schabbat-Tag, und ihn geheiligt.

Der Schabbat soll an den Schöpfungstag erinnern, an dem sich Gott nach der Erschaffung der Welt ausruhte.

Der Schabbat beginnt am Freitagabend vor Eintritt der Nacht. Er endet am Sonnabend ca. 50 Minuten nach Sonnenuntergang, bzw. wenn die ersten drei Sterne am Himmel sichtbar sind.

Wie dieser Tag zu begehen ist oder was an diesem Tag verboten ist, wird in einer ganzen Reihe von Vorschriften festgelegt. Insgesamt gibt es 39 verbotene Tätigkeiten am Schabbat. Die ursprünglichen Gebote wurden im Laufe der Zeit den jeweiligen Lebensformen angepasst. So wurde zum Beispiel das ursprüngliche Gebot am Schabbat kein Feuer zu entzünden, auf das generelle Verbot des Einschalten bzw. Benutzens aller elektrischen Geräte ausgeweitet. Weitere Verbote sind: Reisen, Geldausgeben, Schreiben, Kochen, Fernsehen, Telefonieren und vieles mehr.

1 *Auch andere Religionen haben einen Ruhetag. Prüft noch einmal in den Kapiteln 6.1 und 6.2 nach, wie es Christen und Muslime damit halten.*

2 *Versetzt euch in die Lage einer Jüdin oder eines eines Juden, der sich an die Gebote seines Glaubens halten will:*
Auf was müsstet ihr alles am Samstag verzichten, wenn ihr diese Gebote einhalten würdet?
Mit welchen Problemen hättet ihr dabei in Deutschland zu kämpfen?
Wie würden eure Freundinnen und Freunde reagieren?

Der Schabbat – ein Tag der Ruhe und ein Tag der Familie

Der Schabbat hat aber nicht nur eine religiöse Bedeutung, sondern er ist der wichtigste Tag der Woche. Er vermittelt Gemeinsamkeit, Besinnung und Freude in der Familie. Die Ausgestaltung der häuslichen Feier ist daher am Schabbat besonders wichtig. Anders als in der Synagoge, in der die Frau nicht aktiv am Gottesdienst teilnimmt, kommt ihr bei der Schabbatfeier eine wichtige Rolle zu. Sie begrüßt den eintretenden Schabbat mit dem Entzünden der Kerzen und spricht dabei einen Segen. Danach vollzieht der Hausherr den „Kiddusch", eine Segnung mit einem mit Wein gefüllten Becher, der dann bis zum jüngsten Kind in der Familie weitergereicht wird. Die Mahlzeit wird eingeleitet mit dem Verteilen der „Challot", einem besonderen Schabbatbrot. Diese gemeinsame Mahlzeit wird auch von sehr vielen nichtreligiösen Juden eingenommen.

3 *Betrachtet die Abbildung und beschreibt die einzelnen Personen. Erklärt den abgebildeten Vorgang mit Hilfe des Textes.*

4 *Berichtet über Situationen, in denen ein gemeinsames Essen in euren Familien besondere Bedeutung hat. Haben diese Mahlzeiten festgelegte Formen und Abläufe?*

Das jüdische Kind

Am 8. Tag nach seiner Geburt wird ein jüdischer Junge beschnitten. Die Feier der Brit Mila, auf Deutsch „Bund“, erneuert den Bund, den Gott einst mit Abraham geschlossen hat, und ist somit ein Zeichen der Zugehörigkeit zum Judentum.

„Es ist schön, 13 zu werden“: Bar Mizwah

Seit dem 15. Jahrhundert wird die Bar Mizwah gefeiert, was übersetzt heißt „Sohn der Pflichten“. Es ist ein Fest für jüdische Jungen, die am ersten Schabbat nach ihrem 13. Geburtstag in die jüdische Gemeinde als vollwertiges Mitglied aufgenommen werden. Nach der Bar Mizwah dürfen sie aktiv am Gottesdienst teilnehmen und aus der Tora lesen.
Die folgende Erzählung schildert die üblichen Feierlichkeiten:

M David schaut nervös auf seine Uhr. Halb zehn. Jetzt beginnt der Gottesdienst in der Synagoge. Von allen Seiten strömen die Leute festlich gekleidet herein. Frauen nach oben und Männer nach unten. Er versucht unauffällig nach oben zu blicken um vielleicht seine Mutter oder seine kleine Schwester zu erkennen. Fast wäre ihm dabei seine Kippa, seine Kopfbedeckung, heruntergefallen. Er kann niemanden erkennen. Zu viele Gesichter drängen sich ihm ins Blickfeld und er weiß, dass sie ihn alle anschauen. Er verspürt ein leichtes Kratzen im Hals. Hoffentlich versagt seine Stimme nicht. Hoffentlich kann er den Text richtig sprechen. Da ergreift Vater seine Hand und sie gehen gemeinsam in die erste Reihe, wo sein Religionslehrer steht, Herr Weiß, der ihn ein halbes Jahr auf diesen Tag vorbereitet hat. Heute am Schabbat wird David in die jüdische Religionsgemeinschaft als vollwertiges Mitglied aufgenommen. Mit allen Rechten und Pflichten. Ein großer Tag für David – ein großer Tag im Leben eines jüdischen Jungen. Als David endlich aufgerufen wird, ist seine Angst vergessen. Mit klarer und lauter Stimme singt und liest er aus der großen Tora-Rolle, die vor ihm ausgebreitet ist.
Nach dem Lesen geht David nach oben zur Kanzel und hält seine vorbereitete Rede. Da sie in deutscher Sprache ist und nicht wie alle Gebete in Hebräisch, fühlt er sich viel sicherer. Er dankt seinen Eltern und allen Verwandten, die sogar aus Israel und Amerika angereist sind um diesen wichtigen Tag mitzufeiern. Dann ist alles vorbei. Und von der Frauengalerie regnet es Bonbons. David mag diesen Brauch: ein Symbol für Glück und Freude.
Und dann wird er von seinen Freunden und vielen Besuchern beglückwünscht. Jetzt lacht er und freut sich auf die große Feier heute Abend im Hotel – da wird dann nur noch gefeiert mit Disko, Zauberer und Überraschungen. Eigentlich ist es schön, 13 zu werden – zumindest in diesem Augenblick.

Mädchen lesen bei der Bat Mizwah in einer amerikanischen Gemeinde aus der Tora. Foto 1992.

1 *Vergleicht die Feier der Bar Mizwah mit dem, was ihr über die Aufnahme von Jugendlichen in die Gemeinden des Christentums und des Islam wisst.*

Bat Mizwah

Mädchen werden mit 12 Jahren Bat Mizwah, das heißt übersetzt „Tochter der Pflichten“. Da Mädchen oft noch nicht aktiv am Gottesdienst teilnehmen dürfen, findet die Bat-Mizwah-Feier meist in einem Hotel oder Restaurant statt und hat mehr den Charakter einer Party. In manchen Gemeinden, besonders in den Vereinigten Staaten, dürfen auch Mädchen aus der Tora vorlesen.

2 *Versetzt euch in folgende Situation und spielt eine Diskussion in der Familie: Die Tochter wird 12 und möchte ihre Bat Mizwah aktiv in der Gemeinde feiern. Zur Runde von Vater, Mutter und Bruder kommt schließlich der Rabbiner hinzu…*

Jüdische Familie beim Laubhüttenfest in Israel. Foto 1994.

Jüdische Feiertage 5755/56	**1995**
Purim	16. März
Pessach 1. und 2. Tag	15./16. April
Pessach 7. und 8. Tag	21./22. April
Gedenken an den Holocaust	27. April
Jom Haazmaut (Unabhängigkeitstag Israels)	4. Mai
Schawuot (Wochenfest)	4./5. Juni
Tischa be Aw (Fastentag)	6. August
Rosch Haschana 5756 (Neujahrstag)	25./26. September
Jom Kippur (Versöhnungstag)	4. Oktober
Sukkot (Laubhüttenfest, 1. und 2. Tag)	9. Oktober
Schemini Azeret (Schlussfest)	16. Oktober
Simchat Thora (Fest der Gesetzesfreuden)	17. Oktober
Chanukka (Weihfest)	18.–25. Dezember

Jüdische Feste und jüdischer Kalender
Die jüdische Zeitrechnung beginnt mit der Erschaffung der Erde im Jahre 3761 v. Chr. Dieser Zeitpunkt wurde nach den Angaben der Tora errechnet. Das Jahr 1995 nach christlicher Zeitrechnung entspricht so dem jüdischen Jahr 5755/56. Der für das religiöse Leben der Juden verbindliche Kalender richtet sich nach dem Mondzyklus. Monatsbeginn ist der Neumondtag. Die Woche beginnt mit dem Sonntag. Die jüdischen Feiertage gehen zumeist auf ein wichtiges Ereignis in der jüdischen Geschichte zurück, die in der Tora überliefert ist, oder sind durch den Naturkreislauf bestimmt (Erntedank).

1 *Wählt einen der Feiertage aus und schlagt in eurem Religionsbuch oder einem Lexikon nach, warum er begangen und wie er gefeiert wird. Ihr könnt dazu auch Arbeitsgruppen bilden.*

Koschere Küche
Zu fast allen Feiertagen gehört ein großes gemeinsames Mahl. In einer religiösen Familie werden die jüdischen Speisevorschriften genau eingehalten. Der Begriff „koscher" (tauglich, passend) bezeichnet die nach den religiösen Reinheitsvorschriften zugelassenen Speisen.
Bei Tieren wird zwischen rein und unrein unterschieden. Tiere wie Rinder und Schafe müssen rituell, das heißt nach religiösen Regeln, geschlachtet werden. Schweinefleisch darf nicht gegessen werden. Eine weitere Vorschrift besagt, dass Milchprodukte nicht zusammen mit Fleisch gekocht oder gegessen werden dürfen. Geschirr und Besteck für Fleisch darf nicht für Milchprodukte benutzt werden. Nach dem Verzehr von Fleisch müssen sechs Stunden vergehen, bis Milchprodukte gegessen werden dürfen. Viele Juden befolgen nur die Hauptgrundsätze und essen zum Beispiel kein Schweinefleisch.
Diese Regeln gehen in Grundzügen auf Hygienevorschriften zurück, die im Klima Israels sinnvoll waren.

2 *Vergleicht die Speisevorschriften des Judentums mit denen des Christentums und des Islams.*

3 *Legt eine Liste mit euren Lieblingsspeisen und den in eurer Familie üblichen Gerichten an und ermittelt, welche dieser Speisen oder Gerichte nach den jüdischen Speisevorschriften erlaubt sind oder was ihr bei der Zubereitung besonders beachten müsstet.*

4 *Prüft, ob es in der Stadtbücherei Kochbücher mit Rezepten für koschere Speisen gibt, und richtet ein koscheres Essen aus.*

Ist dir manchmal eine Sache nicht „koscher"? Oder wünschst du jemanden zum Neuen Jahr einen „Guten Rutsch"? Stand da nicht neulich in der Zeitung, dass ein lang gesuchter „Ganove" endlich geschnappt wurde? Begriffe und Redewendungen wie diese, aber auch schnappen oder Schlamassel, meschugge, um nur einige zu nennen, stammen aus dem Jiddischen. Das ist eine Sprache, die aus hebräischen, slawischen und besonders viel deutschen Sprachanteilen besteht. Sie entstand durch die Kontakte zwischen Juden und Christen im 11. und 12. Jahrhundert im Rheinland.
Auf den folgenden Seiten könnt ihr erarbeiten, wie Juden vor vielen Jahrhunderten nach Deutschland gekommen sind, wie sich ihr Leben als Minderheit in Deutschland während des Mittelalters entwickelt hat und wie sich ihr Verhältnis zu ihren christlichen Nachbarn veränderte.

Triumphzug der Römer mit dem erbeuteten siebenarmigen Leuchter aus dem Tempel von Jerusalem 70 n. Chr. Relief.

Von Jerusalem über Babylon nach Köln
Im Jahre 70 n. Chr. zerstörten die Truppen des römischen Feldherrn und späteren Kaisers Titus nach zweijähriger Belagerung Jerusalem, Hauptstadt des jüdischen Staates und religiöses Zentrum des jüdischen Volkes.
Hier hatte im Jahre 970 v. Chr. König Salomon auf dem Berg Zion den ersten Tempel erbauen lassen, in dem die Bundeslade mit den Gesetzestafeln aufbewahrt wurde, das höchste Heiligtum der Juden.
Nach dem Tode Salomons zerfiel jedoch der Staat Israel und spaltete sich in zwei Teile: in ein Nordreich, das den Namen Israel behielt. Hauptstadt wurde Samaria. Das Südreich mit der Hauptstadt Jerusalem nannte sich Juda oder Judäa. Andere Mächte versuchten das durch die Teilung geschwächte Reich zu erobern. So drangen die Babylonier unter ihrem Heerführer Nebukadnezar nach langer Belagerung in Jerusalem ein, zerstörten im Jahre 586 v. Chr. die Stadt und mit ihr den ersten Tempel und die Bundeslade. Alle Bewohner kamen nach Babylonien in Gefangenschaft. Erst vierzig Jahre später durften sie wieder in ihre Heimat zurück und begannen sofort mit dem Wiederaufbau des Tempels.
Am neunten Tage des jüdischen Monats Aw im Jahre 586 v. Chr. war der erste Tempel zerstört worden, am neunten Tage des Monats Aw im Jahre 70 wurde der zweite Tempel zerstört. Heute noch ist dieser Tag für die Juden ein Trauertag.

Die ersten Gemeinden am Rhein
Die Juden waren jahrzehntelang Verbündete der Römer gewesen. Schließlich hatten sie sich aber der römischen Oberhoheit widersetzt. Als die Römer im Jahr 70 Palästina unterwarfen, vertrieben sie die meisten Juden und siedelten sie verstreut über das ganze Imperium an. Die Juden wurden jedoch nicht versklavt. Sie durften weiterhin ihre Religion ausüben und mussten nicht wie alle anderen Bewohner des Imperiums die Kaiser als Götter verehren. Mit den römischen Legionen kamen so auch die ersten Juden nach Germanien.
Ein Erlass des Kaisers Konstantin aus dem Jahre 321 n. Chr. belegt, dass es damals in Köln bereits eine jüdische Gemeinde gab.

Q Den Decurionen [Stadtverwaltern] in Köln: Allen Behörden erlauben wir durch allgemeines Gesetz, die Juden zur Kurie [Rathaus, städtische Amtsgeschäfte] zu berufen. Damit ihnen aber eine Entschädigung für den früheren Brauch [ihre Befreiung von jeder Amtstätigkeit] verbleibt, so wollen wir jeweils zweien oder dreien das Vorrecht gewähren, durch keinerlei Berufungen in Anspruch genommen zu werden.

1 *Fasst die Bestimmung Konstantins mit eigenen Worten zusammen. Überlegt, ob sie die Lage der Juden verbesserte oder verschlechterte.*
2 *Schlagt noch einmal auf S. 128–133 nach, wer damals in Köln lebte und wie der Alltag aussah.*

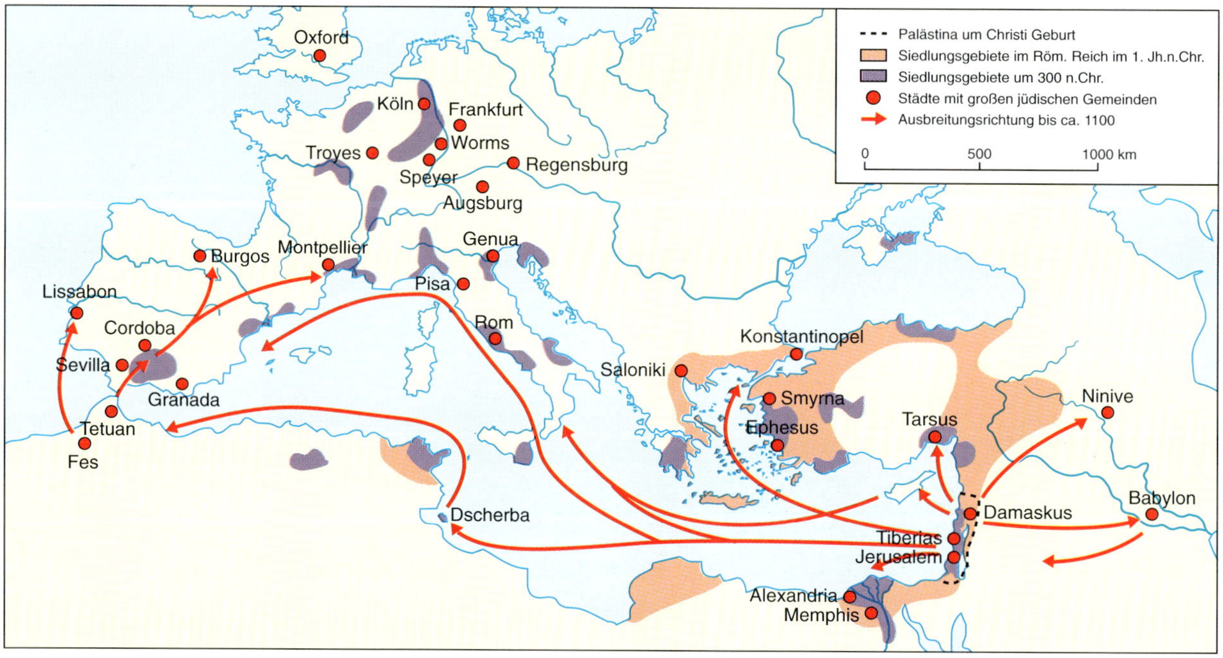

Wichtige jüdische Gemeinden und Siedlungsgebiete 100–1100 n. Chr.

Juden und Christen im frühen Mittelalter

Solange verschiedene germanische Stämme nebeneinander lebten (vgl. S. 137), fielen Juden nicht als Fremde auf. Im Alltag sprachen sie die gleiche Sprache wie ihre Nachbarn. Es gab noch kein deutsches Volk, das sich als Einheit verstand; noch waren nicht alle Stämme christlich (vgl. S. 165). Die jüdischen Gemeinden hatten Freiraum. Sie blieben mehrere Jahrhunderte lang unbehelligt, oft geschützt durch besondere, vom König oder Kaiser verliehene Rechte.

Juden beleben den Handel

Anders als ihre christlichen Nachbarn, die sich meist von der Landwirtschaft ernährten, arbeiteten die Juden vorwiegend als Händler und Kaufleute. Nach der Vertreibung aus Jerusalem hatten viele Juden eine neue Heimat gesucht. Jüdische Gemeinden gab es fast überall in der damals bekannten Welt. Die Verbreitung der jüdischen Siedlungsgebiete war für den Güterhandel von großem Vorteil. So war es zum Beispiel für deutsche Juden einfacher, Handelswege in den kaum bekannten Osten zu eröffnen. Denn alle Juden, gleich wo sie wohnten, sprachen – zusätzlich zu der Landessprache – Hebräisch. So konnten sie sich mit Juden in anderen Ländern verständigen.

Ein muslimischer Geograph schrieb Ende des 9. Jahrhunderts:

Q Dies ist nun der Weg der „Radaniten" genannten jüdischen Kaufleute .... Sie reisen von West nach Ost und wieder zurück, bald zu Lande, bald zu Wasser. Von Westen her bringen sie Eunuchen*, Seide, Pelzwerk und Schwerter mit sich. Sie schiffen sich im Lande der Franken, am Gestade des Westmeeres ein um sich nach Faram [Pelusium, östlich des Nildeltas] zu begeben; dort verladen sie ihre Waren auf die Höcker der Kamele und nehmen den Landweg nach Kulsum [Suez]. Aus Kulsum schlagen sie den Wasserweg über das Ostmeer [Rotes Meer] nach Aldschar und Dschidda [Arabien] ein und reisen dann weiter nach Sind [Westpakistan], Indien und China. Auf dem Rückweg führen sie Moschus, Aloe, Kampfer, Zimt und andere Erzeugnisse des Morgenlandes mit sich.

1 *Verfolgt den geschilderten Handelsweg auf einer Karte im Atlas.*

2 *Diskutiert, welche Bedeutung die genannten Handelsgüter hatten. Wer benötigte sie und hatte Interesse an diesem Fernhandel?*

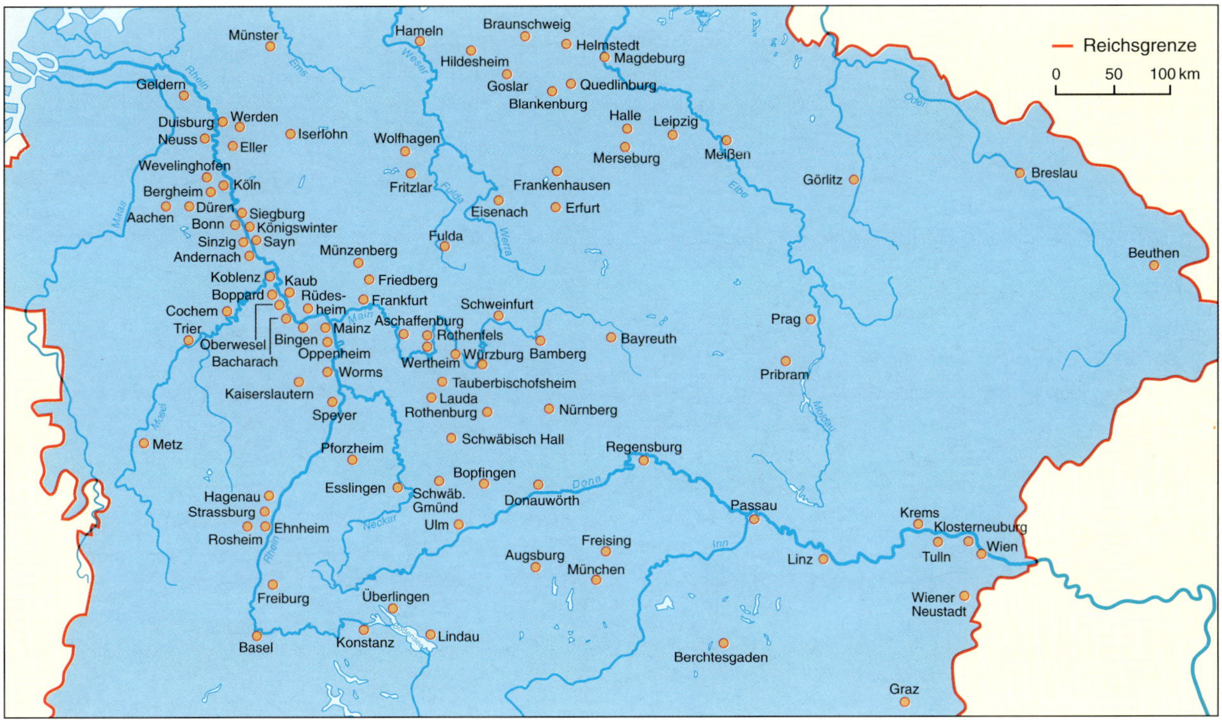

Jüdische Siedlungen in Deutschland vor 1238.

Blütezeit im 10. und 11. Jahrhundert

Unter dem Schutz von Karl dem Großen und Ludwig dem Frommen (vgl. S. 169) wuchsen jüdische Gemeinden in Trier, Worms, Mainz und Speyer zu großer Bedeutung heran. Auch im maurischen Spanien (vgl. S. 248–251) legten arabische und jüdische Gelehrte, Philosophen, Ärzte und Diplomaten gemeinsam mit Christen den Grundstein zu einer hohen, lange blühenden Kultur.

Das Zentrum des Talmudstudiums verlagerte sich allmählich aus den arabischen Ländern ins heutige Nordfrankreich und an den Rhein. Speyer, Worms und Mainz entwickelten sich zu geistigen Zentren der Juden Mitteleuropas. Der größte Bibel- und Talmudkommentator des Mittelalters, Rabbi Salomon ben Isaak, genannt Raschi (ca. 1040 bis 1105), hatte in Mainz und Worms studiert. Seine Kommentare sind auch heute noch ein wichtiger Bestandteil des Bibel- und Talmudstudiums.

Viele Bischöfe versuchten Juden in ihrem Bistum anzusiedeln um das Wohl ihrer Stadt zu fördern. So schrieb Bischof Rüdiger von Speyer, als er 1084 den Weiler Speyer zur Stadt erhob:

Q … Als ich den Weiler Speyer in eine Stadt verwandelte, glaubte ich, die Ehre unseres Ortes noch zu vergrößern, wenn ich die Juden vereinigte … damit sie durch den Übermut des Pöbels nicht beunruhigt würden, umgab ich sie mit einer Mauer.

1 *Ermittelt an Hand der Quelle, wie das Verhältnis der Juden zu den anderen Bewohnern von Speyer gewesen sein könnte. Stellt Vermutungen über die Gründe für dieses Verhältnis an.*

2 *Versetzt euch in die Lage der Speyerer Juden und diskutiert über Vor- und Nachteile der bischöflichen Maßnahme.*

3 *Betrachtet die Karte jüdischer Siedlungen im Mittelalter und ermittelt, ob es auch in eurer Nähe jüdische Siedlungen gab. Ihr könnt dazu auch in einem Buch über die Geschichte eurer Stadt nachsehen. Das Register gibt meistens erste Hinweise.*

4 *Sucht nach jüdischen Spuren in eurer Umgebung. Forscht beispielsweise nach Synagogen, Straßennamen oder einem Friedhof.*

Ursachen und Auslöser

In den aufblühenden Städten des Mittelalters (vgl. S. 198/199) blieben die Juden als „Ungläubige“ von den Bürgerrechten ausgeschlossen. Auch die Zünfte nahmen Juden nicht als Handwerker auf. Durch Handel und später vor allem durch Geldgeschäfte gelangten die Juden jedoch zu Wohlstand. Zu ersten Judenverfolgungen kam es in Deutschland zur Zeit der Kreuzzüge (vgl. S. 230 ff.). Der jüdische Glauben ihrer Nachbarn wurde Christen zum Ärgernis, die meinten, ihren Glauben sogar gegen Muslime im Orient mit Gewalt verbreiten zu dürfen.

Das Jahr 1349 brachte Europa den Höhepunkt einer schrecklichen Seuche: die Schwarze Pest. In seiner um 1400 verfassten elsässischen Chronik berichtet Jakob Twingers von Königshofen:

Q1 Im Jahr 1349 war das größte Sterben, das jemals vorgekommen ist, ... diesseits und jenseits des Meeres. ... Der Bischof von Marseille und alles Volk dort starb mehr als zur Hälfte. ... Der Papst ... schloss sich in einer Kammer ein, ließ niemanden zu sich und unterhielt ständig ein großes Feuer vor sich. ... Dieses Sterben kam auch nach Strassburg ... und dort starben [im Sommer] schätzungsweise 16 000 Menschen.

Wegen dieses Sterbens wurden die Juden ... verleumdet und in allen Ländern beschuldigt, dass sie es mit Gift herbeigeführt hätten, das sie in Wasser und Brunnen getan haben sollten ... Da verbrannte man sie in vielen Städten und schrieb diese Geschichte auch nach Strassburg, Freiburg und Basel, [mit der Aufforderung,] dass sie ihre Juden auch verbrennen sollten. Die Patrizier in diesen drei Städten, die die Herrschaft hatten, meinten aber, man sollte den Juden nichts tun. Da brach in Basel das Volk zum Gerichtsgebäude auf und bedrängte den Rat, dass die Ratsherren schwören sollten, die Juden zu verbrennen und vor Ablauf von 200 Jahren keine Juden mehr in die Stadt zu lassen. Da wurden alle Juden in dieser Gegend gefangen genommen und ein Gerichtstag ... verabredet. Dorthin kamen der Bischof von Strassburg, alle Landesherren des Elsass und die Vertreter der drei genannten Städte. Die Vertreter von Strassburg wurden gefragt, was sie mit ihren Juden zu tun gedachten. Sie antworteten, dass sie von ihren Juden nichts Böses wüssten. Da fragte man sie, warum sie wohl ihre Brunnen abgesperrt und die Eimer davon abgenommen hätten. Und es wurde laut über die Strassburger gehetzt und geschimpft. Da beschlossen der Bischof, die Herren und die Reichsstädte, dass man die Juden abtun sollte. Also wurden sie in vielen Städten verbrannt oder vertrieben, [und die vertriebenen Juden] wurden von den Bauern gefangen und erstochen oder ertränkt. ...

Am selben Freitag [13. 2. 1349] fing man auch die Juden in Strassburg. Am Samstag ... verbrannte man sie auf ihrem Friedhof auf einem hölzernen Gerüst: Es waren ungefähr 2000. Wer sich aber taufen lassen wollte, den ließ man leben ... Und was man den Juden schuldig war, das galt alles als beglichen und alle Pfänder und Schuldverschreibungen wurden zurückgegeben. Ihr Bargeld und Eigentum nahm der [neue, von den Zünften gestellte] Rat und teilte es unter den Zünften auf ... Das Geld war auch der Grund, warum die Juden getötet wurden: Denn wären sie arm gewesen und wären die Landesherren ihnen nichts schuldig gewesen, so wären sie nicht verbrannt worden. Von dem ... aufgeteilten Bargeld und Eigentum wurde viel für den Bau des neuen Münsters gestiftet ...

So wurden die Juden in Strassburg verbrannt und noch im selben Jahr in allen Städten am Rhein, seien es freie Städte, Reichsstädte oder Städte der Landesherren. ... In vielen Städten zündeten die Juden ihre Häuser selber an und verbrannten sich darin.

1 *Berichtet mit eigenen Worten über das Geschehen im Jahr 1349.*

2 *Beantwortet an Hand von Q 1 folgende Fragen:*
- *Welcher Vorwurf wurde den Juden gemacht?*
- *Wer trat gegen sie auf, wer suchte sie zu schützen?*
- *In wessen Händen lag die Entscheidung?*
- *Wer hatte den Nutzen aus der Entscheidung?*
- *Welche Meinung hat der Autor über die Juden und den gegen sie erhobenen Vorwurf?*

3 *Informiert euch auf S. 146 ff. über die Bedeutung der Brunnen für die mittelalterlichen Städte.*

Ein Geistlicher aus Erfurt notierte 1349 in seiner Chronik:

Q2 ... zwischen [dem 2. und 24. Februar 1349] wurden die Juden in allen Städten, Burgen und Dörfern Thüringens erschlagen, ... weil sie Quellen und Brunnen verseucht hatten, wie damals für erwiesen galt, ... [Am 21. März] wurden die Juden in Erfurt entgegen dem Willen des Rates von der Bürgergemeinde erschlagen, hundert oder mehr. Die andern aber ... haben sich, als sie sahen, dass sie den Händen der Christen nicht entkommen konnten, aus einer Art Frömmigkeit in ihren eigenen Häusern selbst verbrannt. ... Mögen sie in der Hölle ruhn! Man sagt auch, sie hätten in Erfurt die Brunnen und die Gera vergiftet und auch die Heringe, sodass niemand in den Fasten davon essen wollte und keiner der reicheren Bürger mit Wasser kochen ließ. Ob sie recht haben, weiß ich nicht. Eher glaube ich, der Anfang ihres Unglücks war das unendlich viele Geld, das Barone und Ritter, Bürger und Bauern ihnen schuldeten...

1 *Vergleicht das Geschehen in Thüringen (Q 2) mit den Ereignissen im Elsass (Q 1, S. 268).*

2 *Stellt Vermutungen darüber an, warum auch in Erfurt der Rat für die Juden eintrat.*

3 *Ermittelt an Hand von Q 2, welche Haltung der Autor gegenüber den Juden allgemein und gegenüber den gegen sie erhobenen Vorwürfen einnimmt.*

4 *Vergleicht seine Haltung mit der des Autors von Q 1, S. 268 und versucht Unterschiede zu erklären.*

5 *Diskutiert mögliche Folgen der Haltung. Denkt auch an den heutigen Umgang mit Minderheiten.*

6 *Untersucht an Hand von Q1 und Q 2, S. 268, ob die Menschen 1349 Methoden zur Vorbeugung gegen die Ansteckungsgefahr kannten (vgl. S. 146ff.).*

Schuld, Verantwortung und Strafe

Im Februar 1349 wurden in vielen Städten Deutschlands Jüdinnen und Juden vertrieben oder ermordet. Die Schutzherren der Judengemeinden – Stadtherren oder Stadträte – wurden teilweise überrumpelt und mussten dem grausamen Geschehen machtlos zusehen, teilweise ließen sie den Mordaktionen aber auch freien Lauf. Der König war der oberste Schutzherr der Juden in Deutschland. Am 17. Februar 1349 ließ König Karl IV. folgende Urkunde ausstellen:

Q1 Wir ... geben bekannt: Weil wir dem ehrwürdigen Balduin, Erzbischof von Trier, ... eine große Geldsumme schulden, ... geben wir mit dieser Urkunde demselben [Balduin] ... alles Eigentum, Geld, Besitz und die [Pfand-] briefe, Bücher, Pfänder und Wertgegenstände und alles Hab und Gut, das den Juden gehört hat, die im Elsass oder anderswo erschlagen worden sind oder noch erschlagen werden, denn die Juden und ihr Eigentum gehören uns und dem Reich und niemand anders. Wir wollen auch, dass [Balduin] alle Bußen und Strafen, die wegen des Judenmordes an uns oder das Reich fällig werden, ... einfordern und entgegennehmen soll und damit tun und lassen soll nach seinem Willen ...

7 *Versetzt euch in die Lage von aus Strassburg geflohenen Juden und diskutiert die Maßnahme Karls IV.*

Am 20. April 1349 bestimmte Karl IV.:

Q2 Wir ... geben bekannt, dass wir ... Eberhard und Ulrich, Grafen von Württemberg, ... unseren lieben Getreuen, alles Gut gegeben haben, das die [ermordeten oder geflohenen] Juden in Reutlingen hinterlassen haben ... mit der Anweisung, dass der Rat und die Gemeinde von Reutlingen über dieses Gut mit ihnen übereinkommt, und auch über die Verbrechen, die sie [Rat und Gemeinde von Reutlingen] den Juden angetan haben [Diese Verbrechen] vergeben wir ihnen gänzlich ... und sagen sie deswegen los von unserer königlichen Gewalt...

Am 20. Juni 1349 machte Karl IV. schließlich folgende Schenkung:

Q3 Wir ... geben bekannt, dass wir ... Ludwig, Markgraf zu Brandenburg, ... mit dieser Urkunde die drei besten Judenhäuser in der Stadt Nürnberg geschenkt haben, die er auswählen mag, wenn die Juden dort demnächst erschlagen werden ...

8 *Ermittelt an Hand von Q 2, wie der König die Verantwortlichen für die Judenverfolgung in Reutlingen behandelte und stellt Vermutungen über die Gründe für diese Behandlung an.*

9 *Diskutiert, welche Folgen eine Schenkung wie in Q 3 haben kann, wenn sie bekannt wird.*

10 *Fasst zusammen, in welchen Schritten die Judenverfolgung des Jahres 1349 ablief und wer für das Geschehen Schuld und Verantwortung trug.*

Die Judenverfolgung des Jahres 1349 ist nur eine von vielen Judenverfolgungen. Vorurteile, Missachtung und Hass haben die Menschen in Europa seit der Zeit der Kreuzzüge immer wieder dazu verleitet, jüdische Minderheiten zu drangsalieren – vor allem dann, wenn das eigene Dasein durch Krisen oder Katastrophen erschüttert wurde und wenn man keine Strafe fürchten musste.

So könnte Josel Rosheimer ausgesehen haben: Mittelalterlicher Jude mit „Judenfleck“. Rekonstruktion nach einer mittelalterlichen Buchmalerei, 1995.

Judenverfolgungen

Jüdische Geschichte hat viele Seiten: die Vielfältigkeit der Religion, die Vertreibung des jüdischen Volkes aus seiner Heimat, die Ansiedlung in anderen Ländern. Juden beeinflussten Kultur und Entwicklung vieler Nationen und trugen dort zum wirtschaftlichen Aufbau und zur kulturellen Blüte bei. Jüdische Geschichte ist aber auch die Geschichte von Verfolgungen. Einen Höhepunkt erreichte dieser leidvolle Weg mit der Ermordung von sechs Millionen europäischer Juden durch die deutschen Nationalsozialisten. Jahrhundertelang verfestigte Vorurteile, Unwissenheit und die Suche nach Sündenböcken für wirtschaftliche oder soziale Missstände machten die jüdische Minderheit in ganz Europa zum Spielball von Gewalt und Terror – vom Mittelalter bis in die Neuzeit.

Wenn heute wieder mehr Jüdinnen und Juden Deutschland ihre Heimat nennen und hier ihr Leben führen wollen, gibt das uns allen Anlass dazu, darüber nachzudenken, welchen Beitrag wir zu einem friedvollen Miteinander für die Zukunft leisten können.

Josel Rosheimer berichtet aus dem Jahre 1404:

M Ich heiße Josel Rosheimer. Meine Familie lebt seit 1372 wieder in Köln. Im August des Jahres 1349 wurden das Judenviertel überfallen, die Häuser gestürmt und geplündert und viele jüdische Einwohner getötet.

Die Christen haben uns für die Pest verantwortlich gemacht. Sie beschuldigten uns die Brunnen vergiftet zu haben.

Meine Eltern konnten noch rechtzeitig flüchten. 1372 durfte ich dann wieder nach Köln zurückkehren, dafür musste ich aber viel Geld bezahlen. Ihr seht, ich trage einen langen Spitzbart und auf meinem Gewand ist ein gelber Kreis aufgenäht. Es gibt jetzt 24 Vorschriften, die das Tragen einer besonderen Kleidung für Juden vorschreiben. Außerdem müssen wir in einem abgegrenzten Bezirk leben, den wir nicht verlassen dürfen. Warum das alles? Die Christen halten uns vor, dass wir kein Schweinefleisch essen. Und dass unser Ruhetag am Samstag ist. Dann haben wir andere Feiertage. Unsere Sprache und unsere Schrift, das Hebräische, verstehen sie nicht. Na und – begreift ihr, was daran so schlimm sein soll? Weil viele uns nicht trauen, darf ich als Arzt nur jüdische Patienten behandeln. Viele meiner Verwandten und Freunde sind Geldverleiher, andere Berufe wie Bauer oder Handwerker sind uns verboten.

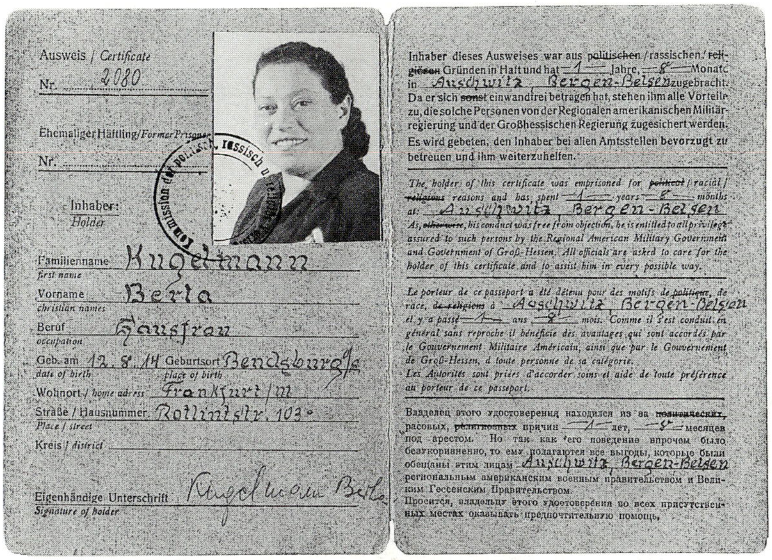
Ausweis / *Certificate*
Nr. 2080

Ehemaliger Häftling / *Former Prisoner*
Nr.

Inhaber: *Holder*

Familienname *first name* Kugelmann
Vorname *christian names* Berta
Beruf *occupation* Hausfrau
Geb. am *date of birth* 12. 8. 14 Geburtsort *place of birth* Bendsburg
Wohnort / *home adress* Frankfurt / M
Straße / Hausnummer *Place / street* Rotlintstr. 103
Kreis / *district*

Eigenhändige Unterschrift *Signature of holder* Kugelmann Berta

Inhaber dieses Ausweises war aus ~~politischen~~ / rassischen / ~~religiösen~~ Gründen in Haft und hat 1 Jahre, 8 Monate in Auschwitz, Bergen-Belsen zugebracht. Da er sich ~~sonst~~ einwandfrei betragen hat, stehen ihm alle Vorteile zu, die solche Personen von der Regionalen amerikanischen Militärregierung und der Großhessischen Regierung zugesichert werden. Es wird gebeten, den Inhaber bei allen Amtsstellen bevorzugt zu betreuen und ihm weiterzuhelfen.

The holder of this certificate was emprisoned for ~~political~~ / racial / ~~religious~~ reasons and has spent 1 years 8 months at: Auschwitz, Bergen-Belsen. As, ~~otherwise~~, his conduct was free from objection, he is entitled to all privilege assured to such persons by the Regional American Military Government and Government of Groß-Hessen. All officials are asked to care for the holder of this certificate and to assist him in every possible way.

Le porteur de ce passeport a été détenu pour des motifs de ~~politique~~, de race, ~~de religion~~ à Auschwitz, Bergen-Belsen et y a passé 1 ans 8 mois. Comme il s'est conduit en général sans reproche il bénéficie des avantages qui sont accordés par le Gouvernement Militaire Américain, ainsi que par le Gouvernement de Groß-Hessen, à toute personne de sa catégorie. Les Autorités sont priées d'accorder soins et aide de toute préférence au porteur de ce passeport.

Владелец этого удостоверения находился из за ~~политических~~, расовых, ~~религиозных~~ причин 1 лет, 8 месяцев под арестом. Но так как его поведение впрочем было безукоризненно, то ему полагаются все выгоды, которые были обещаны этим лицам Auschwitz, Bergen-Belsen региональным американским военным правительством и Великим Гессенским Правительством. Просится, владельцу этого удостоверения во всех присутственных местах оказывать предпочтительную помощь.

Ausweis von Frau Berta Kugelmann, ausgestellt 1945.

Berta Kugelmann erzählt 1995:

Q Ich heiße Berta Kugelmann. Ich lebe jetzt in Israel, in Tel Aviv. Geboren bin ich in Deutschland. Auch mein Vater, Großvater und Urgroßvater waren Deutsche. Wir hatten damals viele Freunde und Bekannte und meine Eltern besaßen ein kleines Lebensmittelgeschäft. Mein Großvater war sogar Offizier in der deutschen Armee gewesen. Er ist im 1. Weltkrieg gefallen.
Ich werde nie vergessen, wie alles anfing. Eines Morgens war das Fenster unseres Geschäftes mit einem Stern beschmiert und da stand „Deutsche kauft nicht bei Juden." Am 9. November 1938 wurde die Synagoge im Nachbarort angesteckt, die Juden wurden auf die Straße getrieben und verprügelt.
Dann wurde es schlimmer. Wir mussten einen gelben Stern tragen und durften unser Wohngebiet nicht mehr verlassen. 1942 wurde meine ganze Familie verhaftet und in ein Konzentrationslager nach Polen gebracht. Es war furchtbar. Fast meine ganze Familie wurde umgebracht. Mich haben die Nazis von dort in das KZ Bergen-Belsen in Deutschland transportiert. Wie durch ein Wunder habe ich überlebt, das heißt, die amerikanische Armee hat uns rechtzeitig befreit. Viele starben auch noch nach der Befreiung.
Die meisten Überlebenden verließen so schnell wie möglich Deutschland und gingen nach Israel. Ich blieb noch einige Zeit in der Nähe von Frankfurt am Main. Dort habe ich dann meinen Mann kennen gelernt und wir haben uns entschlossen Deutschland zu verlassen.
Heute bin ich schon Oma von drei Enkeln. Sie verstehen kein Deutsch und ich rede mit ihnen hebräisch. Seit jener Zeit habe ich keinen Fuß mehr nach Deutschland gesetzt und werde es auch nie mehr tun.

1 *Vergleicht die Schilderungen von Josel Rosheimer und Berta Kugelmann. Stellt fest, worin sich die Schicksale ähneln, obwohl Frau Kugelmann 510 Jahre später geboren wurde.*

Wege zur Versöhnung

In den letzten 50 Jahren hat es immer wieder verschiedene Anläufe zu Verständigung und Versöhnung zwischen Juden und Deutschen gegeben. Zuletzt haben deutsche Städte und Gemeinden vielfach nach dem Schicksal ehemaliger jüdischer Mitbürgerinnen und Mitbürger forschen lassen und – gar nicht selten – in Amerika oder Israel Menschen wie Berta Kugelmann wiedergefunden. Oft wurden diese Jüdinnen und Juden dann eingeladen, ihre alte Heimat noch einmal zu besuchen und an Gedenkveranstaltungen teilzunehmen.

2 *Achtet in der Lokalzeitung oder im Lokalradio auf Berichte über die Besuche von Jüdinnen und Juden, die aus Deutschland geflohen sind. Wo leben sie heute, wie alt sind sie, was wird ihnen in Deutschland gezeigt?*

3 *Versetzt euch in die Lage von Frau Kugelmann. Stellt euch vor, sie würde von ihrer ehemaligen Heimatstadt in Deutschland eine Einladung zu einer Gedenkveranstaltung bekommen. Spielt eine Diskussion dazu im Familienkreis der Kugelmanns.*

Die Stadt Berlin wirbt mit einem guten Verhältnis zwischen den Religionen. Foto 1995.

„Kein Weltfrieden ohne Religionsfrieden"

Kriege im Zeichen des Kreuzes, Kriege im Namen Allahs – wenn Religion zum Krieg führen kann, könnte sie ihn vielleicht auch verhindern? In einem Zeitungsartikel des Theologen Hans Küng heißt es dazu:

M [Christentum, Judentum und Islam könnten] einen wichtigen Beitrag zum Weltfrieden leisten. Ihre Aufgabe in dieser Zeit ist es, mit allen Mitteln ... die Missverständnisse aufzuklären, die ... Feindbilder aufzulösen, den Hass abzubauen und sich auf die Gemeinschaft zu besinnen: ...

– Auf Grund der Hebräischen Bibel und des Neuen Testaments sollten sich Juden und Christen gemeinsam einsetzen für die Würde der arabischen und islamischen Völker, die nicht die letzten Kolonien auf der Welt sein wollen.

– Auf Grund von Koran und Neuem Testament sollten sich Muslime und Christen gemeinsam engagieren für das Lebensrecht des jüdischen Volkes, das mehr als alle anderen Völker in den letzten 2000 Jahren gelitten hat ...

– Auf Grund von Hebräischer Bibel und Koran sollten sich Juden und Muslime einsetzen für die Freiheit der Christengemeinden in allen Ländern des Nahen Ostens.

– Ein gemeinsames Engagement, ... aller drei Religionen für Frieden, Gerechtigkeit und Freiheit, für Menschenwürde und Menschenrechte, in Zusammenarbeit selbstverständlich mit den Völkern auch aus der indischen, chinesischen oder japanischen Tradition.

1 *Sammelt Berichte in Zeitungen oder Zeitschriften über Verfolgungen oder kriegerische Auseinandersetzungen, bei denen die religiöse Überzeugung eine wichtige Rolle spielt.*

2 *Erstellt mit Hilfe dieses Materials eine Wandzeitung und schreibt dazu, welche Lösungsvorschläge ihr empfehlen würdet.*

3 *Sprecht miteinander über eure Einstellungen gegenüber anderen Religionen, gegenüber gläubigen und nichtgläubigen Menschen.*

Christentum in Antike und Mittelalter

Zur Zeit des römischen Kaisers Augustus (27 v. bis 14 n. Chr.) wurde Jesus geboren. Seine Botschaft vom Reich Gottes wurde nach seinem Tod von seinen Jüngern und Aposteln, Frauen wie Männern, weitergetragen. Die christliche Lehre fand im ganzen Römischen Reich Anhänger. Da die Christen die Verehrung des römischen Kaisers als Gott ablehnten, wurden sie verfolgt. Erst unter Kaiser Konstantin (306–337 n. Chr.) wurde das Christentum offiziell geduldet und gefördert. Am Ende des 4. Jahrhunderts wurde es zur Staatsreligion im Römischen Reich.

Auch im Mittelalter wollten Christinnen und Christen als Mönche oder Nonnen ein durch und durch christliches Leben führen. Im Abendland wurde das erste Kloster im Jahre 529 n. Chr. gegründet. Im Mittelalter spielten die Klöster eine herausragende Rolle als religiöse, wirtschaftliche und kulturelle Zentren.

Wurden die Christen in den ersten Jahrhunderten n. Chr. verfolgt, so verfolgten sie selber später Andersgläubige. So wurden z. B. beim ersten Kreuzzug in Jerusalem unzählige Muslime von Kreuzrittern getötet. Einer der wenigen, die sich gegen jegliche Gewalt gegen Andersgläubige aussprachen, war Franziskus von Assisi. Gewaltlosigkeit und Armut – das waren seine Forderungen. Viele Menschen verglichen das einfache Leben der Franziskaner und Franziskanerinnen, verglichen das einfache Leben vieler Mönche und Nonnen mit dem luxuriösen Leben von Geistlichen, von Äbten und Bischöfen. Die Kirche müsse erneuert (= reformiert) werden, so verlangten sie. Aber erst zu Beginn des 16. Jahrhunderts wurde diese Forderung mit der Reformation verwirklicht, die zugleich eine Spaltung der christlichen Kirche brachte.

Islam im Mittelalter

Mohammed (570–632), Karawanenführer und Kaufmann in Mekka, bezeichnete sich selbst als letzten Propheten Gottes. Vor ihm seien auch schon andere Propheten von Gott geschickt worden wie z. B. Abraham, Moses oder Jesus. Aber Juden und Christen hätten die Botschaft Gottes verfälscht. Mohammed wandte sich gegen die Vielgötterei. Er verkündete die Lehre von dem einen Gott. Von den Kaufleuten wurde seine Lehre aus wirtschaftlichen Gründen abgelehnt; seine Anhänger wurden verfolgt. Mohammed wanderte 622 mit seinen Anhängern, den Muslimen, nach Jathrib (später Medina) aus. Im Jahre 630 konnten die Muslime auch wieder nach Mekka zurückkehren. Die Kaaba wurde das wichtigste Heiligtum Allahs bzw. des Islams.

Als Mohammed 632 starb, stand ganz Arabien unter der Macht des Islams. Die Kalifen, die Nachfolger des Propheten, eroberten in knapp einhundert Jahren ein Weltreich, das von Spanien im Westen bis an die Grenzen Indiens und Chinas reichte.

Im islamischen Herrschaftsbereich entstanden viele neue Großstädte wie z. B. Bagdad, Kairo oder Cordoba. Vor allem in diesen Städten entwickelten sich die islamische Wissenschaft und Kultur zu hoher Blüte. Die Kalifen haben Wissenschaft und Kultur gefördert. Auf diese Weise wurden die wissenschaftlichen und künstlerischen Leistungen Griechenlands, Persiens und Indiens auch nach Europa gebracht. Muslimische Wissenschaftler und Techniker lieferten dazu selber viele Erkenntnisse und Entdeckungen, z. B. in der Mathematik und Medizin.

Judentum in Antike und Mittelalter

Im Jahre 70 n. Chr. wurde Jerusalem von römischen Truppen erobert, seine Bewohner über das ganze Römische Reich zerstreut. So kam es überall im Römischen Reich zur Bildung jüdischer Gemeinden, die ihrem Glauben treu blieben und ihre Sprache, das Hebräische, sprachen. Mittelpunkt des Gemeindelebens war und ist die Synagoge, wo gläubige Juden sich am Schabbat treffen. Dieser Tag wird auch in den jüdischen Familien feierlich begangen.

Grundlage des Glaubens sind die Schriften, die von den Christen als „Altes Testament“ bezeichnet werden. In den ersten Jahrhunderten nach ihrer Vertreibung aus Jerusalem blieben die jüdischen Gemeinden ungestört. Jüdische Kaufleute belebten den Fernhandel, jüdische Wissenschaftler leisteten Hervorragendes bei der Erforschung und Überlieferung alter Schriften. Doch zur Zeit der Kreuzzüge kam es zu Verfolgungen, denen Tausende zum Opfer fielen. Auch unter dem Vorwand, sie hätten Brunnen vergiftet und seien Schuld an der Pest, wurden sie grausam verbrannt oder ertränkt. In Wirklichkeit wurden sie ermordet wegen der Schulden, die Christen bei ihnen hatten.

Seit etwa 1100 kam es zu einer immer strengeren Trennung der Juden von den Christen. Die Juden mussten in eigenen Stadtvierteln, den sog. Gettos leben. Von der Kirche verachtet, von Christen immer wieder verfolgt bildeten sie eine „Randgruppe“ in den Städten oder auf dem Lande.

2 Mio. v. Chr. | 10 000 v. Chr. | 5000 v. Chr. | 3000 v. Chr.

ALTSTEINZEIT | **JUNGSTEINZEIT** | **BRONZEZEIT**

EISENZEIT

ALTERTUM

Altsteinzeit

vor ca. 2 Mio. Jahren	erste Menschen
600 000 v. Chr.	ältester Menschenfund in Deutschland
ab 25 000 v. Chr.	Cro-Magnon-Mensch

In der gesamten Altsteinzeit lebten die Menschen als Jäger und Sammler.

Jungsteinzeit

10 000 v. Chr.	erster Getreideanbau und erste Viehzucht im Vorderen Orient
4000 v. Chr.	erste bäuerliche Siedlung in Holland
2500 v. Chr.	Siedlung in Köln-Lindental

Bronzezeit

Eisenzeit

Ägypten

Umweltgeschichte

Die Natur konnte sich von den Eingriffen der umherziehenden Menschen immer wieder erholen.

Rodungen und Dorfbau griffen dauerhaft in die Natur ein.

Menschen legten entlang des Nils Felder an und nutzen sie mit Hilfe künstlicher Bewässerung intensiv.

1000 v. Chr. | 500 v. Chr. | Christi Geburt | 400

Um 3000 v. Chr. erste Metallverarbeitung im Vorderen Orient
um 1600 v. Chr. Ausdehnung der Bronzetechnik bis Mitteleuropa

um 1300 v. Chr. erste Eisenverarbeitung in Kleinasien
um 500 v. Chr. jüngere Eisenzeit in ganz Deutschland

3000 v. Chr. Staatsgründung in Ägypten
2500 v. Chr. Bau der Pyramiden
1900 v. Chr. Ägypten wird Großmacht
1000 v. Chr. Ägyptens Großreich zerfällt
30 v. Chr. Ägypten wird römische Provinz

Griechische Stadtstaaten

776 v. Chr. erste überlieferte Olympische Spiele
750–550 v. Chr. griechische Kolonisation
507 v. Chr. Verfassung des Kleisthenes
500–480/79 v. Chr. Perserkriege
490 v. Chr. Sieg der Athener bei Marathon
443–429 v. Chr. Blütezeit Athens unter Perikles

Römisches Reich

753 v. Chr. Gründung Roms (Sage)
um 500 v. Chr. Beginn der römischen Republik
um 250 v. Chr. Rom ist stärkste Landmacht im westlichen Mittelmeerraum
146 v. Chr. Zerstörung Karthagos
58–51 v. Chr. Eroberung Galliens unter Caesar
31 v.–14 n. Chr. Augustus

Römer und Germanen

375 n. Chr. Hunneneinfall in Europa
395 n. Chr. Teilung des Römischen Reiches in Westrom (Rom) und Ostrom (Konstantinopel)
451 n. Chr. Die Hunnen werden besiegt
476 n. Chr. Letzter römischer Kaiser wird von Germanen abgesetzt; Ende des Weströmischen Reiches

Judentum

1000 v. Chr. König David
70 n. Chr. Zerstörung des Tempels in Jerusalem, Beginn der Diaspora

Griechen und Römer holzten im Mittelmeerraum weite Flächen ab um aus dem Holz Schiffe zu bauen. In großen Städten lebten viele Menschen auf engem Raum.

500 | 1000 | 1100 | 1200

MITTELALTER

Europäisches Mittelalter

768 Karl (der Große) wird Frankenkönig
722–804 Sachsenkriege
800 Kaiserkrönung Karls des Großen
911 Tod des letzten Karolinger-Königs
936–973 Otto I. (der Große)
1077–1122 Investiturstreit zwischen Kaiser und Papst

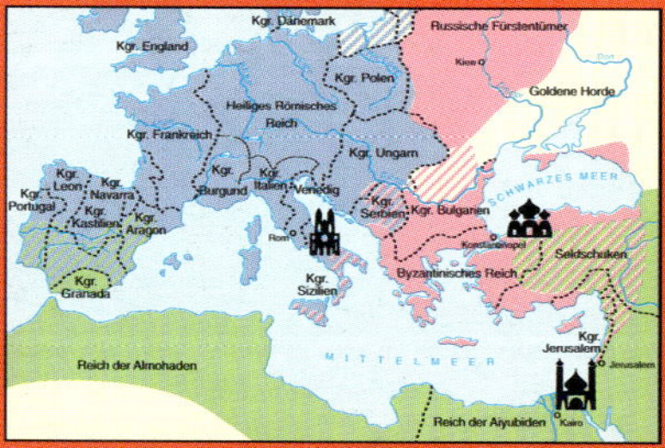

Christentum

ca. 7 v. Chr. Jesus von Nazareth geboren
391 n. Chr. Christentum wird Staatsreligion des Römischen Reiches
529 Gründung des Klosters Monte Cassino in Italien
754 Märtyrertod des Germanenmissionars Bonifati
910 Gründung des Klosters Cluny
1096–1099 1. Kreuzzug

Islam

570 Geburt Mohammeds in Mekka
622 Mohammed flieht nach Medina (Hedschra, Beginn der islamischen Zeitrechnung)
630 Mohammed erobert Mekka
632–715 Ausbreitung des Islam bis Indien und Europa
711 Araber dringen in Europa (Spanien) ein
1492 Abschluss der Reconquista

Umweltgeschichte

Judentum

1096 1. Kreuzzug; Vernichtung vieler jüdischer Gemeinden in Deutschland
1348 Judenverfolgung in der Pestzeit

Die wachsende Bevölkerung nutzte auch in Mitteleurop die Natur – beispielsweise die Wasserläufe – intensiv. Viel neue Probleme mussten geregelt werden.

NEUZEIT

1100–1250 Blütezeit des Rittertums
1150–1350 Zeit der Stadtgründungen
um 1200 Einführung der Dreifelderwirtschaft
seit 1250 Aufstieg der Territorialfürsten

Neuzeit

In der Gegenwart leben in Deutschland Mitglieder der verschiedenen Religionsgemeinschaften zusammen.

1483–1546 Martin Luther
1559–1564 Johann Calvin
31.10.1517 Luther veröffentlicht die Thesen gegen den Missbrauch des Ablasses
Spaltung des Christentums in Deutschland in Katholiken und Protestanten.

Seit ca. 1970 erhöht sich die Zahl der Muslime in Deutschland vor allem durch Zuzug türkischer Gastarbeiter.

Seit etwa 1830 wird die Industrie zur Umweltgefahr. Trotz gesetzlicher Regelungen drohen weltweit Umweltkatastrophen.

1939–1945 planmäßige Ermordung der Juden in Europa
1948 Gründung des Staates Israel

Ur- und Frühgeschichte
Jane McIntosh, *Archäologie.* Verlag Gerstenberg. Hildesheim 1995
Dirk Lornsen, *Tirkan (ein Roman aus der Jungsteinzeit).* Thienemann-Verlag, Stuttgart/Wien 1994
Freya Stephan-Kühn, *Was in den Höhlen begann. (Die Geschichte Europas in Geschichten.)* – Arena-Verlag Würzburg, 2. Aufl. 1992
Rosemarie Sutcliff, *Scharlachrot (Eine Erzählung aus der Bronzezeit).* – dtv junior, München, 3. Aufl. 1993

Frühe Kulturen und Herrschaftsformen
Rudolf Majonica, *Das Geheimnis der Hieroglyphen.* – dtv junior München, 5. Aufl. 1993
Anne Millard, *Bildatlas der alten Kulturen. – Erleben-Vergleichen- Wissen erweitern.* Ars Edition, München 1994
Thomas H. Naef, *Der Schreiber des Pharao.* Arena Tb. Würzburg 1992
Thomas H. Naef, *Ameni, Sohn der Wüste. – Als Heilkundiger in Pharaos Heer.* Arena-Verlag, Würzburg 1994
Georg Popp (HG.), *Große Frauen der Geschichte.* Arena Tb. Würzburg 1994
James Putnam, *Mumien.* Verlag Gerstenberg. Hildesheim 1993
Freya Stephan-Kühn, *Viel Spaß mit den alten Ägyptern.* Arena Tb. Würzburg 1994

Griechen und Römer
Isolde Heyne, *Imandra – ein Märchen im antiken Griechenland.* Loewes Verlag Bindlach. 1992
Anton Powell, *Die Welt, aus der wir kommen: Das Buch vom alten Griechenland.* Arena Verlag Würzburg 1990.
Hans Dieter Stöver, *Große Gegner Roms.* Arena Verlag, Würzburg 2. Aufl. 1994
Hans Dieter Stöver, *Spartacus. – Sklave und Rebell.* Arena Verlag, Würzburg, 2. Aufl. 1994
Hans Dieter Stöver, *Caesar und der Gallier.* Arena Verlag Würzburg 1994
Hans Dieter Stöver/Michael Gechter, *Report aus der Römerzeit. - Vom Leben im römischen Germanien.* – Arena Verlag Würzburg 1994
Rosemarie Sutcliff, *Der Adler der neunten Legion.* dtv junior, München, 21. Aufl. 1993
Geoffrey Trease, *Die Krone von Athen (Umsturzversuch im demokratischen Athen).* Alibaba Verlag, Frankfurt 1994
Arnulf Zitelmann, *Zwölf Steine für Judäa. (Flucht von Jedida, einer judäischen Kriegsgefangenen aus Rom).* – Verlag Beltz & Gelberg, Weinheim 1995

Umweltgeschichte
Jean Craighead George, *Der Fall Rotkehlchen. – Umweltsündern auf der Spur.* – Aare-Verlag, Salzburg 1995
Barbara Veit/Christine Wolfrum, *Das Buch vom Wasser.* Ravensburger Tb. 1994

Europäisches Mittelalter
Mike Corbishley, *Die Welt, aus der wir kommen: Das Buch vom europäischen Mittelalter.* Tessloff Verlag Hamburg. 2. Aufl. 1992
Christopher Gronett, *Ritter. – Rüstungen und Waffen, Schlachten und Turniere, Kreuzzüge und Ritterorden.* – Verlag Gerstenberg. Hildesheim 1993
Heinrich Pleticha, *Ritter, Bürger, Bauersmann.* Arena Verlag Würzburg 1985
Sheila Sancha, *Das Dorf.* Gerstenberg Verlag, Hildesheim 1988
Freya Stephan-Kühn, *Viel Spaß im Mittelalter.* Arena Tb., Würzburg 1993
Wiebke von Thadden, *Brun, Geisel des Königs. – Vom Frankenreich zum Reich von Aachen.* dtv junior München 1993
Arnulf Zitelmann, *Unter Gauklern.* Verlag Beltz & Gelberg, Weinheim 1987
Arnulf Zitelmann, *Unterwegs nach Bigorra (Erlebnisse von Itta, der Christin, dem Juden Jakob und dem Muslim Sahnun zur Zeit der Schlacht von Poiters im Jahre 732).* Verlag Beltz & Gelberg 1994

Christentum – Islam – Judentum
Robert Hess, *Die Geschichte der Juden.* Otto Maier Verlag. Ravensburger Tb. 1993
Wolfgang Hohlbein. *Das Siegel (als Kreuzfahrer und Sklave im Heiligen Land).* – Verlag Ueberreuter Wien 1994
Wolfgang Hohlbein, *Der Ritter von Alexandria. – Ein Abenteuer aus der Zeit der Kreuzzüge.* Bastei Lübbe. Bergisch Gladbach 1994
Charlotte Kerner, *Alle Schönheit des Himmels. – Die Lebensgeschichte der Hildegard von Bingen.* Verlag Beltz & Gelberg. Weinheim 3. Aufl. 1994
Eva Rechlin, *Die Nacht der Zugvögel (Die Christen von Ephesos).* Loewes Verlag Bindlach 1983
Wiebke von Thadden, *Judith, die junge Priorin (Klosterleben im Mittelalter).* Artemis Verlag München 1990
Arnulf Zitelmann, *Widerrufen kann ich nicht. – Die Lebensgeschichte des Martin Luther.* – Verlag Beltz & Gelberg. Weinheim, 5. Aufl. 1992
Arnulf Zitelmann, *Unterwegs nach Bigorra (Erlebnisse von Itta, der Christin, dem Juden Jakob und dem Muslim Sahnun zur Zeit der Schlacht von Poiters im Jahre 732).* Verlag Beltz & Gelberg 1994

Adlige Die Edlen – Angehörige einer in der Gesellschaft hervorgehobenen Gruppe, eines Standes, ausgestattet mit erblichen Vorrechten. Adliger konnte man von Geburt aus sein (Geburtsadel); Adliger konnte man aber auch werden, indem man im Dienst des Königs tätig war (Amts- oder Dienstadel).
Akropolis (griechisch = die Hochstadt, Oberstadt) In den griechischen Städten die Burganlage, in der sich häufig auch der Tempel der Stadtgottheit befand.
Al Andalus Arabische Bezeichnung für das muslimische Spanien. Der Name soll angeblich an den Stamm der dort vorübergehend ansässigen Vandalen erinnern. Im Namen Andalusien hat er sich bis heute erhalten.
Allah (arabisch) Zusammengesetzt aus al- und ilah (Gott): Der Gott.
Apostel (griechisch) Der Gesandte, Bote. Die christlichen Apostel, z. B. Paulus, reisten in viele Städte des Römischen Reiches um den Glauben an Jesus zu verbreiten.
Astrologie Manche Leute glauben, dass der Lauf der Sterne das Schicksal der Menschen bestimmt. Sie ermitteln an Hand des Standes der Sterne bei der Geburt eines Menschen und dem aktuellen Stand der Sterne ein sogenanntes Horoskop, das den Menschen Hinweise auf bevorstehende Glücks- oder Unglücksfälle geben soll. Vom Altertum bis in die Frühe Neuzeit wurde Astrologie mit abergläubischem Ernst betrieben. Sie galt allerdings als unchristlich, ihre Ergebnisse galten als Zauberei.
Asyl Rechtlich gesicherte Zuflucht.
anonym Unbekannt, ohne Namen.
Antike Alte Zeit. Heute meint man damit den Zeitraum der griechischen und römischen Geschichte bis etwa zum Ende des römischen Kaiserreiches.
Autorität Anerkannte Macht eines Herrschers; im übertragenen Sinn: hohes Ansehen.
Barbar (griechisch = Stammler, Krächzer) Bezeichnung der Griechen für alle nicht griechisch sprechenden Völker mit der Bedeutung: roh, ungebildet.
Beduinen (arabisch) Wandernder Viehzüchter, Nomade.
Delikatessen (französisch) Leckerbissen.
Delinquent Angeklagter.
Demokratie (griechisch = Herrschaft des Volkes) Eine demokratische Staatsform findet sich zum ersten Mal in Athen. In der Volksversammlung der athenischen Bürger (nur Männer; Frauen hatten keine politischen Rechte) werden alle politischen Entscheidungen durch Mehrheitsbeschluss getroffen (unmittelbare oder direkte Demokratie). – Keine politischen Rechte hatten neben den Frauen auch Metöken und Sklaven. Deshalb herrschte in der attischen Demokratie immer eine Minderheit über eine Mehrheit. Bei einer Gesamtbevölkerung von etwa 300 000 Menschen zur Zeit des Perikles konnten sich nur etwa 40 000 politisch betätigen.
Denunziation Beschuldigung eines Fremden gegenüber der Polizei oder einem Gericht. Der Ausdruck wird für falsche und unfaire Beschuldigungen benutzt.
Drachme Altgriechische Währung.
Dschihad (arabisch) Wörtlich: Anstrengung, Abmühen, sich einsetzen.
Emir (arabisch) „Gebieter“. Fürstentitel.
Eunuch Mann, der durch einen medizinischen Eingriff seine Zeugungsfähigkeit verloren hat. Im Altertum und Mittelalter wurden manche Sklavenkinder zu Eunuchen gemacht, weil man von ihnen besonders selbstlose Pflichterfüllung erwartete.
Evangelium Gute Botschaft. Zunächst wurde die Lehre Christi, die Frieden und Heil verheißt, als „Gute Botschaft“ bezeichnet. Seit dem 2. Jahrhundert wurde der Begriff „Evangelium“ auch auf die Schriften bezogen, die vom Leben und Wirken Jesu berichten. Es gibt vier Evangelien. Ihre Verfasser Matthäus, Markus, Lukas und Johannes werden als die vier Evangelisten bezeichnet.
Fellscherer Gerber. Handwerker, der aus Tierhäuten dauerhaftes Leder herstellt.
Felsendom Islamisches Heiligtum, auf den ehemaligen Tempelplatz erbaut (7. Jahrhundert n. Chr.), nachdem Muslime Jerusalem erobert hatten.
Frondienst (althochdeutsch: fron = Herr) Dienste, die hörige Bauern ihrem Grundherrn unentgeltlich leisten mussten wie z. B.: säen, ernten, pflügen, usw.
Fronhof Herrenhof; Mittelpunkt einer Grundherrschaft.
Fürstenrebellion Aufstand von Fürsten.
Gesinde Knechte und Mägde eines Hauses, eines Hofes.
Getto Judenviertel. Der Name stammt aus dem Italienischen und war der Name des Judenviertels von Venedig.
Gibraltar Meerenge zwischen Afrika und Europa.
Gladiator (lateinisch: gladius = das Schwert) Berufsfechter bei den blutigen Schaukämpfen im Kolosseum.
göttliches Recht Recht von ewig her, von Gott gesetzt, im Unterschied zu von Menschen erlassenen Rechtssätzen.
Grundherr Der Eigentümer des Bodens übte zugleich die Herrschaft über jene Bauern aus, die auf seinem Grund wohnten und ihn bearbeiteten.
Hektar Flächenmaß. 1 Hektar (ha) = 10000 qm
Heller Mittelalterliche Münze von mittlerem Wert.
Hodscha Islamischer geistlicher Lehrer.
Höriger Ein von seinem Grundherrn abhängiger Bauer. Er erhält vom Grundherrn Land zur Bewirtschaftung und muss dafür Abgaben und Dienste leisten. Hörige waren an das ihnen übergebene Land gebunden und konnten zusammen damit verkauft oder verschenkt werden.
Hufe Bäuerliche Hofstätte mit so viel Land, wie für die Ernährung einer Familie nötig war.
Ironie Feiner Spott.
Islam (arabisch) 1. Wörtlich: „heil, unversehrt sein. 2. Im Sinne des Korans: Auf Gott ausgerichtet sein.
Israel Beiname des jüdischen Stammvaters Jakob („Gotteskämpfer“ oder „Gott möge herrschen“); Sammelname für die nach Kanaan eingewanderten Stämme; das Reich des Königs David; der heutige jüdische Staat.

Kaaba (Sprich: ka-a-ba) Heiliges Gebäude in Mekka; nach islamischer Vorstellung von Abraham, dem frühesten Propheten Gottes, gebaut.

Kalif (arabisch) Nachfolger, Stellvertreter. Die religiösen und politischen Führer der islamischen Gemeinde bzw. des islamischen Reiches.

Karawanenhandel Karawane = Reisegesellschaft, Kaufmanns- oder Pilgerzug (persisch). Arabische Händler kauften verschiedenste Waren in Hafenstädten oder ihren Herstellungsorten ein und transportierten sie mit Kamelen und Eseln über große Entfernungen zu anderen Orten um sie dort gewinnbringend zu verkaufen.

Koran Heilige Schrift der Muslime.

Kithara Saiteninstrument der Antike.

Klient In der römischen Republik war fast jeder nichtadlige Bürger Klient (Schutzbefohlener) eines Patriziers. Der Patrizier hatte seinen Klienten vor Gericht zu vertreten und ihn vor Gefahren zu schützen. Der Klient stimmte dafür in der Volksversammlung so ab, wie sein Patrizier es wollte. Eine große Zahl von Klienten sicherte dem Patrizier Ansehen und Einfluss.

Knappe Nebenform zu „Knabe". Seit dem Ende des 12. Jahrhunderts ein junger Mann ab dem 15. Lebensjahr, der die ritterliche Ausbildung erhält.

Kolonie Bezeichnung für Gebiete in Afrika, Lateinamerika und Asien, die von europäischen Staaten in Besitz genommen und durch Bürger dieser Staaten verwaltet bzw. ausgebeutet wurden.

Konfession Glaubensbekenntnis.

Konsuln In der Zeit der römischen Republik die beiden höchsten und mächtigsten Beamten. Sie wurden für ein Jahr gewählt.

Konzil Eine Versammlung von Bischöfen und anderen hohen Geistlichen zur Beratung und Entscheidung von Glaubensfragen und kirchlichen Angelegenheiten.

Koran (arabisch) Lesung, Vortrag, das Vorgetragene (wörtlich). Die heilige Schrift des Islam.

koscher Rein, den Reinheitsgeboten der jüdischen Religion entsprechend zubereitete Speisen und Getränke.

Kulturen Menschliche Gruppen unterscheiden sich in ihrer Lebensweise. Es gibt bei ihnen z. B. ganz unterschiedliche Geräte, Werkzeuge, Waffen, Häuser und Siedlungen, Kleidung, Schmuckstücke, Kunstwerke, Musik und Tänze, Ernährungsweisen, Religionen und Grabsitten, Ordnungen des Zusammenlebens. Sie haben damit unterschiedliche Kulturen.

Kurfürst Wahlfürst, von küren, wählen. Im Deutschen Reich waren bei der Königswahl wahlberechtigt die Erzbischöfe von Mainz, Köln, Trier, der Pfalzgraf bei Rhein, der Herzog von Sachsen, der Markgraf von Brandenburg und der König von Böhmen. Die Kurfürsten bestimmten entscheidend die Politik des Reiches.

Laien Die nicht zum Priester geweihten Gläubigen einer Kirche; heute auch allgemein gebraucht für „Nichtfachleute".

Legion Römische Heereseinheit. Sie umfasste zur Zeit des Kaisers Augustus etwa 5600 Soldaten und 120 Reiter.

Lehen Im Mittelalter gab der Lehnsherr (z. B. König oder Fürst) seinem Lehnsmann ein Gut oder Amt für bestimmte Leistungen wie Kriegsdienst oder die Übernahme von Verwaltungsaufgaben. Das Lehen blieb Eigentum des Lehnsherrn. Es fiel nach dem Tode des Lehnsmannes an den Lehnsherrn zurück. Als das Karolingerreich zerfiel, setzten die großen Adelsgeschlechter durch, dass sie das Lehen in ihrer Familie weitervererben konnten.

Leibeigener Bauer, der in völliger Abhängigkeit von seinem Herrn lebte. Der Leibeigene durfte ohne Genehmigung des Lehnsherrn weder wegziehen noch heiraten.

Leute des Buches Aus dem Arabischen übertragene Bezeichnung für Juden, Christen und Muslime, deren Religion sich auf die teilweise gemeinsame Überlieferung in einer Heiligen Schrift stützt.

Märtyrer (griechisch = Zeuge) Ein Christ, der für seine Glaubensüberzeugung sein Leben opfert.

maurisch Zu den Mauren gehörend. Die Mauren waren eine Bevölkerungsgruppe in Nordwestafrika, die zum Islam übertrat und auch im muslimischen Spanien zur herrschenden Schicht wurde.

Medina (arabisch) „Madinat an-Nabi": Stadt des Propheten. So wurde Jathrib nach der Hidschra genannt.

Messias (griechisch/hebräisch) „Der Gesalbte": Die Könige aus dem Hause Davids wurden bei der Thronbesteigung gesalbt und damit symbolisch zum Sohn Gottes erhoben.

Ministeriale (von lateinisch minister = Diener) Zunächst unfreie Dienstmannen des Königs im Verwaltungs- oder Kriegsdienst. Seit dem 13. Jahrhundert werden Ministerialen dem Adel zugerechnet.

Mitgift Das Vermögen, das einer Frau von ihren Eltern bei der Heirat mitgegeben wird.

Moschee (arabisch) „Ort des Sich-Niederwerfens", Gebetshalle: Einmal als einfacher Versammlungsraum im jeweiligen Wohnviertel, dann als Freitagsmoschee das große Gemeindezentrum einer muslimischen Gemeinde.

Muslim Anhänger des Islam.

Nationalsozialisten Mitglieder einer Partei in Deutschland, die aus rassistischen Gründen 6 Millionen europäische Jüdinnen und Juden ermorden ließ und den Zweiten Weltkrieg mit Millionen von Todesopfern verschuldete.

Neues Testament Zweiter Teil der christlichen Bibel. Während das Alte Testament die Schriften umfasst, die das Christentum von den Juden übernommen hat, enthält das Neue Testament die vier Evangelien – die Berichte über das Leben Jesu – und Briefe und Schriften, die von den frühesten Christen stammen. Das Wort Testament bedeutet „Bund" und bezeichnet den „neuen Bund", den Gott nach christlicher Auffassung mit den Christen geschlossen hat – im Gegensatz zum „alten Bund" mit den Juden.

Optimaten (lateinisch = der Beste) So nannte man jene Senatoren, die vor allem während der römischen Bürgerkriege im 1. Jahrhundert v. Chr. gegen die Reformbestrebungen der Popularen auftraten.
Orden Gemeinschaft von Männern oder Frauen, die sich feierlich durch ein Gelübde verpflichten ihr Leben in den Dienst Gottes zu stellen. Sie geloben Armut, ein eheloses Leben und Gehorsam gegenüber dem Abt bzw. der Äbtissin. Mönche und Nonnen des Benediktinerklosters leben nach festen Regeln, zurückgezogen von der Welt in einem eigens dazu errichteten Gebäude, dem Kloster. Es gibt Klöster für Männer (= Mönche) oder Frauen (= Nonnen). Ihnen steht ein Abt oder eine Äbtissin vor.
orthodox (griech.) Rechtgläubig.
Page Edelknabe, der an einem Fürstenhof erzogen wurde.
Palästina Landschaft an der östlichen Mittelmeerküste, benannt nach dem dort lebenden Volk der Philister. Sie waren lange Zeit Feinde Israels. Bis in die Gegenwart blieb Palästina der Name dieser Region.
Palisade (lateinisch = Pfahl) Schutzwall aus eng nebeneinander stehenden und meist angespitzten Pfählen.
Patrizier Wohlhabender Bürger einer Stadt mit besonderen Vorrechten bei der Stadtregierung.
pestilenzisch Veralteter Ausdruck für krankheitserregend.
Pfalz (lateinisch = Palast) Prachtvoller Königshof mit Königshalle und Kapelle, Unterkunftsräumen, Ställen usw. Pfalzen dienten den deutschen Königen des Mittelalters als wechselnde Wohnsitze und waren über das ganze Reich verteilt.
Plebejer (lateinisch; plebs = das Volk) Bezeichnung für die große Masse der römischen Bürger, soweit sie nicht zu den Patriziern gehörten. Ursprünglich von allen öffentlichen Ämtern ausgeschlossen, erkämpften sich die Plebejer seit Beginn der Ständekämpfe um 490 v. Chr. schrittweise die Gleichberechtigung mit den Patriziern. – In der ausgehenden Republik und in der Kaiserzeit werden als Plebejer die besitzlosen Römer, das stadtrömische Proletariat (Empfänger von Getreidespenden) bezeichnet.
Popularen (lateinisch = Volk) Seit den römischen Bürgerkriegen Bezeichnung für jene römischen Politiker, die sich der Not der Proletarier annahmen.
Privilegien Besondere Rechte für einzelne Personen oder Gruppen, z. B. brauchten die Adligen vor der Französischen Revolution keine Steuern zu bezahlen.
Proletarier (lateinisch: proles = die Nachkommenschaft) Bezeichnung der Römer für die Besitzlosen, die nichts außer ihrer Nachkommenschaft besaßen.
Provinz nennen die Römer die außerhalb Italiens eroberten Gebiete. Verwaltet wurden die Provinzen von Statthaltern, die oberste Befehlshaber, Beamte und Richter waren.
Rabbiner Jüdischer Gemeindevorsteher, Lehrer der Religion.
Reformation Wiederherstellung eines ursprünglichen Zustandes. Die Reformation im 16. Jahrhundert hatte den Zweck die ursprüngliche Reinheit des Glaubens wiederherzustellen.
Reichsstände Kurfürsten, Fürsten, Herren und Reichsstädte im Deutschen Reich, die ihre Interessen auf dem Reichstag gegenüber dem Kaiser vertraten.
Republik (lateinisch: res publica = die öffentliche, gemeinsame Angelegenheit) In der römischen Republik sollte mit dieser Bezeichnung zum Ausdruck gebracht werden, dass politische Entscheidungen nicht Sache eines einzelnen sind, wie z. B. in der Königsherrschaft.
Romanen Bezeichnung für die latinisierte Bevölkerung der ehemaligen römischen Provinzen, die nach der Völkerwanderung zumeist unter germanische Herrschaft geriet.
Satire Literarische Gattung. Satire will durch spöttische Übertreibung schlechte Zustände aufdecken.
Scharia Sammlung des islamischen Rechts.
Schultheiß (der, der die Schulden einfordert), auch Schulze genannt. Dorfvorsteher und Richter im Dorfgericht. Es gab aber auch den Stadtschultheißen.
Sklave Ein Mensch, über den sein Herr nach Belieben verfügen kann.
Stand Ein Stand umfasste im Mittelalter und in der frühen Neuzeit Menschen gleicher sozialer Herkunft. Die Geburt entschied darüber, zu welchem Stand man gehörte. Seit dem Hochmittelalter bildeten die Geistlichen den ersten Stand, der Adel den zweiten Stand, die Bauern den dritten Stand. Mit dem Entstehen der Städte bildeten die Bürger einen neuen Stand.
Sultan (arabisch) Wörtlich: Autorität, Herrscher. Herrschertitel, vom Kalifen vergeben.
Sunna Sammlung von Berichten über das Leben Mohammeds und Aufzeichnungen seiner Reden.
Sure (arabisch) Wörtlich: Abschnitt, Zeichen. Die Texte des Koran sind in Suren unterteilt; jede Sure wiederum in Verse.
Talent Altägyptische Währung. 1 Talent = 6000 Drachmen. Der Lohn eines ungelernten Arbeiters betrug um 400 v. Chr. ca. 1 Drachme am Tag.
Testament Zeugnis, Vertrag; Zeugnis des alten und neuen Bundes Gottes mit den Menschen.
Vasall Von lateinisch vassus = Knecht. Als Vasall wird der mit einem Lehen ausgestattete Gefolgsmann bezeichnet. Als Kronvasallen werden jene bezeichnet, die ihr Lehen direkt vom König haben.
Vernichtungslager Gefangenenlager, dessen Insassen entweder unmittelbar ermordet wurde oder deren Tod allmählich durch schwere Arbeit bei schlechter Ernährung herbeigeführt wurde. Bekannte Vernichtungslager waren Auschwitz, Majdanek, Treblinka u.s.w.
Vetorecht (lateinisch: veto = ich verbiete) Recht der römischen Volkstribunen gegen Senatsbeschlüsse Einspruch zu erheben und Amtshandlungen von Beamten zu verbieten.

Vision Übernatürliche Erscheinung, Offenbarung.
Zehnt Regelmäßige Abgabe an die Kirche. Ursprünglich musste ein Zehntel des landwirtschaftlichen Ertrages (Getreide, Vieh, Wein, Früchte) abgegeben werden.
Zepter Kurzstab als Zeichen weltlicher Herrschaft.
Zunft In den mittelalterlichen Städten ein Zusammenschluss von Handwerkern mit demselben Beruf. Nur Meister konnten Mitglieder einer Zunft werden; jeder Meister musste sogar seiner Zunft beitreten (Zunftzwang). Die Zünfte gaben sich eine Verfassung, regelten die Berufsausübung und die Ausbildung von Lehrlingen und Gesellen. Im Kampf mit den Patriziern erkämpften sich die Zünfte im 14. Jahrhundert die politische Mitwirkung im Stadtrat.

Bildquellen
Anthony Verlag Starnberg 25 (3), 256 (1) – Archäologisches Landesmuseum der Christian-Albrechts-Universität Schleswig 135, 136 (2) – Archiv für Kunst und Geschichte Berlin 6, 7, 72 (2), 78 (1), 82 (2), 113 (1, 2), 163, 166 (1, 2), 167, 178, 180 (2), 187 (2), 189, 195, 205 (1, 2), 206, 236 – Aron, Bill, Los Angeles 263 – Artothek Peissenberg 7, 203, 235 – Atelier Thiele Duisburg 160 – Bavaria Gauting/München 48, 52 (2), 102, 155, 159, 216 (1), 233, 248, 249 – Becker, Kathrin, Frankfurt/Main 217 (2) – Becker, Klaus, Frankfurt/Main 16, 25 (1), 80, 133 (3), 219 – Beuroner Kunstverlag, Foto: Br. Werner Feger OSB 224 (2) – Bibliothèque Municipale Dijon 226 (2, 3) – Bibliothèque Nationale Paris 169 (1) – Bildarchiv Foto Marburg 171 (1) – Bildarchiv Preußischer Kulturbesitz Berlin 9 (2), 52 (1), 83, 98, 115, 265 – British Library London 185 – British Museum London 13 (2), 90, 227 (1, 2) – Buch „Das Buch vom alten Rom“ von Mike Corbeshley, Arena Verlag Würzburg 132 – Buch „Eine Stadt wie Rom“ von David Macauley, Zürich, München 1975 143 – Buch „Handbuch der altchristlichen Epigraphik“ von C. M. Kaufmann, Freiburg 1917 221 – Buch „So lebten sie im alten Griechenland“, Tessloff Verlag Nürnberg 1982 (© Hachette, Paris) 99 (2) – Buch „So lebten sie zur Zeit der römischen Legionäre“, Tessloff Verlag Nürnberg 1981 (© Hachette, Paris) 128 – Buch „Waren sie nur schön?“, © Verlag Philipp von Zabern, Frankfurt/Main 1989 85 – CESA Cölbe 8 (3), 161 (2), 208, 209 (1, 2), 228, 229 (1) – Commonwealth Institute London 15 – Cornford, G., Darmstadt 26 (1) – Deutsche Presseagentur Frankfurt/Main 7, 8 (4), 78 (2), 141 (2), 240, 256 (3), 258, 259 – Deutsches Historisches Museum Berlin 161 (3), 179 – „Die Zeit“, Foto: Michael Lüders 253 – Drell, Anne, Rheinberg 141 (1) – Europa-Farbbildarchiv Waltraud Klammet Ohlstadt 243 (2) – Faber, Hans, Freiburg 79 – Focus Hamburg 232, 242, 252 – Foto present Essen 217 (1), 254 (2), 261 (2) – Geologisch-Paläontologisches Institut der Universität Heidelberg 12, 13 (1) – Germanisches Nationalmuseum Nürnberg 146 – Giraudon Paris 198 – Hafner, F., Berlin 44 (2) – Herlich, Rafael, Waldorf 256 (2) – Hessische Landesbibliothek Darmstadt 174 – Hirmer Verlag München 82 (1) – Historia Photo Hamburg 202 – Historisches Museum Frankfurt/Main 212, 213 – Institut für Ur- und Frühgeschichte Tübingen 18 (1) – I. P. P. A. Tel Aviv 243 (1) – Islamischer Kulturverein Werl 254 (1) – Israel Press Tel Aviv 261 (1) – Istanbul Üniversitesi 250 – KNA-Bild Frankfurt/Main 224 (1) – Kooperationsgemeinschaft Luzern 188 – Koppermann, Christa, Gauting/München 87 – Krefeld, H., Rheine 111 – Kreis Coesfeld, Foto: Andreas Lechtape 176 – Laenderpress Düsseldorf 49 – Landesbildstelle Baden, Karlsruhe 226 (1) – Landesmuseum Mainz 36 (2) – Levy, Manfred, Frankfurt/Main 271 – Liepe, Jürgen, Berlin 54, 57 (2), 59 (1), 61, 67 (1, 2), 68 – Limes-Museum Aalen, Zweigstelle des Landesmuseums Stuttgart 130, 138 – Little, Brown and Co., Massachusetts 6 – Mauritius Frankfurt/Main 46 (1-7), 76 – Müller, Karl-Heinz, Gleichen 9 (1), 19 (1), 38 (1, 2), 39 – Museum für Vor- und Frühgeschichte Frankfurt/Main 40 (2) – Neifeind, Harald, Göttingen 256 (4) – Oberösterreichisches Landesmuseum Linz, Foto: Franz Gangl 200 – Österreichische Nationalbibliothek Wien 191 (1) – OKAPIA Bildarchiv Frankfurt/Main 156 – Oomen, H.-G., Kirchentellinsfurt 127 (7) – Otto, Werner, Oberhausen 161 (1) – Partner für Berlin 272 – Pelizaeus-Museum Hildesheim 63 (4) – Photo Didaktika, Kfar Saba 262, 264 – Pierpont Morgan Library New York 175 – Rheinisches Bildarchiv Köln 199 – Rheinisches Freilichtmuseum Kommern 8 (1) – Rheinisches Industriemuseum Oberhausen 150 – Rheinisches Landesmuseum Bonn 172 – Römisch-Germanisches Nationalmuseum Neuwied 25 (2) – ROPI Pressefoto Freiburg 142, 145 – Scala Antella 104, 117, 122 (1, 2), 220, 222, 234 – Shedid, Abdel, München 53 (2), 56, 58, 60, 65, 69, 72 (1) – SIPA Paris 216 (2) – Staatliche Münzsammlung München 168 – Stadt Münster 8 (2) – Stadtbibliothek Trier 218 (2) – Stadtverwaltung Duisburg 152, 153, 154 – Stauch, Eva, Würzburg 64 – Steinert, Michael, Stuttgart 255 – St. Lorenzkirche Nürnberg 149 – Storck, Manfred, Stuttgart 51, 63 (1, 3), 71 (5) – Südwestfunk Baden-Baden 201 – TAZ v. 06.11.1986, Foto: Ulrich Baatz 141 (3) – The Brooklyn Museum New York 57 (1) – Topkapi Saray Museum Istanbul 244, 245, 246 – Universitätsbibliothek Heidelberg 180 (1), 181 – Waldburg-Zeil'sches Gesamtarchiv Leutkirch 182 – Westfälisches Museum für Archäologie Bielefeld, Dr. Klaus Günther 14 – Westfälisches Museum für Archäologie Münster 18 (2), 37 (1) – ZEFA Düsseldorf 140 – Karten, Grafiken und Zeichnungen: Klaus Becker, Frankfurt/Main – Michael Teßmer, Hamburg

Textquellenverzeichnis

1. Ur- und Frühgeschichte

– S. 14: (1) Adel Theodor Khoury/Georg Kirschek, So machte Gott die Welt. Schöpfungsmythen der Völker. Herder Verlag, Freiburg 1985, S. 41

– S. 23: (M) Ivar Lissner, Der Mensch und seine Gottesbilder. Olten Verlag, Freiburg 1980

– S. 24: (M) Friedrich Behn, Vorgeschichtliche Welt. Stuttgart 1962

– S. 28: (M) Donald Johannson/Mailand Edy, Lucy, Anfänge der Menschheit. München/Zürich 1982, S. 87

– S. 30: (M) Helmut K. Salmen, in: „Südwestpresse". Ulm, vom 29.10.1966

– S. 37: (M) Otto Hauser, zit. nach: Unsere Welt, Bd. 1. Henn Verlag, Ratingen, S. 27

2. Frühe Kulturen und Herrschaftsformen: Beispiel Ägypten

– S. 51: (Q1) Abbas Chalaby, Ägypten. Bonechi Verlag, Florenz, S. 55 (Q2) Arne Eggebrecht, das alte Ägypten. Bertelsmann 1984, S. 48

– S. 52: (M) Manfred Gutgesell, Arbeiter und Pharaonen. Wirtschafts- und Sozialgeschichte im Alten Ägypten. Verlag Gerstenberg. Hildesheim 1989, S. 26 f.

– S. 55: (M) Adelheit Schlott, Schrift und Schreiber im Alten Ägypten. Beck, München 1989, S. 52 ff.

– S. 56: (Q1) Kleinknecht/Krieger, Materialien für den Geschichtsunterricht, Bd. 2: Das Altertum. Frankfurt/Main 1982, S. 2 f. (Q2) Pierre Montet, Ägypten – Leben und Kultur in der Rames-Zeit. Reclam, Stuttgart 1978, S. 187 (M) Michael Rostovzeff, Geschichte der Alten Welt, Bd. 1: Der Orient und Griechenland. Dieterich'sche Verlagsbuchhandlung, Wiesbaden 1941, S. 53+55

– S. 57: (M) Nofret – die Schöne. Ausstellungskatalog Bd. 1. Verlag Philipp von Zabern, Mainz 1984, S. 58

– S. 58: (Q) Helmut Brunner, Altägyptische Weisheit – Lehren für das Leben. Wissenschaftliche Buchgesellschaft, Darmstadt 1988, S. 159 ff. (M) E. Brunner-Traut, Die alten Ägypter – Verborgenes Leben unter den Pharaonen. Kohlhammer, Stuttgart 1976, S. 74

– S. 59: (M) A. Schlott, a. a. O.; S. 93 f.

– S. 60: (Q1) Herodot, Historien II. Übersetzung nach J. Feix. München 1977, S. 203 ff. (Q2) Adolf Ermann/H. O. Loche, Papyrus Lansing – Eine ägyptische Schulhandschrift der 20. Dynastie. Kopenhagen 1925, S. 22 f.

– S. 61: (Q) nach: Arne Eggebrecht, a. a. O., S. 204

– S. 62: (Q1) E. Brunner-Traut, a. a. O. S. 179 f. (Q2) Dietrich Wildung/Sylvia Schoske, Die rechtliche Stellung der Frau. In: Die Nofretete – Die Schöne – Die Frau im Alten Ägypten. Ausstellungskatalog, Bd. 1, a. a. O., S. 46 (Q3) Hellmut Brunner, a. a. O., S. 199, 205, 210 f.

– S. 64: (M) Eva Strauch, Gedanken zur Archäologie der Spiele, in: Andreas Pfeiffer (Hg.), Spielzeug in der Grube lag und schlief … museo 5, 1993 (Veröffentlichung der Städtischen Museen Heilbronn), S. 5 f.

– S. 65: (Q) E. Brunner-Traut a. a. O., S.76 (M) Bettina Schmitz, Die Steine der Pharaonen. Pelizaeus-Museum Hildesheim 1985, S. 55 f.

– S. 66: (Q) Herodot, Historien. Übersetzt nach: J. Feix, München 1977

– S. 68: (M) Erika Feucht, Frauen. In: Sergio Donadoni, Der Mensch des Alten Ägypten. Campus Verlag, Frankfurt/Main 1992, S. 392 (Q1–3) Manfred Gutgesell, Arbeiter und Pharaonen, a. a. O., S. 111 f.

– S. 69: (M) Manfred Gutgesell, a. a. O., S. 112 f.

– S. 70: (M) Arne Eggebrecht, Die frühen Hochkulturen: Das Alte Ägypten. In: Arne Eggebrecht/Jens Flemmig/Gert Meyer/Achatz von Müller/Alfred Oppholzer/Akos Paulinyi/Helmuth Schneider, Geschichte der Arbeit. Kiepenheuer & Witsch, Köln 1981, S. 25 f. (Q) E. Brunner-Traut, a. a. O., S. 238

– S. 72: (Q) E. Brunner-Traut, a. a. O., 60 ff.

– S. 73: (Q) Lautemann/Schlenke, Geschichte in Quellen (in folgenden GiQ), Bd. I, S. 52

– S. 76: (M) Süddeutsche Zeitung vom 10./11. Januar 181, S. 9

3. Griechen und Römer

– S. 83: (Q1) Wilhelm Capelle, Die Vorsokratiker. Die Fragmente und Quellenberichte, übersetzt und eingeleitet. Kröner Verlag, Stuttgart (Q2) Lukian, Leibesübungen im Alten Athen (Anarchasis), eingeleitet und übertragen von Erwin Steindl. Artemis Verlag, Zürich 1963, cap. 1 u. 30

– S. 84: (Q) Karl Wilhelm Weeber, Die unheiligen Spiele. Artemis & Winkler, Zürich/München 1991 (M) Karl Wilhelm Weeber, a. a. O., S. 160

– S. 85: (M) Franz Mezö, Geschichte der Olympischen Spiele. Verlag Knorr & Hirth. München 1930, S. 179

– S. 86: (Q) Es kündet Dareios der König, übersetzt von Heidemarie Koch, in: Kulturgeschichte der Alten Welt, Band 55. Verlag Philipp von Zabern, Mainz 1992, S. 294

– S. 87: (Q1) Herodot VIII, a. a. O., 144 (Q2) Herodot V, a. a. O., 78

– S. 88: (Q1) Plutarch, Lebensbeschreibungen. Kimon 11. Goldmann TB, Frankfurt/Main 1964 (Q2) GiQ I, S. 193

– S. 90: (Q1) John K. Davies, Das klassische Griechenland und die Demokratie. dtv Geschichte der Antike, München 1991. 4. Aufl., S. 117 (Q2) Kleinknecht/Krieger, Materialien für den Geschichtsunterricht. Bd. 2: Das Altertum. Frankfurt/Main 1982. 5. Aufl., S. 120

– S. 93: (M) Werner Dahlheim, Die Antike – Griechenland und Rom. Von den Anfängen bis zur Expansion des Islams. Schöningh Verlag, Paderborn 1994, S. 199 (Q1) Thukydides, Der Peloponnesische Krieg II, 37 und 40; übersetzt von August Hornefer. Carl Schünemann Verlag, Bremen 1957 (Q2) Der Peloponnesische Krieg II, 65, a. a. O.

– S. 94/95: (M) gekürzt und z. T. vereinfacht aus: Leda Kroutira, Eine Reise ins Athen des Perikles. Verlag Ekdotike S. a., 1993

– S. 96: (Q1) Aristoteles, Politik 1259a ff., eingeleitet und übersetzt von Olof Gigon. Artemis Verlag, Zürich/Stuttgart 1971 (Q2) Xenophon, Hauswirtschaftslehre (Oikonomikos) VII, 35 ff. und 12; übersetzt von Ruth Röwer-Döhl, Die Frau im antiken Griechenland; in: Bettina Schmitz/Ute Steffgen, Waren sie nur schön? Frauen im Spiegel der Jahrtausende (Kulturgeschichte der antiken Welt, Bd. 42), Verlag Philipp von Zabern, Mainz 1989, S. 194

– S. 97: (M) Wolfgang Schuller, Frauen in der griechischen Geschichte. Konstanzer Bibliothek Bd. 3, Universitätsverlag Konstanz 1985, S. 62 f.

– S. 102: (Q) Platon, zit. nach: Karl Wilhelm Weeber, Smog über Attika – Umweltverhalten im Altertum. Artemis, Zürich/München 1990, S. 20 f. – Zitat in Arbeitsauftrag 1: Karl-Wilhelm Weeber, a. a. O., S. 37 f.

– S. 104: (1) Ernst Künzl, Das Römische Reich: Ideal eines Universalreiches über die Zeiten hinweg; in: Praxis Geschichte, Heft 6, 1993, S. 4

– S. 106: (Q) Plutarch. GiQI. S. 447 f.

– S. 107: (Q1) Livius, Römische Geschichte, Buch XXXII, 3, 4. Hg. von Walter Sontheimer. Reclam, Stuttgart 1959 (Q2) Sallust, Historien 4, 69. GiQI, S. 505 (Q3) Vergil, Aeneis, GiQI, S. 587 (Q4) Livius, Römische Geschichte a. a. O.

– S. 108: (1) Polybios, Geschichte 1, 1: eingeleitet und übertragen von Hans Drexler. Artemis Verlag Zürich/Stuttgart 1961

– S. 110: (Q) GiQK, S 593

– S. 111: (M) W. Schuller, a. a. O., S. 18 (Q1+2) Livius, Römische Geschichte 34, 1 und 2; hg. von Hans Jürgen Hillen. Wissenschaftliche Buchgesellschaft, Darmstadt 1978

– S. 112: (Q1) Cato, Lehrbuch der Landwirtschaft 2, 1 ff., übersetzt von Paul Thielscher, Des Marcus Cato Belehrung über die Land-

wirtschaft. Verlag Duncker & Humblot. Berlin 1963, S. 33f. (Q2) Plutarch, Große Griechen und Römer; Cato der Ältere, cap. 21; übersetzt und eingeleitet von Konrad Ziegler, Band I, S. 347f. Artemis-Verlag, Zürich/Stuttgart 1954
– S. 113: (Q) Kleinknecht/Krieger, a. a. O., S. 371
– S. 114: (Q) Kleinknecht/Krieger, a. a. O., S. 265
– S. 116: (Q) GiQI, S. 527
– S. 118: (Q) Gaius Suetonius Tranquillus, Leben der Caesaren; eingeleitet und übersetzt von André Lambert. Artemis Verlag, Zürich 1955
– S. 120: (Q) Juvenal, Satiren III, 193ff.; übersetzt von Otto Weinreich in: Römische Satiren, Editions Recontre, Lausanne/Köln 1970. S. 216ff.
– S. 122: (Q1) GiQI, S. 658 f. (Q2) Plinius, Briefe 5.16, 3; übersetzt von André Lambert. Artemis, Zürich/Stuttgart 1969
– S. 123: (Q) Strabo, Geographie 3.4, 17; übersetzt von Walter Scheidel, Frau und Landarbeit in der alten Geschichte; in: Edith Specht (Hg.), Nachrichten aus der Zeit – Ein Streifzug durch die Frauengeschichte des Altertums, Reihe Frauenforschung, Band 18. Wiener Frauenverlag 1992, S. 224
– S. 125: (Q) Charles Maria Ternes, Die Römer an Rhein und Mosel. Stuttgart 1975, S. 100
– S. 128: (Q) GiQI, S. 642
– S. 132: (M) Klaus Grewe, Der Römerkanal-Wanderweg, Verlag des Eifelvereins, Düre 1988, S. 196f.
– S. 134: (Q) P. Cornelius Tacitus, Germanica, übersetzt, kommentiert und herausgegeben von Josef Lindauer. dtv TB, München 1979, cap. 4, 15, 16, 17 und 21
– S. 135: (Q) Tacitus, Germania, a. a. O., cap. 19
– S. 136: (Q) P. Cornelius Tacitus, Historien IV, 14; übersetzt und herausgegeben von Helmuth Vretska. Verlag Philipp Reclam junior, Stuttgart 1984

4. Umweltgeschichte

– S. 142: (Q) Martial, Liber spectaculorum 24; zit. nach: Stefan Eltner, Wasser für das Imperium. Römische Technik und Baugeschichte, Heft 6/1993, S. 40 – 43
– S. 143: (Q) Vitruv 8, 6.10, übersetzt von C. Fensterbusch, Vitruv – Zehn Bände über Architektur. Zit. nach: Horst Callies, Wasserver- und -entsorgung im Römischen Reich; in: Geschichte lernen, Heft 4/1988, S. 24 – 30
– S. 144: (Q1) Strabon, Geographie 5, 3; zit. nach: Stefan Eltner, a. a. O., S. 40 – 43 (Q2) Juvenal Sat. 3, S. 268 ff., übersetzt von O. Weinrich, Römische Satiren, 1949; zit. nach: Horst Callies, a. a. O., S. 24 –30
– S. 145: (Q1) Frontinus, De aquis, 16; zit. nach: Stefan Eltner, a. a. O., S. 43 (Q2) Frontinus, De aquis, 16; zit. nach: Frontinus Gesellschaft (Hg.), Die Wasserversorgung antiker Städte (Geschichte der Wasserversorgung Bd. 2). Verlag Philipp von Zabern, Mainz 1987, S. 212 (M) Karl-Wilhelm Weeber, Smog über Attika. Umweltverhalten im Altertum. Artemis Verlag, Zürich/München 1990, S. 126
– S. 146: (Q) übertragen nach: Frieder Stöckle, Den Brunnenvergiftern das Handwerk legen! Gesundheitsvorsorge und Hygiene im Mittelalter, S. 30; in Peter Koch (Hg.), Spurensuche Geschichte, Bd. 2, Vom Mittelalter zur Französischen Revolution. Ernst Klett Verlag, Stuttgart 1991, S. 29 – 31
– S. 147: (Q) bearbeitet nach: Bernd Schneidmüller, Städtische Umweltgesetzgebung im Spätmittelalter; in Jörg Calließ/Jörn Rüsen/Meinfried Striegnitz (Hg.), Mensch und Umwelt in der Geschichte. Pfaffonweiler1989, S. 127f.
– S. 148: (Q1) W. Page/J. H. Round (Hg.), The Victoria History of the County of Essex. Vol. II. London 1907, S. 459; deutsche Übers. zit. nach: Jean Gimpel, Die industrielle Revolution des Mittelalters. Zürich/München 1980, S. 91 (Q2) übertragen aus dem mittelhochdeutschen in: Walter Lehnert, Entsorgungsprobleme der Reichsstadt Nürnberg; in: Jürgen Sydow (Hg.), Städtische Versorgung und Entsorgung im Wandel der Geschichte. Sigmaringen 1981, S. 159f.
– S. 151: (Q1) in Journal für Geschichte, Heft 2/1986, S. 20f. (Q2) in: Journal für Geschichte, Heft 2/1986, S. 14 (Q3) in: Journal für Geschichte, Heft 2/1986, S. 21.
– S. 152: (Q1) R. Günter, Im Tal der Könige, Essen 1994, S. 371; in: Günter von Rode, Geschichte der Stadt Duisburg, 1994, II, 23 (Q2) T. Rommelspacher, Das natürliche Recht auf Wasserverschmutzung; in: F. J. Brüggemeier/T. Rommelspacher, Besiegte Natur. Geschichte der Umwelt im 19. und 20. Jahrhundert. München 1989, S. 54
– S. 153: (Q1) in: Journal für Geschichte, Heft 2/1980, S. 27 (Q2) H. Kurowski, Die Emscher. Essen 1993, S. 81, Fußnote 18
– S. 154: (Q1) F. J. Brüggemeier/T. Rommelspacher, Blauer Himmel über der Ruhr. Essen 1992, S. 162 (Q2) F. J. Brüggemeier/T. Rommelspacher, S. Blauer Himmel, a. a. O., S. 106f. (Q3) K. Imhoff, Der Ruhrverband; in: A. Helbig (Hg.), 25 Jahre Emschergenossenschaft, 1900 – 1925. Essen 1925, S. 18; in: Blauer Himmel, a. a. O., S. 102
– S. 155: (M) nrz vom 9.2.1995, Ausgabe Duisburg, Lokalteil Hamborn, Meiderich, Walsum
– S.159: (1) zit. nach: F. J. Brüggemeier/T. Rommelspacher, Besiegte Natur, a. a. O.

5. Europäisches Mittelalter

– S. 165: (Q) nach: J. Bühler, Das Frankenreich. Leipzig 1923, S. 393 ff.
– S. 166: (Q1) Übersetzung des Verfassers nach: Sigmund Riezler, Fürstenbergisches Urkundenbuch, Band 1. Tübingen 1877, Nr. 584 (Q2) a. a. O., Nr. 628
– S. 167: (Q) GiQII, S. 76f.
– S. 168: (Q1) GiQII, S. 68 (Q2) Siegfried Epperlein, Karl der Grosse. VEB Deutscher Verlag der Wissenschaften, Berlin 1971, S. 128
– S. 169: (Q) Reinhold Rau, Quellen zur Karolinigischen Reichsgeschichte. Wissenschaftliche Buchgemeinschaft, Darmstadt 1968, S. 197 f.
– S. 171: (Q) Ruotger, Leben des Heiligen Bruno, Erzbischof von Köln; in: Hatto Kallfetz, Lebensbeschreibungen einiger Bischöfe des 10. – 12. Jh. (ausgewählte Quellen zur Geschichte des Mittelalters, hg. von Rudolf Buchner, Bd. XXII). Wissenschaftliche Buchgesellschaft, Darmstadt 1973, S. 213 f.
– S. 177: (Q) Otto Borst, Alltagsleben im Mittelalter, Insel TB 1965, S. 95
– S. 178: (Q1) Kleinknecht/Krieger, a. a. O., Bd. 3. S. 154 f. (Q2) Übertragen aus dem Mittelhochdeutschen nach: Thomas P. Thornton, Höfische Tischzuchten. Texte des späten Mittelalters, Bd. 4. Berlin 1957; S. 38ff.
– S. 179: (Q) Zit. nach: Ginas Fasoli, Grundzüge einer Geschichte des Rittertums; in: Das Rittertum im Mittelalter, hg. von Arno Bost. Wissenschaftliche Buchgesellschaft, Darmstadt 1989
– S. 181: (Q) aus: L'Epistre au Dieu d'Amours; hg. von M. Roy, Oeuvres poetiques, Bd. 2, Paris 1891, S. 27
– S. 182: (Q) Hans Christian Kirsch, England aus erster Hand, Aelfries Colloquy. Arena Verlag, Würzburg, S. 183
– S. 183: (Q1) Jaques le Goff, Das Hochmittelalter. Fischer Weltgeschichte Bd. 11, S. 27 (Q2) zit. nach: Ehrismann (Hg.), Hugo von Trimberg, der Renner, Bd. 1. Berlin 1970, S. 55
– S. 184: (Q1) nach: Helmut Castritius/Friedrich Lotter/Hermann Meyer/Helmut Neuhaus, Herrschaft-Gesellschaft-Wirtschaft. Quellenband 1. Auer Verlag, Donauwört 1973, S. 101 (Q2) Kleinknecht/Krieger, a. a. O., Bd. 3, S. 141 (Q3) nach: G. Franz, Quellen zur Geschichte des deutschen Bauernstandes im Mittelalter. Wissenschaftliche Buchgesellschaft, Darmstadt 1967, S. 135f.
– S. 185: (Q) G. Franz, a. a. O., S. 82 ff.

– S. 186: (Q) Hans-Werner Goetz, Leben im Mittelalter vom 7. – 13. Jh. Beck Verlag, München 1986, S. 157 (M) Werner Rösener, Bauern im Mittelalter. Verlag C. H. Beck, München 1985, S. 193 f.
– S. 187: (Q) nach: H. Ott, Studien zur spätmittelalterlichen Agrargeschichte im Oberrheingebiet. Stuttgart 1974, S. 180
– S. 188: (Q) G. Franz, a. a. O., S. 161
– S. 194: (Q) nach: H. Pleticha (Hg.), Deutsche Geschichte, Bd. 2. Bertelsmann Verlag, Gütersloh 1982, S. 213 (M) H. Pleticha, Bürger, Bauer, Bettelmann. Würzburg 1976, S. 11
– S. 195: (M) nach: Wurzeln unserer Gegenwart, Bd. 2, S. 46
– S. 197: (Q) Zit. nach: W. Ripper, Von den bürgerlichen Revolutionen bis zum Imperialismus. Frankfurt/Main 1973, S. 165
– S. 198: (Q) Norbert Fuchs/Werner Goez, Die deutsche Stadt im Mittelalter. Oldenbourg 1977, S. 28
– S. 199: (Q) Kleinknecht/Krieger, a. a. O., Bd. 3, S. 309 f.
– S. 200: (Q) Basler Chroniken, hg. von der historischen und antiquarischen Gesellschaft in Basel, Bd. 7; bearbeitet von August Bernoulli. Verlag S. Hirzel, Leipzig 1915, S. 9 – 10; in der Übersetzung von Ingeborg Seltmann, Frauenleben – Frauenarbeit; in: Praxis Geschichte, Heft 2, 1994, S. 28
– S. 201: (Q) Arno Borst, Lebensformen im Mittelalter. Ullstein Sachbuch 1979, S. 66
– S. 202: (Q) Übersetzung nach: Schmid, Fragen an die Geschichte, Bd. 2, S. 115
– S. 203: (M) Ingeborg Seltmann, Frauenleben – Frauenarbeit; in: Praxis Geschichte, Heft 2, 1994, S. 37
– S. 204: (M) Otto Borst, Alltagsleben im Mittelalter, Insel TB, Frankfurt/Main 1983, S. 218 f.
– S. 205: (Q) Bürck/Dietrich, Weltgeschichte im Aufriss, Bd. 2. Frankfurt/Main 1971, S. 73 f.
– S. 207: Quellen zur Wirtschafts- und Sozialgeschichte mittel- und oberdeutscher Städte im Spätmittelalter, ausgewählt und übersetzt von Gisela Möncke. Wissenschaftliche Buchgesellschaft, Darmstadt 1982, Nr. 128
– S. 208: Erzählung des Autors

6. Christentum – Islam – Judentum
– S. 219: (Q) Tertullian, Apologeticum cap. 39; in: Bibliothek der Kirchenväter, Tertullians ausgewählte Schriften ins Deutsche übersetzt, Bd. II; hg. von Gerhard Esser. Verlag der Jos. Köselschen Buchhandlung, Kempten/München 1915
– S. 220: (Q) Orientierungen, Heft 7, 1986, S. 78
– S. 221: (Q) GiQI, S. 718 ff.
– S. 222: (Q) Kleinknecht/Krieger, a. a. O., Bd. 1, S. 408 (bearbeitet)
– S. 223: (Q1) Gutschera/Thierfelder, Brennpunkte der Kirchengeschichte. 1976, S. 47 (Q2) Rinn/Jüngst, kirchengeschichtliches Lesebuch. Tübingen/Leipzig 1904, S. 42 (Q3) GiQI, S. 763 (Q4) GiQI, S. 820
– S. 225: (Q) H. Faeßler, in: Hans Urs von Balthasar, Die großen Ordensregeln. S. 149 ff.
– S. 226: (M) Otto Zierer, Bilder der Jahrhunderte, 8. Buch. Bertelsmann Verlag, Gütersloh, S. 73 ff.
– S. 230: (Q1) Arno Borst, Lebensformen im Mittelalter. Ullstein-Sachbuch Frankfurt/Main 1979, S. 318 f. (Q2) Die Kreuzzüge in Augenzeugenberichten; herausgegeben und eingeleitet von Régine Pernoud; deutsch von Dr. Hagen Thürnau. dtv, München 1961, S. 22 (Q3) Monumenta Germaniae historica; Scriptorum tomus XVI. Hannover 1859; unveränderter Nachdruck bei Anton Hiersemann. Stuttgart 1963, S. 3; übers. vom Verfasser
– S. 231: (Q1) Peter Milger, Die Kreuzzüge, München 1988, S. 119 (Q2) Die Kreuzzüge aus arabischer Sicht, ausgewählt und übersetzt von Francesco Gabrieli (Hg.). dtv, München 1975, S. 50
– S. 232: (Q1) Die Kreuzzüge aus arabischer Sicht, a. a. O.; S. 259 (Q2) Peter Milger, a. a. O., S. 223
– S. 233: (Q) Die Kreuzzüge in Augenzeugenberichten, a. a. O., S. 125
– S. 234: (Q1) Die Kreuzzüge in Augenzeugenberichten, a. a. O., S. 279 (Q2) I. Gobry, Franz von Assisi. Hamburg 1958, S. 121
– S. 236: (Q1) H. Junghans, Die Reformation in Augenzeugenberichten. dtv, München 1973, S. 43 f. (Q2) Martin Luther, Ausgewählte Werke; hg. von K. Bornkamm/U. J. Ebeling, Bd. 1. Frankfurt/Main 1982, S. 269
– S. 238: (Q1) H. J. Hillerbrand, Brennpunkte der Reformation. Göttingen 1967, S. 209 (Q2) Kleinknecht/Krieger, Materialien Bd. 4. Frankfurt/Main, 1971, S. 63 (Q3) GiQIII, S. 252
– S. 239: (Q) GiQIII, S. 52 ff.
– S. 241: (M) Stern Nr. 8 vom 13.2.1992, S. 76
– S. 242: (M) Reutlinger Generalanzeiger vom 1.2.1995
– S. 244: (Q) Ibu Ishaq, Das Leben der Propheten. Erdmann Verlag, Tübingen und Basel 1976, S. 43/43
– S. 245: (Q1) Ibu Ishaq, a. a. O., S. 61 (Q2) Ibu Ishaq, a. a. O., S. 111 f.
– S. 246: (Q) Der Koran; Übersetzung von Adel Theodor Koury. Gütersloher Verlagshaus Gerd Mohn. Gütersloh 1987, S. 135 f. (M) Zeit Magazin Nr. 4 vom 17.1.1992; Sadik Al-Azm. Krieg im Namen Gottes Dschihad, S. 14
– S. 252: (Q1) Adel Theodor Koury, a. a. O., S. 62 f. (Q2) Neues Testament, Deutsche Bibelgesellschaft. Stuttgart 1985, S. 232 (Q3) Adel Theodor Koury, a. a. O., S. 539 (Q4) derselbe, S. 540
– S. 253: (Q1) Adel Th. Koury, a. a. O., S. 58 (Q2) derselbe, S. 204 f. (M 1) Ali Schariati, Fatima ist Fatima (Reihe „Islamische Renaissance“, Nr. 6/1981); übersetzt und herausgegeben von der Botschaft der Islamischen Republik Iran. Bonn 1981, S. 92 (M 2) GEO, Heft 9/1991: Der Aufstand der Gebeugten, S. 171 f.
– S. 255: (M1) Michael Kuhlmann/Alwin Meyer (Hg.), Wo gehören wir hin? Ayse und Devrim. Lamur Verlag, Bornheim-Merten 1983, S. 120 (M 2) Reutlinger Generalanzeiger vom 21.3.1992, S. 13
– S. 258: (M1) Alltagsbeschreibung eines Lehrers, jüdische Schule Frankfurt 1995 (M 2) Peter Sichrovsky, Wir wissen nicht, was morgen wird, wir wissen wohl, was gestern war. Junge Juden in Deutschland und Österreich. Köln 1985, S. 78
– S. 259: (M 1) „Wir machen uns Gedanken“ – Schreibwettbewerb Zentral-Wohlfahrtsstelle Pädagogisches Zentrum. Frankfurt/M 1993 (M 2) „Die neue Welt der Kinder vom Hotel Ambassador“; Süddeutsche Zeitung vom 11. August 92, S. 3
– S. 263: (M) Erzählung des Verfassers
S. 265: (Q) J. Höxter, Quellenbuch zur jüd. Geschichte und Literatur, Bd. III. Moraschа, Zürich 1983, S. 3
– S. 266: „Buch der Straßen und Königreiche“; zit. nach. Werner Keller, Und wurden zerstreut unter alle Völker. München/Zürich 1977, S. 184 f.
– S. 268: (Q1) Quellen zur Wirtschafts- und Sozialgeschichte Mittel- und Oberdeutscher Städte im Spätmittelalter, hg. v. Gisela Möncke, FSGA XXXVII, Darmstadt 1982, Nr. 47 (vom Autor aus dem Oberdeutschen übertragen) (Q2) a.a.O., Nr. 48
– S. 269: (Q1) Quellen zur Verfassungsgeschichte des Römisch-deutschen Reiches im Spätmittelalter (1250–1500), hg. v. Lorenz Weinrich, FSGA XXXIII, Darmstadt 1983, Nr. 92a (vom Autor aus dem Oberdeutschen übertragen) (Q2) a.a.O., Nr. 92c (vom Autor aus dem Oberdeutschen übertragen) (Q3) a.a.O., Nr. 92d, (vom Autor aus dem Oberdeutschen übertragen)
– S. 270: (M) Erzählung des Verfassers
– S. 271: (M) Interview mit der Tochter von B. Kugelmann, 1994, bearbeitet vom Verfasser